»Mittelpunkt ist der arbeitende Mensch«
Protokoll Gründungskongreß des Deutschen Gewerkschaftsbundes

Gründungs-Urkunde des Deutschen Gewerkschaftsbundes

»Mittelpunkt ist der arbeitende Mensch«

Protokoll Gründungskongreß des Deutschen Gewerkschaftsbundes München, 12.–14. Oktober 1949

Reprint

Einleitung: Hans Hermann Hartwich

Bund-Verlag

CIP-Titelaufnahme der Deutschen Bibliothek

"Mittelpunkt ist der arbeitende Mensch" : Protokoll,Gründungskongress des Detuschen Gewerkschaftsbundes,
München, 12. – 14. Oktober 1949 / Einl. : Hans Hermann
Hartwich. – Reprint. – Köln : Bund-Verl., 1989
   ISBN 3-7663-2125-0
NE: Hartwich, Hans Hermann [Vorr.]; Deutscher Gewerkschaftsbund
   ⟨Deutschland, Bundesrepublik⟩

© 1989 by Bund-Verlag GmbH, Köln
Lektorat: Gunther Heyder, Werner Milert
Herstellung: Heinz Biermann
Umschlag: Kalle Giese, Overath
Druck: May + Co., Darmstadt
Printed in Germany 1989
ISBN 3-7663-2125-0

Inhalt

**Kurzbiographien der Mitglieder des Bundesvorstandes
des Deutschen Gewerkschaftsbundes 1949**

Hans Hermann Hartwich

40 Jahre Deutscher Gewerkschaftsbund

1. Die Gründung des DGB 1949 in der Perspektive des Jahres 1989

War der Gründungskongreß des DGB, dessen Protokoll hiermit nach vierzig Jahren nachgedruckt wird, ein historisches Ereignis, das diese Kennzeichnung auch wirklich verdient?

Gewerkschaftsgeschichtlich – und diese Geschichte nähert sich ebenfalls einer runden Zahl, denn 1890 wurde die »Generalkommission« gegründet – muß die Gründung des DGB am 13. Oktober 1949, um 18 Uhr, durch einstimmigen Beschluß von 487 Delegierten aus 16 Industriegewerkschaften, durchaus als »historisch« bezeichnet werden. Dieses gilt ungeachtet des Umstandes, daß die Wortprotokolle des Kongresses eine unpathetisch-sachliche Kongreßnormalität widerspiegeln und nicht den Eindruck historischer Dokumente vermitteln.

Gegründet wurde die Einheitsgewerkschaft. Damit war die konfessionelle und weltanschauliche Zersplitterung der Zeit vor 1933 überwunden, also die im Frühjahr 1933 zu spät gefundene Einheit in einer zukunftsgerichteten Weise vollendet. Nicht gelungen war die Einbeziehung aller Angestellten und Beamten. Nur mühsam wurde die Diskussion über den Fehlschlag aller Versuche, die damals schon gegründete Deutsche Angestellten-Gewerkschaft (DAG) in den »Bund« mit einzubeziehen, aus dem Gründungsakt herausgehalten.

Durchgesetzt war das Industrieverbandsprinzip. Damit war einerseits eine jahrzehntelange Auseinandersetzung über die adäquateste Organisationsform beendet. Andererseits bedeuteten die Durchsetzung und das Festhalten an der Reinheit dieses Prinzips in der Satzung des neuen DGB (§ 3), daß nun eine politische Lösung der Angestelltenfrage mit der berufsverbandlich aufgebauten DAG zunächst blokkiert war.

Vollendet wurde im Oktober 1949 der gewerkschaftliche Neuaufbau von unten nach oben. Er hatte in den Betrieben und Orten unmittelbar nach Beendigung der Kriegshandlungen begonnen und war dann unter widrigsten Bedingungen, die aus zerstörten Produktions- und Arbeitsstätten, wertlosem Geld, Wohnungsnot und Flüchtlingselend, Nahrungsmittel- und Rohstoffknappheit bestanden, zum Objekt der neuen politischen Machtverhältnisse geworden. Die ideologischen Spaltungen und Verhärtungen blockierten eine unbehinderte Klärung der Frage, ob und inwieweit eine Einheitsgewerkschaft auch mit Kommunisten möglich war. Eingriffe und willkürliche Anweisungen der Besatzungsmächte stoppten einen kontinuierlichdemokratischen Weiterbau der Anfänge hin zu zentralen Gewerkschaftsführungen. Die Folge war Zersplitterung. So mußten vor dem Gründungsakt vom Oktober 1949 zunächst aus mehr als 100 Landes- und Zonengewerkschaften 16 neue Gewerkschaften bzw. Industriegewerkschaften im Wege der Verschmelzung entstehen, die ihrerseits Träger des neuen Gewerkschaftsbundes wurden. Sodann mußten sich bis unmittelbar vor der Gründung des DGB sieben Gewerkschaftsbünde auflösen.

Was besagt dies alles in einer weiter ausgreifenden historischen Perspektive? Infolge der militärischen Besetzung Deutschlands, der Aufteilung des Landes in Besatzungszonen und der stark von internationalen Konstellationen und Entwicklungen beeinflußten Politik in den jeweiligen Zonen, unterlag die Gewerkschaftsfrage nach 1945 gänzlich anderen Bedingungen als nach 1918. So ist z.B. der Zeitpunkt der DGB-Gründung im Oktober 1949 bestimmt durch die unmittelbar vorausgehende Staatsgründung im September. Der DGB ist mithin die zentrale Organisation der Gewerkschaften der Bundesrepublik Deutschland, dem größeren Teil Gesamtdeutschlands. Diese Gewerkschaftsgründung konnte sich infolge der besatzungspolitischen Interventionen nicht in eine mögliche gesamtdeutschoffene Situation hinein vollziehen.

Damit aber ist die Gründung des DGB eingebettet zu sehen in jene sozioökonomischen-internationalen Bedingungen, die die Gründung der Bundesrepublik selbst prägten. Diese zeichneten sich vor allem dadurch aus, daß de facto die wichtigsten wirtschaftlichen und gesellschaftspolitischen Weichenstellungen vor der Gründung erfolgt waren. Dieser Umstand prägte überwiegend unausgesprochen die Diskussionen des Gründungskongresses. Es gab keine Ansprache an die Arbeiter im anderen Teil Deutschlands. Es gab nur ein ausgesprochen starkes Bewußtsein vom gewerkschaftlichen Widerstand gegen die Politik der Sowjetunion und der SED in Berlin. Ein einziger Redner, nämlich der Delegierte Willi Bleicher (IG Metall), versuchte eine kurze politische Rede, die jedoch – außer der Protokollnotiz:»Unruhe im Forum« – keine Reaktion provozieren konnte. Mit der Formulierung zu § 1 der Satzung:»Name des zu gründenden Gewerkschaftsbundes für die Bundesrepublik Deutschland, ... haben wir« – so sagte Bleicher –»den politisch-staatsrechtlichen Zustand, der da geschaffen wurde, ohne unseren Willen anerkannt. Damit haben wir die Spaltung unserer Nation anerkannt und haben sie übertragen... auf die Gewerkschaften...«

Während Generalkommission und ADGB 1918/19 die demokratische Republik von Weimar entschieden mit schufen und prägten, entstand der DGB für die Bundesrepublik nach der Entscheidung über grundsätzliche Fragen der Staatsform und der wirtschaftlich-gesellschaftlichen Grundlagen dieses Staates. Darauf konnten die Gewerkschaften allenfalls mittelbar, und das auch fast nur in der britischen Besatzungszone, Einfluß nehmen. Es gab vor der DGB-Gründung den einflußreichen »Gewerkschaftsrat« für die britische Zone. Es gab gewerkschaftliche Erfolge in grundsätzlichen Fragen – wie vor allem die Montanmitbestimmung. Aber im Parlamentarischen Rat, der das Grundgesetz erarbeitete, waren die Gewerkschaften

X

nicht vertreten. Sie fanden hier – wie auf manchen anderen Politikfeldern – SPD-Politiker als Treuhänder gewerkschaftlicher Interessen. Das staatlich-politische Bedingungsfeld des neuen Gewerkschaftsbundes war also von diesem selbst nicht geprägt. Die gesellschafts- und wirtschaftspolitischen Grundentscheidungen standen ebenfalls, soweit sie überhaupt deutsche Entscheidungen waren, nicht unter gewerkschaftlichem Einfluß. Darin liegt ein entscheidender Unterschied zur Demokratiegründung von 1919. Eigentlich eröffneten sich unter diesen Umständen dem neuen DGB nur geringe Chancen für ein erfolgreiches Wirken über Jahrzehnte – hätten sich nicht andere Umweltfaktoren und Bedingungen gewerkschaftlicher Arbeit gegenüber der Weimarer Zeit grundlegend geändert. Diese anderen Bedingungen waren jedoch so grundsätzlicher Natur, daß man insgesamt von einer Zäsur in der deutschen Gewerkschaftsgeschichte sprechen muß.

Dieser Zäsur liegen die tiefgreifenden individuellen und kollektiven Erfahrungen zugrunde, die Demokratiezusammenbruch und Organisationsversagen, Naziherrschaft mit Organisationsverbot und Unterdrückung, aber auch eine massive Propagierung der sozialen Volksgemeinschaft, Krieg und die erzwungene Solidarität im Entbehren, die Zerstörung von Produktionsstätten und Wohnungen, Evakuierungen, Vertreibungen, Kriegsgefangenschaft, der Zusammenbruch der Lebensmittelversorgung und des Geldwertes bewirkten. Dies klingt selbst in den Diskussionsbeiträgen auf dem Kongreß durch, die sich mit Organisationsfragen befassen.

Die Gründung des DGB stellte deshalb eine Zäsur in der Geschichte der deutschen Gewerkschaften seit 1890, der Gründung der Generalkommission, dar, weil er in eine andere gesellschaftliche und individuelle Grundsituation hinein gegründet wurde, als sie trotz der Brüche zwischen 1890 und 1933 bestand. Hier mußte kein Behauptungswille gegenüber dem Obrigkeitsstaat demonstriert werden. Hier ging es nicht um politische Massenstreiks zur Herbeiführung oder Verhinderung der Räterepublik. Die Gewerkschafter auf dem Gründungskongreß des DGB 1949 sind in einer eher stillen Weise Partner des allgemeinen Wiederaufbauwillens.

Die personelle Kontinuität, die vor allem darin zum Ausdruck kam, daß die führenden Gewerkschafter bereits in der Weimarer Republik aktiv gewesen waren, und daß das Durchschnittsalter der 487 stimmberechtigten Delegierten auf dem Kongreß bei 55 Jahren lag, ist nur scheinbar ein Widerspruch zur These von der »Zäsur« in der gewerkschaftlichen Organisationsentwicklung. Die genannten individuellen und kollektiven Erfahrungen sowie die grundsätzlich veränderten Kontextbedingungen gewerkschaftlichen Handelns gaben dem Neubeginn organisatorisch und programmatisch in einer fast unpolitisch zu nennenden Weise den Weg frei zur Bewältigung der Tagesaufgaben. Gründer und Gründungsbedingungen gaben dem DGB eine Adaptionsfähigkeit gegenüber wirtschaftlichem, gesellschaftlichem und politisch-demokratischem Wandel auf den Weg, die ihn in den folgenden 40 Jahren so überaus erfolgreich machte. Mit der Gründung des DGB war nicht nur der technisch-industrielle Wandel organisatorisch adäquat nachvollzogen. Vielmehr eröffnete dieser Gründungskongreß alle Perspektiven für angemessenes Organisationsreagieren auf den zu erwartenden weiteren wirtschaftlichen und sozialen

Wandel. Mit den folgenden zwei Leitsätzen Böcklers hierzu: »Die hier vertretenen Gewerkschaften sehen ihre Aufgabe in Wirtschaft, Staat und Gesellschaft ausschließlich in der Beseitigung jeder sozialen Not durch Herbeiführung menschenwürdiger Arbeits- und Lebensbedingungen für alle schaffenden Menschen« und »In einem wird man die Gewerkschaften zum Äußersten entschlossen finden: In der Verteidigung der demokratischen Einrichtungen, auf denen unser aller Wohl beruht, gegen jede Autokratie und gegen jede Totalität. Ein zweites 1933 darf und wird es nie mehr geben, darin sind sich die gewerkschaftlich organisierten Männer, Frauen und Jugendliche einig«, befand sich der neue DGB im Einklang mit allen anderen politischen Kräften der Bundesrepublik Deutschland, die den Wiederaufbau im Geiste einer sozial- und rechtsstaatlichen Demokratie wollten.

In diese Grundtendenz paßte, daß der Kongreß zwar über die gewerkschaftliche Jugend- und Frauenarbeit, ausdrücklich aber nicht über die nur vom Vorsitzenden Böckler zurückhaltend vorgestellten wirtschaftspolitischen und sozialpolitischen Grundsätze des DGB diskutierte. An der Wiege des DGB standen weder verhärtete Klassenpositionen noch verheißungsvolle Sozialismuspostulate. Selbst die alte Idee der Wirtschaftsdemokratie und die später den Gewerkschaften so nahegelegte »konfliktorische« Gewerkschaftspolitik gewannen auf dem Gründungskongreß keine schärferen Konturen.

2. Der DGB als gestaltende Kraft im Auf- und Ausbau von Demokratie und Sozialstaat in der Bundesrepublik Deutschland

Die pointierende Deutung der Diskussionen und Beschlüsse des Gründungskongresses sollte nicht dahingehend mißverstanden werden, als sei der DGB nach der »Zäsur« eine sozialangepaßte, allein kooperativ orientierte, »sanfte« gewerkschaftliche Massenorganisation geworden. Aber es ist andererseits auch unbestreitbar, daß so manche Interpretation der Gewerkschaften in der Bundesrepublik eher Wunschdenken als realer Tatbestandsanalyse entsprang und entspringt. Gewerkschaften sind Migliederorganisationen in einem sehr unmittelbaren Sinne. Die Interessen der Mitglieder sind trotz aller oligarchischer Strukturen, die natürlich derartige Massenorganisationen prägen, aus vielerlei Gründen letztlich dominant für die Orientierung der Gewerkschaftsführungen: Die Freiwilligkeit des Beitritts, die Höhe des Mitgliedsbeitrages, das Selbstbewußtsein der Organisierten auf den verschiedenen Ebenen der Betriebe und der Verwaltungen sowie auf den Gewerkschaftstagen, die notwendige Zustimmung zur Führung von Arbeitskämpfen – all dies sind Momente, die eine Gewerkschaftsführung über das Eigeninteresse an der Wiederwahl hinaus sehr konkret veranlassen, die spezifischen Interessen ihrer Mitglieder und Delegierten nicht außer acht zu lassen. Daraus folgt, daß die Gewerkschaften gewiß mehr sind und sein wollen als reine Interessenvertretungen. Aber in einem abstrakten Sinne Klasseninteressen zu verfolgen, war für deutsche Gewerkschaften schon immer eher untypisch.

Für die Zeit nach 1945 gilt dies in besonderem Maße, ohne daß hier über die Frage der »Entideologisierung« gestritten werden soll. Nach 1945 sind die Gewerkschaften der Bundesrepublik auch in ihrem Selbstverständnis mehr als »reine« Sachwalter von Mitgliederinteressen. Dies wird vor allem am Engagement für Aufbau und Ausgestaltung des modernen Sozialstaats deutlich. Dieser strebt aber eine Modifikation und Korrektur der kapitalistischen Ökonomie an, nicht deren Beseitigung. In diesem Sinn war der DGB in seiner vierzigjährigen Geschichte auch keine Systemopposition oder systemüberwindende Kraft, sondern stets im Bündnis mit anderen politischen und gesellschaftlichen Kräften, die ein System größerer sozialer Gerechtigkeit und mehr Demokratie erstrebten. Sie sind der Zielsetzung Böcklers auf dem Gründungskongreß treu geblieben, daß die Gewerkschaften ihre Aufgabe ausschließlich in der Beseitigung jeder sozialen Not durch Herbeiführung menschenwürdiger Arbeits- und Lebensbedingungen für alle Arbeitnehmer sähen.

Historisch betrachtet hat der Sozialstaat in Deutschland drei Wurzeln, die sich heute in rechtsstaatlicher Ausgestaltung vereinigt haben:
– das aus dem Obrigkeitsstaat entstammende Fürsorge- und Zwangsversicherungsprinzip,
– das republikanisch-demokratische Prinzip kollektiver Rechtsetzung für den Bereich des Arbeitslebens und
– das aus ständestaatlichem Denken erwachsene Prinzip des gesetzlichen Schutzes besonderer Berufe und Gewerbe.

Natürlich liegt die zentrale Aufgabe *der* Gewerkschaften heute wie seit 1918 im zweiten Punkt: in kollektiver Tarifrechtsgestaltung mit den Arbeitgebern ein Optimum an Arbeitsentgelten und Arbeitsbedingungen auszuhandeln und zu erkämpfen und damit den Anteil der in abhängiger Arbeit Beschäftigten am wachsenden Sozialprodukt zu sichern. Das ist eine Sozialstaatsaufgabe ersten Ranges. Sie setzt auf der anderen Seite die zu kollektivrechtlicher Regelung bereiten Arbeitgeber voraus. Wenn die Industriegewerkschaften als Tarifparteien diese ihre zentrale Aufgabe erfüllen konnten, dann ist dies – im Unterschied zu den Verhältnissen in der Weimarer Republik – auch dadurch bedingt, daß sie nicht mehr um das Prinzip kollektivrechtlicher Regelung der Lohn- und Arbeitsbedingungen mit mächtigen Arbeitgeberverbänden kämpfen müssen, die den Tarifvertrag grundsätzlich ablehnen.

Diese Seite der Sozialstaatsgestaltung bildet den Kern des Aufgabenbereichs der Industriegewerkschaften. Diese Sozialstaatsgestaltung richtet sich auch nicht als Forderung an den Staat. Ihr Grundsatz ist die seit 1945/49 geltende Staatsfreiheit; die unbestrittene »Tarifautonomie« gehört zu den wertvollsten Errungenschaften des bundesrepublikanischen Sozialstaats. Der Grad ihrer Gewährleistung ist natürlich auch eine Folge des Umgangs mit dieser Staatsfreiheit durch die Parteien des Tarifvertrages.

Der DGB als von den Einzelgewerkschaften getragener Dachverband muß im Gegensatz zu den auf autonom-kollektivrechtlicher Gestaltung bedachten Parteien des Tarifvertrages dagegen seinen Ort in der politischen Interessen- und Entscheidungsstruktur der Bundesrepublik in besonderem Maße bestimmen, ohne daß sich die Einzelgewerkschaften deswegen hier ausschließen ließen. Überdies wird häufig übersehen, daß dem DGB-Bundesvorstand die Vorsitzenden der Einzelgewerkschaften angehören und damit das innerhalb der Gewerkschaften sehr unterschiedliche Gewicht der einzelnen Gewerkschaften voll durchschlägt. Für alle ist aber erkennbar »der DGB« das Sprachrohr für die meisten Angelegenheiten, die über die Tarifpolitik hinausgehen. Insofern ist es hier berechtigt, vom DGB zu sprechen und dabei die Einzelgewerkschaften mit zu berücksichtigen.

Besonders profiliert und erfolgreich agierten die Gewerkschaften bei dem Kampf um die Verankerung der aus der Besatzungszeit stammenden Montanmitbestimmung im deutschen Gesetzesrecht, bei den Sicherungsgesetzen zur Montanmitbestimmung und beim Mitbestimmungsgesetz von 1976. Als Niederlage für die Gewerkschaftsorganisation war die gesetzliche Ausgestaltung des Betriebsverfassungsgesetzes anzusehen. Dies gilt auch noch für die novellierte Fassung von 1972, wenngleich längst die Gewerkschaftsmitgliedschaft der Betriebsräte und Vertrauensleute die gesetzlich verursachten Einwirkungsdefizite annähernd ausgleicht. Der DGB ist mit seinen Vertretern in zahlreiche öffentlich-rechtliche Einrichtungen »inkorporiert«, an zentralen sozialstaatlichen Institutionen wie der Bundesanstalt für Arbeit führend beteiligt. Er ist der Repräsentant der Arbeitnehmerschaft in korporatistischen Steuerungsgremien wie vor allem in sogenannten »Konzertierten Aktionen«. Dies alles und vor allem auch die Beteiligung an der Arbeits- und Sozialgerichtsbarkeit weisen die Gewerkschaftsorganisation als Bestandteil des modernen Sozial- und Leistungsstaates aus. Es versteht sich unter diesen Umständen von selbst, daß die Gewerkschaften in der politischen Willens- und Entscheidungsbildung maßgeblich mitwirken – weit über die Politikbereiche Arbeit, Gesundheit und Soziales hinaus. Der nationale Rahmen ist längst überschritten; Beteiligungs- und Einwirkungsfelder werden gegenwärtig europaweit konsequent ausgebaut.

Kurz, der DGB hat vor vierzig Jahren die Weichen offen in ein offenes Feld hinein gestellt. Aus diesem Ansatz entwickelte sich eine »Integration« in Staat, Wirtschaft und Gesellschaft des modernen demokratischen Sozialstaats hinein, die gewerkschaftsgeschichtlich unvergleichbar ist. Daraus folgt auch eine gewisse Anfälligkeit, die vor allem aus »systembedingten« Gefahrenquellen gespeist wird.

Der DGB hat die Erfahrung machen müssen, daß die für die Gewerkschaftsbewegung geradezu »klassische« Idee der Gemeinwirtschaft in einer vollständig restaurierten privaten Eigentumsordnung mit offenen Märkten zerbricht. Eine erfolgreiche Unternehmenspolitik gewerkschaftseigener Konzerne läßt unter diesen Bedingungen die Wahrung einer gemeinwirtschaftlichen »Identität« kaum noch zu. Darüber hinaus aber erwies sich kollegiale Vertrauensgewißheit als ungeeignet für die notwendige harte und konsequente Kontrolle der mit gewerkschaftlichem Kapital und Vertrauen operierenden, vom DGB bestellten Sachwalter. Der Skandal um die Neue Heimat hat den Gewerkschaften in der Bundesrepublik schweren und der Idee der Gemeinwirtschaft bleibenden Schaden zugefügt. Die Trennung der Gewerkschaften von eigenen Erwerbsunternehmen war und ist geboten. Aber sie stellt ebenfalls eine geschichtliche »Zäsur« für die Gewerkschaften dar. Der DGB hat des weiteren die politische Erfahrung praktisch machen müssen – theoretisch war sie eigentlich schon durch das Prinzip der Einheitsgewerkschaft bedingt –, daß die traditionelle Anlehnung an die sozialdemokratische Partei zwar auch im politischen System der Bundesrepublik eine naheliegende und nützliche Möglichkeit darstellte, im politischen Raum Arbeitnehmer- und Gewerkschaftsinteressen noch wirksamer in Gesetzgebung, Regierung und Verwaltung zu vertreten. Aber es hat sich bereits frühzeitig angekündigt, daß daraus erhebliche Probleme für die gewerkschaftliche Autonomie erwachsen können. War schon der Weg der SPD von der strikten Opposition zur »Staatspartei« seit 1959/61 eine gelegentlich andere, spezifisch gewerkschaftlichen Zielsetzungen widerstreitende Strategie, so gefährdete in Krisenjahren (1966/67 und ab 1974) die aus der Regierungsverantwortung der SPD folgende Disziplinierungstendenz deutlich die Wahrnehmung gewerkschaftlicher Interessen. Sogar die Organisation war dadurch betroffen, wenn die Führung bestimmte taktische Schritte – die sie mit Rücksicht auf die Regierung unternahm oder unterließ – nicht mehr angemessen der Basis vermitteln konnte.

Der DGB hat außerdem die Erfahrung machen müssen, daß die Einbindung der gewerkschaftlichen Organisationen in alle Zweige und Verästelungen des modernen Sozialstaats die Gewerkschaft selbst in Mitleidenschaft zieht, wenn aus weltwirtschaftlichen Gründen und/oder aufgrund einer »Finanzkrise des Staates« der Sozialstaat in Finanzierungs- und Legitimationsschwierigkeiten gerät. Die Organisation ist betroffen von der Rückführung sozialstaatlicher Leistungen, ohne ihre Mitglieder davor bewahren zu können; sie trägt nach außen hin Mitverantwortung für wachsende soziale Ungerechtigkeiten, für Massenarbeitslosigkeit und gesellschaftliche Ausgrenzungen. In Wirklichkeit hat sie aber weder die Kompetenz noch die Macht, für eine Umkehrung anti-sozialistischer Politik bzw. für eine bessere gesamtstaatliche Verteilung oder für Vollbeschäftigung zu sorgen.

Gefährliche Gradwanderungen werden unvermeidlich, bei denen letztlich naturgemäß das Organisations- und Mitgliederinteresse den Willen zur Sicherung und zum Ausbau des Sozialstaats überlagert. Die »Besinnung auf die eigene Kraft«, in den Krisenjahren ab 1975 oft beschworen, scheint am Ende der achtziger Jahre deutlicher als zuvor eine Maxime des DGB geworden zu sein. Da diese Maxime nicht allein aus dem Geist der Einheitsgewerkschaft, sondern ebenso aus der praktisch-politischen Erfahrung erwachsen ist, kann sie als eine wesentliche Grundlage für die Bewältigung von Problemlagen angesehen werden, vor denen die Gewerkschaften selbst – und nicht nur der Sozialstaat – heute stehen.

3. Die Gewerkschaften in neuen Herausforderungen

Die sarkastische Anmerkung von Ernst Breit, es habe annähernd 50 Jahre gedauert, bis nach dem Zweiten Weltkriege der technisch-industrielle Wandel organisatorisch adäquat nachvollzogen war, schneidet ein Grundproblem der Gewerkschaften an, das nicht mit der Gründung des DGB erledigt wurde. Auch heute wieder, 40 Jahre nach dem Gründungskongreß, gibt es entsprechende Probleme. Faßt man die wissenschaftliche Literatur über die Zukunft der Gewerkschaften und die Forschungen über die Folgen des technisch-wirtschaftlichen Wandels zusammen, so muß nicht gerade die Erosion des gewerkschaftlichen Organisationsgedanken befürchtet, aber doch die Bereitschaft von den Gewerkschaften erwartet werden, gewohnte Verhaltensweisen, bewährte Strategien und Instrumente sowie gesicherte Kompetenzen zu überdenken und neu zu definieren.

Generell betrachtet verzeichneten die DGB-Gewerkschaften in den siebziger und achtziger Jahren trotz schwerwiegender Problemlagen wie Massenarbeitslosigkeit, Weltwirtschaftskrise, Abkehr von keynesianistischer Konjunkturpolitik und Deregulierungsstrategien einen Anstieg ihrer Mitgliederzahlen und des Organisationsgrades. Im internationalen Vergleich, auch im Vergleich mit den westeuropäischen Staaten, die mit ähnlichen Problemen konfrontiert waren und wo die Gewerkschaften Mitgliederverluste hinnehmen mußten, schnitten die deutschen Gewerkschaften auffallend positiv ab. Wenn aber dieses positive Ergebnis vor allem in traditionellen Bereichen der Industriebeschäftigung mit hohem Organisationsgrad und rückläufigen Beschäftigtenzahlen erzielt wurde, dann spricht dies zwar für die Akzeptanz der Gewerkschaften als klassische Solidar- und Schutzinstanz. Für die Zukunft wichtig ist aber vor allem, daß der Organisationsgrad in wachsenden Wirtschaftszweigen zunimmt. Dort gibt es größere Schwierigkeiten, den Organisationsgrad zu erhöhen. Denn es handelt sich vorwiegend um Dienstleistungsbereiche oder um Wirtschaftsbereiche mit hochqualifizierter Industriearbeit. Der Wandel in den wirtschaftlichen Wachstumsfeldern läßt ein altes Problem wieder in den Vordergrund treten, das den DGB schon bei seiner Gründung intensiv beschäftigt hatte: die Einbeziehung der Beschäftigten mit einem Angestelltenstatus.

Die Gewinnung der Angestellten im weitesten Sinne hat heute existentielle Bedeutung für die Gewerkschaften erlangt. Die Schwierigkeiten dabei sind gewiß immer auch noch traditioneller Art, also die bekannte Distanz zu den Gewerkschaften, die sich aus einem spezifischen Berufsverständnis ergibt. Die Probleme bei der Gewinnung von Angestellten müssen heute aber auch in zu selbstgewissen Attitüden von Gewerkschaftsfunktionären und Eigenroutinen ihrer Verwaltungen gesehen werden, die den hochqualifizierten Arbeitnehmer im Angestelltenstatus abschrecken. Wissenschaftliche Konzepte empfehlen z.B. den Gewerkschaften die Anwendung moderner Akquisitionsverfahren, die vor allem aus einem überzeugenden »Dienstleistungsangebot« der Gewerkschaft bestehen. Damit könnte vielleicht auch vermieden werden, daß gelegentlich wieder auftauchende Hinweise auf berufsgewerkschaftliche Strukturen an Gewicht gewinnen.

Zweifellos hätte eine derart moderne Mitgliederwerbung Auswirkungen auf die innere Verfaßtheit des »klassischen« Typs »Gewerkschaft«. Ist dieser Begriff heute aber nicht schon deshalb zweifelhaft geworden, weil natürlich auch die Funktionäre und in wachsendem Maße die Vorstandsmitglieder der Einzelgewerkschaften ebenfalls jenen Typus von Erwerbstätigen repräsentieren, der heute den Angestellten auszeichnet? Also gute und längere (akademische) Ausbildung, rational-professionelles Verhalten usw. – Es zeichnet sich allenthalben eine relative Homogenität der Akteure in Gewerkschafts- und Arbeitgeberlager ab.

Die gewerkschaftliche Organisation muß den Strukturwandel nachvollziehen und bewältigen, der in der Veränderung der Wachstumsbranchen sowie der Qualität und der Quantität der Arbeit zum Ausdruck kommt. Das ist ein altes Problem der Gewerkschaftsbewegung.

Die Anforderungen liegen, wie jeder aktive Gewerkschafter weiß, keineswegs allein in Mitgliederwerbung und Organisationsgrad. Vielmehr gilt es – auf der Ebene der Einzel- (Branchen-)Gewerkschaften und der Betriebe – neue problemnahe und problemangemessene Verhandlungs- und Regelungsmechanismen für die »klassische« Aufgabe der Festlegung der Lohn- und Arbeitsbedingungen zu finden. Hier kommen neben der Dachorganisation DGB noch einmal die Einzelgewerkschaften und die Betriebsräte gesondert in den Blick.

Das deutsche System der branchenweiten Tarifverträge und eine von den autonomen Tarifparteien abgesonderte »Ebene« der Betriebsverfassung und der Betriebsräte, die ihre Kompetenzen aus eigenem Recht gewinnen, gilt im internationalen Vergleich als eine besonders flexible und belastungsfähige Form rechtlich geordneter industrieller Beziehungen und der Konfliktlösung. Es sei hier dahingestellt, ob dies in allen Einzelheiten zutrifft. Wichtig ist für die Zukunft jedoch, daß infolge des technisch bedingten Wandels der Produktion, der Produktionsverfahren und flexibler Arbeitsorganisation (»Postfordismus«) eine Neubestimmung des Verhältnisses zwischen branchenweit orientiertem Tarifrecht und betriebsnaher Ausgestaltung zur Diskussion steht. Dies gilt natürlich auch für alle Formen der Flexibilisierung von Arbeitszeiten.

Die Gewerkschaft darf keine – wie es Steinkühler bezeichnet hat – »Holdinggesellschaft« werden, die die wirklichen betrieblichen Festlegungen der Arbeitsbedingungen nur noch locker durch weit gefaßte Rahmenverträge bündelt. Aber sie wird im Interesse günstiger Ausgestaltungen der Lohn- und Arbeitsbedingungen und angesichts technisch revolutionärer Produktionssteuerungen darauf achten müssen, daß die tariflichen Regelungen problemnah und differenziert erfolgen. Noch weitgehend ungeklärt ist, ob sich damit größere Handlungsspielräume für die Betriebsräte ergeben müssen, die ja aus eigenem Recht handeln, das nicht eigentlich gewerkschaftsfreundlich ist. Vielleicht lassen sich andere Möglichkeiten einer »betriebsnahen« Tarifpolitik durchsetzen, die eher eine Dezentralisierung der »klassischen« gewerkschaftlichen Tarifpolitik darstellen: »klassisch« heißt hier die Kompetenz des Hauptvorstandes zum Abschluß des Tarifvertrages, zur Einleitung von Kampfmaßnahmen und die Fähigkeit zur Einhaltung der Tarifabkommen. Unbestritten dürfte sein, daß betriebsnahe Regelungsinstanzen, also Betriebsräte oder auch andere gewerkschaftliche Gremien, der hinter ihnen stehenden Macht der Industriegewerkschaft und der von ihr durchgesetzten Tarifverträge bedürfen, wollen sie wirksam sein und bleiben.

4. Macht und Ohnmacht der Gewerkschaften

Seit 1949 haben sich die wirtschaftlichen und gesellschaftlichen Rahmen- und Handlungsbedingungen für die Gewerkschaften in der Bundesrepublik grundlegend geändert. Die Wirtschaft der Bundesrepublik ist heute der Prototyp einer modernen, sozialmoderierten kapitalistischen Wirtschaft, die maßgeblich vom internationalen Wettbewerb, vom Wirtschafts- und Kapitalverkehr bestimmt wird. Hinzu kommt die Verlagerung zahlreicher wirtschafts- und gesellschaftspolitischer Kompetenzen an die EG-Bürokratie. Die Frage der »Macht« einer Organisation der in abhängiger Arbeit Beschäftigten kann mithin nicht mehr allein aus nationaler Perspektive bewertet werden.

Grundlage der Macht ist die Organisation, sind Zahl und Engagement der Organisierten insgesamt und noch mehr in den einzelnen Wirtschaftsbereichen, die sich ihrerseits wieder durch unterschiedliche Grade von Wachstum und Schwäche unterscheiden. Die Gewerkschaften sind überdies heute Träger des Sozialstaats und seiner gesetzlich-administrativ garantierten Sozialleistungen; aber sie sind natürlich auch die Nutznießer dieses »sozialen Netzes«. Es stärkt ihre Verhandlungsposition.

Es wird heute viel über die »Adaptionsfähigkeit« der Gewerkschaften geschrieben, d.h. ihre Fähigkeit zur Anpassung an die veränderten gesellschaftlich-wirtschaftlichen Bedingungen, Werte und Verhaltensweisen. Kann dies eigentlich verwundern? Als demokratische und mitgliederabhängige Organisationen können sie nicht unabhängig sein von den gesellschaftlichen Entwicklungen.

Eine andere Frage ist, ob und inwieweit die Gewerkschaften und ihre Führungen mit Zustimmung der von ihnen Repräsentierten in der Lage sind, materiell und ideell machtvolle Gegenpositionen gegenüber gesellschaftlichen und politischen Trends einzunehmen. Erst hierin würde sich »Macht« äußern, die über Schutzfunktionen hinausgeht und vielleicht am besten mit »Gestaltungsmacht« umschrieben wird. Als Tarifparteien haben die Gewerkschaften Gestaltungsmacht, das ergibt sich aus ihren Funktionen. Diese Macht ist nicht unbegrenzt, und sie ist nicht unabhängig von konjunkturellen Ambivalenzen. Die Gewerkschaften haben nicht genügend Macht, um die Massenarbeitslosigkeit zu beseitigen. Aber sie können, wie der Kampf vor allem der IG Metall um die 35-Stunden-Woche beweist, ihre Funktionen und Machtmittel auch in den Dienst allgemeinerer Ziele stellen. Denn unbestritten dürfte sein, daß Arbeitszeitverkürzungen in einer wachsenden Wirtschaft positive Beschäftigungswirkungen haben. Die Schwere des Kampfes zeigt aber bereits, wie ambivalent die Machtfrage ist.

»Rechtsfortbildung durch gewerkschaftliche Gegenmacht« war vor mehr als 20 Jahren eine von der Gewerkschaftstheorie an die Gewerkschaften herangetragene Erwartung. Diese Forderung haben die DGB-Gewerkschaften seit 40 Jahren in ihrer Tarifpolitik erfüllt. Gegenmacht gegen soziale und politische Reaktion ist darüber hinaus stets geltend gemacht worden, wo sich Anzeichen antidemokratischer Art bemerkbar machten. Auch hier kann man die Gewerkschaften nicht als »blinde Macht« bezeichnen. Aber die DGB-Gewerkschaften waren und sind keine Gegenmacht im Sinne einer Avantgarde einer neuen Gesellschaft und einer anderen Ökonomie. Das mag man bedauern. Aber sie sind sich als reformistische Organisationen treu geblieben und darin dürfte ihr Erfolg als Organisation und in bezug auf die erreichten Leistungen für die Organisierten und die »Trittbrettfahrer« gleichermaßen liegen.

Macht und Geschlossenheit wird der DGB brauchen, um den sozialen Part im Gemeinsamen Markt (EG) angemessen zur Geltung zu bringen. Es muß von dieser im europäischen Vergleich starken Gewerkschaftsorganisation in einer erfolgreichen Ökonomie mehr als ein Mitgehen erwartet werden.

Auf der Strecke geblieben ist in den vierzig Jarhen seit 1949 die Kulturarbeit der Gewerkschaften. Es wäre verfehlt, die Ursache allein auf eine immer stärkere materielle Orientierung der DGB-Gewerkschaften zurückzuführen. Dennoch wäre der DGB gut beraten, wenn er jenseits des Üblich-Formelhaften im heutigen politischen Sprachgebrauch Anstoß gäbe für ein Nachdenken über so »klassische«, ja unmoderne Fragen wie die nach Entfremdung und Individualisierung, personaler Autonomie und Individualität des arbeitenden Menschen, wie ihn Hans Böckler einmal gesehen hat.

PROTOKOLL

GRÜNDUNGSKONGRESS

DES DEUTSCHEN

GEWERKSCHAFTS

BUNDES

MÜNCHEN, 12.-14. OKTOBER 1949

 BUND-VERLAG GMBH., KÖLN/RHEIN

Als Manuskript gedruckt.
Nicht für den Handel bestimmt.

Herausgeber:
Deutscher Gewerkschaftsbund für das Gebiet der Bundesrepublik Deutschland
Der Bundesvorstand, Düsseldorf, Stromstraße 8

Verlag: Bund-Verlag, Köln, Pressehaus
Druck: Berlin-Grunewald, Bismarckplatz. Januar 1950. Auflage: 6000

PROTOKOLL

Gründungskongreß

des

DEUTSCHEN GEWERKSCHAFTSBUNDES

für das Gebiet der Bundesrepublik Deutschland

München, Kongreßsaal des Deutschen Museums

12., 13. und 14. Oktober 1949

EINFÜHRUNG

Sechzehn Gewerkschaften, vertreten durch 487 stimmberechtigte Delegierte, berieten die Gründung eines deutschen Gewerkschaftsbundes für das Gebiet der Bundesrepublik. Sämtliche Delegierten versammelten sich am Morgen des ersten Verhandlungstages in Anwesenheit von über 200 Gastdelegierten und zahlreichen bedeutenden Gästen des In- und Auslandes zur Eröffnung des Kongresses, die vom Vorsitzenden des Gewerkschaftsrates der vereinten Zonen, Dr. h. c. Hans Böckler, vorgenommen wurde.

Die Bedeutung dieses Kongresses wurde nicht nur durch die lückenlose Anwesenheit aller Delegierten, sondern auch durch die Tatsache unterstrichen, daß nahezu 100 Vertreter der In- und Auslandspresse dem Ereignis beiwohnten. Rundfunk und Film unterrichteten die Öffentlichkeit über den Verlauf der Tagung. Mehr als 500 verdiente Gewerkschaftskolleginnen und -kollegen nahmen als Gasthörer am Kongreß teil.

Hauptsächlich zwei Probleme füllten die Beratungen des Kongresses aus:

der organisatorische Neuaufbau, der mit der Gründung eines einheitlichen Gewerkschaftsbundes für das Gebiet der Bundesrepublik Deutschland vorläufig abgeschlossen wurde, und

die Festlegung der Gewerkschaftspolitik in einer Reihe von Richtlinien für die in nächster Zeit zu erwartenden Auseinandersetzungen auf wirtschafts- und sozialpolitischem Gebiet.

In beiden Fragen nahm der Kongreß die ihm gemachten Vorschläge größtenteils einstimmig an. Dies bedeutete eine klare Anerkennung der vom Vorbereitenden Ausschuß für den Gründungskongreß und vom Gewerkschaftsrat der vereinten Zonen geleisteten umfangreichen und langwierigen Vorarbeiten.

ERSTER VERHANDLUNGSTAG

Mittwoch, 12. Oktober 1949

Vormittagssitzung

Vorsitzender: Dr. h. c. Hans Böckler

(DER KONGRESS trat um 9 Uhr zusammen. Bis zur Wahl des Kongreßbüros übernahm der Gewerkschaftsrat der vereinten Zonen mit Kollegen Hans Böckler als Vorsitzendem die Leitung des Kongresses.)

EHRET DIE ARBEIT!

Wer den wucht'gen Hammer schwingt,
Wer im Felde mäht die Ähren,
Wer ins Mark der Erde dringt,
Weib und Kinder zu ernähren;
Wer stroman den Nachen zieht,
Wer bei Woll' und Werg und Flachse
Hinterm Webestuhl sich müht,
Daß sein blonder Junge wachse;
Jedem Ehre, jedem Preis!
Ehre jeder Hand voll Schwielen!
Ehre jedem Tropfen Schweiß,
Der, in Hütten fällt und Mühlen!
Ehre jeder nassen Stirn
Hinterm Pfluge — doch auch dessen,
Der mit Schädel und mit Hirn
Hungernd pflügt, sei nicht vergessen!

(Friedrich **Domin**, München, Gewerkschaft Kunst, sprach als Prolog die ersten Verse des Gedichts „Requiescat!" von Ferdinand Freiligrath.

Nach Vortrag der Ouvertüre zur Oper „Euryanthe" von Karl Maria von Weber durch das Münchener Philharmonische Orchester unter der Stabführung von Generalmusikdirektor Eugen Pabst ergriff Kollege Böckler, mit lebhaftem Beifall empfangen, das Wort zur Begrüßungsansprache.)

Punkt 1 der Tagesordnung:

Eröffnung

DER VORSITZENDE (Hans **Böckler**):

Hochverehrte Gäste! Kolleginnen und Kollegen!

Gestatten Sie mir den Ausdruck meiner und meiner Kollegen hohen Befriedigung darüber, daß Sie sich so zahlreich zu unserem ersten Kongreß der Gewerkschaften in der Deutschen Republik hier in München einfanden. Wir glaubten als Gewerkschaften nicht nur berechtigt, sondern verpflichtet zu sein, Sie, meine sehr verehrten Gäste, zur Teilnahme an diesem Kongreß einzuladen. Und so entbiete ich denn Ihnen allen namens des Gewerkschaftsrates und der Gewerkschaften, die sich hier in München zu einem Bund vereinigen wollen, ein herzliches Willkommen.

Ich darf begrüßen in der Reihe der illustren Gäste, die wir hier versammelt sehen, den Herrn Bundesarbeitsminister Anton Storch. Er vertritt den Herrn Bundeskanzler, und ich heiße ihn als einen unserer alten Gewerkschaftskollegen doppelt herzlich willkommen. *(Beifall.)*

Ich begrüße weiter den Herrn Vizepräsidenten des Bundestages Herrn Professor Dr. Carlo Schmid. *(Beifall.)*

Einen ebenso lieben Freund und Gewerkschaftskollegen darf ich begrüßen in der Person des Präsidenten des Bundesrates, Herrn Ministerpräsidenten Karl Arnold. *(Beifall.)*

Ein Wort der Freude über die Anwesenheit des Herrn Ministerpräsidenten unseres gastgebenden Landes Bayern, Herrn Dr. Hans Ehard. *(Beifall.)*

Weitere uns sehr liebe Gäste sind Mr. Luce als Vertreter des Herrn Hohen Kommissars der Britischen Krone, Mr. Brown als Vertreter des Herrn Hohen Kommissars der USA, und M. Hurwiez als Vertreter des Herrn Hohen Kommissars von Frankreich. *(Beifall.)*

Ebenso herzlich darf ich begrüßen die sonst noch anwesenden Herren Beamten der Dienststellen der Herren Hohen Kommissare. Mein Gruß gilt ferner dem Vertreter der amerikanischen Regierung für Bayern, Mr. van Wagoner, und seinen Mitarbeitern. *(Beifall.)*

Ich begrüße außerdem den Sonderbeauftragten der Marshall-Plan-Verwaltung, Mr. Saposs, der an Stelle des verhinderten Mr. Collisson hier erschienen ist. *(Beifall.)*

Wir dürfen weiter begrüßen den Herrn Arbeitsminister von Bayern, Herrn Heinrich Krehle *(Beifall)*, und als Vertreter des Herrn Wirtschaftsministers für Nordrhein-Westfalen, Nölting, Herrn Ministerialdirektor Dr. Potthoff. *(Beifall.)*

Nun einen besonders freundlichen Gruß dem Herrn Oberbürgermeister der Stadt München, unserem Kollegen Thomas Wimmer. Mit diesem meinem Gruß verbinde ich herzlichen Dank für die uns durch die Stadt München gewährte Gastfreundschaft. *(Lebhafter Beifall.)*

Ferner sind hier noch eine ganze Reihe anderer höchst ehrenwerter Gäste, die uns teilweise durch ihre Mitarbeit in der Gewerkschaftsbewegung persönlich sehr gut bekannt sind. Ich nenne da nur die Namen: Herr Professor Nipperdey, Herr Oberregierungsrat Bömcke und Herr Staatssekretär Dr. Walter Auerbach.

Und nun zu unseren ausländischen Freunden, die uns die Ehre ihres Besuches erweisen. Einen herzlichen Gruß den Kameraden Mr. Henry Rutz und Mr. Elmer Cope, ersterer als Vertreter der American Federation of Labor, letzterer des Congress of Industrial Organisations. *(Beifall.)*

Unter Begleitung des uns allen bekannten Kameraden Gottfurcht sind hier erschienen unsere englischen Freunde Mr. Willis und Mr. Bartlett, ihnen einen herzlichen Gruß und ein herzliches Willkommen. *(Beifall.)*

Ebenso herzlich begrüße ich den Vertreter der norwegischen Gewerkschaften, unseren Kameraden Nordahl. *(Beifall.)* Schweden hat zu unserer Tagung die Kollegen Eriksson und Meidner entsandt. Die dänischen Gewerkschaften sind vertreten durch die Kollegen Nielsen und Kocik. *(Beifall.)* Ihnen allen herzlichen Gruß.

Von den niederländischen Gewerkschaften ist erschienen der Kollege Landman, zusammen mit seinen Freunden van Hulst und van Beers, und aus Belgien kam der vielen von uns bekannte Kollege Major. Diesen Kollegen sowohl als auch den aus Frankreich erschienenen Kollegen Bothereau und Albert Preuss unseren herzlichen Gruß. *(Beifall.)*

Von den italienischen Gewerkschaften darf ich begrüßen den Kameraden Giuffre und von den schweizerischen Gewerkschaften die Kameraden Rösch und Dr. Wyss. *(Beifall.)* Sie sind uns liebe Gäste ebenso wie der Kollege Geiger, der aus Österreich als Delegierter der dortigen Gewerkschaften hier anwesend ist *(Beifall.)*

Auch das Saargebiet ist auf unserem Kongreß vertreten. Es hat uns entsandt die Kollegen Wacker, Schmidt und Fliegler. Auch ihnen einen ganz besonders herzlichen Gruß. *(Beifall.)*

Und nun noch Gruß und den Ausdruck unserer hohen Freude über die Anwesenheit einer Vertretung der Unabhängigen Gewerkschafts-Organisation, also der UGO, in Berlin. *(Starker Beifall.)* Ihnen ein ganz besonderes Wort in Anerkennung ihres heroischen Kampfes, den sie seit langer Zeit um die höchsten Menschheitsgüter, um persönliche Freiheit und Unabhängigkeit zu führen gezwungen sind. Wir alle wissen, unsere Berliner Kollegen führen den Kampf nicht nur für sich, sondern ihr Kampf wird auch geführt für uns, die auch wir gerade die persönliche Freiheit und Unabhängigkeit mit allen Mitteln zu schützen und zu verteidigen willens sind, falls sie bei uns einmal gefährdet sein sollten. Wenn ich den Berliner Kollegen und ihnen ganz besonders eine hohe Anerkennung zolle, so möchte ich daranfügen die Bitte, auszuharren in diesem Kampf und ihn durchzustehen bis zu seiner Beendigung.

Dabei gestatten Sie mir, daß ich hier auch dem tiefsten Bedauern der Gewerkschaften in den westlichen Zonen Ausdruck gebe, dem Bedauern darüber, daß es leider, leider die politischen Verhältnisse noch nicht zulassen, in unseren Gewerkschaftsbund einzubeziehen auch die Gewerkschaftler der Ostgebiete. *(Beifall.)*

Ein weiterer lieber Gast ist der Vertreter des Internationalen Arbeitsamtes, Herr Schuil. *(Beifall.)* Er, ein Verantwortlicher einer für die Gewerkschaften so außerordentlich wichtigen Behörde, ist uns einmal in dieser Eigenschaft, dann aber auch wegen seiner bekannten persönlichen Sympathien für uns besonders willkommen.

Für die uns befreundeten Organisationen des Inlandes sind erschienen die Kollegen Dahrendorf und Meins als Vertreter der Großeinkaufs-Gesellschaft Deutscher Konsumgenossenschaften *(Beifall)*, der Kollege Heinberg für den Zentralverband Deutscher Konsumgenossenschaften und Kollege Thiele für die Alte Volksfürsorge. Auch ihnen herzliches Willkomm in unserem Kreis. *(Beifall.)*

Falls ich nun noch jemand nicht genannt und übersehen haben sollte, bitte ich, dies zu entschuldigen. Wir werden zu gegebener Zeit etwa Versäumtes nachholen.

Ich möchte es nicht unterlassen, eine Zuschrift des Bundeskanzlers Dr. Adenauer bekanntzugeben. Er schreibt uns:

Sehr geehrter Herr Böckler!

Für Ihre freundliche Einladung zum Gründungskongreß des Deutschen Gewerkschaftsbundes für das Gebiet der Bundesrepublik Deutschland danke ich Ihnen bestens. Ich bedauere sehr, durch dringende Arbeiten in Bonn gegenwärtig so stark in Anspruch genommen zu sein, daß ich der Einladung leider nicht Folge leisten kann. Der Bundesminister für Arbeit, Herr Anton Storch, und der Bundesminister für Wirtschaft, Professor Dr. Erhard, sind beauftragt worden, die Bundesregierung auf dem Kongreß zu vertreten. Ich begrüße es aufrichtig, daß die Gewerkschaften nunmehr einen gemeinsamen Spitzenverband, den Deutschen Gewerkschaftsbund, für das Gebiet der Bundesrepublik schaffen werden.

Ich wünsche dem Kongreß, der im Leben der Gewerkschaftsbewegung ein Ereignis von außerordentlicher Bedeutung darstellt, vollen Erfolg.

Mit dem Ausdruck meiner vorzüglichen Hochachtung

Ihr sehr ergebener

Dr. Adenauer. *(Beifall.)*

Es liegen mir ferner verschiedene Briefe vor, die das Fernbleiben einzelner von uns eingeladenen Herren Minister mitteilen. Danach entschuldigt sich wegen Geschäftsüberbürdung Herr Dr. Heinemann, der Bundesminister des Innern. In ähnlicher Weise entschuldigt sich wegen dringender Sitzungen des Landtages — was der Behinderungen ja die allermeisten sind — der Wirtschaftsminister von Nordrhein-Westfalen, Professor Nölting.

Die Liste ist noch lange nicht erschöpft, sie wird erst fertiggestellt, weil noch laufend Eingänge zu verzeichnen sind. Und nun als Abschluß hierzu noch der Hinweis, daß eine ganze Reihe von Telegrammen eingegangen ist, u. a. ein Brief des Bundesvorstandes des Freien Deutschen Gewerkschaftsbundes, der unseren Verhandlungen guten Erfolg wünscht.

Lassen Sie mich wieder zurückkommen auf das, was Ihnen zu sagen mir besonders am Herzen liegt. Es handelt sich bei unserem Kongreß um ein höchst bedeutsames Vorhaben, das hier in München durchgeführt werden soll. 16 Gewerkschaften, jede sich auf das Gesamtgebiet der neuen deutschen Republik erstreckend, erstreben den Zusammenschluß zu einem Bunde, um in ihm und mit ihm den gemeinsamen Interessen ihrer Mitglieder zu dienen.

Es war ein langer, ein dornenvoller Weg, der von den Tagen des totalen Zusammenbruches bis hierher führte, und unendlich waren die Mühen, denen sich jeder zu unterziehen hatte, der willens war, unserer Gewerkschaftssache zu dienen. Groß waren die Leistungen, noch größer waren die Opfer, die verlangt wurden.

Es ist deshalb für uns, die wir heute hier versammelt sind, bitter, sehr bitter, zu wissen, daß es vielen der an diesen Leistungen und Opfern Beteiligten nicht mehr vergönnt war, diesen Kongreß als Krönung ihres Mühens zu erleben. Viele, viele sind dahingegangen, und wir gedenken ihrer heute in Dankbarkeit und Trauer, sowie wir auch all derer gedenken, deren geistiges Erbe wir als die Mitglieder der neuen Gewerkschaften angetreten haben und von denen so viele, viele als Opfer eines verruchten totalitären Systems allzu frühzeitig dahingehen mußten. Zu groß ist die Zahl der einen wie der anderen, als daß es mir möglich wäre, auch nur einzelne zu nennen. Sie alle haben sich unseren heißen Dank verdient, und wir empfinden es als heilige Verpflichtung, ihrer an diesem Ehrentage der deutschen Gewerkschaften zu gedenken.

(DER KONGRESS erhob sich zum Gedenken von den Sitzen.)

Ich danke allen hier Versammelten für ihre Teilnahme an diesem unsere Toten ehrenden Akt.

Werte Versammlung! In dem schicksalhaften Auf und Ab der gewerkschaftlichen Entwicklung nimmt dieser Kongreß in vieler Hinsicht eine Sonderstellung ein. Kongresse sind in der Vergangenheit stets die Höhepunkte der gewerkschaftlichen Arbeit gewesen, und es wird die Aufgabe auch dieser Versammlung sein, durch die Art ihrer Verhandlungen und Beschlüsse die Kraft und das Leistungsvermögen der Gewerkschaften nicht nur zu steigern, sondern auch das Ansehen zu mehren, das die Gesamtbewegung der gewerkschaftlich organisierten Arbeitnehmer sich bereits im ganzen Lande und beim ganzen Volke wieder erworben hat.

Was die Besonderheit des Kongresses ausmacht, ist die Tatsache, daß es trotz unerhörtester Erschwernisse der mannigfaltigsten Art in erstaunlich kurzer Zeit gelang, die Gewerkschaften so zu entwickeln, daß sie diesen Kongreß einzuberufen vermochten und ihn auch durchzuführen in der Lage sind. Aus kleinsten Teilchen der unterschiedlichsten Gestaltung, wie sie die Besatzungen, die Zerrissenheit des Landes mit sich brachten, formte gewerkschaftlicher Tatwille große Organisationsgebilde, deren jedes einzelne in zweckmäßigster Gestaltung, auf demokratischer Grundlage ruhend, heute bereits den gewerkschaftlichen Bedürfnissen der Arbeitnehmer eines

10

bestimmten Wirtschaftszweiges zweifellos zu genügen vermag. Vom Kleinen zum Großen und von der Vielfalt zur Einheit! Damit folgten die Gewerkschaften dem Gebote der Zeit.

So ist dieser Kongreß ein Beweis dafür, was vereinter Wille und vereinte Kraft vermögen, wenn sie zielklar eingesetzt werden dort, wo es Schäden zu heilen und Verbesserungen zu schaffen gilt.

Zum anderen hat dieser Kongreß auch deshalb noch seine besondere Note, weil in ihm der Gedanke der Einheit der gesamten Arbeitnehmerschaft seinen stärksten Ausdruck findet. Heute stehen die arbeitenden Menschen ohne Rücksicht auf parteipolitische und weltanschauliche Unterschiede in echter Verbundenheit zusammen. Wir haben den ehrlichen Willen, die Gewerkschaften so zu gestalten, daß sie allen Arbeitnehmern künftig eine echte Heimat sind. Denn wir alle wissen oder empfinden es wenigstens, daß die Einheit und Einigkeit der arbeitenden Menschen der Kraftquell ist, aus dem zu schöpfen den Entrechteten und Enterbten immer möglich sein wird, wenn es gilt, ihr Los zu bessern durch den Kampf um einen größeren Anteil an den materiellen wie auch den geistigen und kulturellen Gütern des Lebens.

Das geistige Rüstzeug für diesen Kampf aber zu schaffen ist Aufgabe dieses Kongresses. Er wird sie lösen, des bin ich gewiß, nach bestem Wissen und Vermögen. Sie aber, meine sehr verehrten Gäste, Sie werden Zeugen der Arbeit dieses Kongresses sein und, lassen Sie mich bitte das hoffen, Sie werden aus ihr die Erkenntnis des hohen Wertes allen gewerkschaftlichen Tuns für die Gesamtheit unseres Volkes gewinnen.

Sie aber, liebe Kolleginnen und Kollegen, die Sie als Delegierte ja in diesen Tagen alle Entscheidungen so zu treffen haben, daß sie dem Wohle der gewerkschaftlichen Bewegung dienen, Sie werden beweisen, daß die Gewerkschaftsbewegung unserer Tage und unseres Landes mehr ist als eine Bewegung nur um materiellen Gewinn. Ihre Arbeit, Ihre Verhandlungen werden beweisen, daß die Gewerkschaften ebenso das geistig und sittlich Hohe anstreben und damit Kulturarbeit im besten Sinne verrichten.

Ich hoffe, der erste Kongreß der Gewerkschaften in der deutschen Bundesrepublik wird alle auf ihn gesetzten Hoffnungen erfüllen. In diesem Sinne noch einmal allen Teilnehmern ein herzliches und aufrichtiges Willkommen.

Mit diesen meinen letzten Worten erkläre ich den ersten Bundeskongreß der Gewerkschaften in der deutschen Republik für eröffnet. (Starker Beifall.)

Begrüßung

Anton **Storch,** Bundesminister für Arbeit:

Meine sehr verehrten Damen und Herren! Lassen Sie mich auch: werte Kolleginnen und Kollegen, sagen!

Ich stehe hier im Auftrage der neuen Bundesregierung und habe Ihrem Kongreß sowohl im Auftrage des Bundeskanzlers als · auch der Minister die besten Wünsche zu übermitteln.

Die Bundesregierung ist sich klar darüber, daß sie in einem neuen deutschen Gewerkschaftsbund die größte und vielleicht auch wichtigste wirtschaftliche Organisation in unserem deutschen Leben vor sich hat. Diese große Organisation hat eine Verpflichtung gegenüber ihren Mitgliedern, sie hat eine ungeheure Verpflichtung gegenüber dem deutschen Volke. Unser Bundeskanzler hat ja bereits in seiner Regierungserklärung zu diesen Punkten Stellung genommen. Ich darf Ihnen den entsprechenden Satz aus seiner Erklärung noch einmal wörtlich in Ihre Erinnerung bringen. Er sagt:

„Die Rechtsbeziehungen zwischen Arbeitnehmern und Arbeitgebern müssen zeitgemäß neu geändert werden. Die Selbstverwaltung der Sozialpartner muß an die Stelle der staatlichen Bevormundung treten. Die Bundesregierung steht auf dem Boden der Koalitionsfreiheit.

Sie wird es den Verbänden überlassen, alles das in freier Selbstverwaltung zu tun, was den wirtschaftlichen und sozialen Interessen förderlich ist. Ein verständiger Ausgleich sozialer Gegensätze ist eine unumgängliche Voraussetzung für den Aufstieg des Volkes. Dieser Ausgleich muß durch die Sozialpartner selbst herbeigeführt werden. Die soziale und wirtschaftspolitische Anerkennung der Arbeitnehmerschaft macht eine Neuordnung der Besitzverhältnisse in den Grundindustrien notwendig.“

Diese Erklärung des Bundeskanzlers ist nicht von allein entstanden. Sie ist der Ausdruck der Verantwortlichkeit gegenüber unserem neuen Volke. Sie ist der Ausdruck dafür, daß man das Kollektivistische aus dem Staatsleben herausbringen will, daß man die Verantwortlichkeit auch im wirtschaftlichen Leben den in der Wirtschaft stehenden Menschen weitestgehend übertragen will. *(Beifall.)*

Meine lieben Kolleginnen und Kollegen! Wenn solches gesagt wird, dann sehen Sie am allerbesten die ungeheure Verantwortung, die jetzt bei Ihnen liegt. Man gibt Ihnen die Möglichkeit und der Staat wird vielleicht noch hier oder dort dafür zu sorgen haben, daß für diese freie Kraftentfaltung in der Wirtschaftspolitik Deutschlands die nötigen gesetzlichen Voraussetzungen geschaffen werden. Täuschen Sie sich nicht, diese größeren Rechte bringen für Sie ungeahnte Verantwortlichkeiten mit sich. Wir stehen am Anfang einer neuen Zeit.

Wir haben den furchtbarsten Krieg und den gräßlichsten Zusammenbruch hinter uns. Wir stehen vor der Möglichkeit, nun endlich wenigstens einen Zwischenzustand zwischen Besatzung und eigener Freiheit herzustellen. In den ganzen Jahren nach dem Kriege hatten wir die Militärregierung, die letzten Endes die letztverantwortliche Instanz in Deutschland inne hatte. Heute haben wir wieder eine eigene verantwortliche Regierung, wenn wir auch ein gewisses Kontrollrecht der Hohen Kommissare vor uns haben. Wir sollten im deutschen Staats- und Wirtschaftsleben uns klar darüber sein, daß wir für alle die Schwierigkeiten, die wir in den letzten Jahren zu überwinden hatten, nicht deutsche Menschen verantwortlich machen sollten, die in der Nachkriegszeit aus demokratischen Kräften des deutschen Volkes die Verantwortlichkeit übernommen haben. *(Beifall.)*

Sehen wir es doch, daß alle die Nöte, die uns heute so bedrängen, Folgen des Krieges sind und lassen wir doch die Verantwortlichkeit in der heutigen Zeit nicht schon wieder verschieben. Wir haben einen ersten Übergang zur Freiheit hinter uns. Wir stehen vor dem zweiten Abschnitt und haben nunmehr von uns aus in Eigenverantwortlichkeit nur noch unter einer gewissen Kontrolle weiter vorwärts zu streben. In dieser Zeit fällt die Verantwortlichkeit auch an Sie und es ist geradezu ein Glückszustand, daß dieser Kongreß so schnell nach der neustaatlichen Bildung zustande gekommen ist.

Wir können heute ganz klar voreinanderstehen und sagen: wo ist die Zuständigkeit? Heute geht durchs deutsche Volk so ein gewisses Raunen, man sagt: ja ist denn das, was von unseren Menschen z. Z. getan wird, alles richtig? Die einen sagen: ja. Die anderen meinen, man macht alles verkehrt. Und wenn wir in Deutschland in dieser Neuentwicklung sehen, daß sich auch bei uns ungefähr 1—1¼ Millionen Menschen, die arbeiten könnten, noch nicht in den Wirtschaftsprozeß eingliedern konnten, dann sollten wir doch immer und immer wieder sagen: auch diese Erscheinung ist ja letzten Endes eine Folge des Krieges.

Man hat uns aus dem Osten 8 Millionen Menschen hier in den übervölkerten Westen hineingepfropft und ich wage die Behauptung, daß auch die reichste Volkswirtschaft der Welt, die der Vereinigten Staaten, nicht in der Lage gewesen wäre, einen neuen Zustrom von 35 Prozent ihrer Bevölkerung aufzunehmen, ohne daß man in gewisse Schwierigkeiten wirtschaftlicher Art gekommen wäre. Darüber hinaus, meine lieben Freundinnen und Freunde, können wir doch klar ersehen, daß bei uns auch durch die Demontagen letzten Endes Arbeitsplätze für deutsche Menschen vernichtet worden sind. In einer Zeit, in der wir diesen Zustrom bekamen, mußten wir es auch noch hinnehmen, daß Arbeitsstätten als Folgen des Krieges und als Bedingung der Siegerstaaten vernichtet werden mußten. Wir kämpfen heute darum, daß das, was z. Z. auf diesem Gebiet noch getan werden soll, möglichst verhindert wird.

Wenn Sie in der allerletzten Zeit Zeitungen gesehen haben, dann finden Sie, daß ein Erkennen in der ganzen Welt vor sich geht, nämlich das Erkennen, daß man das dem deutschen Volk nicht mehr zutrauen darf, daß diesem Volk geholfen werden muß. Die Völker der alten abendländischen Kultur haben ja auch Veranlassung, diesem zusammengebrochenen deutschen Volk im Herzen Europas die Bruderhand zu reichen, um endlich eine neue Epoche des friedlichen Zusammenarbeitens der Menschen im westlichen Europa anlaufen zu lassen.

Glauben Sie mir sicher, in meiner Verwaltung für Arbeit habe ich im letzten Jahr so manches erfahren müssen und ich habe mir so manchmal Gedanken darüber gemacht, wie man diesem Gespenst der Arbeitslosigkeit beikommen könne. Wir haben alles getan, was auf diesem Gebiet getan werden konnte, aber wir waren schließlich in einer Situation, die uns erkennen ließ, daß gewisse Voraussetzungen geschaffen werden müssen. Die neue politische Gestaltung gibt uns nun die Möglichkeit für manches.

Seither lag unser ganzer Außenhandel mehr oder weniger in der Verantwortlichkeit der Militärregierungen. Sie kennen alle die JEIA, diese Einrichtung, die bei uns den Import und Export zu kontrollieren hatte. Heute ist sie in Liquidation. Wir haben die Selbstverantwortung und ich bin der felsenfesten Überzeugung, daß wir von dieser Seite her in der nächsten Zeit noch manche Erleichterung bekommen, die uns die Möglichkeit gibt, auch neue Menschen ins Wirtschaftsleben einzugliedern.

Wenn Sie die Zahl der Arbeitslosen von 1¼ Millionen ansehen, bitte sehen Sie sie richtig. Man sagt, wir stehen vor einer wirtschaftlichen Krise. Ich würde Ihnen recht geben, wenn ich zugeben müßte, daß das Ansteigen der Arbeitslosenzahl mit einer Verringerung der Beschäftigtenzahl verbunden sei. Das ist Gott sei Dank nicht der Fall. Nach ganz festen statistischen Errechnungen der Verwaltung für Arbeit läßt es sich nicht bestreiten, daß im Jahre 1948 die Zahl der Beschäftigten um eine ½ Million gestiegen ist. In derselben Zeit allerdings ist die Zahl der Arbeitslosen, derjenigen, die auf dem Arbeitsmarkt nicht unterkommen konnten, ebenfalls um 270 000 gestiegen.

Das zeigt Ihnen, daß im Jahre 1948 allein ¾ Millionen Menschen neu auf dem Arbeitsmarkt erschienen, und auch im 1. Halbjahr dieses Jahres schien es so, als ob in Wirklichkeit die steigende Arbeitslosenziffer eine sinkende Beschäftigungsziffer mit sich brächte. Mit großer Besorgnis habe ich gesehen, wie im 1. halben Jahr die Zahl der Beschäftigten um 90 000 zurückgegangen ist, aber die neueste Ziffer vom 1. Oktober zeigt mir, daß im 3. Viertel dieses Jahres der Ausgleich bereits wieder erreicht ist. Wir haben heute wieder den höchsten Beschäftigtenstand von 12,2 Millionen, den wir in der Nachkriegszeit je gehabt haben.

Täuschen Sie sich nicht darüber, wenn heute Tausende täglich vom Osten über die grüne Grenze an der Elbe zu uns herüberkommen, weil sie in dem östlichen Besatzungsraum das Leben nicht mehr ertragen können, dann drückt das natürlich auch auf unseren Arbeitsmarkt. Wir wollen diese Menschen gern bei uns aufnehmen und wir werden alles tun, dessen dürfen Sie sicher sein, daß die Beschäftigungsmöglichkeit in der westdeutschen Wirtschaft so gestaltet wird, daß auch diese Menschen bei uns ein Unterkommen finden.

Wir wissen, daß wir in unserem Wollen vor allem finanziell noch sehr stark eingeschränkt sind. Aber Sie dürfen sicher sein, daß wir zum mindesten für den Bausektor für das nächste halbe Baujahr 1,8 Milliarden Mark so oder so mobil machen, damit wir dort wenigstens, wo für die Errichtung der Arbeitsplätze keine größeren Investitionen nötig sind, Menschen in Arbeit bringen können. Wir wollen ja, daß sie wieder Boden unter die Füße bekommen und, meine lieben Kolleginnen und Kollegen, ich würde mich freuen, wenn ich von diesem Ihrem Kongreß weggehen könnte und könnte mir sagen: für das ernste Wollen in meinem Ministerium habe ich die Rückendeckung der arbeitenden Menschen.

Dann dürfen Sie sicher sein, meine sehr verehrten Damen und Herren, daß wir von diesem Ausgangspunkt einer neuen Zeit gesehen, doch manches tun können, daß endlich der arbeitende Mensch seine wirtschaftliche Anerkennung, seine wirtschaftspolitische Position bekommt. Wir dürfen dann auch erhoffen, daß wir dem einzelnen unter Ihren Mitgliedern durch unsere Gemeinschaftsarbeit die Sicherung geben, daß er ohne die Sorge für den nächsten Tag seiner Beschäftigung nachgehen kann. Wenn Sie so Ihre Aufgabe ansehen, dann dürfte dieser Kongreß der Ausgangspunkt für eine neue Zeit sein und seien Sie sich klar darüber, unser armes, gequältes Volk erwartet von dieser neuen machtvollen Organisation den Fingerzeig und die Richtung, die es in eine bessere Zukunft hineinführt. *(Beifall.)*

(DER VORSITZENDE begrüßte herzlichst den inzwischen eingetroffenen Herrn Präsidenten des Bundestages, Dr. Erich Köhler.)

Dr. Erich **Köhler,** Präsident des Bundestages:

Meine Damen und Herren!

Ein Tag von historischer Bedeutung, die Wiederbildung des Deutschen Gewerkschaftsbundes, ist nicht allein ein Symbol, sondern eine Realität im Werden der neuen Bundesrepublik Deutschland. Daß ich dieser Stunde beiwohnen darf, das lassen Sie mich zum Ausdruck bringen, ist mir eine herzliche und aufrichtige Freude. Als Präsident des Deutschen Bundestages, meine sehr verehrten Damen und Herren, kann ich Ihnen naturgemäß keine amtlichen Erklärungen übermitteln. Das würde meine Funktion überschreiten. Aber das eine darf ich im Namen des Präsidiums, meiner Kollegen, des 1. Vizepräsidenten Herrn Abgeordneten Dr. Schmid und des 2. Vizepräsidenten, Herrn Abgeordneten Dr. Schaeffer: die herzlichsten Grüße des Deutschen Bundestages übermitteln und gleichzeitig den Wunsch zum Ausdruck bringen, daß Ihre heutige Tagung die gesteckten Ziele in vollem Umfange erreichen möge.

Wenn ich darüber hinaus noch einige Worte sprechen darf, dann spreche ich sie, das erlauben Sie mir, nicht in meiner amtlichen Eigenschaft, sondern naturgemäß als Politiker oder als Bundestags-Abgeordneter Demokratie und Gewerkschaften sind in der modernen Geschichte untrennbar miteinander verbunden. Die Demokratie schützt die Gewerkschaften, und die Gewerkschaften sind eine wesentliche Stütze der Demokratie. *(Bravo-Rufe.)* Diese These aufzustellen, fühle ich mich verpflichtet angesichts der Entwicklung der letzten vier Jahre und, das erlauben Sie mir auch zum Ausdruck zu bringen, angesichts der Tatsache, mit welcher hervorragenden Diszipliniertheit die Politik seitens der Gewerkschaften geführt worden ist in den schwierigen Verhältnissen, die wir hinter uns haben und unter denen wir heute noch leben. Ich sehe darin einen entscheidenden Beitrag der deutschen Gewerkschaftspolitik zum Werden der neuen deutschen Staats-, der Bundespolitik.

Die Zeit ist längst vorüber, Jahrzehnte vorüber, in der die Gewerkschaften für den Staat bzw. für die Staatsgewalt ein Problem darstellten. Die Gewerkschaften sind als die organisierten Vertreter der Arbeitnehmerschaft ein untrennbarer und unabweisbarer Bestandteil des öffentlichen Lebens und sind damit zugleich wesentliche Träger öffentlicher, oder um es noch deutlicher zu sagen, staatspolitischer Verantwortung.

Meine Damen und Herren!

Ich habe vor 30 Jahren, wie Sie, in der gleichen Branche angefangen, nur bei einem anderen Sozialpartner. Ich darf deshalb zu Ihnen auch wohl heute noch, das werden Sie mir erlauben, „Meine Herren Kollegen" sagen. *(Heiterkeit.)* Ich habe in jahrzehntelanger Praxis eines empfunden: wenn man am runden Tisch sitzt und sich mit gegenseitigem Vertrauen und Achtung entgegenkommt und hat dabei die großen Zusammenhänge nicht aus den Augen verloren, dann hat man noch immer den richtigen Weg der Mitte in der jeweils strittigen Sache gefunden. Ich möchte noch erwähnen, daß dieser Grundsatz des round table beider Sozialpartner gerade heute mehr denn je von zukunftsreicher Bedeutung sein wird. Es ist nach meiner persönlichen Auffassung notwendig, daß sich die maßgebenden Persönlichkeiten beider Sozialpartner auf einer höheren Ebene zusammenfinden und ihren Anteil leisten zur Vorbereitung der gesamtgesetzgeberischen Arbeit.

Lassen Sie mich noch ein weiteres zum Ausdruck bringen, und ich spreche das als Angehöriger der CDU aus: ich fühle mich mit zahlreichen führenden Gewerkschaftern verbunden in politischer Gesinnungsgemeinschaft und ich darf sie als meine politischen Gesinnungsfreunde bezeichnen und bin stolz darauf. Das bedeutet in einer anderen Sprache und mit anderen Worten übersetzt, daß Ihnen, meine Damen und Herren, eins gelungen ist: weltanschauliche Gegensätze zu überbrücken und zu einer Einheit in der sachlichen Arbeit zusammenzufinden. Ich habe den herzlichen Wunsch, daß diese Einheit als ein bleibender Gewinn erhalten bleiben möge. *(Bravo-Rufe.)*

So, wie die deutschen Gewerkschaften heute bestehen, sind sie aber nicht nur einer der Eckpfeiler des innenpolitischen Lebens, sondern sie können entscheidende Beiträge zur Gestaltung unseres werdenden außenpolitischen Lebens leisten. Ich weiß, daß in absehbarer Zeit die Stunde kommt, in der der Deutsche Gewerkschaftsbund Mitglied der Gewerkschaftsinternationale wird. Auf diesem Wege, meine Damen und Herren, sind Sie Mitträger und Mitarbeiter an einer neuen Ordnung der Welt und an einem neuen Europa. Und daß diese neuen Aufgaben voll erfüllt werden, und daß Sie diese großen Ziele mit Erfolg erreichen mögen, das ist mein herzlichster Wunsch für Sie an diesem Tage. *(Beifall.)*

Prof. Dr. Carlo **Schmid,** Vizepräsident des Bundestages:

Meine Damen und Herren!

Auch ich beglückwünsche die deutsche Arbeiterschaft zu diesem Tag, denn heute schließt sich die deutsche Arbeiter- und Angestelltenschaft zu einem mächtigen Bund zusammen, zu einem Bund, der gegründet ist auf dem Wissen, daß der Mensch nur in der Freiheit als Mensch leben kann und daß Freiheit nur dort eine lebendige Wirklichkeit ist, wo man entschlossen ist, die sozialen Konsequenzen ihrer Postulate zu ziehen. Dieser Bund wird aber auch gegründet auf dem Stolz, den das Wissen verleiht, die stärkste Säule der Demokratie und des sozialen Fortschritts zu sein.

Hier möchte ich einigen Neunmalgescheiten, die heute genau wissen, was die Gewerkschaften vor 16 Jahren hätten tun sollen, einiges sagen: zu einer Zeit, da die Botschafter demokratischer Regierungen noch in Nürnberg zu figurieren pflegten, saßen schon Zehntausende Gewerkschafter in den Konzentrationslägern Adolf Hitlers. *(Stürmischer Beifall!)* Nur freie Arbeiterverbände können sich den Ehrennamen „Gewerkschaften" zulegen. Man sollte nicht von Gewerkschaften dort sprechen, wo unter diesem Namen nichts anderes geschaffen wurde, als Zweigstellen einer Staatspolizei oder Verlängerung der Regierungen.

Meine Damen und Herren, ich möchte hier an ein Wort des verehrten Präsidenten des Bundestages anknüpfen: jeder, der in den Tagen nach dem Zusammenbruch ins Geschirr gegangen ist und sich der Mühe unterzogen hat, wieder etwas an diesem Deutschland politisch mit aufzubauen, der weiß: ohne die Gewerkschaften wäre es nicht gegangen, es wäre ohne sie nicht gegangen im wirtschaftlichen Sektor, es wäre ohne sie aber auch nicht gegangen auf dem staatspolitischen Sektor. Denn als geradezu alles zusammengebrochen war, als die obersten deutschen Instanzen, die Bürgermeister der Städte, die Landräte der Kreise, und als auch die gesellschaftlichen Züge, die die Ordnung unseres Lebens ausmachten, durcheinandergekommen waren, da war es die Armatur der Gewerkschaften, die sich in der Verborgenheit wieder bildete und die dann zum mindesten auf der lokalen und auf der Länderstufe plötzlich wieder da war. Sie war eine der wesentlichsten Faktoren und eine der stärksten Ordnungsmächte unserer deutschen Wirklichkeit.

Gewiß, die Gewerkschaften konnten sich bislang im wesentlichen nur auf der Stufe der Länder, und dann der Zonen und dann der Bizone organisatorisch zusammenschließen. Daß ihnen dieses Werk trotzdem gelungen ist, ist ein Beweis für die innere Kraft, die in der deutschen Arbeiterbewegung steckt, und die auch durch den Nationalsozialismus nicht hat gebrochen werden können. *(Stürmischer Beifall.)*

Freilich, als ich mir so die Listen der Gewerkschaften und der Bünde ansah: Gewerkschaftsbund Württemberg-Hohenzollern usw., da fiel mir das Wort ein, das mir im Jahre 1945 in Stuttgart ein alter Gewerkschafter gesagt hat: die deutschen Arbeiterorganisationen haben von jeher nur einen Vornamen gehabt und der hieß immer „deutsch". *(Beifall.)*

Was nämlich hier geschieht, wird auch hinüberwirken über den Eisernen Vorhang weg. Seien Sie überzeugt, daß die Kolleginnen und Kollegen drüben heute nach München blicken und das hören werden, was ihnen die Rundfunkstationen aus diesem Saal übertragen. Sie wissen dort drüben, daß, wenn auch einmal für sie die Stunde der Freiheit schlagen wird, diese Stunde für sie ganz wesentlich durch die freien Gewerkschaften des westlichen Deutschlands herbeigeführt sein wird.

Aber es ist mit der deutschen Gewerkschaftsbewegung der Gedanke des Internationalismus von jeher untrennbar verbunden gewesen. Es gibt keine deutsche Gewerkschaftsbewegung, die sich als Selbstzweck sehen könnte, sondern die deutsche Gewerkschaftsbewegung hat sich von jeher als einen Teil der internationalen Arbeiterbewegung gesehen. *(Sehr stürmischer Beifall.)* Wenn es auch in den bösen Jahren der Hitlerzeit, der Kriegszeit und Nachkriegszeit manchmal so ausgesehen haben mag, als sei der Gedanke der internationalen Solidarität aus den Herzen und Hirnen der Gewerkschafter der Welt verflogen, dann ist es eine Täuschung gewesen. Es wäre ja weiß Gott ein Wunder zu nennen, wenn dieser Krieg und wenn die Nazizeit nicht einiges im Bewußtsein der internationalen Solidarität geändert hätte.

Aber verehrte Zuhörer, sind es denn nicht die Gewerkschaften auch von Ländern, gegen die wir Krieg geführt haben, gewesen, die als erste auf dem Plan standen und sich bemühten, uns Deutschen zu helfen? *(Beifall.)* Wenn Sie die Geschichte der letzten Wochen und Monate übersehen, von wo sind die wirksamsten Proteste gegen die unsinnigen Demontagen erfolgt, von den Gewerkschaften in England, Frankreich und insbesondere in den Vereinigten Staaten von Amerika, und wir möchten hoffen, daß diese Proteste ihre Wirkungen auf die verantwortlichen Männer in den Regierungen, insbesondere in Washington und London nicht verfehlen werden.

Verehrte Anwesende!

Der Gewerkschaften harren eine Unmenge von Aufgaben. Ich brauche sie Ihnen nicht aufzuzählen. Man wird auch heute noch für eine Verbesserung der Löhne und Arbeitsbedingungen zu kämpfen haben, aber es wäre ein böser Irrtum und eine böse Verkennung der eigentlichen Aufgaben der Gewerkschaften, wenn man in ihnen nicht viel mehr sehen wollte als die Organisation einer Lohnbewegung der Arbeitnehmer. Die Gewerkschaften sind einer der Faktoren der mächtigen Freiheitsbewegung der Arbeiterschaft, die im vorigen Jahrhundert aufgebrochen ist. Und es wird eine der Aufgaben der Gewerkschaften sein, ihren Platz einzunehmen in den Organen und Organisationen der sozialen und Wirtschaftsverfassung unseres Volkes. *(Stürmischer Beifall.)*

Nur dann, wenn die Gewerkschaften von den Gesetzgebern in ganz entscheidendem Umfang zum Mitträger der Gestaltungskräfte sozialer und ökonomischer Art gemacht werden, wird unser Volk die sozialen Konsequenzen aus den Postulaten der Demokratie wirklich gezogen haben.

Man kann nicht von Demokratie rundum sprechen, wenn in den Betrieben, nämlich dort, wo der schaffende Mensch den Schwerpunkt seiner Lebenswirklichkeit hat, noch die monarchistische Verfassung gilt. *(Zustimmung, stürmischer Beifall.)* Darum ist die Forderung der Gewerkschaften nach Mitbestimmung in den Betrieben, und zwar nach einer sehr weitgehenden Mitbestimmung in den Betrieben, keine aus der Luft gegriffene Forderung von Demagogen, sondern ein Gebot dieser Zeit. *(Stürmischer Beifall.)* Darüber hinaus müßten die Gewerkschaften das Recht erhalten, überall dort, wo Wirtschaft sich selbst verwaltet, als gleichberechtigt mit den Unternehmern aufzutreten. Mit anderen Worten, die Selbstverwaltungskörper unserer Wirtschaft müssen paritätisch gegliedert werden, und zwar so, daß die Gewerkschaften nicht minderen Rechts sind.

Freilich wollen wir alle wünschen, daß diese Dinge sich abseits der Kammern der Bürokratien bilden können. *(Heiterkeit!)* Wir möchten alle wünschen, daß hier echte Selbstverwaltung auf Grund echter und ehrenhafter Vereinbarungen entsteht. Aber der Gesetzgeber wird dafür einige gesetzliche Grundlagen schaffen müssen, sonst könnte es sich nämlich ergeben, daß die eine der beiden Seiten glaubt, auf den Vortritt, den sie bisher hatte, nicht verzichten zu können. Ich glaube, sagen zu dürfen, daß der Bundestag sich dieser Verpflichtung bewußt ist, und ich glaube, daß die deutschen Gewerkschaften sich nicht täuschen werden, wenn sie in den deutschen Bundestag ihre Hoffnungen setzen.

Ich bin gewiß, und damit lassen Sie mich bitte schließen, daß dieser Deutsche Gewerkschaftsbund, den Sie nunmehr errichten, blühen, wachsen und gedeihen wird. *(Beifall.)*

Karl **Arnold**, Präsident des Bundesrates:

Herr Präsident, meine sehr verehrten Damen und Herren, meine lieben Kameraden!

Es ist mir eine besondere Freude, Ihnen namens des Bundesrats der Bundesrepublik Deutschland und gleichzeitig auch namens des Landes Nordrhein-Westfalen zu Ihrem heutigen Kongreß die besten Grüße und Glückwünsche aussprechen zu dürfen. Es ist ein überaus bedeutsamer Gedanke, der diesen Gewerkschaftskongreß zusammengeführt hat. Sie wollen einen Entscheid darüber herbeiführen, daß die bisher einzeln vertretenen Gewerkschaften der drei Zonen zu einem einheitlichen, festgeschlossenen Bund zusammengeführt werden.

Ein solcher Schritt und eine solche Entschließung ist überaus zu begrüßen, weil damit die gewerkschaftliche Kraft eine weitere Förderung und Stärkung erfahren kann. Aber darüber hinaus treffen Sie mit dieser Entscheidung eine überaus bedeutsame staatspolitische Maßnahme, und Sie demonstrieren damit vor dem ganzen deutschen Volk, daß die Gewerkschaften in einmütiger Entschlossenheit bereit sind, Abschied zu nehmen von allem zonenmäßigen Denken und den Blick hinzurichten zu einem ungeteilten Deutschland. *(Stürmischer Beifall.).*

In der Tat, meine verehrten Kameraden, wir stehen als gesamtdeutsches Volk, insbesondere aber als Gewerkschaften vor überaus bedeutsamen Aufgaben. Unser gesellschaftliches Leben befindet sich sowohl in einer geistigen wie auch in einer materiellen Krisis. Diese Krisis zieht überaus tiefe Furchen in unserem gesamten volkspolitischen Leben. Soll aber diese Krisis im Interesse des gesamten deutschen Volkes überwunden werden, dann wird das nur möglich sein, wenn sie maßgeblich beeinflußt wird von dem geistigen und sittlichen Element des deutschen Arbeitertums. Das wird nur dann möglich sein, wenn der Grundsatz echter und wahrer Gleichberechtigung sowohl im Einzelbetriebe wie in der gesamten Wirtschaft eingeführt werden wird. *(Bravo-Rufe.)*

Der Begriff Wirtschaft hat sich im Laufe der letzten Jahrzehnte wesentlich gewandelt. Wirtschaft ist und kann nicht mehr die Angelegenheit einiger weniger Gruppen sein, das wirkliche Wirtschaftliche muß herauswachsen aus zwei gleichberechtigten Trägern, aus der Kraft des deutschen Arbeitertums einerseits und aus der Kraft des deutschen Unternehmertums anderseits. Und erst wenn die volle Gleichberechtigung und das Mitbestimmungsrecht im einzelnen und in der Gesamtwirtschaft hergestellt sein werden, dann wird eine neue Brücke geschlagen werden können von den aufgebrochenen schöpferischen Kräften des deutschen Arbeitertums zu einer wahren echten Unternehmerinitiative.

Möge man allerseits die unerbittliche innere Notwendigkeit erkennen, daß ein ehrliches und aufgeschlossenes Zusammenwirken allein in der Lage sein wird, dem deutschen Volk die materielle Grundlage seiner Zukunft zu sichern, dann wird es auch möglich sein, daß wir in rein wirtschaftlicher Hinsicht zu ganz besonderen Leistungen fähig werden. *(Stürmischer Beifall.)*

Deshalb, meine verehrten Kameraden, ist es auch notwendig, auf diesem für das gesamtpolitische Leben Deutschlands so überaus wichtigen Kongreß klar darüber zu werden, daß der Gedanke der Zusammengehörigkeit der deutschen Arbeitnehmerschaft nachdrücklichst gefordert werden muß. Ich bin der Meinung, wir sollten alle gemeinsam, ganz gleich, wo wir stehen und wo wir arbeiten, überall dort, wo es möglich ist und wo es sinnvoll ist, die Grenzpfähle niederreißen und eine neue geistige Solidarität im deutschen Volk begründen. *(Beifallsrufe.)*

Wenn wir dazu entschlossen sind, dann zweifle ich nicht, daß es möglich sein wird, aus den edelsten Kräften des deutschen Volkes zu einem neuen sozialen, schöpferischen deutschen Gemeinschaftsbewußtsein zu kommen. Und so möchte ich für Ihre weitere Arbeit Ihnen allen viel Erfolg wünschen. *(Beifall.)*

Dr. Hans **Ehard,** Ministerpräsident des Landes Bayern:

Der Gründungskongreß des Deutschen Gewerkschaftsbundes in München ist ein bedeutsames Ereignis in der Geschichte der deutschen Gewerkschaften. Dieser Gründungsakt reicht über das orga-

nische gewerkschaftliche Gebiet weit hinaus. Die Gewerkschaftsbewegung spielt in unserem staatlichen, wirtschaftlichen und gesellschaftlichen Leben eine so hervorragende Rolle, daß jedes gewerkschaftliche Ereignis ein tief in unser gesellschaftliches Leben aus-
strahlendes Ereignis darstellt.

Die deutschen Gewerkschaften, die seit ihrem Wiedererstehen nur
auf Länder- und Zonenbasis tätig sein konnten, sind im Begriff, sich
in ihrer organisierten Form dem Fortschritt anzupassen, der mit der
Bildung der Bundesrepublik Deutschland gemacht worden ist. Nachdem sich das Schwergewicht der sozialpolitischen Gesetzgebung, wie
es früher war, auf die Bundesebene verlagert hat, liegt es nahe und
ist es notwendig, daß sich auch die Gewerkschaften bundesmäßig
organisieren.

Dieser auch von uns anerkannten Notwendigkeit steht die Tatsache nicht im Wege, daß den Ländern und damit den Ländergliede-
rungen des Deutschen Gewerkschaftsbundes auf sozialpolitischem
Gebiet in Zukunft große Aufgaben bevorstehen, Aufgaben, die der
Bayerischen Staatsregierung besonders am Herzen liegen. Deutschland ist nicht nur ein politisches, sondern auch ein sozial stark differenziertes Land, das auch auf sozialpolitischem Gebiet keine einseitige Schablone verträgt, sondern ein differenziertes Verfahren
notwendig macht. Auch der Deutsche Gewerkschaftsbund wird die
ihm gestellten Aufgaben am besten lösen können, wenn er sich aus
den lebensbefähigten Gemeinschaften seiner Gliederungen immer
wieder neu ergänzt und neue Lebensströme erfährt.

Es ist mir als Ministerpräsident des gastgebenden Landes dieses
bedeutsamen Kongresses eine frohempfundene Verpflichtung, Sie
hier herzlich begrüßen zu können. Im Namen der Bayerischen
Staatsregierung möchte ich dem jungen Deutschen Gewerkschaftsbund die herzlichsten Glückwünsche aussprechen. Die bayerische
Regierung wünscht Ihnen, meine Damen und Herren, viel Erfolg zu
der schweren verantwortungsvollen Arbeit, die des Deutschen Gewerkschaftsbundes harren wird. Ich spreche um so lieber diese
Glückwünsche aus, als ich und mit mir die gesamte Bayerische
Staatsregierung überzeugt sind, daß die Grundlagen unserer gesamten Staatsregierung und unserer gesamten Staatspolitik nur dann
stark und fest sind, wenn sie in den Boden einer starken, sozialen
Verpflichtung gesenkt sind.

In unserer Zeit, in der die sozialen Probleme die dringlichsten
sind, kann ein Staat nur dann gedeihen, wenn er getragen ist von
dem ernstesten Willen zur sozialen Tat. Hierzu sollen sich alle gut-

gesinnten Kräfte vereinigen. Denn nur aus einem umfassenden Gemeinschaftsbewußtsein des Volkes, das seine inneren Gegensätze überwindet und den Klassengedanken abstreift, kann diese soziale Tat vollbracht werden.

Möge die Gründung des Deutschen Gewerkschaftsbundes der Sammlung und Erziehung aller aufbauwilligen Kräfte in unserer jungen Demokratie dienen. Diese Geschlossenheit und innere Einheit, die ich der deutschen Gewerkschaftsbewegung wünsche, kann nur erhalten und gesichert werden, wenn sie sich ohne Wanken auf dem Boden der parteipolitischen und weltanschaulichen Neutralität bewegt. *(Beifall.)*

So grüße ich und mit mir die gesamte Bayerische Staatsregierung ihren Gründungskongreß und wünsche nicht minder herzlich, daß es dem Deutschen Gewerkschaftsbund beschieden sein möge, an vorderster Stelle an der Befreiung unseres Volkes aus seiner sozialen Not mitzuwirken, um so ein Mehrer und Förderer unseres gesellschaftlichen und wirtschaftlichen Wiederaufbaues zu werden. *(Beifall.)*

Harvey W. **Brown**, Direktor des Amtes für Arbeitsangelegenheiten, Amerikanische Hohe Kommission für Deutschland:

(Übersetzung, wiedergegeben durch Georg Reuter.)

Herr Vorsitzender, Kongreßdelegierte, Kolleginnen und Kollegen!

Es hat mich außerordentlich gefreut, vom Kollegen Dr. Hans Böckler im Namen des Vorbereitenden Ausschusses eine Einladung zur Teilnahme an dem Kongreß zur Gründung eines Gewerkschaftsbundes für das Gebiet der Bundesrepublik Deutschland erhalten zu haben und bei dieser historischen Gelegenheit mit dabei zu sein.

Es ist mir ein Vergnügen, Ihnen am heutigen Tage die Grüße und besten Wünsche des Amerikanischen Hohen Kommissars für Deutschland, Mr. McCloy, zu übermitteln. Er bat mich, Ihnen sein Bedauern darüber auszudrücken, daß er diese Grüße nicht persönlich überbringen könne. Als Sie im Jahre 1945 ans Werk gingen, nach zwölf Jahren die deutschen Gewerkschaften wiederaufzubauen, war inzwischen eine Generation herangewachsen, die vom Gewerkschaftswesen nichts wußte. Ihre Freunde in meinem Lande vertrauten damals darauf, daß die Geschicklichkeit und Entschlossenheit der überlebenden Gewerkschafter aus der Zeit vor dem Naziregime die Aufgabe des Wiederaufbaus durchführen würde. Ihre Freunde kannten den langen, mühevollen Kampf, den sie bis zur Vollendung des Aufbaus Ihrer Organisation durchzustehen haben würden.

Dieser Kongreß bildet den Höhepunkt Ihrer Mühen. Jetzt, da Sie darangehen, das vor vier Jahren begonnene Werk zu vollenden und der großen, fünf Millionen Mitglieder zählenden Organisation ihre endgültige Gestalt zu geben, wollen wir Ihnen zu Ihrer bemerkenswerten und hervorragenden Arbeit gratulieren. Dieses Werk ist eine hohe Anerkennung der weisen Voraussicht und der unermüdlichen Anstrengungen der Veteranen Ihrer Bewegung.

Ich weiß, Sie hätten es gern gesehen, wenn auf diesem Kongreß auch Ihre Kollegen aus der Ostzone vertreten wären, wenn auch sie, wie die hier Anwesenden, als Delegierte wirklich freier Gewerkschaften hätten hierherkommen können.

Ich weiß, daß Sie auf jede mögliche Weise versucht haben, die Ideen der freien Gewerkschaftsbewegung in ganz Deutschland zu fördern. Leider waren Ihre Bemühungen bisher erfolglos, weil es in einem Teil Ihres Landes eine von der Besatzungsmacht gedeckte politische Partei gibt, die zur absoluten Kontrolle der Gewerkschaften entschlossen ist und sie zu einem Werkzeug ihrer Partei machen will. Wir wollen hoffen, daß Ihre Kollegen in Ostdeutschland eines Tages die Möglichkeiten haben werden, freie Gewerkschaften zu bilden, diese mit den Ihren zu vereinigen, und so in ganz Deutschland die Einheit der arbeitenden Männer und Frauen in freien Organisationen nach ihrer Wahl herzustellen.

Ich gebe mich keinen Täuschungen hin über die Schwierigkeiten, die vor Ihnen noch hinsichtlich der Vielfalt der zu lösenden Aufgaben liegen. Ich bewundere Ihren Mut und Ihre Furchtlosigkeit, angesichts dieser Probleme voranzuschreiten und sie mit kämpferischem Elan so anzupacken, wie es notwendig ist, um die vor einer wiedererstehenden Arbeiterbewegung liegenden Probleme zu lösen und um Ihrer Organisation der arbeitenden Menschen den ihr gebührenden bedeutenden und einflußreichen Platz unter den deutschen Institutionen wiederzugewinnen.

Sie schaffen hier eine Organisation, die die Arbeiter vor Ausbeutung durch Unternehmer, Politiker und Konfessionen schützen und für die Sache der Arbeiterschaft in Deutschland und in der ganzen Welt eintreten wird im Kampfe um einen gerechteren Anteil an den Früchten ihrer Mühen und ein größeres Maß sozialer Gerechtigkeit.

Die Arbeiterführer in Westdeutschland haben bei ihrem Wiederaufbau der Arbeiterbewegung während der vergangenen zwei Jahre ein hohes Maß von Verantwortungsbewußtsein gezeigt. Die Tatsache, daß sie verantwortungsbewußt gehandelt haben, wird dadurch bestätigt, daß die deutsche Arbeiterbewegung als eine der ersten Institutionen in Deutschland nach dem Kriege international anerkannt wurde. Ich bin stolz darauf, daß die amerikanische Arbeiterbewegung mit zu den ersten gehörte, die Ihnen diese Anerkennung zuteil werden ließ.

Der Satzungsentwurf, der Ihnen zur Beratung und Beschlußfassung vorgelegt wird, beweist das Verantwortungsbewußtsein Ihrer neuen Organisation gegenüber den angeschlossenen Gewerkschaften. Ich bin davon überzeugt, daß Sie im Laufe der Zeit Mittel und Wege finden werden, um jene Punkte Ihrer Satzung zu verwirklichen, wonach die Masse der Mitglieder größere Pflichten und Verantwortung in organisatorischen Angelegenheiten und bei Beschlußfassung über zu treffende Maßnahmen übernehmen soll.

Die Bundessatzung beweist Verantwortungsbewußtsein durch den Beschluß, nationalistische und militaristische Tendenzen zu bekämpfen und für die Sicherung und Erweiterung der demokratischen Rechte des Volkes einzutreten, ferner durch den Vorsatz, in der internationalen freien Gewerkschaftsbewegung mitzuarbeiten, und durch die Ankündigung, den Geist friedlicher Verständigung unter den Nationen zu pflegen.

Während der kurzen Zeit meiner Anwesenheit in Ihrem Lande bin ich von den unangenehmen hohen Lasten beeindruckt worden, die von den Arbeitern und ihren Familien getragen werden müssen. Ich möchte in diesem Zusammenhang zwei Probleme erwähnen als Beispiel für die Aufgaben, mit denen sich Ihr neuer Bund zu befassen haben wird. Das erste ist die weite Kluft zwischen Preisen und Löhnen. Das andere ist das Mißverhältnis zwischen dem von der arbeitenden Bevölkerung und den anderen Gesellschaftsschichten in Deutschland zu zahlenden Anteil an Steuern. *(Stürmischer Beifall.)*

Was das erste Problem anbetrifft, so scheint das ganze Preissystem wenig Beziehung zu den Produktionskosten zu haben. Die Übersteigerung der Preise hat den Inlandsmarkt eingeengt und führt zur weiteren Verringerung der Umsätze. Die hohen Preise sind ein wesentlicher Faktor für das Ansteigen der Arbeitslosigkeit gewesen. Durch Erweiterung des Inlandsmarktes, durch Steigerung der Kaufkraft der Bevölkerung könnten mehr und mehr Arbeitsplätze geschaffen werden. Dies kann geschehen entweder durch Lohnerhöhungen oder durch Senkung der Profite von Industrie und Handel. *(Bravo-Rufe, stürmischer Beifall.)*

Die Industrie wird ihre Gedankengänge ändern müssen und ihre Geschäftspraktiken revidieren, um zu einem gesunden Verhältnis zwischen Preisen, Profiten und Löhnen zu kommen. Die Arbeiterbewegung wird ihren Teil zu der Lösung dieser Probleme beitragen müssen.

Was das zweite Problem anbetrifft, so bezahlen die Arbeiter die von ihnen erhobenen Steuern, während viele Angehörige der besitzenden Klassen — wie man mir erzählt hat — häufig ihre Steuern nicht bezahlen. Die Steuern der arbeitenden Bevölkerung werden vom Lohn oder Gehalt abgezogen, während Leute mit höherem Einkommen Mittel und Wege finden, sich ihrer Zahlungsverpflichtung zu entziehen. *(Zustimmung, Beifall.)*

Die Arbeiter tragen daher einen unangemessen hohen Anteil der Verwaltungskosten und Kriegslasten, weil ihre Abgaben höher sind, um den durch Steuerhinterziehungen entstehenden Verlust an Einnahmen auszugleichen. Die Arbeiterbewegung wird ihr Teil dazu beitragen müssen, um eine gleichmäßigere Verteilung der Steuerlast auf die gesamte Bevölkerung zu erreichen. *(Starker Beifall.)*

Diese beiden Probleme, an deren Lösung Sie, wie Lohn- und Gehaltsempfänger erwarten, mitarbeiten werden, beweisen in der Tat Ihre große Verantwortung. Die Chance für ein freies Leben für das ganze deutsche Volk kann wohl in Ihren Händen liegen. Der ganze Erfolg der demokratischen Lebensweise in Deutschland hängt davon ab, wie erfolgreich Sie Ihren Kampf für die soziale Gerechtigkeit der breiten Massen des deutschen Volkes führen werden und wie Sie selbst bei der Führung Ihrer Bundesangelegenheiten sich der demokratischen Mittel bedienen werden, um soziale Gerechtigkeit zu erwirken.

Zum Schluß drücke ich Ihnen meine Glückwünsche aus zu der von Ihnen bei der Vorbereitung dieses Kongresses vollbrachten Leistung, zu Ihrer Tätigkeit bei den Arbeitssitzungen und ebenfalls zu Ihrer zukünftigen Arbeit, wie Sie in dem von Ihnen hier entworfenen konstruktiven Programm dargelegt wird. Weiterhin wünsche ich Ihnen besten Erfolg bei Ihren gewerkschaftlichen Unternehmungen. *(Beifall.)*

Reginald W. **Luce,** Direktor des Amtes für Arbeitsangelegenheiten, Britische Hohe Kommission für Deutschland:

Herr Präsident, meine Damen und Herren!

Ich bin heute in einer doppelten Eigenschaft bei Ihnen. Erstens bin ich beauftragt, den Hohen Kommissar des Vereinigten Königreichs, Herrn General Robertson, zu vertreten und Ihnen seine Grüße zu übermitteln und Ihnen in seinem Namen und im Namen der britischen Behörden in Deutschland zu sagen, daß Ihr heutiger Kongreß ein Ereignis ist, welches uns mit großer Befriedigung erfüllt. Gegründet auf unserer Kenntnis der staatsmännischen Klugheit der Gewerkschaftsbewegung während der letzten vier schwierigen Jahre, erwarten wir mit absolutem Vertrauen den wesentlichen Beitrag, den Sie auch in der Zukunft leisten werden, um den Grad der Gesellschaftsform zu erreichen, der gleichzeitig ein glückliches Leben für das deutsche Volk und der friedlichen Gemeinschaft aller Völker gewährleistet.

Ich bin aber auch in meiner persönlichen Eigenschaft hier. Ich sage das, Herr Präsident, denn ich nehme an, daß auch Sie wissen, daß meine Anwesenheit auf Ihrem heutigen Kongreß mir ein großes persönliches Glück und eine persönliche Befriedigung bereitet.

Vor nunmehr vier Jahren, im September und im Oktober des Jahres 1945, widmeten die vier alliierten Mächte in Berlin dem Problem recht viel Zeit, wie man sich über ein Gesetz einigen könnte, das den Aufbau und die Entwicklung der Gewerkschaften in Deutschland regeln sollte.

Wenn ich mich heute umsehe, so muß ich lächeln, wenn ich daran denke, daß dieses Gesetz nie zustande kam; denn es ist dadurch wenigstens für eine Sache der Beweis erbracht, nämlich, Sie als Deutsche, Sie können auch ohne ein Gesetz auskommen, wenn es sein muß! *(Heiterkeit und Beifall.)* Das Wichtigste aber, was im Zusammenhang mit diesem Gesetz festzustellen ist, das liegt darin, daß die Hauptursache seines Nichtzustandekommens in den Schwierigkeiten der internationalen Zusammenschlüsse zu suchen ist. Wir waren uns alle darin einig, daß es in jeder Zone Gewerkschaften geben sollte, wir konnten uns aber nicht darüber einig werden, welchen Organisationen es gestattet werden sollte, die Zonengrenzen zu überschreiten.

Das ist ein Stück Geschichte, das Sie sich merken sollten! Es ist aber eine Tatsache, wenn die Vertreter einer der Parteien ihren Willen damals durchgesetzt hätten, so wären wir heute nicht hier in München versammelt. Wenn diese bestimmte Partei ihren Willen durchgesetzt hätte, dann hätten wir entweder nur in jeder Zone eine Gewerkschaft oder eine Gewerkschaft in allen vier Zonen, aber nichts dazwischen! Sehr schlau gedacht, nicht wahr?

Gestatten Sie mir aber noch darauf hinzuweisen, daß die Kluft, die sich hier aufgetan hat, mir keinerlei Befriedigung bereitet. Ich sehne mich nämlich nach dem Tag, an dem Ihre Kollegen aus der Ostzone sich zu Ihnen gesellen können und an dem Sie diese Kollegen mit Freiheit und Vertrauen und gegenseitigem Wohlwollen empfangen können. In der Zwischenzeit freue ich mich, feststellen zu können, daß Vertreter der UGO anwesend sind, um diese Einheit, die doch kommen muß, zu symbolisieren. *(Bravo-Rufe.)*

Ich persönlich und auch im Namen des Britischen Hohen Kommissars möchte Ihnen herzlich gratulieren zu dem, was Sie schon vollbracht haben, und wir wünschen Ihnen allen Erfolg bei den Aufgaben, die die Gewerkschaften in Deutschland zukünftig zu meistern haben werden. *(Beifall.)*

Stephanne **Hurwiez,** stellv. Leiter der Direktion Arbeit, Französisches Hohes Kommissariat für Deutschland:

Meine Damen und Herren, Herr Präsident!

Im Namen des französischen Hohen Kommissariats und als Vertreter der Direktion Arbeit habe ich heute die Ehre, das Parlament der Arbeit, den ersten Kongreß der deutschen Gewerkschaften, zu begrüßen. Hierüber freue ich mich ganz besonders deshalb, weil ich ganz ehrlich glaube, daß der heutige Tag ein wichtiges Datum für die soziale Entwicklung Deutschlands ist, und weil wir später einmal sagen können: auch wir waren dabei!

Seit dem ersten Tag in Deutschland waren wir der festen Überzeugung, daß eine starke Gewerkschaftsbewegung das beste Fundament des demokratischen Aufbaus Deutschlands ist, ein Gewerkschaftsbund, der keine willkürliche Schaffung, sondern das Ergebnis des bewußten Willens der Werktätigen und ihrer gemeinsamen Anstrengungen ist, die von unten von den Ortsgewerkschaften und den Landesorganisationen nach oben ihren vollen Ausdruck gefunden haben.

Nach dem Antritt der Bundesregierung ist heute die Stunde gekommen, Ihren Gewerkschaftsbund zu gründen.

Es bleibt mir nur noch übrig, Ihnen hierzu unsere Glückwünsche zu übermitteln. *(Beifall.)*

Murray **van Wagoner,** Landeskommissar für das Land Bayern:

Herr Präsident, verehrte Gäste, meine Damen und Herren von den Gewerkschaften!

Es macht mir eine große Freude, hier bei Ihnen zu sein und die Begründung des Gewerkschaftsbundes der drei Westzonen mitzuerleben. München kann stolz sein, der Gastgeber zu diesem historischen Anlaß zu sein. Deutschland kann stolz sein auf diese Entwicklung, die für Sie ein Zeugnis des Fortschritts ist, den Ihre Gewerkschaften seit Kriegsende gemacht haben.

Es ist mein aufrichtiger Wunsch, daß die Gewerkschafter des Ostens von Deutschland eines Tages die Gelegenheit haben werden, mit Ihnen an einer freien Gewerkschaftsbewegung zu bauen, die keine Zonengrenzen hat, an einer gesamtdeutschen Organisation, die nicht eigensüchtigen organisatorischen Interessen dienen wird. Den Verdiensten Ihrer Gewerkschaften an der Nachkriegsentwicklung Deutschlands gebührt Anerkennung.

Ich bin überzeugt, daß Sie alle sich der Ihnen gestellten großen Aufgaben bewußt sind, und ich bin gewiß, daß auch in Zukunft der Wert der Arbeit der deutschen Männer und Frauen anerkannt wird. Nur auf diesem Wege kann die wirtschaftliche Zukunft Deutschlands gesichert werden.

Zu diesem Unternehmen wünsche ich Ihnen allen Erfolg. Danke! *(Beifall.)*

Prof. Dr. Ludwig **Preller,** Minister für Arbeit des Landes Schleswig-Holstein:

Lieber Dr. Böckler, liebe Kolleginnen und Kollegen!

Es ist für mich von einer ganz besonderen Bedeutung und zugleich eine wahrhaft politische Freude, Ihnen, Kolleginnen und Kollegen, die Grüße der Arbeitsminister der Länder der Deutschen Bundesrepublik zu übermitteln.

Es ist hier davon gesprochen worden, daß die Vereinheitlichung, die wir nun in der Bundesrepublik haben, die Gewerkschaften gleichzeitig dazu gebracht hat, ihre Einheit in der Deutschen Bundesrepublik heute zu statuieren. Mir scheint es als Vertreter der Arbeitsminister der Länder notwendig zu sein, daß ich an den Anfang dieser Ausführungen das Bekenntnis zum einheitlichen deutschen Arbeitsrecht stelle. *(Bravo-Rufe.)*

Wir Länderarbeitsminister haben im Rahmen dieses einheitlichen deutschen Arbeitsrechts Durchführungsaufgaben zu übernehmen. Wir können aus der Praxis, die da unten in den Ländern entsteht, wesentlich in enger Zusammenarbeit mit dem Bund der Arbeitnehmer an der Gestaltung der Arbeitsrechtsordnung in der Deutschen Bundesrepublik mitwirken. Aber diese Gestaltung, die aus der Praxis erwachsen soll, bedarf der praktischen Zusammenarbeit mit den Organen, mit den Sozialpartnern von beiden Seiten. Diese Aufgabe zu erfüllen, ist Sache der Arbeitsminister in den Ländern.

Wir wissen seit langem, daß die Sozialpolitik in den letzten hundert Jahren in Deutschland wie in der ganzen Welt zu einem festen, ja, zu einem ungemein entscheidenden Bestandteil der gesamten Wirtschaftspolitik geworden ist. Wir wissen auch aus den Erfahrungen der letzten Jahrzehnte, insbesondere aus der Zeit der Weimarer Republik, daß Sozialpolitik und Wirtschaftspolitik auf das engste zusammenhängen.

Die Gewerkschaften sind aus ihrer Entwicklung heraus in die Aufgabe hineingewachsen, die Arbeitnehmer in dieser Staatsgesellschaft nicht nur sozialpolitisch, sondern vor allem auch wirtschaftspolitisch zu vertreten. Diese Aufgabe ist ein ganz wichtiger Teil der Demokratisierung der Deutschen Bundesrepublik. Mr. Luce hat soeben im Zusammenhang mit dem nicht gewordenen Gewerkschaftsgesetz darauf hingewiesen, daß die Deutschen es auch verstehen, ohne ein Gesetz auszukommen und ihre Aufgaben so durchzuführen, wie sie aus der Praxis des wirtschaftlichen und sozialen Lebens erforderlich sind.

Ich wünsche im Namen der Arbeitsminister der deutschen Länder, daß die Gewerkschaften in diesem Sinne ein Stück gewachsener Verfassung der Deutschen Bundesrepublik werden mögen. *(Beifall.)*

Thomas **Wimmer**, Oberbürgermeister der Stadt München:

Mein lieber Herr Präsident, meine sehr verehrten Damen und Herren, meine lieben Gewerkschaftskolleginnen und -kollegen!

Als Oberbürgermeister der Landeshauptstadt München und als Mitglied des deutschen Holzarbeiter-Verbandes seit 42 Jahren begrüße ich zugleich im Namen der Stadtverwaltung Sie alle, die Sie zum ersten Deutschen Gewerkschaftskongreß nach München gekommen sind, auf das herzlichste.

Bereits vor 35 Jahren, im Jahre 1914, fand in München der Kongreß des Allgemeinen Deutschen Gewerkschaftsbundes statt, und seit dieser Zeit sind zwei Weltkriege mit all ihren grausamen Folgen über Deutschland und sein Volk dahingebraust, die den meisten, nichts als ihre Arbeitskraft besitzenden Menschen die schwersten Opfer auferlegten.

In den gewerkschaftlichen Zusammenschlüssen, den einzelnen Berufsverbänden, waren 1914 in der Spitze rund 2½ Millionen Arbeitnehmer, 1932 rund 7 Millionen organisiert. Mit ihren Angehörigen umfaßten die Gewerkschaften damals rund ein Drittel des deutschen Volkes. In ihrer Zielsetzung waren sie in erster Linie auf die wirtschaftliche und sozialpolitische Interessenvertretung der Mitglieder bedacht, nachdem im kapitalistischen Zeitalter dem Arbeitnehmer vielfach der gerechte Anteil am Ertrag seiner Arbeit vorenthalten wurde. Ohne eine mächtige Organisation wäre zweifellos der Lebensstandard der deutschen Arbeitnehmerschaft weit hinter dem anderer Gruppen zurückgeblieben.

Diese segensreiche Tätigkeit wurde 1933 mit der Machtübernahme der Nazioten jäh unterbrochen, und die Arbeitnehmer wurden immer mehr zum Ausbeutungsobjekt eines kriegslüsternen Herrenmenschentums. Die Organisation wurde zerschlagen, die selbstgewählten Führer der Verfolgung ausgesetzt und Gewalt und brutale Willkür an Stelle von Freiheit und Recht gesetzt.

Erst nach dem fürchterlichsten aller Zusammenbrüche, der je über ein Volk hinweggegangen ist, konnte nach der Besetzung Deutschlands durch die Sieger wieder langsam an einen Neuaufbau der deutschen Gewerkschaftsbewegung nach den Richtlinien der Besatzungsmächte geschritten werden. Die alten noch übriggebliebenen Pioniere der einst so stolzen deutschen Gewerkschaften haben in den verflossenen vier Jahren eine mühevolle Arbeit vollbracht, und als alter Gewerkschafter kann ich Sie alle zu diesem heute tagenden Kongreß nur auf das Herzlichste beglückwünschen.

Sie alle erleben heute auf diesem Kongreß mit Freude und Genugtuung, daß diese mühevolle Arbeit nicht umsonst war. Zur besonderen Freude aber darf es Ihnen gereichen, daß es möglich wurde, eine einheitliche deutsche Gewerkschaftsbewegung zu bilden und daß die früheren Zersplitterungen der Vergangenheit angehören.

Sie tagen heute und in den folgenden Tagen in München, einer Stadt, die einst als eine Perle im Kranze deutscher Städte bekannt war. Ihr Tagungslokal, der Kongreßsaal, entstand durch die geniale Schöpferkraft des weit über Deutschlands Grenzen hinaus bekanntgewordenen Ehrenbürgers der Stadt München, Oskar von Miller, der Gründer und zugleich Erbauer des Deutschen Museums, dieser Sammelstätte von Meisterwerken der Naturwissenschaft und der Technik, ist.

Nicht so sehr wie andere Städte mit Groß- und Schwerindustrie versehen, war München immer als Stadt der Kunst und Wissenschaft, als Stadt des Fremdenverkehrs und echten Frohsinns bekannt, in der Mittel- und Kleinbetriebe eine bedeutende Rolle spielten. Die Stadt hat in 72 Luftangriffen schwer gelitten. 13 500 Menschen sind durch Luftangriffe getötet, fast 90 000 Wohnungen dem Erdboden gleichgemacht, sowie zahlreiche Betriebe, Kultur- und Bildungsstätten zerstört worden. Wohnungselend und Wohnungsnot sowie Schulraumnot für alle Bildungsarten bedrücken uns zur Zeit noch besonders stark.

Von den 6 Millionen Kubikmeter Schuttmassen haben wir drei Viertel aus der Stadt geschafft als Voraussetzung für die Inangriffnahme eines Neu- und Wiederaufbaues. So bemühen wir uns — Stadtverwaltung und Bürgerschaft — seit drei Jahren, die vordringlichsten Schäden zu beheben, um den Freunden, die aus dem In- und Ausland zu uns kommen, sei es aus freien Entschlüssen oder dienstlich, nach Erledigung ihrer Tagesarbeit den Aufenthalt in unserer Stadt so angenehm wie möglich zu gestalten.

Und so wünsche ich zum Schlusse dem Gründungskongreß des Deutschen Gewerkschaftsbundes den größtmöglichen Erfolg und Ihnen allen aus dem In- und Auslande recht angenehme Stunden in Münchens Mauern und Ruinen und danke dem Gewerkschaftsrat der vereinten Zonen für die Abhaltung dieses hochbedeutenden Kongresses in München.

(DER VORSITZENDE begrüßte die anwesenden Vertreter der Presse und dankte für das große Interesse an den Arbeiten der Gewerkschaften, das sie durch ihre Anwesenheit bezeugten. Ferner hieß er die Herren Intendanten der Rundfunkstationen München, Stuttgart und Frankfurt/Main sowie ihre Mitarbeiter herzlichst willkommen. Ebenso begrüßte er die Mitarbeiter der Wochenschau „Welt im Film".)

Robert **Willis,** Trades Union Congress:

Sehr geehrter Herr Vorsitzender, liebe Kollegen!

Ich empfinde es als eine besondere Ehre, daß ich Ihnen die Grüße der acht Millionen britischen Gewerkschaftsmitglieder überbringen darf.

Diese Verschmelzungskonferenz, der wir hier beiwohnen, ist viel mehr als nur eine Zusammenfassung von sieben bisher bestehenden zonalen oder regionalen Föderationen. Sie repräsentiert die Konsolidierung der Prinzipien, auf denen die freien Gewerkschaftsbestrebungen ruhen. Es ist eine Manifestation Ihrer Entschlossenheit, für sich selbst zu denken und sich nicht den Kräften zu unterwerfen, die von außen herkommen.

Der britische Gewerkschaftsbund ist von Anfang an in seinen Bemühungen, mit dem Deutschen Gewerkschaftsbund und der UGO zusammenzuarbeiten, entschlossen und folgerichtig gewesen. Ich möchte hinzufügen, daß es sich bei der UGO um eine Organisation handelt, die wir nicht vergessen dürfen. Wir haben kürzlich in Berlin einiges von dem Kampf gesehen, den die UGO gegen den Druck vom Osten geführt hat, und wir wissen, daß es sich um einen sehr realen, um einen sehr greifbaren Kampf gehandelt hat. Deshalb haben die Kollegen der UGO alle unsere Unterstützung und alle unsere Sympathie notwendig gehabt und werden sie notwendig haben, ganz besonders, wenn wir an die neuen Schachzüge denken, die aus dem Osten unternommen werden. Dort schafft man eine Einrichtung, die man auch „Regierung" nennt, die aber nicht den Mut hat, zu den Wählern zu gehen und sich wählen zu lassen. Wenn Berlin unter russische Herrschaft gekommen wäre, dann wäre das ein Rückschritt für ganz Europa gewesen, und dann wäre es zum Unglück aller friedlichen Kräfte der europäischen Nationen gewesen.

Lieber Kollege Böckler, liebe Kollegen, eine der ersten Zuschriften, die Sie erhalten werden, wenn der neue Vorstand seine Tätigkeit aufgenommen hat, wird eine Einladung des britischen Gewerkschaftsbundes sein, eine Delegation nach Großbritannien zu senden. Wir hoffen, daß Sie diese Einladung akzeptieren werden und daß der von uns seit langer Zeit durchgeführte Austausch von Delegationen so seinen Fortgang finden wird.

Der Kampf des britischen Gewerkschaftsbundes und der britischen Gewerkschaften wird mit einer starken Organisation geführt und wird in der Tatsache offenbar, daß der britische Gewerkschaftsbund sich niemals Kräften unterworfen hat, die von außen herkommen und daß er niemals seine Unabhängigkeit aufgegeben hat. Wir haben das zu demonstrieren gehabt und müssen das immer wieder in vielen Diskussionen auseinandersetzen, die wir mit unserer Arbeiterregierung haben. Wir wissen, daß es eine Arbeiterregierung ist und daß es sich um eine der wenigen fortschrittlichen Regierungen Europas handelt. Und obwohl es eine Arbeiterregierung und obwohl es eine fortschrittliche Regierung ist, müssen wir uns auf allen Gebieten, die die Unabhängigkeit unserer Körperschaft betreffen, mit der Regierung unterhalten und auseinandersetzen. Wir sind uns jedoch bewußt, daß, wenn es keine Arbeiterregierung wäre, die Regierung erst die Gesetzgebung vollzogen haben würde und uns erst hinterher gefragt hätte.

Wir glauben, daß es mit dieser Methode möglich war, die Lebensmittel und die sonstigen Notwendigkeiten des täglichen Lebens besser und gerechter zu verteilen, als es sonst der Fall gewesen wäre. Es ist nach unserer Auffassung nicht ausreichend, gefüllte Schaufenster zu haben, wir wollen gefüllte Teller im Arbeiterhaushalt sehen. *(Bravo-Rufe.)*

Ich glaube, und damit möchte ich zum Schluß meiner Ausführungen kommen, daß die Methode, die wir in Großbritannien entwickelt haben, die Methode der freien Verhandlungen zwischen der Gewerkschaftsbewegung und der Regierung, zum mindesten des Studiums durch alle anderen Gewerkschaftsbewegungen wert ist.

Ich möchte schließen, indem ich die Grüße wiederhole, die ich am Anfang des Vereinigungskongresses Ihrer Gewerkschaften zum Ausdruck gebracht habe, und ich spreche die Hoffnung aus, daß die freien Gewerkschaften Westdeutschlands in ihrem Kampf für die Arbeiter Gesamtdeutschlands immer stärker werden mögen.

Claude **Bartlett,** Trades Union Congress:

(Übersetzung wiedergegeben durch Hans Gottfurcht.)

Der Kollege Bartlett, wie der Kollege Willis Mitglied des Generalrates des britischen Gewerkschaftsbundes, hat folgendes gesagt:

Ich möchte zunächst meinen deutschen Kollegen den Dank für die Einladung zum Kongreß zum Ausdruck bringen und hinzufügen, wie sehr ich persönlich mich freue, daß ich die Möglichkeit habe, hier zu sein. Ich möchte mich mit all den Grüßen verbinden, die der Kollege Willis bereits zum Ausdruck gebracht hat und möchte, wie gesagt, mit ihnen gemeinsam die Grüße unserer acht Millionen britischer Gewerkschaftsmitglieder zu Ihnen getragen haben.

Aber lassen Sie mich ein Thema behandeln, das Sie sehr interessieren wird. Vor einem Monat hat in Bridlington der britische Gewerkschaftskongreß getagt. Die Hauptprobleme, mit denen wir uns dort zu beschäftigen hatten, waren sozialen, wirtschaftlichen und gewerkschaftlichen Charakters, sowohl im Sinne und im Rahmen unseres eigenen Landes wie auch auf internationalem Gebiet. In allen diesen Beratungen und Betrachtungen haben die Fragen der Löhne, Preise und Gewinne wie immer eine Hauptrolle gespielt ebenso wie das Verhältnis dieser Dinge zueinander. Wir haben in allen diesen Unterhaltungen im Grunde genommen unsere Auffas sungen bestätigt erhalten, die wir in unseren Beziehungen mit der Regierung im Laufe der letzten Monate zum Ausdruck bringen konnten.

Aber seitdem wir in Bridlington getagt haben, ist die Abwertung der Währung eingetreten, und dadurch haben sich gewisse Bedingungen doch so wesentlich verändert, daß wir uns mit neuen Überlegungen zu beschäftigen haben. Wir müssen das Problem erneut zur Beratung stellen, in welchem Verhältnis Löhne und Preise zueinander stehen, und wir werden im britischen Gewerkschaftsbund und in den Körperschaften des Bundes, insbesondere in dem Sonderkomitee für wirtschaftliche Angelegenheiten, das der Generalrat eingesetzt hat, diese Fragen im einzelnen zu erörtern haben. Wir werden die Mitglieder unserer britischen Gewerkschaftsbewegung mit der neuen Situation vertraut zu machen haben, und wir werden aus den Erfahrungen der letzten Jahre und Jahrzehnte lernen müssen.

Wir wissen, daß der Krieg eine nicht wieder auslöschbare Spur in der Wirtschaft unseres Landes hinterlassen hat. Wir haben uns seit 1945 dauernd bemühen müssen, aus den Ruinen des Krieges — Ruinen bildlich und tatsächlich gesprochen — das zu retten, was zu retten war und die Arbeitskraft wiederaufzubauen, die erforderlich ist, um die Wirtschaft wieder gehen zu lassen.

All das ist, wie Sie wissen und wie wir wissen, der Kampf um die Produktion. In dieser Arbeit gibt es keine nationalen Interessen, sondern hier gibt es nur die Notwendigkeit der Zusammenarbeit aller Nationen. Ohne diese Zusammenarbeit gibt es keine Lösung, und wir werden niemals die verlorenen Dinge wieder ersetzen, die Wirtschaft in die Höhe bringen und die gewaltigen Mengen von Rohmaterialien und Lebensmitteln produzieren können, die erforderlich sind, um die Menschheit angemessen zu ernähren und zu verpflegen.

Vergessen können wir zu Hause nicht, daß wir zwei Kriege während der Lebenszeit der letzten Generation geführt haben, daß das Führen dieser Kriege zum Verlust erheblicher Rohstoff- und Einnahmequellen in anderen Ländern geführt hat, und daß dies im wesentlichen der Grund und die Ursache für unsere gegenwärtige Dollarsituation ist. Wir müssen uns auch ständig darauf besinnen, daß Großbritannien, ein geographisch gesehen außerordentlich kleines Land, gewaltige Mengen von Lebensmitteln und Rohmaterialen importieren muß, um leben zu können und daß der Verlust der auswärtigen Anlagen und auswärtigen Vermögenswerte es immer schwieriger gemacht hat, die Lücken zwischen dem möglichen Auskommen und dem notwendigen Import zu schließen. Es ist nicht ein Problem, das die Verlierer des Krieges allein beschäftigt, es ist ein Problem, das Verlierer und Sieger gleichermaßen angeht und gleichermaßen belastet. Wir haben durch die Kriege eine ungeheure Verschwendung von menschlicher Arbeitskraft und zwischen den Kriegen eine ungeheure Verschwendung von unterlassener Planung zu verzeichnen. Das darf niemals wieder geschehen. Wir haben es aber heute mit den daraus herrührenden Folgeerscheinungen im wirtschaftlichen und sozialen Leben zu tun.

Es ist wichtig, daß die deutschen Arbeiter, die durch ihre Gewerkschaften vertreten sind, in den Stand gesetzt werden, zu arbeiten und Sicherheit zu genießen. Wir, die britischen Gewerkschaften, sagen unseren deutschen Kollegen: wir haben um Eure Mitarbeit in den Einrichtungen des Marshall-Planes gebeten und bitten um Eure Mitarbeit in der neuen internationalen Organisation als gute Kollegen und vollberechtigte Partner. *(Beifall.)*

Eine freie Gewerkschaftsbewegung ist nur dann wirklich stark, wenn sie in wirklichen internationalen Verbindungen mit ihren Gewerkschaftskollegen aus anderen Ländern verbunden ist und dadurch in allen Ländern, also auch in Deutschland, eine Versicherung einer wirklichen demokratischen Zukunft geben kann. Wir glauben, daß wir der Demokratie mit unserer Zusammenarbeit und der Unterstützung, die wir geben können, helfen, nicht nur der Demokratie in Deutschland, sondern der Demokratie in der ganzen Welt.

Sie haben jetzt, nachdem Ihre Regierung gewählt ist, hier in Deutschland ähnliche Aufgaben zu erfüllen, wie Ihre Gewerkschaftskollegen in anderen Ländern mit ihren Regierungen zu erfüllen haben. Wir haben den Vorteil, sagen zu können, daß wir das volle Vertrauen zu unserer Regierung haben. Aber wir hoffen, daß der Sinn für Verantwortlichkeit, das Verantwortungsbewußtsein aller beteiligten Gewerkschaften und aller beteiligten Regierungen in allen Ländern dazu beitragen und dafür sorgen werden, daß diese Zusammenarbeit überall zwischen Gewerkschaften und Regierungen möglich ist und erfolgreich sein kann.

Lassen Sie mich schließen. Ich wünsche Ihnen alles Gute in Ihrer Arbeit. Indem Sie sich an unserer gemeinsamen internationalen Arbeit beteiligen, heben Sie Ihre eigene Arbeit in eine höhere Sphäre. Wir wünschen, daß Erfolg Ihre Aufgaben begleiten möge.

In diesem Sinne, schloß der Kollege Bartlett, möchte er Grüße und alle guten Wünsche überbringen und sich noch einmal mit seinem Kollegen Willis in der Übermittlung dieser guten Wünsche und Grüße verbinden. *(Beifall.)*

Nun gestatten Sie mir persönlich zwei Sätze. Ich möchte keine neue Rede dem Gesagten hinzufügen, aber es wäre etwas eigentümlich, wenn ich nach den vier Jahren, in denen ich durch meine Funktion und Verbindung zwischen den britischen und deutschen Gewerkschaften Gelegenheit hatte, das Werden der deutschen Gewerkschaftsbewegung in allen Phasen zu sehen, nicht meiner persönlichen Freude und Genugtuung darüber Ausdruck geben würde, hier sein zu können. Ich freue mich, auf einer Konferenz zu sein, die unter dem Vorsitz unseres alten lieben Freundes Hans Böckler steht. Ich freue mich, ihn in so geistiger Rüstigkeit und frisch zu sehen. Ich freue mich, neben ihm alle seine bewährten Mitarbeiter aus allen Zonen zu sehen. Ich freue mich, meine Berliner Landsleute hier zu sehen. Ich freue mich über jeden alten Kollegen, den ich sehe, und ich bin glücklich über jeden jungen Kollegen, der nachgewachsen ist und nun in der Bewegung steht. Ich freue mich sagen zu können, daß es in einem Monat in London meine Aufgabe sein wird, in der internationalen Gewerkschaftskonferenz, die dort beginnt, der deutschen Delegation helfend zur Seite zu stehen. *(Beifall.)*

In diesem Sinne auch von mir alle herzlichen Wünsche für eine neue einheitliche starke deutsche Gewerkschaftsbewegung mit dem alten Wort: wir sind geboren in einem Lande, unsere Heimat ist die Welt. *(Beifall.)*

Henry **Rutz**, American Federation of Labor:

Herr Präsident, Gewerkschaftskollegen und -kolleginnen, meine Damen und Herren!

Ich komme eben vom Kongreß des amerikanischen Gewerkschaftsbundes, der American Federation of Labor, der zur Zeit in St. Paul, Minnesota, tagt. Präsident Green hat mich beauftragt, Ihnen Grüße im Namen der acht Millionen Mitglieder der A. F. of L. zu überbringen und zugleich Ihrer neuen Organisation besten Erfolg zu wünschen.

Ich freue mich besonders aus diesem Anlaß bei Ihnen zu sein, da ich seit Beginn der Besatzung mit der deutschen Gewerkschaftsbewegung und deren Wachstum in vielfältiger Weise verbunden bin. Als Leiter der Arbeitsabteilung der 12. Armeegruppe war es meine Aufgabe, den ersten Organisationsausschuß der deutschen Gewerkschaften zu bestätigen. Das war in Aachen im Oktober 1944.

Unsere damalige Politik stützte sich auf einen Rundfunkappell General Eisenhowers an die deutschen Arbeiter. General Eisenhower wies darauf hin, wie sinnlos es sei, die Kriegsproduktion fortzusetzen und versprach den deutschen Arbeitern, daß ihnen nach dem Krieg das Recht wieder gewährt werden würde, sich in freien Gewerkschaften zusammenzuschließen.

Der Krieg war einige Monate später zu Ende. Es blieb auch weiterhin der Grundsatz der Vereinigten Staaten, den Zusammenschluß der Arbeiter in Gewerkschaften zu fördern. Dies war ein Erfolg der American Federation of Labor, die sowohl das Außenministerium als auch das Kriegsministerium davon überzeugen konnte, daß die deutschen Arbeiter, wenn man ihnen das Recht einräumt, sich zu organisieren, eine starke Stütze der neuzuerrichtenden deutschen Demokratie werden würden.

Dann kam der Weltgewerkschaftsbund. Der Führer der amerikanischen Delegation, der sich an den Weltgewerkschaftsbund angeschlossen hatte, lehnte die gewerkschaftsfreundliche Politik Amerikas in Deutschland ab. Er bat die Militärbehörden, mir zu erlauben nach London zu kommen. Dort erfuhr ich aus seinem Munde, daß er gegen die Zulassung von Gewerkschaften in Deutschland für die Dauer von fünf Jahren sei. Er sagte mir, daß er die amerikanische Regierung bitten werde, ihre Politik zu ändern. Ich antwortete, daß, solange von unserer Regierung keine Änderung der Richtlinien erfolge, wir fortfahren würden, die deutschen Gewerkschaften, die gerade in der Bildung begriffen waren, anzuerkennen. (Beifall.)

Das war vor drei Jahren. Seitdem habe ich die Militärregierung verlassen und bin der Vertreter des amerikanischen Gewerkschaftsbundes für die besetzten Gebiete geworden.

In den letzten drei Jahren hatte die American Federation of Labor des öfteren Gelegenheit, ihren Einfluß zugunsten der deutschen Arbeiterbewegung geltend zu machen.

Der amerikanische Gewerkschaftsbund erhob Einspruch gegen die Demontage solcher Industrien, die ganz offenbar kein Kriegspotential haben (Beifall.) Wir haben verlangt, daß früheres Gewerkschaftseigentum Ihnen zurückgegeben werde. Wir haben gefordert, daß die US-Behörden das wirtschaftliche Mitbestimmungsrecht der Gewerkschaften anerkennen. Wir haben uns dafür eingesetzt, daß die Militärbehörden die Gesetze genehmigen, die von den deutschen Arbeitern verlangt und von den Parlamenten der Länder angenommen worden sind. (Beifall.)

Nunmehr ist eine westdeutsche Bundesregierung gebildet worden. Damit sind weitgehende Veränderungen im Aufgabengebiet der Besatzungsbehörden erfolgt. Ich möchte Ihnen versichern, daß der amerikanische Gewerkschaftsbund die Ziele und die Politik der neuorganisierten deutschen Gewerkschaftsbewegung auch weiter unterstützen wird.

Der amerikanische Gewerkschaftsbund will nicht, daß Ihnen amerikanische Gebräuche und Praktiken aufgezwungen werden. Unser Präsident, William Green, hat auf dem Kongreß der American Federation of Labor vorige Woche den britischen Delegierten gesagt, daß unsere Organisation, obwohl sie in Amerika für die freie Wirtschaft ist, die britische Arbeiterregierung in all ihren Bestrebungen unterstützt, weil diese auf der Basis demokratischer Prinzipien gewählt ist und Gesetze macht, die der Wohlfahrt der arbeitenden Männer und Frauen dienen.

Der amerikanische Gewerkschaftsbund wird in der Zukunft — wie er das schon in der Vergangenheit getan hat — Ihr Streben unterstützen, den arbeitenden Menschen ihren berechtigten Platz in der deutschen Wirtschaft zu sichern. Wir werden mit Genugtuung Zeuge sein des Eintritts der neuen deutschen Gewerkschaftsbewegung in die kommende Organisation der demokratischen Gewerkschaften der Welt, die wir im November dieses Jahres in London gründen werden.

Ihre Organisation, die deutsche Arbeiterbewegung, eine der stärksten demokratischen Kräfte auf dem europäischen Kontinent, ist berufen, Ihr Land zu einem Bollwerk des Friedens zu machen. Wir haben das Vertrauen, daß Sie Ihre Aufgaben erfüllen, und wünschen Ihnen Erfolg. *(Beifall.)*

Elmer F. **Cope,** Congress of Industrial Organisations (Übersetzung, wiedergegeben durch Dolmetscher):

Herr Vorsitzender, Kollege Böckler! Werte Kollegen!

Ich bringe Ihnen aus diesem historischen Anlaß die brüderlichen Grüße der CIO oder des Kongresses der industriellen Gewerkschaftsorganisationen.

Präsident Murray von der CIO hat mich ersucht, seine persönlichen Grüße an Ihren Kongreß zu überbringen. Ich möchte Ihnen in diesem Zusammenhang sagen, daß Präsident Murray als Vorsitzender der großen Metall- und Stahlarbeitergewerkschaft in Amerika zur' Zeit einen großen Streik, an dem mehr als 500 000 Mitglieder teilnehmen, gegen die Stahlbarone in den USA führt.

Der CIO erblickt in dem Kongreß, den Sie hier abhalten, ein wahrhaft historisches Ereignis für die Gewerkschaftsbewegung der Welt. Dieses Ereignis ist nicht nur wichtig für die Arbeiter Deutschlands, sondern es ist von ungeheurer Bedeutung für die Arbeiter der ganzen Welt. Die Ergebnisse Ihres Kongresses und die Art und Weise, in der Sie Ihre Beschlüsse durchführen werden, kann und wird einen großen Einfluß auf die Geschehnisse in der Welt und für den Weltfrieden haben.

Meine Organisation hat seit dem Kriege durch Intervention bei der Militärregierung und durch Mitarbeit von CIO-Funktionären in der Militärregierung versucht, dazu mitzuhelfen, daß Sie Ihre Gewerkschaftsbewegung hier aufbauen können. Darüber hinaus haben wir durch unsere Organisation, die ihren Sitz in Washington hat, auf die zuständigen Regierungsstellen eingewirkt, daß die Politik und die Durchführung der Beschlüsse in Deutschland in einem Sinne geschieht, der sich zugunsten der arbeitenden Bevölkerung und der Gewerkschaften in Deutschland auswirkt.

Wir haben schon lange auf diesen Tag gewartet, an dem sich die Gewerkschaften in Deutschland zu einer einheitlichen Organisation zusammenschließen werden. Denn es ist unser Glaube, daß es gerade wie in den Vereinigten Staaten so auch in Deutschland keine starke Demokratie, keine demokratische Entwicklung ohne eine starke freie demokratische Gewerkschaftsbewegung geben wird. (Beifall.) Deshalb habe ich in den letzten zwei Jahren wiederholt erklärt und habe mich mit Ihren Führern darüber unterhalten, daß Sie nur durch Ihre Arbeit, durch Ihren Einsatz in den Betrieben die Garantien für Ihren wirtschaftlichen Fortschritt und für Ihre Sicherheit finden können.

Wenn es eine Lehre gibt, die die Arbeiter, die Gewerkschaften aus dem letzten Kriege gezogen haben, dann ist es die, daß die Arbeiter starke Gewerkschaften bauen müssen, starke Gewerkschaften, die frei sind von der Kontrolle des Staates und von allen anderen außenstehenden Einflüssen, und daß sie nur dadurch ihre Ziele dauernd sichern können.

Der Kampf hat gerade erst begonnen und kritische Tage liegen vor uns. Im nächsten Monat werden die Vertreter der freien demokratischen Gewerkschaften wieder zu einem historischen Anlaß in London zusammenkommen. Sie werden den Gründungsakt für eine neue, freie demokratische Gewerkschaftsinternationale vollziehen. (Beifall.) Nachdem der CIO sich zusammen mit dem Britischen Gewerkschaftsbund im Januar dieses Jahres aus dem Weltgewerkschaftsbund zurückgezogen hatte, nachdem er zur Überzeugung gelangt war, daß der Weltgewerkschaftsbund vollkommen unter die Kontrolle und den Einfluß der Kommunisten und der Sowjetunion gelangt war, haben wir dann den Entschluß gefaßt, eine neue, freie, echt demokratische Gewerkschaftsorganisation zu gründen. Nächsten Monat werden wir uns in London versammeln. Wir werden dort wohl nicht die Vertreter der russischen Kommunisten und ihrer Satelliten haben, aber dafür werden wir die Vertreter der demokratischen deutschen Gewerkschaften begrüßen können, mit denen wir dann zusammen und zusammen mit den Vertretern der anderen freien Gewerkschaften unseren Kampf für die Demokratie weiterführen werden. (Beifall.) Wir hoffen, daß diese neue Gewerkschaftsinternationale, die alle freien demokratischen Gewerkschaften einschließen wird, wirklich eine Organisation werden wird, die Taten vollbringen wird. Wir hoffen, daß diese neue Weltorganisation sofort darangehen wird, den Arbeitern in allen Ländern mitzuhelfen, ihre Organisationen zu bauen und für ihre Interessen in der ganzen Welt einzustehen.

Der amerikanische Congress of Industrial Organisations hat eine wichtige Rolle bei der Unterstützung des Marshall-Planes gespielt. Er sieht in dem Marshall-Plan einen Weg, den demokratischen Ländern beim Wiederaufbau ihrer Wirtschaft zu helfen. Aber wir verstehen darunter auch, daß diese Volkswirtschaften in diesen Ländern dahingehend erneuert werden und ihnen so geholfen wird, daß sie den Bedürfnissen der arbeitenden Bevölkerung in diesen Ländern dienen können. Mit anderen Worten: wir verstehen unter dem Marshall-Plan einen Weg, dem arbeitenden Menschen in diesen Ländern einen höheren Lebensstandard zu ermöglichen. Das heißt nicht, daß wir unter dem Marshall-Plan verstehen die Wiederaufrichtung der Herrschaft der Industrieherren, damit diese größere Profite einheimsen können. Aber wir wissen auch, daß wir allein den Arbeitern und Gewerkschaften in diesen Ländern nicht bei der Erfüllung ihrer Aufgabe zur Verbesserung der Lebenshaltung helfen können, wenn sie nicht selbst direkt an der Verwaltung des Marshall-Planes in ihren Ländern mitarbeiten und darauf sehen, daß die Gelder auf die richtige Weise verwendet werden. Wir fordern Sie deshalb auf, auch weiterhin wachsam zu sein und zusammen mit den Gewerkschaften in den anderen Ländern zur Erfüllung der Ziele und Zwecke des Marshall-Planes, wie wir sie sehen, mitzuhelfen.

Euch, Eurem Vorsitzenden, Kollegen Böckler, und den Delegierten, will ich nochmals versichern, daß der CIO weiterhin bereit sein wird, Euch alle Hilfe und Unterstützung zuteil werden zu lassen, zu der wir in der Lage sind. Damit wünsche ich Ihnen nochmals den besten Erfolg. *(Beifall.)*

Gösta Eriksson, Landsorganisationen in Sverige (Übersetzung, wiedergegeben durch Theodor Bergmann):

Kolleginnen und Kollegen!

Im Auftrag der dänischen, norwegischen und schwedischen Delegationen will ich hier einen herzlichen Gruß an Ihren Kongreß von mehr als zwei Millionen organisierten Arbeitern in unseren Ländern überbringen und für die Einladung zu diesem Kongreß danken. Wir deuten das Zustandekommen dieses Kongresses als einen großen Schritt vorwärts für die Bestrebungen der Arbeiterklasse in Deutschland. Wir folgen Ihrer Arbeit für die Schaffung eines effektiven gewerkschaftlichen Organisationsapparates und erträglicher Verhältnisse für die deutschen Arbeiter mit großem Interesse. Es ist unsere Hoffnung, daß den deutschen Arbeitern Erfolg beschieden sein möge in ihren Anstrengungen, eine demokratische Gesellschaft und ein demokratisches Wirtschaftsleben aufzubauen.

Viele der Fäden, die früher die internationale Arbeiterbewegung über die Landesgrenzen hinaus verbunden haben, sind heute zerrissen, und es gilt, sie von neuem wieder anzuknüpfen. Wir müssen alle mithelfen bei dem Versuch, ein besseres Verständnis zwischen den Völkern zu schaffen, wenn es der Menschheit noch einmal vergönnt sein sollte, wieder an die Zukunft zu glauben und ein Sicherheitsgefühl für den morgigen Tag zu bekommen.

Auch in den nordischen Ländern haben wir mit wirtschaftlichen Schwierigkeiten zu kämpfen, wenn auch nicht von der gleichen Größenordnung wie in Ihrem Lande. Diese Schwierigkeiten können auch bei uns nicht überwunden werden, bevor das wirtschaftliche Leben in Europa und in der übrigen Welt in normale Gleise kommt. Es ist daher ein für alle gemeinsames Interesse, daß Ihrer Aufbauarbeit Erfolg beschieden sei. Wir wünschen Ihnen eine erfolgreiche Arbeit während dieses Kongresses. Wir wünschen Ihnen Erfolg in Ihrer Arbeit für eine starke Gewerkschaftsbewegung, die ein entscheidender Faktor in einer demokratischen Gesellschaft werden kann. *(Beifall.)*

(DER VORSITZENDE vertagte anschließend den Kongreß bis 15 Uhr.)

Nachmittagssitzung

Vorsitzender: Dr. h. c. Hans Böckler

(DER VORSITZENDE eröffnete den Kongreß wieder um 15 Uhr 14.)

Jan **Schuil**, Internationales Arbeitsamt:

Verehrte Kongreßleitung! Liebe Freunde, Kollegen und Kolleginnen, geschätzte Anwesende!

Es ist für mich eine ebenso ehrenvolle wie angenehme Aufgabe, Euch im Namen des Internationalen Arbeitsamtes und seines Generaldirektors, Herrn David Morse, herzlichst zu danken für die zu Euerem Kongreß ergangene Einladung und Euch Grüße und beste Wünsche für eine erfolgreiche Arbeit auszusprechen.

Die Freude, nach so langer Zeit wieder im Kreise deutscher Gewerkschaftskollegen weilen zu können, ist für mich zweifacher Natur. Sie ist einmal eine persönliche. Persönlich deshalb, weil das Schicksal und die Zukunft der deutschen Gewerkschaftsbewegung mir immer ganz besonders am Herzen gelegen haben. In der Zeit von Ende 1929 bis April 1933 habe ich in Berlin das Ringen der demokratischen Kräfte Deutschlands gegen die Sturmflut des Nationalsozialismus aus nächster Nähe miterlebt. Ich erinnere mich an die ungeheure Dauerarbeitslosigkeit, die das deutsche Volk materiell und seelisch zermürbte — an die Überfälle und Aufmärsche der hitlerischen Söldnertruppen — an die verzweifelten Versuche, mit den friedlichen Mitteln der Demokratie den sich türmenden Problemen beizukommen — an Wahlnächte, die ich mit den Genossen des „Vorwärts" hinter Sandsäcken verbrachte.

Als ich Ende April 1933 Berlin verließ, war die Entscheidung gefallen und schien das Schicksal des demokratischen Deutschlands und seiner Gewerkschaftsbewegung besiegelt. Aber weder die Jahre, die folgten, noch der Krieg, noch die Barbarei der Besetzungsjahre, die ich in meinem Heimatlande Holland verlebte, haben meinen Glauben an die freiheitliche, demokratische Gesinnung meiner Kollegen in Deutschland erschüttern können. Nie habe ich an der Wiedergeburt eines demokratischen Deutschlands, nie an der Wiederauferstehung seiner freien Gewerkschaftsbewegung gezweifelt. Und es ist für mich deshalb eine tiefe, persönliche Befriedigung, auf dieser machtvollen Kundgebung zugegen sein zu können.

Zum zweiten freut es mich vom amtlichen Standpunkt aus, hier als Vertreter des Genfer Internationalen Arbeitsamtes und besonders auch als Leiter seines Dienstes für die Verbindungen mit den Arbeiterorganisationen sprechen zu können. Das Internationale Arbeitsamt erinnert sich gern an die hervorragende Mitarbeit, die ihm allzeit von den Gewerkschaften des vorhitlerischen Deutschlands dargebracht wurde. Es war ein harter Schlag für das Internationale Arbeitsamt, als diese Zusammenarbeit 1933 jäh in die Brüche ging. Lange und dunkle Jahre sind gefolgt, aber über Eure Vertreter im Ausland blieb jedenfalls ein gewisser Kontakt erhalten und seit Ende des Krieges hat das Internationale Arbeitsamt im Rahmen des Möglichen versucht, neue direkte Beziehungen zu den deutschen Gewerkschaften sowie zu den Behörden und den Arbeitgebern anzubahnen. Ich brauche Euch nicht die politischen und materiellen Verhältnisse zu schildern, die die Wiederaufnahme dieses direkten Kontaktes erschwert und verzögert haben. Unmittelbar nach Beendigung der Postsperre für Drucksachen haben wir jedoch im Austausch für eure Gewerkschaftszeitungen und sonstigen Publikationen den Versand der Veröffentlichungen des Internationalen Arbeitsamtes an die Zentralorganisationen wieder aufgenommen.

Im Jahre 1948 hat das Amt außerdem eine kleine, dreiköpfige Delegation nach Deutschland entsandt, die unter Leitung des Herrn Jef Rens, eines unserer Unter-Direktoren, zahlreiche Besprechungen mit Vertretern der deutschen Behörden, Gewerkschaften und Arbeitgeberorganisationen hatte.

Im Juni/Juli 1949, also in diesem Jahre, hat der Verwaltungsrat des Internationalen Arbeitsamtes in einer Entschließung offiziell den Wunsch ausgesprochen, deutsche Vertreter in engere Verbindung mit der Tätigkeit der Internationalen Arbeitsorganisation zu bringen und im Rahmen der Verfassung und der Praxis der Internationalen Arbeitsorganisation dreiparteiische Vertretungen Deutschlands zur Teilnahme an jenen Konferenzen und Tätigkeiten der Organisation einzuladen, an denen Deutschland faktisch interessiert ist. Ich brauche wohl nicht zu betonen, daß diese Entschließung sich auf das gesamte Gebiet Eures Landes bezieht und hoffe also sehr, in nächster Zeit Vertreter der deutschen Gewerkschaften in Genf begrüßen zu können.

Jene Älteren unter Euch, die sich an das Internationale Arbeitsamt aus den Jahren bis 1933 erinnern, werden allerdings, wenn sie zu uns kommen, vieles verändert finden. Das Internationale Arbeitsamt führt nicht mehr das mehr oder weniger beschauliche Dasein seiner Vorkriegsperiode, in der die jährliche Internationale Arbeitskonferenz das große, alles überschattende Ereignis war. Diese jährliche Konferenz findet natürlich immer noch statt, und sie bildet immer noch den Höhepunkt. Aber das Amt ist erst jetzt recht eigentlich ein surrender Bienenkorb geworden. Ein nie abreißender Strom von Konferenzen und Kommissionstagungen unterhält jetzt das Getriebe vom Januar bis Dezember und Schauplatz ist jetzt nicht nur Genf selbst, sondern die ganze Welt: Rom, Pittsburg, Montevideo, Singapur, fernes Indien, Australien und Ceylon. Die Tätigkeit des Internationalen Arbeitsamtes hat sich ungeheuer erweitert. Neben der jährlichen allgemeinen Konferenz, die die dreiparteiischen Delegationen der übergroßen Mehrzahl der 60 nunmehr angeschlossenen Mitgliedsstaaten vereinigt, organisiert das Amt regionale Arbeitskonferenzen für Lateinamerika, für Asien und für den Nahen und Mittleren Osten. Es organisiert Tagungen der sogenannten Industrieausschüsse — neun an der Zahl —, die sich insbesondere mit den Fragen einzelner Erwerbszweige befassen — so für den Inlandstransport, die Metallindustrie, die Eisen- und Stahlerzeugung, die Textilindustrie usw. Hinzu kommen die aus der Vorkriegszeit übernommenen Kommissionen für Landarbeiter, für Seeleute, für Angestellte und geistige Arbeiter usw.

Aber damit nicht genug. Das Schwergewicht unserer Tätigkeit hat sich verlagert. Sicher bleibt der Abschluß von Konventionen zur vertraglichen Festlegung von Mindestnormen zwischen den Staaten in bezug auf das weite Gebiet der Sozialpolitik nach wie vor unser Hauptaugenmerk. Daneben greift das Internationale Arbeitsamt jedoch immer mehr unmittelbar in die Gestaltung der Sozial- und der Wirtschaftspolitik der einzelnen Länder ein. Es ist hervorragend beteiligt an der praktischen Durchführung jener gewaltigen und verheißungsvollen Projekte, die darauf gerichtet sind, die wirtschaftlich und folglich auch sozial zurückgebliebenen Gebiete der Erde zu entwickeln. Durch Beratung in bezug auf eine vernünftige Organisation des Arbeitsmarktes, der Berufsausbildung und des Wanderungswesens arbeiten wir daran mit, diese Gebiete auf ein höheres wirtschaftliches und soziales Niveau zu bringen und dadurch nicht nur zur Entfaltung dieser Gebiete und ihrer Menschenmassen beizutragen, sondern den internationalen Warenaustausch durch Hebung von Kaufkraft und folglich Erschließung von neuen Reichtumsquellen zu fördern. Nicht unerwähnt soll dabei der Beitrag bleiben, den das Internationale Arbeitsamt im Rahmen der Hilfsprogramme für die „displaced persons" leistet.

Eine gerechte, bessere Welt — das ist das Ziel, das das Internationale Arbeitsamt sich gemeinsam mit den Gewerkschaften und allen fortschrittlich gesinnten Kräften der Gesellschaft gestellt hat. Es gilt, eine Welt zu bauen, in der die Früchte der Arbeit aller allen zugute kommen — eine Welt, in der jeder Mensch Arbeit, Verdienst und Lebensglück finden kann — eine Welt, in der die sich ergänzenden nationalen Wirtschaftsgebilde im immerfort steigenden Maße ihre Produkte und Erzeugnisse austauschen können — eine Welt, in der nicht mehr wenige nationale Zusammenballungen von industrieller Produktionskraft sich um verarmte, schrumpfende Absatzgebiete schlagen müssen — eine Welt, in der soziale Gerechtigkeit herrscht, nicht nur innerhalb der Grenzen der einzelnen Länder, sondern auch im Verkehr der Länder unter sich — eine Welt, in der statt Ungleichheit und Krieg Gleichheit und Friede wohnen.

Das Internationale Arbeitsamt ist Ausdruck des sozialen Weltgewissens. Es begrüßt das neue, demokratische Deutschland, das sich im Aufbau befindet. Es begrüßt seine Gewerkschaften als Mitträger der demokratischen Tradition und wünscht ihnen Kraft, Zuversicht und Erfolg. *(Beifall.)*

Robert **Bothereau,** Confédération Générale du Travail, Force Ouvrière:

(Übersetzung, wiedergegeben durch Albert Preuß)

Liebe Kameraden!

Ich bin sehr glücklich, daß ich das erstemal seit Beendigung des Krieges hier in diesem Saale den französischen Gewerkschaftsbund Force Ouvrière vertreten kann.

Selbstverständlich haben wiederholte Male Zusammenkünfte zwischen Ihren und unseren Kollegen stattgefunden, insbesondere Zusammenkünfte, die speziell mit dem Marshall-Plan zusammenhängen. Ich habe es deshalb nicht nötig, liebe Kameraden, heute besonders zu betonen, mit welch großem Vergnügen und mit welch großer Freude die französischen Gewerkschaften die Wiederherstellung der deutschen Gewerkschaftsbewegung begrüßen. *(Beifall.)*

Wir sind um so glücklicher, dem Wiederaufbau der deutschen Gewerkschaften beiwohnen zu können, da in der ganzen Welt die Wiederherstellung der freien Gewerkschaftsbewegung im Augenblick im Gang ist, und wir hoffen und wünschen, daß dieser Wiederaufbau auch auf Ihrer Seite einen glücklichen Anfang nimmt. Für die Wiederherstellung und Sicherung des Friedens können und müssen unsere beiden Bewegungen sehr viel tun. In der Geschichte Europas haben wir uns seither zerfleischt. Aber habe ich nötig, aufzuzählen, welche gemeinsamen Interessen und welche gemeinsamen

Ziele wir haben? Europa ist eine ganz kleine Angelegenheit geworden, eine Angelegenheit, die Gefahr läuft, zwischen zwei großen Riesen zermalmt zu werden. Uns bleibt der Weg der Stabilisierung des Friedens, und dafür kann und muß die Gewerhschaftsbewegung sehr viel leisten.

Die französische Gewerkschaftsbewegung hat aus der Vergangenheit der deutschen Gewerkschaftsbewegung viel gelernt. Sie erinnert sich an die Zeiten vor dem Kriege, an die Inflation, an die Folgen dieser Inflation und der Entwicklung in Deutschland, an das Zustandekommen der Hitler-Regierung und an die schrecklichen Folgen, die wir in der letzten Zeit erlebt haben. Die Probleme, die Sie zu lösen haben, sind dieselben Probleme, die auch wir zu lösen haben: die Dauerbeschäftigung, ein wirtschaftlicher Ausgleich, die Prosperität der Menschheit.

Wir wissen, daß Sie außerdem andere Probleme beschäftigen. Ich nenne hier das Problem der Demontagen der Fabriken. Aber, Kollegen, wir sind der Meinung, daß wir als französische Gewerkschaftskollegen dafür zu sorgen haben, daß auch das deutsche Volk in friedlicher Arbeit die Gelegenheit hat, sein eigenes Land wiederaufzubauen und im Kreise aller Völker seinen Platz, der ihm gebührt, einzunehmen. *(Beifall.)*

Entschuldigen Sie, liebe Kameraden, daß ich nicht ausführlicher werde. Aber ich wollte Ihnen vor allen Dingen brüderliche Grüße übermitteln. In kurzem, im November, wird eine neue große internationale Gewerkschaftsbewegung gegründet werden. Sie werden in dieser internationalen Gewerkschaftsbewegung an unserer Seite sitzen. Wir werden gemeinschaftlich an den Neuaufbau einer friedlichen Welt gehen. Wir werden von unserem kleinen Kontinent aus die Verbindungen aufnehmen zu den größeren Kontinenten, und ich bin sicher, daß wir alle zusammen gemeinschaftlich eine Welt bauen werden, in der wir in Frieden, Sicherheit und Glück wohnen können. *(Beifall.)*

Louis **Major**, Fédération Générale du Travail de Belgique:

Kameraden, Kolleginnen und Kollegen!

Mit großer Freude erhielten wir Ihre Einladung zur Teilnahme an Ihrem Kongreß zur Gründung eines Gewerkschaftsbundes für das Gebiet der Bundesrepublik Deutschland. Sofort haben wir dieser Einladung Folge geleistet. Es handelt sich hier um einen äußerst wichtigen Kongreß. Er wird nicht nur der Zentralisation und Vereinigung der Gewerkschaften gewidmet sein, sondern ebenso der Feststellung ihrer Absichten und Aktivität. Wir Angehörigen der

Benelux-Länder, Belgien, Luxemburg und der Niederlande, haben wie alle Europäer und besonders wie alle Arbeiter mit Interesse den Neuaufbau einer freien unabhängigen Gewerkschaftsbewegung in Ihrem Lande verfolgt.

Die zwei Weltkriege haben den internationalen Solidaritätsgedanken empfindlich erschüttert. Wir spüren noch immer die traurigen Folgen der letzten Kriege. Unsere kleinen Länder Belgien und Luxemburg wurden schon zweimal angegriffen, Holland einmal. Zweimal erlebten wir blutige Gefechtsszenen. Wir kannten zwei Besatzungen mit ihrer schrecklichen Unterdrückung, mit ihren unverschämten Verfolgungen, mit ihren zahllosen Menschenopfern, mit ihrem Hunger und ihrer Erschöpfung. Diese Tatsachen haben bei unserem Volke eine tiefe Wunde hinterlassen. Besonders bei all denen, die heimlich den Widerstand organisierten — die es wagten, für ihre Rechte aufzutreten — die aufgejagt wurden wie Tiere und manchmal in ein Konzentrationslager eingesperrt wurden, ist die Erinnerung an diese Leiden noch ganz frisch.

Wir wollen aber nicht stehenbleiben. Die Zukunft winkt. Die Notwendigkeit zum Kampf gegen Krieg und Unterdrückung, aber vor allem der feste und unerschütterliche Wille, eine Welt zu erobern, in der Krieg und Armut nicht mehr bestehen, geben uns eine unentbehrliche Entschlossenheit und gewähren uns Unterstützung in unserem Streben nach internationaler Verbrüderung.

Wir sind fest entschlossen, diese Welt neu aufzubauen. Wir wollen eine Solidarität, die alle Arbeiter zusammenschließt und die sich zur mächtigsten Organisation entwickelt, die je die Welt gekannt hat. Kollegen, nur die Arbeiterorganisationen und besonders die unabhängigen freien Gewerkschaften können dieses Ziel erreichen. Wir sind bereit, wir wollen einen Teil dieser riesigen Arbeit auf uns nehmen. Unser Ideal ist das aller Menschen, die es gut meinen mit dem Frieden und dem Wohlstand, und wir werden es überall verkündigen.

Aber auch Sie haben einen schweren Auftrag zu erfüllen. Zwar sind Sie vom Nazismus unterdrückt und verfolgt worden, aber Sie haben auch eine andere Regierungsform kennengelernt! Vergessen Sie nie, daß die deutsche Arbeiterbewegung eine Riesenarbeit zu leisten hat! Sie sollen Ihre Demokratie aufbauen und weiter entwickeln. Unter den heutigen Umständen wird Ihnen das nicht leichtfallen. Sie leiden unter den Folgen des Krieges, unter den Zerstörungen, und es mangelt an vielen Sachen erster Notwendigkeit. Bedenken Sie aber, daß auch andere Arbeiter von Westeuropa unter denselben Folgen zu leiden haben. Sie müssen Ihre Organisation aufbauen und Ihre Arbeit fortsetzen. Sie müssen auftreten nach einer Periode der Diktatur, in der die Leute nur einseitig unterrichtet wurden. Aber auch wir mußten nach unserer Befreiung energisch vorgehen gegen unsere Bewunderer der Diktaturen. Der Auftrag, den Sie zu erfüllen haben, ist schwer, er ist aber auch schön und besonders edel. Die Solidarität und die soziale Entwicklung Westeuropas werden zu einem großen Teil abhängen von der Haltung der deutschen Arbeiterorganisationen — von Ihrem Glauben — von Ihrer festen Überzeugung, daß eine neue Welt aufgebaut werden muß, in der wir alle frei sind und in der wir das Recht haben, frei zu denken, zu sprechen, zu schreiben, zu versammeln, in der die Persönlichkeit des Menschen im Mittelpunkt der Interessen steht und wirkliche Solidarität herrscht, in der das Wort verwirklicht ist: alle für einen und einer für alle. Wir reichen Ihnen die Hände.

Kollegen, Millionen Arbeiter haben die Augen auf Sie gerichtet! Bedenken Sie, daß die Propaganda, die Sie in Ihrem Lande führen, auch im Auslande gehört wird! Machen Sie in Ihrem Lande aus der Demokratie eine große Realität, errichten Sie Ihre Freiheit für immer, bauen Sie mit uns eine große internationale Bruderschaft auf! Wir haben eine große Verantwortung gegenüber der neuen Generation. Wir dürfen die Erwartungen nicht beschämen. Alle zusammen müssen wir an einer neuen Welt bauen, in der Recht, Freiheit und Wohlstand herrschen. *(Beifall.)*

Michael **Rösch**, Schweizerischer Gewerkschaftsbund:

Werte deutsche Gewerkschaftskolleginnen und -kollegen!

Es sind heute ziemlich genau 18 Jahre her, seit der Schweizerische Gewerkschaftsbund, für den ich hier spreche, zum letzten Male an einem Kongreß der deutschen Gewerkschaften teilgenommen hat. Es war das der 14. Bundestag des Allgemeinen Deutschen Gewerkschaftsbundes vom 31. August bis 4. September 1931, an dem der inzwischen verstorbene Kollege Mathis Meister die Grüße meiner Organisation überbrachte. Bald darauf wurde Deutschland von der nationalsozialistischen Barbarei überflutet, und damit war auch das Ende freier deutscher Gewerkschaften gekommen.

Heute dürfen wir Zeuge sein der Neugründung des Deutschen Gewerkschaftsbundes für das Gebiet der Bundesrepublik Deutschland. Es ist mir ein Vergnügen und eine Ehre, Ihnen auf dieser in der Geschichte der gewerkschaftlichen Arbeiterbewegung Deutschlands denkwürdigen Tagung die brüderlichen Grüße und die gewerkschaftlichen Glückwünsche der Leitung des Schweizerischen Gewerkschaftsbundes übermitteln zu können. Mit größtem Interesse haben wir Eure Bestrebungen und Anstrengungen um den Neuaufbau Eurer Gewerkschaften verfolgt. Und wir stellen dabei mit Genugtuung fest, daß Ihr allen Schwierigkeiten und Widerständen zum Trotz in so verhältnismäßig kurzer Zeit erreicht habt, einen neuen Gewerkschaftsbund zu schaffen. Unser Wunsch ist es, die Beziehungen des Schweizerischen Gewerkschaftsbundes zum neuen Deutschen Gewerkschaftsbund als Nachbarn so eng wie möglich zu gestalten, wie das in der Vergangenheit bis 1933 der Fall gewesen ist. In diesem Sinne und mit diesem Gedanken möchte ich dem neuen Deutschen Gewerkschaftsbund eine erfolgreiche Tätigkeit wünschen in seinem Kampf um persönliche Entfaltung, Freiheit. wirtschaftliche Sicherheit und soziale Gerechtigkeit für den deutschen Arbeiter. *(Beifall.)*

Ing. Giuseppe **Giuffrè**, Libera Confederazione Generale Italiana dei Lavoratori:

(Übersetzung, wiedergegeben durch Rosel Achter.)

Liebe Kolleginnen und Kollegen!

Ich habe die Ehre, Ihnen den Dank für Ihre Einladung und die Grüße des Unabhängigen Italienischen Gewerkschaftsbundes gerade in diesen Tagen zu überbringen, in denen die westdeutschen Gewerkschaftskräfte sich vereinigen, um eine Organisation zum Zusammenschluß der Arbeitnehmerschaft ins Leben zu rufen.

Ihre italienischen Kollegen empfinden mit Ihnen die Gefühle, welche Sie heute bewegen, weil auch sie vor ungefähr zehn Monaten eine unabhängige Organisation ins Leben gerufen haben, in der einzig und allein die Interessen der Arbeitnehmerschaft, die Klassenprobleme und die Wahrung der Rechte des einzelnen vertreten werden.

Angesichts einer neuen Macht, die sich einzig und allein auf Grund ihrer manuellen und geistigen Kräfte in der Welt Bahn bricht, reicht die italienische Arbeiterschaft in kollegialer Verbundenheit ihre Hand, auf daß eine starke Front der unabhängigen Arbeitnehmerschaft der ganzen Welt ihren Marsch einer Zeit entgegen beginnen möge, in der die Interessen derer, die tagtäglich im Schweiße ihres Angesichts ihren Lohn erarbeiten, besser vertreten werden. Wir, die organisierten unabhängigen Arbeitnehmer Italiens, vertrauen auf die gewerkschaftliche Vereinigung aller Kräfte, die frei sind von jeglichem parteipolitischen und weltanschaulichen Einfluß. Wir fühlen die ganze Kraft einer langsamen Vorwärtsbewegung dieses friedlichen Heeres, die im Schweiße der manuellen und in der Anstrengung der geistigen Arbeit ihren Ausdruck findet.

Wir wissen, Kollegen, genau so wie Sie, daß der Kampf um die Durchsetzung eines gerechten Lohnes und besserer sozialer Verhältnisse schwer ist, aber wir haben auch mächtige Waffen, nämlich den Willen, die Ausdauer und den Glauben. Diese Mittel kann uns niemand zerstören.

Wir sind frei und unabhängig und brauchen unsere Aktionen nicht mehr einzustellen, die dahin gehen, gegen die Ungerechtigkeiten und Verständnislosigkeiten irgendwelcher Arbeitgeber einzuschreiten. Damit werden wir den Wohlstand der Arbeitnehmer unserer beiden Länder sicherstellen.

Ihnen, deutsche Gewerkschaftskollegen, wünsche ich im Namen des Unabhängigen Italienischen Gewerkschaftsbundes eine glückliche und friedliche Zukunft und schließe mich persönlich diesen Wünschen an. Ich danke der schönen Stadt München für die Ehre, ihr Gast sein zu dürfen. *(Beifall.)*

Leo **Geiger,** Österreichischer Gewerkschaftsbund:

Sehr verehrter Kollege Böckler! Liebe Kolleginnen und Kollegen!

Der Österreichische Gewerkschaftsbund ist Ihrer freundlichen Einladung zum Gründungskongreß gerne gefolgt. Ich wurde beauftragt, im Namen der 1,3 Millionen österreichischen Arbeiter und Angestellten unseren herzlichen Dank für die Einladung auszusprechen und Sie zu dem Kongreß zu beglückwünschen.

Es ist für uns Österreicher ein eigenes Gefühl, zu wissen, daß es in Deutschland wieder einen einigen Gewerkschaftsbund gibt. Wir wünschen Ihnen auf diesem Wege möglichst großen Erfolg.

Als wir so den Reden des heutigen Vormittags folgten und vor allen Dingen die Reden deutscher Vertreter hörten, da hatten wir das Gefühl, einem Kongreß in Wien beizuwohnen. Dieselben Schwierigkeiten, dieselben Widerwärtigkeiten, wie Sie sie hier schildern, haben auch wir. Über unseren Staatsvertrag wird bekanntlich seit 4 Jahren verhandelt, zum Teil in London, zum Teil in Paris und zum Teil in New York. Wir können nicht dabei sein. Es wird über uns verhandelt.

Wir haben also dieselben Schwierigkeiten wie Sie und sind trotzdem entschlossen, uns freie demokratische Gewerkschaften aufzubauen, um an dem Zeitpunkt, an dem wir endlich doch frei sein können, eine starke gewerkschaftliche Organisation zu haben. Wir wünschen auch Ihnen, daß es Ihnen gelingen möge, einen starken Gewerkschaftsbund aufzubauen, weil wir der festen Überzeugung sind, daß die internationale Gewerkschaftsbewegung ohne den organisierten deutschen Arbeiter und Angestellten nicht vollwertig ist.

In diesem Sinne beglückwünsche ich Sie und gratuliere Ihnen im Namen des Österreichischen Gewerkschaftsbundes. Mögen Sie mit Ihrem Kongreß den größtmöglichen Erfolg erzielen. Glück auf! *(Starker Beifall.)*

Heinrich **Wacker,** Einheitsgewerkschaft der Arbeiter, Angestellten und Beamten des Saarlandes:

Meine sehr verehrten Gäste! Meine lieben Kolleginnen und Kollegen!

Lassen Sie mich im Namen der gesamten Mitgliedschaft der Einheitsgewerkschaft des Saarlandes und im Namen meiner Kollegen, die mit mir hier anwesend sind, den herzlichsten Dank für Ihre freundliche Einladung zum Ausdruck bringen.

Unsere kameradschaftlichen Grüße an diesen Kongreß, der, seit Jahren von Ihnen ersehnt, nun endlich Tatsache geworden ist, sind für uns nicht Lippenbekenntnisse, sondern beinhalten Wunsch und Verpflichtung zu künftiger, von Kameradschaft und gegenseitigem Vertrauen getragener Zusammenarbeit. Die Gewerkschaften an der Saar haben in den zurückliegenden Jahren Eure Sorgen, Euer Ringen und Kämpfen um den Bestand Eurer Existenz mit größter Anteilnahme verfolgt. Die von Euch in dieser schicksalsschweren Zeit erfolgreich geleistete Arbeit gibt Euch das Recht und macht es Euch zur Pflicht, mit allen zu Gebote stehenden Mitteln die Einheit zu schaffen und gegen jeden Angriff, woher er auch kommen mag, zu verteidigen. Diese Einheit ist die Voraussetzung für die Erreichung des für uns Gewerkschafter größten Zieles: des Neuaufbaus einer Wirtschafts- und Gesellschaftsordnung, die dem arbeitenden Menschen ein von sozialer Gerechtigkeit getragenes Leben gewährleistet.

Wir wissen als Gewerkschafter sehr wohl, daß der Erfolg nicht allein von Leidenschaft und Begeisterung abhängt, sondern beide müssen sich mit nüchterner Überlegung und Berechnung paaren. Nicht im Bereich eines Wunschbildes, sondern auf der Basis konstruktiver Lösungen finden die Gewerkschaften ihr Recht. Wenn wir heute in die jüngste Vergangenheit zurückblicken, so werden uns die Anstrengungen und Bemühungen erst richtig bewußt, die im wechselvollen Spiel der eine neue Zeit formenden Kräfte vollbracht worden sind.

So wie in den besetzten Zonen Deutschlands trotz allem der Wille zur Selbsterhaltung bei einem durch den furchtbarsten aller Kriege geprüften Volke zum Ausdruck kam, so mußten auch wir an der Saar uns aus dem Chaos heraus zu neuer Arbeit und neuem Leben zusammenfinden. Dabei müssen wir feststellen, daß erneut das Grenzlandschicksal der Saar im großen Konzert der europäischen Völker zu besonderen Überlegungen Anlaß gegeben hat, die, wie wir feststellen, manchen Mißverständnissen unterworfen sind. Denken wir doch daran, daß in einer Zeit, in der ganz Europa dem Schicksal eines Grenzlandes ausgesetzt ist, das Schicksal des kleinen Saarlandes beispielhaft für eine geschichtliche Situation kontinentalen Ausmaßes sein kann.

Kolleginnen und Kollegen!

Auch die Saar hat unerhörte Lasten als Folgen des Krieges zu tragen. Die Sorge um nahezu eine Million Menschen, davon 174 000 versorgungsberechtigte Invaliden, Schwerbeschädigte, Witwen und Waisen, zerstörte Städte und Dörfer, Zeugen monatelanger Kämpfe an der Saar, die soziale Not der Menschen, enttäuschte Hoffnungen, Armut, Trauer und der Verlust der persönlichen Freiheit waren das Erbe, das auch wir vorgefunden haben.

Es wäre Selbstaufgabe gewesen, sich angesichts dieses Erbes der Verzweiflung hinzugeben. Wir mußten die wenigen Möglichkeiten ausschöpfen, die noch übrig waren. Das uns verbliebene Gut, die Arbeitskraft unserer schaffenden Menschen, gab uns den Mut zum Beginn des Wiederaufbaus.

Die Gewerkschaften des Saarlandes sind sich der historischen Bedeutung des wirtschaftlichen Anschlusses des Saarlandes an das Wirtschaftsgebiet Frankreich und auch des hohen Maßes an Verantwortung, das sich darin niederschlägt, bewußt. Aber Sie dürfen nicht vergessen, daß in jenen Tagen nicht unser Wille ausschlaggebend war, daß uns sowohl wie Ihnen Siegerstaaten gegenüberstanden und wir an Stelle eines Diktates den Weg gegenseitiger Verständigung zum Wohl der schaffenden Menschen gewählt haben.

Ereignisse kann man nicht nur nach den Ungereimtheiten einer kurzen Periode beurteilen. Man muß sich bewußt sein, daß im Laufe der Jahre die Wirtschaften der Länder über ihre Grenzen hinaus gewachsen sind und die Menschen sich dadurch zu immer größeren Gemeinschaften zusammenschließen. Wenn man zu dieser Erkenntnis gekommen ist, dann dürfte es auch möglich sein, eine Tat zu legitimieren, die schon aus natürlichen Gründen diesem größeren Ziele dient.

Ihr heutiger Kongreß soll dazu dienen, einen Machtfaktor zu gestalten, der im neuen Deutschland für die schaffenden Menschen den Lebensraum erkämpfen kann, in dem alle ihr Auskommen und ihren gerechten Anteil am Sozialprodukt haben. Wenn ich eingangs meiner Ausführungen zum Ausdruck brachte, daß wir an der Saar von Herzen Ihr Vertrauen wünschen zu einer glücklichen Zusammenarbeit für die Zukunft, so sollen Sie wissen, daß wir als Gewerkschaften auch zugleich Hüter und Träger deutscher Kultur, deutscher Art und Sitte an der Saar sind. Unsere Arbeit gilt der Sicherung des Rechts der persönlichen Freiheit, dem Neuaufbau einer demokratischen Gesellschafts- und Wirtschaftsordnung und dem Gedanken der Verständigung zwischen Deutschland und Frankreich als Voraussetzung für eine neue und bessere Ordnung Europas, die es in Zukunft unmöglich machen soll, daß Menschen nochmals dem Unglück und Elend ausgeliefert werden.

Wir hoffen in Kürze mit Ihnen allen positive Gewerkschaftsarbeit leisten zu können, nicht bloß zum Wohle der uns anvertrauten Menschen, sondern im Interesse der gesamten schaffenden Menschheit.

In diesem Sinne ein herzliches Glückauf! *(Beifall.)*

(DER VORSITZENDE verlas ein Telegramm des Finnischen Gewerkschaftsbundes.

Es hat folgenden Wortlaut:

„Für Ihre Einladung danken wir bestens. Leider können wir nicht dieser Einladung Folge leisten. Wir möchten aber die Glückwünsche unseres Bundes ausdrücken, und wir wünschen einen guten Erfolg in der Arbeit Ihres Kongresses und Ihres Bundes.

    Mit kameradschaftlichen Grüßen

               Liljestroem, Vorsitzender."

DER KONGRESS nahm das Telegramm mit Beifall zur Kenntnis.)

Fritz **Heinemann,** Unabhängige Gewerkschafts-Organisation, Groß-Berlin:

Sehr geehrte Gäste! Liebe Kolleginnen und Kollegen!

Ich danke zunächst im Namen der Berliner Delegation für die Begrüßung und beziehe diese auf die tapfere Haltung, die die Berliner Arbeiterschaft und, ich darf sagen, darüber hinaus die Berliner Bevölkerung im allgemeinen in ihrem Kampfe für Freiheit, Demokratie und Verwirklichung humanitärer Grundsätze bisher geführt hat. Die 19 demokratischen Gewerkschaften Berlins, zusammengeschlossen in der Unabhängigen Gewerkschafts-Organisation, danken für die freundliche Einladung zu Ihrem heutigen Kongreß und lassen durch uns dem Kongreß die herzlichsten Grüße überbringen.

Die Anwesenheit einer Berliner Delegation bedeutet mehr als einen konventionellen und freundlichen Akt, sie bedeutet, daß sich die mehr als 180 000 Berliner demokratischen unabhängigen Gewerkschaftler mit den fünf Millionen Gewerkschaftsmitgliedern in den westlichen Zonen Deutschlands auf das engste verbunden fühlen. Das hier von vorneherein zu betonen, ist uns ein dringendes Bedürfnis. Wir nehmen an Ihrem Kongreß zunächst nur als Gäste teil, und schon diese Tatsache läßt erkennen, daß wir in Berlin zur Zeit noch eine Sonderstellung in der deutschen Gewerkschaftsbewegung einnehmen.

Berlin ist politisch zum Brennpunkt der europäischen Auseinandersetzungen geworden. Auf Berliner Boden treffen sich zwei Welten, die hinsichtlich ihrer ökonomischen und politischen Grundauffasung grundverschieden sind. Es geht dort um die Frage, soll das staatliche Zusammenleben der Menschen von einem demokratischen oder einem autoritären Prinzip beherrscht sein. Die Antwort auf diese Frage hat Berlin inzwischen gegeben. Berlin hat sich entschieden für das Prinzip, das auf der Achtung vor dem Menschen und auf dem Willen freier Persönlichkeiten beruht. Und anders als die Entscheidung der Berliner Bevölkerung konnte auch die Entscheidung für die Gewerkschaften in Berlin nicht sein.

Wir haben in Berlin seit 1945 um die Durchsetzung des demokratischen Prinzips in der Gewerkschaftsbewegung gerungen. Ich sage: gerungen, weil bei der Neubildung der Berliner Gewerkschaften das autoritäre Prinzip im Vordergrund stand. Mehr und mehr war erkennbar geworden, daß die Berliner Gewerkschaften in die Abhängigkeit von fremden politischen und staatlichen Kräften gerieten. Dagegen mußten sich die demokratischen Gewerkschaften im ureigensten Interesse der Gewerkschaften selbst zur Wehr setzen. Die Gewerkschaften können und dürfen nicht Spielball ideologischer oder weltanschaulicher Kräfte sein. Alle dem Charakter der Gewerkschaften fremden Einflüsse führen nur zur Schwächung und inneren Aufspaltung. Und wenn schon einmal die innere Aufspaltung vorhanden ist, wenn sich die Mitglieder gegenseitig nicht mehr verstehen und die fruchtbare gewerkschaftliche Zusammenarbeit durch ideologische Auseinandersetzungen gestört wird und die gegenseitige Toleranz schwindet, dann ist die organisatorische Voraussetzung für eine Zusammenarbeit nicht mehr gegeben. Weil wir das vermeiden wollten, deshalb haben wir als demokratische Gewerkschaftler alle Kräfte zur Erhaltung der Einheit und Geschlossenheit der Berliner Gewerkschaftsbewegung angestrengt. Wir wissen, daß auch der übergroße Teil der Mitglieder auf der anderen Seite zu uns steht und jeden Zwang, der durch die Aktivisten und die Hennecke-Bewegung dokumentiert wird, ablehnen.

Wir können aber unseren Kampf für eine freie unabhängige Gewerkschaftsbewegung mit um so größerem Erfolg führen, wenn die gewerkschaftlichen Kräfte, die mit uns auf dem gleichen Boden stehen, uns darin unterstützen. Wir haben es deshalb von Anfang an als einen Teil unserer Aufgabe angesehen, mit den westdeutschen Gewerkschaften die engsten Beziehungen und die engste Zusammenarbeit zu pflegen, und wir haben diese Zusammenarbeit auch bei den westlichen Gewerkschaftsfreunden gefunden. Nachdem jetzt die sieben westdeutschen Gewerkschaftsbünde in einen Gesamtbund der deutschen Gewerkschaften aufgehen, haben wir, das werden Sie alle verstehen, den selbstverständlichen Wunsch, auch mit dem neuen Gewerkschaftsbund eine Basis der Zusammenarbeit zu finden.

Der Kollege Böckler hat in seiner heute vormittag gehaltenen Begrüßungsansprache freundliche Worte für uns als Berliner Gewerkschaftler gefunden. Wir danken ihm dafür. Auch der Kollege Willis vom TUC hat sich gleichfalls sehr freundlich zu unserer Bewegung geäußert. Wir haben aus den Worten dieser beiden Kollegen die Ermutigung entnommen, in unserem Kampf um Verwirklichung freiheitlicher und demokratischer Grundsätze fortzufahren. Wir wollen dabei mit Ihnen auf das engste zusammenarbeiten.

In der Hoffnung, daß diese Zusammenarbeit zwischen unserer Berliner Gewerkschaftsbewegung und dem neuen Deutschen Gewerkschaftsbund eine gute sein wird, werden wir Ihren Beratungen und Ihren Beschlüssen mit Aufmerksamkeit folgen. Wir wünschen den Verhandlungen im Interesse der deutschen Arbeiter und Angestellten den besten Verlauf! *(Beifall.)*

Gustav **Dahrendorf,** Großeinkaufs-Gesellschaft Deutscher Konsumgenossenschaften:

Liebe Gewerkschaftskolleginnen und -kollegen!

Ich überbringe die Grüße des Zentralverbandes deutscher Konsumgenossenschaften.

Das Verhältnis zwischen den Gewerkschaften und den Genossenschaften ist stets weniger durch Sitzungen gekennzeichnet worden als durch praktische und konstruktive Arbeit. Das gilt besonders für die letzten Jahre. Als sichtbare Zeugen dieser Zusammenarbeit stehen vorauf die Volksfürsorge. Ich nenne weiter die Gemeinschaftliche Hochseefischerei-Gesellschaft, für die jetzt elf Fischdampfer fangbereit sind. Ferner die Bank der Arbeit in München, die Bankgemeinschaft Nordrhein-Westfalen in Düsseldorf, die Bankgemeinschaft in Hamburg.

Ich hoffe, daß von diesem Gewerkschaftskongreß neue Impulse ausgehen, die dazu führen mögen, daß auch wir als Gewerkschafter und als Genossenschafter auf dem Gebiet der Schaffung neuer konstruktiver wirtschaftlicher Unternehmungen weiter voranschreiten. Wir haben jeder für sich, aber wir haben auch gemeinsam eine Entwicklung zu verhindern, die sicher uns allen hier in Westdeutschland Sorge bereitet und die dahin zu führen droht, daß Westdeutschland zum Land der scharfen sozialen Gegensätze wird. Um diese Gefahr gemeinsam abwenden zu können, wünsche ich Ihrem Kongreß und unserer künftigen Zusammenarbeit den besten Erfolg. *(Beifall.)*

Lorenz **Hagen,** Bayerischer Gewerkschafts-Bund:

Hochverehrte Gäste und Freunde! Liebe Gewerkschaftskolleginnen und -kollegen!

Die im Bayerischen Gewerkschafts-Bund organisierten Gewerkschafter entbieten dem Kongreß die besten Wünsche und Grüße.

Wir Bayern sind stolz darauf, daß ein Ereignis von der Bedeutung des Gründungskongresses des Deutschen Gewerkschaftsbundes in München stattfindet. Vier Jahre sind seit dem Zusammenbruch vergangen, bis der Wunsch aller Gewerkschafter, ob jung oder alt, in Erfüllung gehen konnte und wir zu einem neuen einigen Deutschen Gewerkschaftsbund frei von jeglicher politischer Bindung kommen konnten.

Wir hoffen, daß es unseren Gästen in unserm schönen Bayernland und besonders in München gefällt. Wir glauben, daß die Arbeit,

die Sie als Delegierte auf diesem Kongreß zu erledigen haben, mit
beeinflußt wird durch die sprichwörtlich bekannte bayerische und
speziell Münchener Gemütlichkeit, die schon so oft ausgleichend
gewirkt hat. Mögen Sie, Kolleginnen und Kollegen, die Sie als
Delegierte berufen sind, an diesem neuen großen Einheitswerk mitzuarbeiten, sich bewußt sein, daß gerade unser München eine Stadt
der Kongresse ist, die auch im Gewerkschaftsleben des öfteren
eine nicht unwesentliche Rolle gespielt hat. Mögen Sie aber darüber
hinaus München auch als Kunststadt werten, wenn auch heute
nach den unseligen Folgen des Krieges die Kunst in München noch
schwer zu leiden hat.

Unsere besten Wünsche und Grüße begleiten den Kongreß. Möge
Ihnen unsere ganze Freundschaft beweisen, daß wir uns eins mit
Ihnen fühlen. Wir hoffen, daß nach getaner Arbeit im geselligen
Kreise auch die Bindung von Kollegen zu Kollegen uns im Sinne
echter bayerischer Gemütlichkeit menschlich näherbringt. Noch-
mals ein herzliches Willkommen und ein Glückauf zur Arbeit!

DER VORSITZENDE:
Damit ist der Punkt 1 der Tagesordnung abgeschlossen. Es bleibt
mir die angenehme Pflicht, allen Rednern Dank zu sagen für das
freundliche Anerkenntnis unseres gewerkschaftlichen Wollens und
Tuns. Wir werden Ihr gesprochenes Wort als Ermutigung auffassen,
unsere Arbeit in dem bisherigen Sinn und in verstärktem Maße
fortzusetzen. Ich danke nochmals allen Rednern und gebe ihnen alle
guten Wünsche, die sie uns brachten, vielfältig zurück.

Zu Punkt 2 der Tagesordnung:

Wahlen

DER BERICHTERSTATTER des Vorbereitenden Ausschusses für den
Gründungskongreß (Georg **Reuter,** Sekretär des Gewerk-
schaftsrates der vereinten Zonen):
Werte Kolleginnen und Kollegen!
Der Vorbereitende Ausschuß für diesen Kongreß hat sich in seiner
abschließenden Sitzung am 10. d. M. mit Vorschlägen für die Zu-
sammensetzung der Kongreßleitung beschäftigt. Ich darf mir als
Berichterstatter des Vorbereitenden Ausschusses erlauben, dem

Kongreß Vorschläge mit der Bitte um Annahme zu unterbreiten. Er möge gemäß dem Vorschlag der Geschäftsordnung als Kongreßleitung folgende Kollegen wählen:

a) Kongreßbüro

Hans **Böckler,** Vorsitzender des Gewerkschaftsrats der vereinten Zonen

Lorenz **Hagen,** Vorsitzender des Bayerischen Gewerkschafts-Bundes

Walter **Freitag,** Vorsitzender der Industriegewerkschaft Metall

Adolf **Kummernuss,** Vorsitzender der Gewerkschaft Öffentliche Dienste, Transport und Verkehr

Max **Träger,** Vorsitzender der Gewerkschaft Erziehung und Wissenschaft.

Nach der in Vorschlag gebrachten Geschäftsordnung, über die noch Beschluß gefaßt werden muß, sollen ergänzend sechs Schriftführer bestellt werden. Ich darf mir erlauben, folgende Kolleginnen und Kollegen nach Verständigung unter den 16 Gewerkschaften in Vorschlag zu bringen:

Josefine Halein, Mainz, Gewerkschaft Handel, Banken und Versicherungen

Johann Simon, Frechen bei Köln, Industriegewerkschaft Bergbau

Johann Hatje, Frankfurt a. M., Gewerkschaft der Eisenbahner Deutschlands

Max Bock, Frankfurt a. M., Industriegewerkschaft Metall

Anton Basting, Mainz, Industriegewerkschaft Nahrung, Genuß, Gaststätten

Otto Ziegler, Frankfurt a. M., Deutsche Postgewerkschaft.

Ich bitte den Kongreß, den Vorschlägen die Zustimmung erteilen zu wollen.

DER VORSITZENDE:

Wir haben also zunächst über die Geschäftsordnung des Kongresses Beschluß zu fassen. In dieser ist gesagt, daß ein Büro gebildet werden muß, bestehend aus Vorsitzenden und Schriftführern. Wir haben die Geschäftsordnung gedruckt vorliegen, und ich frage an, ob jemand zur Geschäftsordnung des Kongresses, wie sie gedruckt vorgeschlagen ist, das Wort zu nehmen wünscht.

Zur Geschäftsordnung:

Karl **Mößner,** Stuttgart, Industriegewerkschaft Metall:

Werte Kolleginnen und Kollegen!

Der Punkt 6 der Geschäftsordnung besagt, daß, wenn Anträge gestellt werden, diese Anträge mindestens von 50 Delegierten unterschriftlich unterstützt werden müssen. Ich halte diese Formulierung für unglücklich und auch für unmöglich. Ich möchte auch darauf hinweisen, daß wir verschiedene' sehr wichtige Vorlagen, so zum Beispiel die Entschließungen zur Wirtschafts- und Sozialpolitik, erst ganz kurz vor dem Kongreß erhalten haben. Es war nicht möglich, in den Organisationen dazu noch Anträge zu stellen.

Wenn also jemand eventuell in diesen Fragen irgendwelche Anträge stellen möchte, braucht er die schriftliche Unterstützung von 50 Kolleginnen und Kollegen. Ich bin der Meinung, es ist an sich schon schwierig, daß Kollegen Anträge unterstützen, deren Begründung sie noch gar nicht gehört haben.

Ich bin der Meinung, daß unsere Beschlüsse auf demokratischer Grundlage zustande kommen sollten und nicht etwa so, wie man es anderswo verurteilt. Ich möchte deswegen bitten, den Weg zu ebnen und schlage folgende Abänderung des Punktes 6 vor: der Satz „... und von mindestens 50 Delegierten unterschriftlich unterstützt werden" wird gestrichen; dafür ist zu setzen: „... und von mindestens 25 Delegierten unterstützt werden".

Ich bitte Sie, diesem Abänderungsantrag Ihre Zustimmung zu geben.

DER BERICHTERSTATTER:

Werte Kolleginnen und Kollegen!

Ich bitte, namens des Vorbereitenden Ausschusses dem gestellten Abänderungsantrag die Zustimmung zu versagen. Der Kongreß hat 487 stimmberechtigte Delegierte. Deshalb geht der Vorbereitende Ausschuß von der Auffassung aus, daß nur solche Anträge im Kongreß zur Beratung und Entscheidung gestellt werden können und damit einigermaßen Aussicht auf Annahme haben, die auch die Unterstützung von wenigstens 10 Prozent der stimmberechtigten Delegierten gefunden haben. Es hat nichts damit zu tun, daß eine solche Bestimmung in der Geschäftsordnung demokratischen Grundsätzen widersprechen würde. Sie soll lediglich dazu dienen, eine Flut von Anträgen während des Kongresses zu verhindern und die Arbeit des Kongresses nicht unnütz zu erschweren.

Im übrigen hat der Vorbereitende Ausschuß auf die jahrzehntelangen Erfahrungen früherer Gewerkschaftskongresse gebaut. Die
früheren Gewerkschaftskongresse haben im Widerstreit der Meinungen stets eine ähnliche Ziffer in der Geschäftsordnung stehen
gehabt. Wir glauben, daß es richtig ist, auch in dieser Geschäftsordnung, die ein Muster für künftige Kongresse abgeben wird,
eine solche Bestimmung aufzugeben. Ich bitte, der Geschäftsordnung
in diesem und anderen Punkten wie vorgeschlagen zustimmen zu
wollen.

**(Der Kongreß lehnte den Antrag des Kollegen Mößner ab
und nahm die Geschäftsordnung im gedruckt vorliegenden
Wortlaut mit großer Mehrheit an.**

**Der Kongreß nahm den Vorschlag des Vorbereitenden Aus-
schusses für den Gründungskongreß für die Zusammensetzung
des Kongreßbüros einstimmig an.)**

DER BERICHTERSTATTER:

Tagesordnungsmäßig ist als nächstes die Mandatsprüfungskommission zu wählen. Hierzu liegt gleichfalls ein Vorschlag des Vorbereitenden Ausschusses für den Gründungskongreß vor:

b) M a n d a t s p r ü f u n g s k o m m i s s i o n

Wilhelm Maul, Bochum, Industriegewerkschaft Bergbau

Fritz Thiele, Celle, Gewerkschaft Erziehung und Wissenschaft

Hans Hörner, München, Gewerkschaft Gartenbau. Land- und Forstwirtschaft

Fritz Volkemer, Pirmasens, Gewerkschaft Leder

Wilhelm Alef, Hagen, Industriegewerkschaft Metall

Ingeborg Tönnessen, Stuttgart, Gewerkschaft Öffentliche Dienste,
Transport und Verkehr

Karl Dörpinghaus, Kempen, Gewerkschaft Textil, Bekleidung.

**(Der Kongreß nahm den Vorschlag des Vorbereitenden Aus-
schusses für den Gründungskongreß für die Zusammensetzung
der Mandatsprüfungskommission einstimmig an.**

DER VORSITZENDE stellte keinen Widerspruch dagegen fest,
daß der Mandatsprüfungskommission gleichzeitig die Funktion
einer Wahlkommission übertragen wird.)

DER BERICHTERSTATTER:

Ferner ist vom Vorbereitenden Ausschuß für den Gründungskongreß für die Satzungskommission ein Vorschlag ausgearbeitet
worden:

c) S a t z u n g s k o m m i s s i o n

Paul Smura, München, Gewerkschaft Bau, Steine, Erden

Karl Höfner, Bochum, Industriegewerkschaft Bergbau

Max Behrens, Hamburg, Industriegewerkschaft Chemie, Papier,
Keramik

Christian Fette, Stuttgart, Industriegewerkschaft Druck und Papier

Karl Klus, Frankfurt a. M., Gewerkschaft der Eisenbahner Deutschlands

Otto Mischner, Frankfurt a. M., Industriegewerkschaft Holz

Wilhelm Petersen, Hamburg, Industriegewerschaft Metall

Johann Maack, Lübeck, Industriegewerkschaft Nahrung, Genuß,
Gaststätten

Eugen Rapp, Stuttgart, Gewerkschaft Öffentliche Dienste, Transport
und Verkehr.

**(Der Kongreß nahm den Vorschlag des Vorbereitenden Aus-
schusses für den Gründungskongreß für die Zusammensetzung
der Satzungskommission einstimmig an.)**

DER BERICHTERSTATTER:

Als letztes ist die Antragskommission zu wählen. Hierfür liegt
folgender Vorschlag des Vorbereitenden Ausschusses für den Gründungskongreß vor:

d) A n t r a g s k o m m i s s i o n

Eduard Liedtke, Frankfurt a. M., Industriegewerkschaft Chemie,
Papier, Keramik

Marius Tofte, Kiel, Gewerkschaft Gartenbau, Land- und Forstwirtschaft

Wilhelm Pawlik, Essen, Gewerkschaft Handel, Banken und Versicherungen

Karl Baumann, München, Gewerkschaft Kunst

Babette Rögner, Fürth/Bay., Gewerkschaft Leder

Hans Brümmer, Stuttgart, Industriegewerkschaft Metall

Edwin Will, Ludwigshafen, Gewerkschaft Öffentliche Dienste, Transport und Verkehr

Anton Thol, Frankfurt a. M., Deutsche Postgewerkschaft

Bernhard Tacke, Bielefeld, Gewerkschaft Textil, Bekleidung.

(Der Kongreß nahm den Vorschlag des Vorbereitenden Ausschusses für den Gründungskongreß für die Zusammensetzung der Antragskommission einstimmig an.

DER VORSITZENDE vertagte den Kongreß für kurze Zeit bis 17 Uhr. Der Gewerkschaftsrat der vereinten Zonen übertrug die Leitung des Kongresses nunmehr dem gewählten Kongreßbüro.)

DER VORSITZENDE (Hans **Böckler**):

Zunächst begrüße ich einige neue Gäste. Es sind dies die Kollegen Yamadar und Kytamura, beide aus Japan. *(Beifall.)* Sie waren uns gestern bereits angekündigt, sind jedoch erst heute nachmittag bei uns eingetroffen. Ich entbiete auch ihnen einen herzlichen Willkomm. Ich wünsche, daß sie mit Befriedigung an unserem Kongreß teilnehmen und seinen Beratungen folgen mögen.

Zu Punkt 3 der Tagesordnung:

Bericht des Vorbereitenden Ausschusses für den Gründungskongreß

DER BERICHTERSTATTER (Georg **Reuter**):

Werte Kolleginnen und Kollegen! Sehr geschätzte Gäste!

Der Neuaufbau der deutschen Gewerkschaften, der mit der Gründung des neuen Deutschen Gewerkschaftsbundes für das Gebiet der Bundesrepublik Deutschland einen vorläufigen Abschluß bekommen soll, ist eine Leistung der deutschen Arbeiter, Angestellten und Beamten, die wir in diesem Zeitpunkt noch nicht voll würdigen können.

Wir alle erinnern uns in dieser Stunde jener Tage des Jahres 1945, als unser Staat, unsere Wirtschaft, kurzum unser ganzes Staats- und Gesellschaftsleben zusammengebrochen war. Der Zusammenbruch war die Folge eines totalitäre Ansprüche stellenden

Regimes und dessen Kriegführung. Mit dem Zusammenbruch dieses Regimes war der Verkehr unterbrochen, die Ernährung des Volkes gefährdet, Gas, Wasser und Elektrizität nur noch teilweise verfügbar, das öffentliche Gesundheitswesen lag völlig darnieder, und die in der Mehrzahl auf Kriegswirtschaft eingestellten Betriebe standen still. An die Stelle der alten Gewalthaber waren die Besatzungsmächte als Militärregierungen getreten.

In dieser Zeit eines völligen politischen und sozialen Chaos fällt der Zeitpunkt des Wiedererstehens der neuen deutschen Gewerkschaften. In allen Betrieben und in allen Städten unserer Länder hielten die aus einem Zustand der Verzweiflung aufatmenden Menschen Umschau nach neuen Kräften, die bereit und in der Lage waren, die bestehende Unordnung durch eine Neuordnung zu ersetzen. Überall, insbesondere in den Betrieben und Verwaltungen, richtete sich der Blick auf die wenigen übriggebliebenen früheren Vertrauensleute der Gewerkschaften. Von ihnen erwartete man Worte und Taten, die den Übergang zu einem neuen Leben ermöglichten.

Neuaufbau von unten

Wir alle, Kolleginnen und Kollegen, hatten zwar an kein tausendjähriges Reich geglaubt, als man die Gewerkschaften auflöste, ihre Vermögen beschlagnahmte und große Teile ihrer Funktionäre in die Konzentrationslager warf. Aber, gestehen wir uns das ein, wir hatten in keiner Stunde eine Vorstellung davon, daß unser Wiederbeginnen einmal unter so grauenvollen Zuständen vor sich gehen würde. Was blieb in jenen Tagen des Jahres 1945 anderes übrig, als zunächst betriebliche und örtliche Zusammenschlüsse herbeizuführen, um aus diesen Zusammenschlüssen den Grundstein für die neuen deutschen Gewerkschaften zu legen? Unter diesen Umständen also vollzog sich die Geburtsstunde unserer neuen deutschen Gewerkschaften.

In dem Maße, wie das innerstaatliche Leben und die Wirtschaft sich neu ordneten, gelang es uns dann auf der Basis der neuerstandenen Länder, die örtlichen und betrieblichen Zusammenschlüsse zu Landesgewerkschaften und zu Landesgewerkschaftsbünden weiter zu entwickeln. Dieser Entwicklungsprozeß vollzog sich über das ganze Jahr 1946 hinweg.

Mit der Bildung eines einheitlichen Wirtschaftsgebietes aus den amerikanisch und britisch besetzten Zonen, der Schaffung des Wirtschaftsrates und dem Entstehen einer bizonalen Wirtschaftsgesetzgebung war der Augenblick gekommen, in dem die Interessenvertretung der gewerkschaftlich organisierten Arbeiter, Angestellten und Beamten die Bildung von Gewerkschaften und die Schaffung von Gewerkschaftsbünden über das Gebiet einer Besatzungszone hinaus auf die Tagesordnung stellten.

Während die Gewerkschaften in der britisch besetzten Zone den Weg zur Schaffung zonaler Gewerkschaften und eines zonalen Gewerkschaftsbundes gegangen sind, hat die Entwicklung der Gewerkschaften in den amerikanisch und französisch besetzten Zonen bei Landesgewerkschaften und Landesgewerkschaftsbünden haltgemacht. Die Gewerkschaftsbünde dieser beiden Zonen haben bewußt auf die Schaffung zonaler Zusammenschlüsse verzichtet und die Erledigung gemeinsamer Arbeiten sogenannten Zonensekretariaten übertragen.

Allen Gewerkschaften und allen Gewerkschaftsbünden war mit der fortschreitenden staatlichen und wirtschaftlichen Entwicklung längst klargeworden, daß eine wirksame Interessenvertretung gegenüber der Gesetzgebung, der Verwaltung und den Unternehmern die Schaffung überzonaler Gewerkschaften und eines überzonalen Gewerkschaftsbundes erforderten.

Die Schaffung des Gewerkschaftsrats, zunächst für zwei Zonen und später für alle drei Zonen, mit dem Zweck, durch diese Gewerkschaftsspitze die gemeinsame Interessenvertretung durchzuführen, war von vornherein nur als ein Provisorium gedacht.

Deshalb beschloß der Gewerkschaftsrat der vereinten Zonen im April des Jahres 1948 die Bildung eines Organisationsausschusses mit dem Auftrag, Vorschläge und Material für den Zusammenschluß der Gewerkschaften zu erarbeiten. Die Beratungsergebnisse dieses Organisationsausschusses unseres Gewerkschaftsrats wurden zusammengefaßt in der Broschüre „Vorschläge und Material für den Neuaufbau der Gewerkschaften und des Gewerkschaftsbundes" und einer gemeinsamen Konferenz von Gewerkschafts- und Gewerkschaftsbundes-Vertretern aus der britischen, amerikanischen und französischen Zone am 19. und 20. Februar 1949 in Königswinter unterbreitet.

Zuvor hatte eine Konferenz von Vertretern der Gewerkschaften und der Bünde aus den britisch und amerikanisch besetzten Zonen in Vilbel die Zustimmung zu einem bizonalen Zusammenschluß der Gewerkschaften und zur Errichtung eines Gewerkschaftsbundes für beide Zonen gegeben.

66

Auch eine Konferenz bevollmächtigter Vertreter der Gewerkschaften und Gewerkschaftsbünde der französisch besetzten Zone war in Ludwigshafen diesem Beschluß beigetreten und hatte sich für eine Verschmelzung mit den Gewerkschaften der Bizone ausgesprochen. Die Gründung eines einheitlichen Gewerkschaftsbundes wurde ebenfalls auf dieser Konferenz gefordert.

Gewerkschaften und Bund

Der Organisationsausschuß hatte in seinen Vorschlägen u. a. den Versuch unternommen, ein Musterstatut für die Gewerkschaften zu erstellen und einen Vorschlag für die Satzung des künftigen Gewerkschaftsbundes auszuarbeiten.

Nach den Vorschlägen des Organisationsausschusses sollten aus den mehr als 100 Landes- und Zonengewerkschaften 16 neue Gewerkschaften bzw. Industriegewerkschaften im Wege der Verschmelzung dieser entstehen. Diese 16 Gewerkschaften sollten die Träger eines neuen Gewerkschaftsbundes werden. Dieser neue Gewerkschaftsbund sollte an die Stelle der bestehenden sieben Gewerkschaftsbünde treten.

Vom Organisationsausschuß wurden ferner Vorschläge erarbeitet für die Abgrenzung der Organisationsgebiete der Gewerkschaften, für das Beitrags-, Unterstützungs- und Formularwesen in den Gewerkschaften sowie für die Gestaltung der Finanzen der Gewerkschaften und des künftigen Gewerkschaftsbundes.

Vorbereitender Ausschuß für den Gründungskongreß

Nach Aussprache über diese Vorschläge und das Material entschlossen sich die in Königswinter versammelten Vertreter der Gewerkschaften und der Gewerkschaftsbünde, einen Vorbereitenden Ausschuß für den Gründungskongreß (VAG) zu bilden. Diesem wurde die Aufgabe übertragen, alle Vorarbeiten für die Gründung eines neuen deutschen Gewerkschaftsbundes durchzuführen.

Der Vorbereitende Ausschuß für den Gründungskongreß, der seine Tätigkeit mit dem Zusammentritt dieses Kongresses beendet hat, setzte sich zusammen aus den Mitgliedern des Gewerkschaftsrates und seinen Sekretären und je einem weiteren Vertreter der Gewerkschaftsbünde sowie aus dem ersten Vorsitzenden der in-

zwischen entstandenen oder in der Entstehung begriffenen überzonalen Gewerkschaften. Jenen Gewerkschaften mit mehr als
250 000 Mitgliedern wurde das Recht zugesprochen, für je weitere
250 000 Mitglieder einen weiteren Vertreter ihrer Gewerkschaften in
diesen Ausschuß zu delegieren.

Gestützt auf die Beratungsergebnisse des Organisationsausschusses war dieser Vorbereitende Ausschuß für den Gründungskongreß bemüht, die Verschmelzung der Gewerkschaften als Träger
des künftigen Bundes herbeizuführen.

Kolleginnen und Kollegen!

Wir können heute mit Stolz und Freude feststellen, daß die geplanten 16 Gewerkschaften im Wege der Verschmelzung entstanden
sind und sich zur Gründung des neuen Gewerkschaftsbundes bereit
gefunden haben.

Ihre Statuten sind im wesentlichen in Anlehnung an das vom
Organisationsausschuß vorgeschlagene Muster durch ihre Ver-
schmelzungstage beschlossen worden.

Gestützt auf die Beschlüsse von Vilbel hatte bereits am 1. Oktober
1948 der Gewerkschaftsrat die Einberufung dieses Gründungskongresses ins Auge gefaßt und beschlossen, durch die Verschmel-
zungsgewerkschaftstage auf je 10 000 Mitglieder einen stimmberechtigten Delegierten für diesen Gründungskongreß wählen zu lassen.

Die eigentliche Ausschreibung dieses Gründungskongresses er-
folgte durch Beschluß des Vorbereitenden Ausschusses für den
Gründungskongreß in seiner Sitzung vom 3. und 4. Mai d. J., wobei
die vorausgegangenen Beschlüsse des Gewerkschaftsrates über die
Zusammensetzung des Kongresses einmütig bestätigt wurden.
Durch eine Reihe von Kommissionen wurden die dem heutigen
Kongreß zu unterbreitenden Vorlagen erarbeitet. Diese Vorlagen
sind:

1. ein Entwurf für die Satzung des neuen Deutschen Gewerkschaftsbundes,

2. Wirtschaftspolitische Grundsätze,

3. Sozialpolitische Grundsätze,

4. Richtlinien zur Führung von Arbeitskämpfen,

5. Forderungen des Deutschen Gewerkschaftsbundes für die
   arbeitende Jugend,

6. Forderungen des Deutschen Gewerkschaftsbundes für die erwerbstätigen Frauen,

7. Richtlinien für die Angestelltenarbeit im Deutschen Gewerkschaftsbund und

8. Richtlinien für die Beamtenarbeit im Deutschen Gewerkschaftsbund.

Eine weitere Aufgabe des Vorbereitenden Ausschusses für den Gründungskongreß bestand darin, Schiedsgerichte zu bilden, um Grenzstreitfragen unter den Gewerkschaften zu entscheiden, falls eine Verständigung nicht erzielt werden konnte. Die bis jetzt gebildeten Schiedsgerichte haben ihre Tätigkeit aufgenommen, Entscheidungen liegen jedoch bis zur Stunde noch nicht vor. Es ist lediglich gelungen, eine Verständigung zwischen der Gewerkschaft der Eisenbahner Deutschlands und der Gewerkschaft Öffentliche Dienste, Transport und Verkehr sowie zwischen der Gewerkschaft Textil und Bekleidung und der Gewerkschaft Leder herbeizuführen.

Voraussetzung für die Gründung eines einheitlichen Bundes war u. a. nicht nur das Entstehen überzonaler Gewerkschaften als Träger eines überzonalen Bundes, sondern auch die Bereitwilligkeit der bestehenden Gewerkschaftsbünde, sich aufzulösen.

Dem Kongreß ist als Material zu diesem Tagesordnungspunkt der Wortlaut der Beschlüsse über die Auflösung der bestehenden Gewerkschaftsbünde unterbreitet worden. Daraus ist zu entnehmen, daß auch diese Voraussetzung erfüllt wurde und alle sieben Gewerkschaftsbünde im Laufe des Monats September ihre Auflösung zum 31. Dezember 1949 unter der Bedingung beschlossen haben, daß dieser Kongreß die Gründung eines Deutschen Gewerkschaftsbundes für das Gebiet der Bundesrepublik Deutschland beschließt und dieser neue Bund seine Tätigkeit spätestens zum 1. Januar 1950 aufnimmt.

Es konnte nicht Sache und nicht Zweck des Vorbereitenden Ausschusses für den Gründungskongreß sein, dem neuen Deutschen Gewerkschaftsbund die Erfüllung seiner Aufgaben in der Gesamtheit vorweg zu nehmen. Ihm oblag es in erster Linie, ein Übereinkommen der Gründer über die Schaffung des neuen Bundes herbeizuführen und alle weiteren Voraussetzungen für die Auflösung der bestehenden Bünde in die Wege zu leiten.

Wenn dieser Kongreß die Beratungsergebnisse des Vorbereitenden Ausschusses billigt, so ist den neugewählten Organen des Bundes bedeutsames Material an die Hand gegeben, das diese für ihre zukünftige Tätigkeit als Richtschnur verwerten werden.

Eine auf freiheitlicher Grundlage geschaffene Organisation kann nicht darauf verzichten, sich eigene Gesetze zu schaffen. Die Bedeutung dieser Erkenntnis wird allein schon dadurch unterstrichen, daß grade die Beratungen über die Satzung, also über das Grundgesetz des künftigen Bundes, einen besonders breiten Raum beanspruchten.

Als Berichterstatter obliegt mir die Pflicht, als Ergebnis dieser Beratungen dem Gründungskongreß die Annahme des vorliegenden Entwurfs für die Satzung des künftigen Gewerkschaftsbundes zu empfehlen. Gleichzeitig empfehle ich die Annahme der mit der Satzung in Zusammenhang stehenden Richtlinien des Deutschen Gewerkschaftsbundes zur Führung von Arbeitskämpfen, ferner die bereits genannten Forderungen für die arbeitende Jugend und für die erwerbstätigen Frauen sowie die Richtlinien für die Angestelltenarbeit und für die Beamtenarbeit des künftigen Bundes.

Satzung des Bundes

Zur Begründung für den Entwurf der Satzung darf ich im einzelnen folgendes ausführen:

Um den Namen des zu gründenden Bundes hat es im Vorbereitenden Ausschuß für den Gründungskongreß keine Meinungsverschiedenheiten gegeben. Da es in Deutschland keine Richtungsgewerkschaften und infolgedessen keine Zusammenschlüsse derselben gibt, ist der Zusammenschluß, den wir vollziehen wollen, ein Bund deutscher Gewerkschaften, also der Deutsche Gewerkschaftsbund.

Keine Einmütigkeit konnte leider im Vorbereitenden Ausschuß für den Gründungskongreß erzielt werden über die Frage, wo der künftige Gewerkschaftsbund seinen Sitz haben soll. Vorgeschlagen sind die Städte Düsseldorf und Frankfurt a. Main. Die Entscheidung obliegt einzig und allein dem Kongreß.

Zweck und Aufgaben

In § 2 des Satzungsentwurfes sind neben dem Zweck die Aufgaben des künftigen Deutschen Gewerkschaftsbundes niederzulegen, und es ist versucht worden, eine Abgrenzung zu den Aufgaben der Gewerkschaften zu finden.

Dem Bund sollen u. a. übertragen werden: die Erledigung gemeinsamer Aufgaben der Gewerkschaften, die gemeinsame Vertretung der Gewerkschaften sowie Aufgaben allgemeiner Art. Ferner soll

Bundessache sein die Schulung und Fortbildung der Mitglieder und der Funktionäre der Gewerkschaften sowie die Schaffung von Richtlinien für besondere Einrichtungen und für Unterstützungen.

Die übrigen Aufgaben des neuen Deutschen Gewerkschaftsbundes, wie sie in dem Satzungsentwurf in Vorschlag gebracht worden sind, sind in so klarer und eindeutiger Weise aufgezählt, daß auf eine Begründung im einzelnen verzichtet werden kann.

Mitgliedschaft beim Bund

Der § 3 des Entwurfes regelt die Mitgliedschaft. Mitglied des Gewerkschaftsbundes können danach solche Gewerkschaften werden, deren Geltungsbereiche sich auf das Gebiet der Bundesrepublik Deutschland erstrecken. Damit ist also vorläufig Berlin und die Ostzone noch nicht in den Bereich des Gewerkschaftsbundes einbezogen.

Der Vorbereitende Ausschuß für den Gründungskongreß hat sich bei den Erörterungen über diese Frage von der Auffassung leiten lassen, daß sein Bereich sich mit dem Geltungsbereich der den Bund bildenden und tragenden Gewerkschaften decken muß. Solange die politische und wirtschaftliche Einheit Deutschlands nicht hergestellt ist, erscheint auch die Bildung einheitlicher deutscher Gewerkschaften und demzufolge die Bildung eines einheitlichen gesamtdeutschen Gewerkschaftsbundes leider noch nicht möglich.

In § 3 ist als eine weitere Voraussetzung für die Aufnahme in den Bund festgelegt, daß ihm nicht bereits eine für die gleiche Arbeitnehmergruppe zuständige Gewerkschaft angehört. Hier kommen wir zur Problematik. Durch diese Bestimmung ist es nicht möglich, die Deutsche Angestellten-Gewerkschaft in den Kreis der Gründer einzubeziehen, denn sie, die DAG, reklamiert für sich Angestelltengruppen, die der Vorbereitende Ausschuß dieses Kongresses anderen zur Gründung bereiten Gewerkschaften zugesprochen hat.

Alle Versuche, eine Abgrenzung der Organisationsgebiete zwischen der Deutschen Angestellten-Gewerkschaft und den übrigen Gewerkschaften herbeizuführen, sind leider ohne Erfolg geblieben. Es wird Sache der Satzungskommission und des Kongresses selbst sein, zu untersuchen, ob es noch eine Möglichkeit gibt, dieser Gewerkschaft jetzt oder künftig den Weg in den Gewerkschaftsbund zu öffnen. Voraussetzung dafür ist aber nach übereinstimmender Auffassung des Vorbereitenden Ausschusses eine zufriedenstellende Regelung über die Abgrenzung der Organisationsgebiete.

Die Deutsche Angestellten-Gewerkschaft hat leider ein Aufgehen in die Gewerkschaft Banken, Handel und Versicherungen abgelehnt. Einzelne Landesgewerkschaften unserer süddeutschen Bünde waren ebenfalls nicht bereit, sich mit der Gewerkschaft Handel, Banken und Versicherungen zu verschmelzen und zogen es vor, sich mit der DAG zusammenzuschließen.

Es wird allgemein bedauert, daß in dieser leidigen Frage keine Verständigung erfolgt ist. Aber die Mehrheit konnte sich nicht bereit finden, das Industriegewerkschaftsprinzip soweit aufzugeben, daß einer Gewerkschaft das Recht zuerkannt wird, die Angestellten aus sämtlichen Industriegewerkschaften oder mindestens wesentliche Teile derselben für sich als Mitglieder zu reklamieren.

Verteilung des Beitragsaufkommens

In den §§ 4, 5 und 6 sind die Beiträge, der Solidaritätsfonds und evtl. Sonderbeiträge geregelt. Ursprünglich war vom Organisationsausschuß des Gewerkschaftsrates vorgeschlagen, den Beitragssatz der Gewerkschaften an den Bund auf 20 Prozent festzusetzen und für die Bildung eines Solidaritätsfonds weitere 15 Prozent vom Beitragsaufkommen der Gewerkschaften in Anspruch zu nehmen. Aus diesen 15 Prozent, gedacht für den Solidaritätsfonds, sollten 10 Prozent, also $^2/_3$ des Aufkommens, für eine zusätzliche Altersversorgung unserer Mitglieder aufgewandt werden. Die Satzungskommission und der Vorbereitende Ausschuß für den Gründungskongreß selbst haben sich jedoch entschlossen, als Beitragsanteil des Bundes anstatt 20 nur 15 Prozent des Beitragsaufkommens der Gewerkschaften festzulegen. Nach Auffassung der Mehrheit des Vorbereitenden Ausschusses sollen alle Unterstützungen, auch eine evtl. zusätzliche Unterstützung für alte Gewerkschaftsmitglieder, durch die Gewerkschaften selbst und nicht durch den Bund geleistet werden. Demzufolge soll der Solidaritätsfonds lediglich zum Zwecke der Bundeshilfe und zur Unterstützung von Bewegungen allgemeiner Bedeutung gebildet werden. Hierfür sollen die Gewerkschaften je Mitglied und Vierteljahr 15 Pfg. zahlen und die Ansammlung in diesem Fonds soll vorerst auf 10 Millionen DM begrenzt werden.

Nach dieser Sachlage wird · der neue Gewerkschaftsbund versuchen müssen, seine Aufgaben mit 15 Prozent des Gesamtbeitragsaufkommens zu bestreiten. In bezug auf die erforderlichen Mittel besitzt der neue Gewerkschaftsbund nur die Erfahrungen der jetzt bestehenden Gewerkschaftsbünde. Darauf sind die ersten Haushaltsvorschläge für den neuen Bund aufgebaut. Nach unserer Auffassung sind 15 Prozent die unterste Grenze desjenigen, was dem neuen Deutschen Gewerkschaftsbund eingeräumt werden muß, wenn er die Orts- und Kreisausschüsse, die Landesbezirks- und die Bundesvorstandsverwaltung entsprechend arbeitsfähig aufbauen und unterhalten soll.

Sollten die jetzt vorgesehenen Prozente und Kopfbeiträge nicht ausreichen, so bleibt dem Bundesvorstand ein Weg über den § 6 zum Bundesausschuß.

Einheitliche Unterstützungen

Der Vorbereitende Ausschuß für den Gründungskongreß ist der Auffassung, daß der Vorschlag in § 7 ausreicht, um ein einheitliches Unterstützungswesen in allen Gewerkschaften auf dem Wege über Richtlinien herbeizuführen. Diese Auffassung ist aber nicht unumstritten. Es kann nicht deutlich genug herausgestellt werden, daß gleiche Unterstützungsarten und einheitliche Unterstützungssätze in allen Gewerkschaften unerläßliche Voraussetzung für den Bestand des Industriegewerkschaftsprinzips sind. (Bravo-Rufe.)

Sollten die im Bund vereinigten Gewerkschaften sich nicht entschließen können, gleiche und einheitliche Unterstützungen einzuführen, dann ist der gegenseitigen Abwerbung von Mitgliedern Tür und Tor geöffnet. (Zustimmung.)

Demokratische Grundsätze in der Bildung der Organe

In § 8 des Entwurfs wird mit aller Deutlichkeit der demokratische Aufbau und die Unabhängigkeit des Bundes festgeschrieben. In diesem Paragraphen sind ebenfalls zwingende Vorschriften für die demokratische Wahl der Delegierten und der Organe festgelegt.

In § 9 sind als Organe des Bundes
>   der Bundeskongreß,
>   der Bundesvorstand,
>   der Bundesausschuß und
>   eine Revisionskommission des Bundes

vorgesehen.

Der Bundeskongreß

§ 10 behandelt das höchste Organ des Bundes, nämlich den Bundeskongreß. Der Bundeskongreß soll regelmäßig alle zwei Jahre vom Bundesvorstand einberufen werden. Außerordentliche Kongresse sind einzuberufen auf Antrag von mehr als der Hälfte der Gewerkschaften oder auf Antrag von soviel Gewerkschaften, die mehr als die Hälfte der in den Gewerkschaften vereinigten Mitglieder erfassen.

Stimmberechtigt auf dem Kongreß sollen lediglich die gewählten Delegierten der Gewerkschaften sein.

Dem Bundeskongreß soll es nach dem Vorschlag obliegen, über die Geschäftstätigkeit des Bundesvorstandes zu befinden, die Politik des Bundes zu bestimmen, den Bundesvorstand zu wählen, über die Anträge, welche an den Kongreß gestellt werden, zu entscheiden und schließlich als vornehmstes Recht, über evtl. Änderungen der Satzung Beschluß zu fassen.

Der Bundesvorstand

Der Bundesvorstand, dessen Zusammensetzung und Aufgaben in § 11 geregelt sind, soll aus 25 Mitgliedern bestehen. Nach einem in der letzten Sitzung des Vorbereitenden Ausschusses für den Gründungskongreß am 10. Oktober hier in München gefaßten Beschluß soll die Zahl der hauptamtlich tätigen Vorstandsmitglieder von 9 auf 6 herabgesetzt werden und die Zahl der weiteren Vorstandsmitglieder um 3, also von 13 auf 16 erhöht werden.

Der Vorbereitende Ausschuß ist der Auffassung, daß

    1 Vorsitzender,

    2 Stellvertreter und

    6 hauptamtlich tätige Vorstandsmitglieder

genügen, und daß andererseits jeder Gewerkschaft das Recht zugestanden werden soll, mit einem Mitglied im Bundesvorstand vertreten zu sein. Ich bitte alle Delegierten beim § 11 entsprechende Vermerke vorzunehmen. Wir werden morgen vom Kongreßbüro noch einen entsprechend geänderten Antrag vorlegen lassen.

Alle anderen Abänderungsanträge zu diesen Paragraphen hat der Vorbereitende Ausschuß für den Gründungskongreß mit Mehrheiten abgelehnt. Dazu gehören auch jene Anträge, welche die Aufnahme der Landesbezirksvorsitzenden in den Vorstand zum Ziel hatten. Einem anderen Antrag entsprechend sollte der Vorschlag, wie er jetzt vorliegt, dahingehend abgeändert werden, daß die Landesbezirksvorsitzenden zu den Sitzungen vom Kongreß hinzugezogen werden sollen. Auch für diesen Vorschlag konnte eine Mehrheit im Vorbereitenden Ausschuß nicht gefunden werden.

Die §§ 12 und 13, betreffend den Bundesausschuß und die Revisionskommission, sind im Vorbereitenden Ausschuß nicht umstritten.

Landesbezirke, Kreis- und Ortsausschüsse

§ 14 regelt die Errichtung der Landesbezirke, die Aufgaben der Landesbezirksvorstände, der Landesbezirksausschüsse und der Landesbezirkskonferenzen.

Würden wir für jedes Land im Geltungsbereich des Gewerkschaftsbundes, das ist also das Gebiet der Bundesrepublik Deutschland, einen Landesbezirk errichten, so müßten wir, da 11 Länder mit gesetzgebenden Versammlungen und Landesregierungen vorhanden sind, 11 Landesbezirke einrichten.

Vom Vorbereitenden Ausschuß für den Gründungskongreß ist jedoch den künftigen Bundesorganen die Bildung von nur 7 Landesbezirken empfohlen worden.

In Aussicht genommen ist

ein Landesbezirk mit dem Namen Nordmark für Schleswig-Holstein und Hamburg,

weiter ein Landesbezirk für Niedersachsen und Bremen,

ein Landesbezirk für Nordrhein-Westfalen,

ein Landesbezirk für Bayern,

ein Landesbezirk für Württemberg-Baden,

ein Landesbezirk für Hessen,

ein Landesbezirk für Rheinland-Pfalz.

Dem Landesbezirk Württemberg-Baden sollen die Geltungsbereiche des jetzigen Badischen Gewerkschaftsbundes und des Gewerkschaftsbundes Südwürttemberg und Hohenzollern als Unterbezirke angegliedert werden. Für die Zwecke einer notwendig werdenden gemeinsamen Interessenvertretung der Gewerkschaften im Gebiet der französisch besetzten Zone soll eine Arbeitsgemeinschaft zwischen den Unterbezirken Südbaden, Südwürttemberg-Hohenzollern und dem Landesbezirk Rheinland-Pfalz gebildet werden. Im Gebiet des Landesbezirks Bayern sollen die dort jetzt bestehenden 5 Bezirke als Unterbezirke fortbestehen.

Einmütigkeit bestand, daß die bisherigen Kreis- und Ortsausschüsse nicht nur erhalten, sondern wenn möglich weiter ausgebaut werden sollen. Sowohl die Kreis- und Ortsausschüsse wie die Landesbezirke und ihre Verwaltungen sollen künftig einheitlich aus dem Etat des Bundes finanziert werden.

Neue Wege im Pressewesen des Bundes

In teilweiser Durchführung des in Vorschlag gebrachten § 16 hat der Vorbereitende Ausschuß für den Gründungskongreß im Einvernehmen mit dem Gewerkschaftsrat und den Gewerkschaften die neue Bundeszeitung unter dem Namen „Welt der Arbeit" bereits vorbereitet.

Sie soll die bisherigen 7 Bundeszeitschriften ab 1. Januar 1950 ersetzen, und sie soll dazu bestimmt sein, stärker als bisher gegenüber der Öffentlichkeit zu wirken.

Die Gewerkschaften haben sich verpflichtet, vom gleichen Zeitpunkt ab ein unentgeltliches Publikationsorgan für ihre Mitglieder herauszugeben oder die schon bestehenden Zeitschriften und Mitteilungsblätter wesentlich auszubauen.

Neben der „Welt der Arbeit" soll eine Funktionärzeitschrift unter dem Namen „Die Quelle" ab 1. Januar 1950 für alle Gewerkschaftsfunktionäre der Gewerkschaften und des Bundes erscheinen. Sie, „Die Quelle", soll im Gegensatz zur „Welt der Arbeit" unentgeltlich geliefert werden.

Die hervorragende Jugendzeitschrift „Aufwärts" des Gewerkschaftsbundes der britischen Zone soll ausgebaut und möglichst allen jungen Gewerkschaftsmitgliedern zugänglich gemacht werden.

Ferner ist dem Bund durch die Gewerkschaften die Herausgabe einer allgemeinen Angestelltenzeitschrift übertragen worden, wofür die Gewerkschaften dem Bund die entstehenden Selbstkosten erstatten. Gleiches ist beabsichtigt für die Beamten. Auch hier soll der Bund die Herausgabe einer allgemeinen Beamtenzeitschrift übernehmen.

Ferner befindet sich durch Beschluß des Vorbereitenden Ausschusses die Herausgabe einer theoretischen Monatszeitschrift des Bundes in Vorbereitung.

Der Vorbereitende Ausschuß für den Gründungskongreß ist der Auffassung, daß die Durchführung dieses umfassenden Presseprogramms die Bundesorgane bei der Erfüllung ihrer Aufgaben besser als bisher unterstützen wird.

Alle Publikationsorgane sollen gegenüber den Mitgliedern und Funktionären, vor allem aber auch gegenüber der Öffentlichkeit, wirksam werden.

Abgrenzung der Organisationsgebiete

In § 17 ist zwingend vorgeschrieben, daß der Bundeskongreß Richtlinien für die Abgrenzung der Organisationsgebiete zu schaffen hat. Da zur Vorbereitung eines Vorschlages die Zeit zu kurz war und eine Verständigung über den Inhalt dieser Richtlinien noch nicht erzielt werden konnte, ist vom Gewerkschaftsrat Antrag gestellt worden, der Gründungskongreß möge diese Aufgabe dem Bundesausschuß übertragen. Wir sprechen die Bitte aus, diesem Antrag Nr. 35 die Zustimmung erteilen zu wollen.

§ 18 regelt die Einsetzung von Schiedsgerichten, wie sie auch in der früheren Gewerkschaftsbewegung bestanden und worauf nach unserer Auffassung auch die neuen deutschen Gewerkschaften nicht verzichten können.

Arbeitskämpfe

Wie bereits erwähnt, sind die in § 19 vorgesehenen Richtlinien zur Führung von Arbeitskämpfen erarbeitet und liegen dem Kongreß zur Beratung und Beschlußfassung vor. Namens des Vorbereitenden Ausschusses darf ich den Gründungskongreß bitten, dem Vorschlag dieser Richtlinien die Zustimmung zu erteilen.

Schlußbestimmungen

Die §§ 20 und 21 legen das Geschäftsjahr fest und regeln eine mögliche Auflösung des Bundes.

Namens des Vorbereitenden Ausschusses für den Gründungskongreß unterbreite ich diese auch allen Delegierten vorliegende Satzung zur Beratung und Beschlußfassung.

Angestellte und Beamte

Ebenfalls darf ich Ihre Zustimmung erbitten zu den Richtlinien für die Angestellten- und Beamtenarbeit unseres neuen Gewerkschaftsbundes. Der Vorbereitende Ausschuß wünscht, daß der künftige Bundesvorstand und auch die Gewerkschaften in der Angestellten- und Beamtenarbeit nach diesen Richtlinien verfahren mögen.

Durch die Einrichtung besonderer Referate und Ausschüsse bei den Gewerkschaften und beim Gewerkschaftsbund sollen die Mitglieder der Gewerkschaften, die Angestellte oder Beamten sind, stärker mit dem Wesen der Gewerkschaften vertraut gemacht werden und durch die Einrichtung selbst soll den Angestellten und Beamten die Erkenntnis werden, daß die Stärke der Gewerkschaftsbewegung in der Einheit liegt und eigene Angestellten- oder Beamtengewerkschaften und demzufolge auch eigene Angestellten- und Beamtenspitzenorganisationen wie vor 1933 unzweckmäßig sind.

Jugend und Frauen

Ferner bittet der Vorbereitende Ausschuß, die Forderungen für die arbeitende Jugend und die erwerbstätigen Frauen zum Beschluß zu erheben. Der Inhalt dieser Forderungen soll die Grundlage für die künftige Arbeit der Gewerkschaften und des Bundes in diesen wichtigen Teilgebieten sein. Darüber hinaus bittet der Vorbereitende Ausschuß, der Kongreß möge den kommenden Bundesausschuß beauftragen, die Bildung je eines Bundesjugend- und eines Bundesfrauenausschusses zwingend zu beschließen. (Bravo-Rufe.)

Diesen Ausschüssen sollen Funktionäre aus der Frauen- und Jugendarbeit der Gewerkschaften und des Gewerkschaftsbundes angehören und beide Ausschüsse sollen die zu errichtenden Referate für Jugend- und für Frauenfragen in ihren Arbeiten unterstützen.

Dem Bundesjugendausschuß und dem Bundesfrauenausschuß sollen die von zwei getrennten Kommissionen erarbeiteten Beratungsergebnisse überwiesen werden mit dem Auftrag, beide Ausschüsse mögen ausführliche Vorschläge für die Jugend- und Frauenarbeit der Gewerkschaften und des Gewerkschaftsbundes baldmöglichst erarbeiten und dem Bundesausschuß zur endgültigen Verabschiedung unterbreiten.

Diese Beschlüsse sind gefaßt insbesondere in Würdigung der bisher bereits geleisteten Gewerkschaftsarbeit für und durch die Jugend, für und durch die Frauen, die Mitglieder in unseren Gewerkschaften sind.

In den Richtlinien für die Beamtenarbeit ist in Ziffer II das Wort „vorgenannten" zu streichen, weil in der Arbeitsgemeinschaft alle jene Gewerkschaften erfaßt sind, die Beamte zu ihren Mitgliedern zählen.

Internationale Mitarbeit

Zum Schluß obliegt mir als Berichterstatter noch die Verpflichtung, den Kongreß zu bitten, dem Antrag Nr. 52 seine Zustimmung zu erteilen. Dieser Antrag billigt die Teilnahme des Gewerkschaftsrats an den Vorarbeiten zur Gründung eines „Weltbundes Freier Gewerkschaften". Der Antrag beauftragt den Bundesvorstand, an der im November d. J. stattfindenden Gründung dieses Weltbundes in London teilzunehmen, und er erklärt sich mit dem Eintritt des neu zu gründenden Bundes in den Weltbund Freier Gewerkschaften einverstanden. Dieser Antrag beinhaltet im wesentlichen das gleiche wie der Antrag 51, gestellt vom Vorstand des Freien Gewerkschaftsbundes Hessen.

Im Gegensatz dazu beantragt der Vorstand des Badischen Gewerkschaftsbundes den Anschluß an den sogenannten Weltgewerkschaftsbund.

Der Vorbereitende Ausschuß für den Gründungskongreß vertritt die Auffassung, daß der Weltgewerkschaftsbund keine Vereinigung von wirklich freien, unabhängigen und demokratisch aufgebauten Gewerkschaftsbünden ist.

An die Stelle des früheren Internationalen Gewerkschaftsbundes, an dessen Gründung und Wirken die deutschen Gewerkschaften einen maßgeblichen Anteil hatten, ist seinerzeit der Weltgewerkschaftsbund getreten. Die Auflösung des Internationalen Gewerkschaftsbundes und die seinerzeitige Gründung des Weltgewerkschaftsbundes waren im wesentlichen Folgen des Krieges und der Politik der Alliierten. Die damals herrschende Übereinstimmung der Alliierten mag bei der Bildung des Weltgewerkschaftsbundes eine wesentliche Rolle gespielt haben. Die Einmütigkeit der Alliierten in ihrer Kriegspolitik ist jedoch abgelöst worden durch grundlegend voneinander abweichende Auffassungen über die zu verfolgende Friedenspolitik. Das ist bedauerlich, aber eine Feststellung von Tatsachen.

In diesem Konflikt ist der Weltgewerkschaftsbund nach unserer Auffassung in die Abhängigkeit eines großen Staates und einer großen politischen Partei, nämlich der Kommunistischen Internationale geraten. Diese Abhängigkeit des Weltgewerkschaftsbundes und seiner Träger muß von uns auf das tiefste bedauert und beklagt werden.

Die neuen deutschen Gewerkschaften wollen von der Staatsmacht, wollen von der Wirtschaftsmacht des Staates und wollen von allen nationalen und internationalen parteipolitischen Einflüssen freibleiben. Sie wollen sich nur mit solchen Landesgewerkschaftsbünden zu einer Föderation vereinigen, die dieser gleichen Grundauffassung sind. *(Bravo-Rufe.)*

Darüber hinaus haben einerseits die Haltung des Weltgewerkschaftsbundes gegenüber der neuen deutschen Gewerkschaftsbewegung unmittelbar nach 1945 und anderseits seine Einstellung
zu allen Fragen des Marshall-Planes erkennen lassen, daß sich diese
Weltföderation immer zuerst in den Dienst der Interessen einer
Weltmacht stellt und erst in zweiter Linie eine internationale Ge-
werkschaftsvereinigung ist.

Wir bedauern diese Entwicklung in der internationalen Gewerkschaftsbewegung ebensosehr, wie wir den Zustand einer noch
uneinheitlichen Gewerkschaftsbewegung in Deutschland beklagen.

Die Verhältnisse national und international zu wandeln, das steht
nicht in unserer Macht. Wir sind jedoch jederzeit bereit, von uns
aus jeden möglichen Beitrag zur Verständigung zu leisten. Wir
wollen deshalb den Weg zum „Weltbund Freier Gewerkschaften"
beschreiten, um unser Teil in dieser Richtung beizutragen.

Der Kongreß entscheidet

Kolleginnen und Kollegen!

Es wird Aufgabe der eben vom Kongreß gewählten Satzungs- und
Antragskommission sein, dem Kongreß eine Stellungnahme zu den
strittigen Punkten vorzutragen und entsprechende Lösungsvor-
schläge zu unterbreiten. Mit dem Willen zur Gründung des neuen
Deutschen Gewerkschaftsbundes ist dieser Kongreß einberufen, mit
der Annahme der Satzung wird seine Gründung vollzogen. Der
Vorbereitende Ausschuß ist nicht der Auffassung, daß durch seine
Vorschläge etwas Endgültiges und Unabänderliches geschaffen
worden ist. Sie sind aber nach seiner Auffassung unter den obwal-
tenden Verhältnissen der Anfang zum Möglichen.

So wie die Träger unserer bisherigen Landes- und Zonengewerkschaften nunmehr Gesicht und Gestalt der Gewerkschaften und
Industriegewerkschaften in der Bundesrepublik bestimmen, so
werden die bisherigen Träger der Arbeit in den sieben Gewerkschaftsbünden den neuen Deutschen Gewerkschaftsbund nach seiner
Gründung beseelen. Der neue Deutsche Gewerkschaftsbund soll an
die Stelle dieser Gewerkschaftsbünde treten.

Seine Satzung, seine Einrichtungen und seine Leistungen sollen
einzig und allein dem Fortschritt der Gewerkschaften und ihren
Mitgliedern dienen. Ich wiederhole ein Wort des Vorsitzenden des

Vorbereitenden Ausschusses, des Kollegen Böckler: Das Gute in den sieben Gewerkschaftsbünden soll durch das Bessere eines Gewerkschaftsbundes ersetzt werden.

Einen Satz noch zum Schluß: Die Mitglieder der Gewerkschaften warten auf die Entscheidungen dieses Gründungskongresses, weil sie jetzt und künftig hoffnungsvoll nicht nur auf die Gewerkschaften, sondern auch auf den Gewerkschaftsbund blicken. *(Beifall!)*

(Nach Entgegennahme einiger geschäftlicher Mitteilungen — Sitzungstermine für die einzelnen Kommissionen — vertagte der Vorsitzende den Kongreß um 18 Uhr auf Donnerstag, den 13. Oktober 1949, vormittags 9 Uhr.)

ZWEITER VERHANDLUNGSTAG

Donnerstag, 13. Oktober 1949

Vormittagssitzung

Vorsitzender: Lorenz Hagen

(DER VORSITZENDE eröffnete den Kongreß wieder um 9 Uhr 06.)

DER VORSITZENDE (Lorenz **Hagen**):

Kolleginnen und Kollegen!

Wir haben heute zu dem Bericht zu Punkt 3 der Tagesordnung, den uns Kollege Reuter gestern gegeben hat, Stellung zu nehmen. Ich gehe wohl nicht fehl, wenn ich sage, daß der heutige Tag einer der Haupttage unseres Kongresses sein wird. Denn heute soll diskutiert und beschlossen werden über die Satzungen des neuen Bundes, also gewissermaßen über unser Grundgesetz, das für die Mitglieder Gültigkeit hat, nach dem die Organe des Bundes zu handeln haben. Wir wollen dafür sorgen, daß dieses Grundgesetz ein demokratisches wird, nach dem alle Belange des Gewerkschaftsbundes in kameradschaftlich kollegialer Weise erledigt werden können.

Ehe wir aber zu den eigentlichen Beratungen übergehen, haben wir erst einige geschäftliche Mitteilungen zu machen. So ist ein Brief des Oberbürgermeisters der Stadt Frankfurt a. Main eingetroffen, der uns die besten Wünsche zum Verlauf unseres Kongresses darbringt und zugleich die Hoffnung daran knüpft, daß Frankfurt a. Main der Sitz des Bundes wird. *(Beifall bei einem Teil der Delegierten.)*

Wir wollen hier keine Vorschußlorbeeren verteilen; denn es unterliegt der Entscheidung der stimmberechtigten Delegierten, welche Stadt Bundessitz wird.

(DER VORSITZENDE gab sodann den anwesenden Vertretern der Presse einige Erläuterungen und Berichtigungen bekannt.)

Als letztes vor Eintritt in den Tagesordnungspunkt 3 schlage ich vor, den Bericht der Mandatsprüfungskommission entgegenzunehmen.

DER BERICHTERSTATTER der Mandatsprüfungskommission
(Karl **Dörpinghaus**, Kempen, Gewerkschaft Textil, Bekleidung):

Kolleginnen und Kollegen!

Die Mandatsprüfungskommission, und mit ihr wohl auch die Mehrheit des Kongresses, ist der Ansicht, daß die Visitenkarte des Gewerkschafters das Mitgliedsbuch oder die Mitgliedskarte ist. Wir konnten an Hand umfangreicher Arbeiten feststellen, daß diese Visitenkarte im allgemeinen gut ist.

In einzelnen Fällen jedoch sind uns Mitgliedskarten vor Augen gekommen, die eher Vexierbilder als Visitenkarten sind. Wir wollen davon absehen, Namen zu nennen, bitten aber die Delegierten Nummer 66 und Nummer 77 um Aufklärung, und zwar öffentlich, wie eigentlich ihre Mitgliedskarte hinsichtlich der Beitragsleistung zu deuten ist. Das haben wir mit sieben Mann nicht fertig gebracht. Eine Anzahl Delegierter ist überhaupt noch nicht geboren. Da fehlt das Geburtsdatum. Zwei sind mit den Beitragsmarken noch in der Zeit vor der Geldreform. *(Zurufe,)*

Die Beitragsleistung ist im allgemeinen nach unserem Dafürhalten zufriedenstellend. Wir haben errechnet, daß bei den Wochenbeiträgen ein Durchschnitt von 1,43 DM herauskommt. Bei den Monatsbeiträgen sind 7 Delegierte als unterste Gruppe, die 2 Mark, 68 Delegierte als Hauptgruppe, die 7 Mark bezahlen und 1 Delegierter, der 20 Mark im Monat bezahlt.

Es war in der Mandatsprüfungskommission strittig, ob über das Alter der Delegierten gesprochen werden sollte. Die Kongreßleitung ist aber der Ansicht, daß man das Alter der Delegierten ruhig bekanntgeben soll. Von den insgesamt 487 stimmberechtigten und anwesenden Delegierten sind 12 Delegierte im Alter von 70 bis 80 Jahren, 109 im Alter von 60 bis 70 Jahren, 195 im Alter von 50 bis 60 Jahren, 129 im Alter von 40 bis 50 Jahren, 26 im Alter von 30 bis 40 und 2 im Alter von 20 bis 30 Jahren. Ohne Altersangabe befinden sich bei den stimmberechtigten Delegierten 14. Stimmberechtigte Kolleginnen sind auf dem Kongreß in der stolzen Zahl von 14 vertreten. Das sind 3,4 Prozent.

Die Mandatsprüfungskommission hat, wie bereits erwähnt, hinsichtlich der Mitgliedskarten einige Beanstandungen — Beitragsrückstände, Vexierbilder, die erst geklärt werden müssen —, ferner sind 10 Delegierte da, die die Mitgliedskarte nicht mitgebracht haben. Nach unseren Erkundigungen handelt es sich in diesen Fällen tatsächlich um Vergeßlichkeiten und wir schlagen Ihnen als Mandatsprüfungskommission vor, die Beanstandungen durch das

Kongreßbüro erledigen zu lassen. Wir halten sie nicht für so wesentlich, daß deswegen die Mandate für ungültig erklärt werden sollen. Wir schlagen Ihnen vor, die 487 Mandate für gültig zu erklären.

Bezüglich der Gastdelegierten ist vielleicht erwähnenswert, daß 234 Gastdelegierte geladen sind, davon fehlen 10. Bei den Gastdelegierten sind noch mehr ohne Mitgliedsbücher und zwar 19 an der Zahl. Wir haben festgestellt, daß einige nur die Gastdelegiertenkarten abgegeben haben. Wir bitten diejenigen Gastdelegierten, die die Mitgliedskarte noch nicht abgegeben haben, das nachzuholen. Es sind aber auch Gastdelegierte da, die weder das Mitgliedsbuch noch die Gastdelegiertenkarte abgegeben haben. Wir wollen davon absehen, sie namentlich hier zu nennen. Wir bitten aber die Kolleginnen und Kollegen, das noch nachzuholen.

Die Altersgruppierung der Gastdelegierten ist etwas anders. Es sind nur 5 im Alter von 70 bis 80, 38 im Alter von 60 bis 70, 68 im Alter von 50 bis 60, 57 im Alter von 40 bis 50, 21 im Alter von 30 bis 40 und 10 im Alter von 20 bis 30 Jahren. 25 Gastdelegierte haben Mitgliedskarten abgegeben ohne Geburtsdaten. 18 Kolleginnen befinden sich unter den Gastdelegierten.

Zum Abschluß möchte ich noch einmal den Kongreß bitten, den Vorschlägen der Mandatsprüfungskommission seine Zustimmung zu geben.

DER VORSITZENDE:

Kolleginnen und Kollegen!

Sie haben den Antrag der Mandatsprüfungskommission gehört. Bezüglich der zwei strittigen Mandate, die nach Ansicht der Mandatsprüfungskommission nicht ganz geklärt sind, würden wir Ihnen von der Kongreßleitung vorschlagen, daß diese beiden Kollegen sich mit der Mandatsprüfungskommission selbst in Verbindung setzen. Im übrigen beantragt die Mandatsprüfungskommission die Gültigerklärung der 487 ordentlichen Delegiertenmandate. Wer damit einverstanden ist, den bitte ich um das Handzeichen mittels der Delegiertenkarte.

(Der Kongreß erklärte die 487 stimmberechtigten Delegiertenmandate gegen 13 Stimmen für gültig.)

DER VORSITZENDE:

Bezüglich der Gastdelegierten glauben wir Ihnen vorschlagen zu können, die Differenzen, wie sie hier aufgetreten sind, zur Kenntnis zu nehmen. Eine weitere Bedeutung für den Kongreß oder für die Abwicklung des Kongresses selbst entsteht daraus nicht. Wir knüpfen daran nur die Bitte, daß bei kommenden Gelegenheiten auch die Gastdelegierten dafür sorgen möchten, daß sowohl ihr Mitgliedsbuch und auch ihre Mandatskarte ordnungsgemäß vorhanden ist, damit die Mandatsprüfungskommission eine leichtere Arbeit hat. Dies bezieht sich selbstverständlich nicht auf die heute anwesenden Gäste.

Kolleginnen und Kollegen!

Wir treten nun in die Debatte zu Punkt 3 der Tagesordnung ein. Hierzu möchte ich zunächst um den Bericht der Satzungskommission bitten. Es wird mir jedoch mitgeteilt, daß die Satzungskommission bis heute morgen 4 Uhr getagt hat und Kollege Fette erst noch den Bericht fertigstellen muß.

Wir schlagen Ihnen nun von seiten der Kongreßleitung vor, einstweilen in die Debatte einzutreten. Ich möchte aber vorher nochmals auf die Geschäftsordnung des Kongresses, Ziffer 5, 7 und 8, hinweisen. Wortmeldungen können demnach nur entgegengenommen werden, wenn sie schriftlich eingereicht sind und zwar hier bei den Schriftführern. Die Worterteilung erfolgt der Reihe der Wortmeldungen nach. Zur Geschäftsordnung kann außerhalb der Rednerliste gesprochen werden.

Dann möchte ich insbesondere auf Ziffer 9 der Geschäftsordnung hinweisen, in der es heißt: Spricht ein Redner nicht zur Sache, so hat der Vorsitzende ihn zur Sache zu rufen. Nach zweimaliger vergeblicher Mahnung des Vorsitzenden ist dem Redner das Wort zu entziehen.

Wir bitten also, uns die Geschäftsführung zu erleichtern und nur zur Sache zu sprechen. Die Redezeit für die einzelnen Diskussionsredner beträgt 10 Minuten. Eine Minute vor Ablauf der Redezeit erfolgt ein Glockenzeichen. Wir bitten also die Redner, sich dann darauf einzurichten, daß sie innerhalb der nächsten Minute ihre Rede beenden. Eine Überschreitung der Redezeit kann wegen der daraus entstehenden Konsequenzen nicht zugelassen werden.

Die Diskussion ist eröffnet.

Alois **Eberl,** Regensburg, Gewerkschaft Bau, Steine, Erden:

Sehr verehrte Gäste, werte Kolleginnen und Kollegen!

Wenn ich als erster das Wort ergreife, und zwar als ein Funktionär, der vor 30 Jahren den ersten Neuaufbau der Gewerkschaftsbewegung und nach 1945 den zweiten mitgemacht hat, so tue ich es aus einer großen Sorge heraus. Wir schließen uns jetzt in einen großen, gigantischen Bund zusammen und geben ihm in den vorliegenden Satzungen ein ganz neues Gepräge.

Da möchte ich nun zuerst an den Kollegen Reuter eine Anfrage wegen der §§ 4 und 5 richten. Meine größte Sorge ist nämlich die, ob es auf Grund der Abführung von 15 Prozent des Beitragsaufkommens an den Bund und von DM —,15 je Quartal und Mitglied an den Solidaritätsfonds möglich ist, unseren Veteranen und Invaliden wenigstens 5 Mark im Monat zu geben. Die zweite Sorge ist die — ich weiß, daß das nicht von heute auf morgen geht und wir noch zwei, drei Jahre brauchen werden, bis wir dazu übergehen können —, ob wir unseren Mitgliedern hauptsächlich in den Betrieben, die saisonabhängig sind, eine Arbeitslosenunterstützung geben können. Dadurch wäre nämlich die Gewähr gegeben, daß wir bei Arbeitslosigkeit keine Abwanderung haben. Das ist heute von besonderer Bedeutung bei der Lage im Bauwesen nicht nur in Bayern, sondern in der ganzen Trizone, nachdem wir Hunderttausende von Arbeitslosen haben. Wir müssen in der Lage sein, 80 Prozent von 52 Wochenbeiträgen als Arbeitslosenunterstützung zu geben.

Sodann habe ich eine Bitte an unsere Gewerkschaftsfreunde in Amerika und England. Wie Sie alle wissen, wurden uns beim Einmarsch der Besatzungsmächte 220 Millionen Mark abgenommen. Ich glaube, daß besonders die schaffenden Menschen und alle diejenigen, die mit dem Nazismus nichts zu tun hatten, in erster Linie erwartet haben, daß wir auf Konto Wiedergutmachung davon zumindest 18 Millionen DM erhalten hätten. Damit wäre die Gewähr gegeben gewesen, daß wir bei Einführung der D-Mark unseren alten Invaliden eine berechtigte Rente hätten geben können. Diese Frage hat mich besonders deshalb berührt, da ich 1945 zu denjenigen gehört habe, die die Anregungen der Alliierten auf diesem Gebiete entgegengenommen haben. Wir konnten aber keine Wünsche äußern, weil wir erst im Aufbau begriffen waren. Dagegen haben die ehemaligen Nazibetriebe, deren Leiter Durchhaltereden am laufenden Band gehalten haben, und die die Verantwortung für die Trümmerhaufen tragen, die Wiedergutmachung in der Form erhalten, daß sie heute ihre Betriebe wieder restlos im Besitz haben und damit die größten Gegner der Gewerkschaften sind. Sie haben während der Reichsmarkzeit die Chance gehabt, Waren zu verschieben, und heute sind sie nicht einmal bereit, die gehorteten D-Markbeträge zur Bank zu tragen, damit wir sie der Wirtschaft zugute kommen lassen können. Das wäre für die Bundesregierung eine große Hilfe. Denn wir wissen, daß heute 6 bis 8 Milliarden D-Mark verlagert sind, in erster Linie damit sie der Kapitalsteuer entgehen, und zweitens, damit ihre Inhaber im Lastenausgleich entsprechend gut wegkommen.

(Der Vorsitzende ermahnte den Redner, zur Sache zu sprechen.)

Ich komme darauf. Und nun, Kolleginnen und Kollegen, wir als Gewerkschaftsfunktionäre müssen uns der Kritik unterziehen, wenn unsere Bewegung nicht vorwärts geht. Da möchte ich der Bundesleitung sagen, daß sie uns als Funktionären unbedingt zutrauen darf, daß wir alles versuchen, was in unseren Kräften liegt. Im arbeitenden Menschen, im Arbeiter und Angestellten muß das Zusammengehörigkeitsgefühl gestärkt werden, damit gemeinschaftlich gegen Arbeitgeber vorgegangen werden kann, die nicht einsehen wollen, daß Arbeiter und Angestellte auch Menschen sind.

Wir können uns nicht allein mit dem Aufbau abfinden, den wir in Betriebs- und Mitgliederversammlungen durchführen. Wir müssen vielmehr an jede Kollegin und jeden Kollegen appellieren, daß er einmal im Jahr ein Mitglied für die Gewerkschaft wirbt. Dann haben wir in einem Jahr unsere Organisation verdoppelt. Wir dürfen diesen Appell nicht nur in den Versammlungen hinausgeben, sondern wir müssen auch in der Presse immer wieder darauf hinweisen, daß jedes Mitglied im Jahr einen Kollegen oder eine Kollegin für die Organisation gewinnen muß.

Abschließend möchte ich noch bitten, zu untersuchen ob nicht die Möglichkeit besteht, daß der Bund mit 10 Prozent auskommt. Ich hätte auch gerne Aufklärung darüber, ob, wenn die §§ 4 und 5 angenommen werden, nicht die Aussicht besteht, daß wir über den Solidaritätsfonds in die Lage versetzt werden, erstens unsere Invalidenunterstützung und zweitens eine Arbeitslosenunterstützung einzuführen.

DER VORSITZENDE:

Kolleginnen und Kollegen!

In der Zwischenzeit ist Kollege Fette eingetroffen. Wir halten es für richtig, daß zuerst der Berichterstatter der Satzungskommission berichtet, damit auch wirklich eine konzentrierte Diskussion zum eigentlichen Tagesordnungspunkt stattfinden kann. Zunächst hat also das Wort Kollege Fette.

DER BERICHTERSTATTER der Satzungskommission (Christian **Fette,** Stuttgart, Industriegewerkschaft Druck und Papier):

Sehr verehrte Kolleginnen und Kollegen!

Die Satzungskommission hat gemäß des ihr gewordenen Auftrages heute nacht in ruhiger, sachlicher Erörterung Stellung genommen zu dem Satzungsentwurf und zu den zu diesem Entwurf vorliegenden Anträgen. Es dürfte Verständnis dafür vorherrschen, daß bei der Gegensätzlichkeit der vorliegenden Anträge auch in dieser Satzungskommission eine Übereinstimmung nicht in allen Punkten erzielt werden konnte. Denn in diesen Fragen werden die Delegierten nachher selbst durch Abgabe ihrer Stimme die endgültige Entscheidung zu treffen haben.

Ich möchte nun in klar formulierten kurzen Sätzen zu den einzelnen Paragraphen Stellung nehmen.

Zu § 1, Name und Sitz der Organisation, ist in der Satzungskommission keine Entscheidung gefällt worden für diesen oder jenen Ort als Sitz des zukünftigen Bundes. Die Entscheidung hierfür liegt in den Händen der Delegierten. Mit dieser Mitteilung sind die Anträge 1 bis 5 in der gedruckten Vorlage zunächst erledigt.

Zu § 2 verweise ich auf die Anträge 6 bis 8 der gedruckten Vorlage und auf zwei weitere nachträglich eingegangene Anträge, die leider den Delegierten nicht im Abdruck vorgelegt werden konnten. Ich muß sie daher kurz von hier aus bekanntgeben. Es wird zu § 2 Ziffer 1 folgender Wortlaut beantragt: „Zweck des Bundes ist die Zusammenfassung aller auf dem Prinzip der Industriegewerkschaften beruhenden Arbeitnehmerorganisationen zu einer wirkungsvollen Einheit und Vertretung deren gemeinsamen Interessen auf allen Gebieten, insbesondere der Berufs-, Wirtschafts-, Sozial- und Kulturpolitik." (S. Antr. Nr. 64.)

Die Satzungskommission beantragt die Annahme des Antrags 6 der gedruckten Vorlage, die Ziffer 2 d betreffend. Es heißt dort: „Durchführung gemeinsamer Gewerkschaftsaufgaben für die Jugend und die Frauen". Wir bitten diesen Wortlaut, wie er vom Bundes-Vorstand des Bayerischen Gewerkschafts-Bundes beantragt worden ist, zu übernehmen.

Den Antrag 7 bittet die Satzungskommission abzulehnen. Der Antrag 7, ebenfalls gestellt vom Bayerischen Gewerkschafts-Bund, sagt: „Einrichtung und Unterhaltung von wirtschafts- und sozialpolitischen sowie arbeitsrechtlichen Beratungsstellen". Der tiefere Sinn des Antrages ist von den Mitgliedern der Satzungskommission sehr wohl verstanden worden. Wir glauben aber, wenn man dieser Formulierung zustimmt, dann gibt es nicht eine Verbesserung, sondern eine Einengung des jetzigen Zustandes. Gerade in Bayern sind die Rechtsstellen sehr stark bei den Ortsausschüssen verankert und die Antragskommission vertritt die Auffassung, daß nicht nur arbeitsrechtliche Beratungsstellen dort sein sollen, sondern schlechthin Rechtsstellen zur Beratung auch in Angelegenheiten, die auf dem zivilen Sektor liegen. Hinzu kommt des weiteren, daß in der Arbeitsrechtspraxis mit dem Begriff „sozialpolitisch" die arbeitsrechtlichen Bestimmungen einbezogen sind.

Den Antrag 8, der die Abänderung des § 2 in Ziffer 2, Buchstabe l in „bindende Richtlinien" wünscht, bittet die Satzungskommission abzulehnen. Wir sind der Meinung, daß Richtlinien niemals bindend sein können, sondern Richtlinien werden gegeben, um nach unten und oben eine bestimmte Grenze zu setzen, innerhalb derer sich dann die Industriegewerkschaften als autonome Gruppen frei nach eigenen Entscheidungen bewegen können.

Auch hierzu liegen Anträge vor, die nachträglich eingegangen sind, und zwar ein Antrag, wonach im § 2 die Ziffer 2a lauten soll: „Vertretung gemeinsamer Forderungen der Gewerkschaften gegenüber den gesetzgebenden Körperschaften und Behörden." Auch hier ist die Satzungskommission der Auffassung, daß die Annahme dieser Formulierung eine Einengung bedeuten würde. Denn sie setzt voraus, daß es sich nur um gemeinsame Forderungen der Gewerkschaften handelt. Es ist aber sehr wohl denkbar, daß auch einzelne Gewerkschaften Forderungen vertreten, die gleichermaßen Berücksichtigung finden sollen. (S. Antr. Nr. 65.)

Ziffer 2 b, ebenfalls ein weiterer Antrag „Vertretung gemeinsamer Interessen in den Körperschaften und Organen usw.". Auch hier beantragen wir Ablehnung aus denselben Gründen, wie eben zum vorherigen Antrag gesagt. (S. Antr. Nr. 66.)

Zu Ziffer 2 e ist ebenfalls ein Abänderungsvorschlag eingelaufen, der lautet: „Förderung der Zusammenarbeit gleichgearteter Fach- und Berufsgruppen der angeschlossenen Gewerkschaften und Wahrnehmung derer gemeinsamen Interessen". In der ursprünglichen Fassung, vom Vorbereitenden Ausschuß ausgearbeitet, heißt es unter e: „Förderung der Zusammenarbeit gleichgearteter Fachgruppen der angeschlossenen Gewerkschaften". Wir bitten und beantragen, diese Formulierung unverändert beizubehalten. (Siehe Antr. Nr. 67.)

Zu Ziffer 2 f wird beantragt: „Einrichtung und Unterhaltung von wirtschafts-, sozialpolitischen und wissenschaftlich-technischen Forschungs- und Beratungsstellen". Ich bitte auch hier zu beachten, daß es unter f heißt: „Einrichtung und Unterhaltung von wirtschafts- und sozialpolitischen Beratungsstellen". Wir glauben, daß diese Formulierung weiter geht und zweckentsprechender ist. (S. Antr. Nr. 68.)

Zu Ziffer 2ih liegt ebenfalls ein Abänderungsantrag vor, und zwar soll er lauten: „Herausgabe eines Bundesorganes für Funktionäre, von Zeitschriften und einschlägiger Literatur". Hierzu habe ich nur kurz die Erklärung abzugeben, daß dieser Antrag bereits seine Erledigung gefunden hat durch das Presseprogramm, das den Delegierten bekannt ist, und auch durch die beabsichtigte Herausgabe der Funktionärzeitung „Die Quelle", ab 1. Januar 1950. Ich glaube, damit die Anträge zu § 2 hier erschöpfend behandelt zu haben. (S. Antr. Nr. 69.)

Ich wende mich dem § 3 der Vorlage zu. Zum § 3 sind Abänderungsanträge nicht gestellt. Die Antragskommission empfiehlt daher unveränderte Annahme, wie im Entwurf des Vorbereitenden Ausschusses vorgesehen.

Zu den §§ 4 und 5, in Verbindung damit die Anträge 9 bis 12 der gedruckten Vorlage als Ergänzungsanträge zum § 4. Ein weiterer Antrag: Ziffer 1 soll lauten: „Zur Erfüllung seiner Aufgaben haben die angeschlossenen Gewerkschaften vierteljährlich nachträglich an den Bund Beiträge zu zahlen. Die Höhe der Beiträge beträgt mindestens — Betrag ist offen gelassen — so und so viel pro Mitglied". (S. Antr. Nr. 70.)

Wir beantragen Ablehnung dieses Antrages. Er zielt darauf ab, an Stelle der festgesetzten Abführung von 15 Prozent des gesamten Beitragsaufkommens den Kopfbeitrag einzuführen. Ansonsten ist die Satzungskommission der Auffassung, daß die §§ 4 und 5 unmöglich zusammengekoppelt werden können. Die Beratungen im Vorbereitenden Ausschuß wie auch heute nacht in der Satzungskommission kann ich zusammenfassen, indem ich sage, daß eine äußerst gewissenhafte Überprüfung aller Unterlagen stattgefunden hat, und daß beide Gremien der Auffassung sind, dem Kongreß dringend zu empfehlen, irgendwelche Abänderungen in der festgesetzten Beitragshöhe und zum § 5 betreffend Solidaritätsfonds nicht vorzunehmen. Wir beantragen also unveränderte Annahme der Formulierung, wie sie vom Vorbereitenden Ausschuß im Entwurf festgelegt ist. Ich beschränke mich darauf, hier lediglich zur Information mitzuteilen, daß nur ein kleiner Teil des Beitragseinganges vom Bund aus für Verwaltungskosten ausgegeben wird. Der größere Teil des Beitragsaufkommens findet Verwendung für andere Zwecke, wie Schulung, Bildung, Wirtschaftsbeteiligungen usw.

Ich komme danach zu § 6. Hierzu liegt in der gedruckten Vorlage ein Antrag Nr. 13 vor, gestellt vom Freien Gewerkschaftsbund Hessen, der eine neue Fassung vorschlägt. Es soll ein neuer § 6 eingebaut werden, betreffend die Gewährung von Zusatzruhegeldern. Hier habe ich Auftrag, namens der Satzungskommission in aller Deutlichkeit herauszustellen, daß die Regelung der Unterstützungseinrichtungen ureigenste Angelegenheit der autonomen Industriegewerkschaften sein soll. Die Annahme dieses Antrags würde die Durchlöcherung dieses Prinzips bedeuten, weil hier gefordert wird, daß vom Bund aus ein Fonds für derartige Unterstützungen geschaffen werden soll. Die Satzungskommission empfiehlt daher Ablehnung dieses Antrages. Auch hierzu ein Zusatzantrag. § 6 soll darnach lauten: „Sonderbeiträge zur Deckung außerordentlicher Ausgaben des Bundes können vom Bundesausschuß nur mit Zweidrittelmehrheit beschlossen werden." Bei uns heißt es im Entwurf des Vorbereitenden Ausschusses ganz kurz: „Sonderbeiträge zur Deckung außerordentlicher Ausgaben des Bundes können vom Bundesausschuß beschlossen werden." Die Satzungskommission hält die letztere Formulierung für die richtigere und wünscht nicht eine Einengung durch Vorschrift der Zweidrittelmehrheit. Wir bitten also um unveränderte Annahme des § 6. (S. Antr. Nr. 71.)

§ 7. Dazu in der gedruckten Vorlage die Anträge Nr. 14 bis 16, gestellt von der Gewerkschaft Textil, Bekleidung, der Industriegewerkschaft Chemie, Papier, Keramik und vom Gewerkschaftsbund Württemberg-Baden. Die Satzungskommission ist durchdrungen von demselben Geist, den diese Anträge atmen. Auch die Mitglieder der Satzungskommission sehen es als erstrebenswertes Ziel an, eine möglichst große Einheitlichkeit im Unterstützungswesen herbeizuführen. Eine zwingende Festlegung in diesem Sinne kann die Satzungskommission hier den Delegierten jedoch nicht empfehlen aus dem ganz einfachen Grunde, weil die Strukturen der einzelnen Industriegewerkschaften grundverschieden sind und diese oder jene Industriegewerkschaft beispielsweise zur Invalidenunterstützung naturgegeben schon unterschiedlich eingestellt sein muß. Die Satzungskommission gibt durch mich allerdings dem Wunsche Ausdruck, daß die Industriegewerkschaften nach Bekanntwerden der Richtlinien sich an diese möglichst gebunden erachten mögen, um zu der bestmöglichen Einheitlichkeit zu kommen. Eine zwingende Festsetzung ist praktisch nicht durchführbar, wie wohl alle diejenigen Delegierten ohne längere Begründung von mir begreifen werden, die die Unterschiedlichkeit in der Struktur der einzelnen Industriegewerkschaften kennen.

Zum § 8 befindet sich in der gedruckten Vorlage kein Abänderungsantrag. In einem Antrag, der verspätet eingegangen ist, wird lediglich zu Ziffer 3 folgende Formulierung vorgeschlagen: „Die Gewerkschaften, die mit der Beitragszahlung schuldhafterweise im Rückstand sind, haben keine Delegationsrechte." In der Formulierung des Vorbereitenden Ausschusses § 8, Ziffer 3, zweiter Satz heißt es: „Gewerkschaften, die mit der Beitragszahlung im Rückstand sind, haben kein Delegationsrecht". Es handelt sich also um die Einbeziehung des Wortes „schuldhafterweise". Die Satzungskommission bittet, die alte Formulierung, wie vom Vorbereitenden Ausschuß ausgearbeitet, anzunehmen, weil ich von hier aus eine Erklärung abgebe, die für jeden Funktionär eine Selbstverständlichkeit ist: Kommt hier oder dort, nur als Beispiel angeführt, eine Industriegewerkschaft auf Grund größerer Ausgaben infolge Führung von Arbeitskämpfen mit der Beitragszahlung dem Bund gegenüber in Verzug, dann wird diese Gewerkschaft zweifellos um Stundung dieser Beiträge nachsuchen. Wenn um Stundung nachgesucht ist, gelten selbstverständlich solche Gewerkschaften nicht als mit ihrem Beitrag in Verzug oder Rückstand. Also hier bitten wir um unveränderte Annahme wie im Satzungsentwurf des Vorbereitenden Ausschusses vorgesehen. (S. Antr. Nr. 72.)

§ 9 regelt die Organe des Bundes. Hierzu in der gedruckten Beilage die Anträge 17 und 18, gestellt vom Bayerischen Gewerkschafts-Bund und vom Freien Gewerkschaftsbund Hessen. Kolleginnen und Kollegen! Über diese Frage ist eingehend, wenn auch leidenschaftslos, so doch heftig in der Satzungskommission gekämpft worden. Die Mehrheit in der Satzungskommission bittet auch hier um unveränderte Annahme, wie im Satzungsentwurf vorgesehen, das heißt die Organe des Bundes sind der Bundeskongreß, der Bundesvorstand, der Bundesausschuß, die Revisionskommission. Die Minderheit in der Satzungskommission wünschte eine Umstellung in der Rangfolge und zwar Bundeskongreß, dann Bundesausschuß, an dritter Stelle Bundesvorstand, dann Revisionskommission. Wir bitten im ersteren Sinne zu entscheiden und, ohne nähere Ausführungen dazu zu machen, sei von hier aus nur erwähnt, daß nach Auffassung der Mehrheit der Satzungskommission der Bundesvorstand vom Bundeskongreß gewählt wird und als solcher dem nächsten Bundeskongreß gegenüber die Verantwortung trägt. Es würde dem Bundesvorstand schwer sein, dieser selbstverständlichen Verpflichtung zu genügen, wenn ihm vorgesetzt wird der Bundesausschuß, der nicht auf dem Kongreß gewählt wird, sondern der sich bildet, wie wir in den weiteren Paragraphen gleich feststellen werden. Ich bitte also noch einmal inständigst, unverändert die Rangfolge aufzunehmen in die Satzung, wie vom Vorbereitenden Ausschuß nach eingehender Beratung es als richtig erkannt und festgelegt wurde.

Zum § 10, Bundeskongreß, befinden sich in der gedruckten Vorlage keine Abänderungsanträge. Nachfolgend jedoch einige, die ich zur Kenntnis geben muß, weil sie den Delegierten im Abzug nicht vorliegen. Danach wird beantragt, die Formulierung im § 10 Ziffer 4 — sie lautet jetzt im Entwurf des Vorbereitenden Ausschusses „Die Delegierten zum Bundeskongreß und ihre Stellvertreter werden von den angeschlossenen Gewerkschaften nach demokratischen Grundsätzen gewählt" — wie folgt zu fassen: „Die Delegierten zum Bundeskongreß und ihre Stellvertreter werden von den angeschlossenen Gewerkschaften nach demokratischen Grundsätzen gewählt, wobei die Fachgruppn der Angestellten und Beamten angemessen zu berücksichtigen sind." Wir beantragen Ablehnung dieses Zusatzantrages, weil wir — wiederum immer in Berücksichtigung des Hauptgedankens der autonomen Industriegewerkschaften — auf dem Standpunkt stehen, daß es ureigenste Angelegenheit der Industriegewerkschaften ist, Delegierte zu entsenden und sie von sich aus den Modus in der Satzung der Industriegewerkschaft festzulegen haben, nach welchen Prinzipien die Delegiertenwahlen durchgeführt werden sollen. Eine Verpflichtung in der Bundessatzung würde der autonomen Stellung der Industriegewerkschaften widersprechen. Darum beantragen wir hier die Ablehnung. (S. Antr. Nr. 73.)

In Ziffer 6 heißt es im Entwurf: „Der Bundeskongreß ist mindestens 12 Wochen vor seinem Beginn in der Bundeszeitung mit Tagesordnung auszuschreiben, bei außerordentlichen Bundeskongressen können die Fristen abgekürzt werden". Hier wünscht ein Zusatzantrag, daß die Veröffentlichung in der Funktionärzeitung und in den Gewerkschaftszeitungen mit der Tagesordnung auszuschreiben ist. Wir bitten auch hier, die klare Formulierung wie im Entwurf des Vorbereitenden Ausschusses beizubehalten, weil es doch wohl eine Selbstverständlichkeit ist, daß zweifellos auch die Organe der Industriegewerkschaften aus eigenem Interesse heraus eine derartige Veröffentlichung des Bundesorgans übernehmen. (S. Antr. Nr. 74.)

Dann noch zum selben Paragraphen ein Abänderungsantrag zur Ziffer 12, betreffend Wahl der Revisionskommission. Im Entwurf ist vorgesehen, daß die Wahl der Revisionskommission Angelegenheit des Bundesausschusses sein soll. Hier wird gefordert, daß die Revisionskommission auch vom Kongreß gewählt werden soll. Ich werde hoffentlich nicht mißverstanden, wenn ich zur Begründung oder Erhärtung der Entscheidung der Satzungskommission folgendes sage: Bei der Berufung der Revisionskommission ist zwingende Notwendigkeit, daß bewährte und anerkannte Fachkräfte, die die Materie vom kaufmännischen Gesichtspunkt aus beherrschen, in diese Kommission berufen werden. Ich glaube, keiner der Delegierten wird mir widersprechen, wenn ich die Ansicht der Satzungskommission dahin kund tue, daß die Auswahl solcher Fachkräfte besser und zweckmäßiger in einen kleineren Kreis verlagert wird, also in den Bundesausschuß, als daß die Wahl auf einem solch großen Kongreß wie wir ihn hier haben, vorgenommen wird. Wir bitten daher, auch diesen Zusatzantrag zum § 10 abzulehnen. (S. Antr. Nr. 75.)

§ 11. Der Bundesvorstand. Dieser Paragraph ist ebenfalls Gegenstand einer sehr langen Aussprache gewesen. Hier liegen Anträge vor in der gedruckten Vorlage unter Nr. 19 bis 25 und zusätzlich zwei Anträge als Nachtrag, wovon sich der erste befaßt mit der Zusammensetzung des Bundesvorstandes und gewünscht wird, daß er sich aus 29 Mitgliedern zusammensetzen soll, und zwar aus 1 ersten Vorsitzenden, 2 stellvertretenden Vorsitzenden, 9 hauptamtlich tätigen Vorstandsmitgliedern und 17 weiteren Vorstandsmitgliedern, die möglichst verschiedenen Gewerkschaften angehören sollen, wobei die Angestellten der Industrie-Fachgruppen angemessen zu berücksichtigen sind. (S. Antr. Nr. 76.)

Ich will den zweiten noch bekanntgeben. Dieser betrifft die Ziffer 7 des § 11, für die folgende Formulierung gewünscht wird: „Zum Abschluß von verbindlichen Geschäften und Verträgen des Bundes sowie zur Geltendmachung von Rechtsansprüchen ist die Unterschrift des Vorsitzenden oder eines stellvertretenden Vorsitzenden sowie die des für das Sachgebiet verantwortlichen Vorstandsmitgliedes erforderlich". Die Abweichung liegt in dem letzteren Teil des Satzes. In dem Entwurf des Vorbereitenden Ausschusses heißt es: „... oder eines stellvertretenden Vorsitzenden sowie eines weiteren hauptamtlichen Vorstandsmitgliedes erforderlich". Wir würden in der Annahme dieser Zusatzanträge eine Erschwerung in der Erledigung der Geschäfte sehen, weil sie die Erledigung bestimmter Aufgaben von der unbedingten Anwesenheit eines bestimmten Sachbearbeiters abhängig machen. Wir bitten aus diesem

Grunde um Ablehnung, und Annahme der Fassung, wie sie im Entwurf des Vorbereitenden Ausschusses festgelegt ist. (S. Antr. Nr. 77.)

Die Satzungskommission schlägt zum § 11 von sich aus vor, der Ziffer 1 folgenden Wortlaut zu geben: „Der Bundesvorstand besteht aus 1 Vorsitzenden, 2 stellvertretenden Vorsitzenden und 6 weiteren Vorstandsmitgliedern, die hauptamtlich tätig sind, sowie aus je 1 Vertreter der dem Bund angeschlossenen Gewerkschaften". Würde die Konferenz dieser Formulierung der Satzungskommission zustimmen, so hätten damit die Anträge 19 bis 22 ihre Erledigung gefunden, wobei ich zum Antrag 19 vom Bayerischen Gewerkschafts-Bund noch kurz einschalten will, daß er neun hauptamtlich tätige Vorstandsmitglieder fordert mit dem Zusatz „darunter ein Vertreter der Jugend und eine Vertreterin der Frauen". Daß auch die Mitglieder der Satzungskommission die zweckentsprechende Berücksichtigung der Jugend- und Frauenvertretung wünschen, ist unbestritten und bedarf keiner Betonung. Wir sind jedoch der Auffassung, daß es nicht tunlich ist, dieses in bestimmter Form in der Satzung festzulegen, weil hieraus andere Berufsgruppen die gleichen Ansprüche ableiten können. Der Satzungskommission und auch den hier anwesenden Delegierten ist bekannt, daß schon jetzt in unserer Gewerkschaftsbewegung Referate für Frauen und Jugend bestehen und sieht es als ganz selbstverständlich an, wenn deren ureigenste Belange in einer Vorstandssitzung zur Verhandlung stehen, daß sie dann vom Vorstand mit beratender Stimme zugezogen werden.

Den Antrag 23, gestellt vom Freien Gewerkschaftsbund Hessen, bittet die Satzungskommission anzunehmen, soweit Bezug genommen wird auf § 11, Ziffer 3. Wir empfehlen also Annahme und Einschiebung eines Nachsatzes, der festlegt: „Der Bundesvorsitzende oder seine Stellvertreter führen den Vorsitz im Bundesvorstand, im Bundesausschuß und auf dem Bundeskongreß". Wir wünschen Annahme dieser Formulierung, weil damit die Frage des Vorsitzes sowohl im Vorstand, im Ausschuß wie auf dem Kongreß satzungsgemäß verankert ist.

Der zweite Teil des Antrages vom Freien Gewerkschaftsbund Hessen hat seine Erledigung gefunden durch die von mir bereits vorgetragene Stellungnahme, des weiteren auch die Anträge 24 und 25, gestellt vom Gewerkschaftsbund Südwürttemberg-Hohenzollern und vom Hauptvorstand der Gewerkschaft Textil, Bekleidung, ebenso der Zusatzantrag, den ich vorhin bekanntgegeben habe, betreffend die Zusammensetzung des Bundesvorstandes bei zunächst geforderten 29 Mitgliedern. Auch dieser Antrag findet seine Erledigung, wenn man der Formulierung der Ziffer 1 des § 11, wie von der Satzungskommission in Vorschlag gebracht, zustimmt.

Zu Ziffer 6 des § 11 ist noch ein wesentlicher Punkt zu besprechen, und zwar heißt es dort im zweiten Satz des Entwurfs des Vorbereitenden Ausschusses: „Die Landesbezirksvorsitzenden können zu den Sitzungen mit beratender Stimme zugezogen werden." Hier liegen Anregungen vor, daß die Landesbezirksvorsitzenden grundsätzlich mit Sitz und Stimme oder auch in nur beratender Art an allen Vorstandssitzungen teilnehmen sollen. Die Mehrheit der Satzungskommission hat sich dagegen gewandt, das Wort „können" in „müssen" umzuwandeln. Die Mehrheit der Mitglieder der Satzungskommission ist nicht der Auffassung, daß die Landesbezirksvorsitzenden an allen Vorstandssitzungen teilnehmen müssen. Das würde zunächst eine Vergrößerung des Apparates bedeuten von jetzt 25 auf mindestens 32, wenn nicht 34. Denn, da es Landesbezirksvorsitzende heißt, kann die britische Zone nicht als ein Land gelten, sondern bestimmt sind es drei Länder, Nordrhein-Westfalen, Niedersachsen und Nordmark. Und nimmt man es ganz spitz, bestehen dort auch noch die selbständigen Länder Hamburg und Bremen.

Wir waren in der Satzungskommission auch der Meinung, daß es sehr wohl denkbar ist, daß der Geschäftsführende Bundesvorstand zu Sitzungen nur die Landesbezirksvorsitzenden einberuft, wenn Aufgaben zur Debatte stehen, die auf Länderebene liegen, so daß in diesem Falle die 16 Vertreter der Industriegewerkschaften zu diesen Vorstandssitzungen gar nicht geladen zu werden brauchen. Andernfalls aber ist es sehr wohl denkbar, daß der Vorstand in seiner Gesamtheit von 25 Mitgliedern zusammentritt und die Landesbezirksvorsitzenden nicht benötigt, weil Fragen, die auf Länderebene laufen, gar nicht zur Debatte stehen. So haben wir in der Satzungskommission nach einem Weg gesucht, der beiden Teilen gerecht wird und bitten den zweiten Satz in der Ziffer 6 wie folgt zu formulieren: „Die Landesbezirksvorsitzenden sind zu den Sitzungen des Bundesvorstandes mit beratender Stimme zuzuziehen, wenn Landesbezirksangelegenheiten zur Erörterung stehen." Wir bitten um Annahme dieser Formulierung der Satzungskommission und wir sind der Auffassung, daß dadurch ein Weg aufgezeigt ist, auf dem eine Verständigung auch zur Lösung dieses Problems gegeben ist.

Zum § 12 liegen in der gedruckten Vorlage die Anträge 26 und 27 vom Freien Gewerkschaftsbund Hessen und vom Bayerischen Gewerkschafts-Bund vor. Wir beantragen, im Entwurf des Vorbereitenden Ausschusses einleitend folgende kleine Abweichung zu übernehmen: „Der Bundesausschuß setzt sich zusammen aus je zwei Vorstandsmitgliedern der dem Bund angeschlossenen Gewerkschaften." Alles, was danach folgt („Gewerkschaften mit mehr als 300 000 usw." bis zum Schluß „Stellvertretung ist zulässig"), soll unverändert übernommen werden. Die einleitend gemachte Abänderung macht sich zwingend notwendig, weil ja der Bundesvorstand nunmehr 16 Gewerkschaftsvertreter in sich vereinigt. Aus diesem Grunde muß in Konsequenz in § 12 nunmehr gesagt werden: „... je zwei Vorstandsmitglieder...". Darum bitten wir, den Antrag 26 abzulehnen, den Antrag 27 des Bayerischen Gewerkschafts-Bundes jedoch dem Bundesvorstand als Material zu überweisen mit derselben Begründung wie bereits von mir erwähnt, daß bei Erörterung von Jugend- und Frauenfragen die besonderen Experten dieser Gruppen zuzuziehen sind.

Ein Zusatzantrag liegt noch zu § 12, Ziffer 1, vor, nach dem sich der Bundesausschuß zusammensetzen soll aus je einem Vorsitzenden und einem weiteren Vertreter der dem Bund angeschlossenen Gewerkschaften. Dieser Antrag hat bereits seine Erledigung gefunden, weil wir ja nunmehr festgelegt haben, daß die Industriegewerkschaften im Bundesvorstand vertreten sind, und zwar in vielen Fällen durch ihren Vorsitzenden. (S. Antr. Nr. 78.)

Ich komme damit zum § 13, zu dem in der gedruckten Vorlage ein Abänderungsantrag nicht vorliegt, jedoch wird, wie vorhin schon gesagt, in einem Zusatzantrag gefordert, daß zur Überwachung der Kassenführung auf dem Bundeskongreß eine mindestens aus drei Mitgliedern bestehende Revisionskommission gewählt werden soll. Wir beantragen Ablehnung mit dem Hinweis auf die von mir vorhin bereits gegebene Begründung. (S. Antr. Nr. 79.)

§ 14, Landesbezirke. Dazu die Anträge 28 bis 31 in der gedruckten Vorlage und einige weitere Anträge, die ich verlesen muß. § 14, Ziffer 3, soll demnach geändert werden wie folgt: „Der Landesbezirksvorstand besteht aus dem Landesbezirksvorsitzenden, den hauptamtlichen Vorstandsmitgliedern sowie weiteren Vorstandsmitgliedern, unter denen die kaufmännischen Industrieangestellten, Techniker und Werkmeister angemessen vertreten sein sollen." Die Satzungskommission bittet, diesen Zusatzantrag abzulehnen, nicht aus dem Grunde, weil wir gegen die Einbeziehung von Industrieangestellten, Technikern und Werkmeistern sind, sondern, wie vorhin schon gesagt, weil die Delegation Angelegenheit der einzelnen Industriegewerkschaften ist, die diese Wünsche nach Möglichkeit berücksichtigen sollen. Nicht möglich aber ist es, dies im Rahmen einer Satzung für den Bund verbindlich festzulegen. (S. Antr. Nr. 80.) Zu Ziffer 8 ist ebenfalls ein Abänderungsantrag eingelaufen. Sie soll lauten: „Der Landesbezirksausschuß hat den Landesbezirksvorstand bei der Durchführung seiner Aufgaben zu unterstützen". Im Entwurf des Vorbereitenden Ausschusses heißt es klarer: „Der Landesbezirksausschuß hat den Landesbezirksvorstand bei der Durchführung seiner Aufgaben zu unterstützen und eine aus drei Mitgliedern bestehende Revisionskommission zu wählen". Hier ist also festgelegt — die Wahl der Revisionskommission — was der Antragsteller ausgemerzt wissen möchte. (S. Antr. Nr. 81.)

Nun zu den gedruckten Anträgen zu § 14. Zunächst beantragen wir den Antrag 28 abzulehnen im ersten Teil, in dem zwingend gefordert wird: „Für den Bereich eines Landes wird ein Landesbezirk errichtet." In der Formulierung des Entwurfs heißt es: „In der Regel wird für den Bereich ... gebildet." Wir halten diese Formulierung für die glücklichere. Denn würde es zwingend vorgeschrieben, würden wir Landesbezirke errichten müssen, die wir jetzt nicht kennen und vielleicht auch in Zukunft mit Hinweis auf die Länder Hamburg und Bremen nicht wünschen.

Den zweiten Teil des Antrages 28 bitten wir ebenfalls abzulehnen, weil er die Bestätigung des Landesbezirksvorstandes durch den Bundesvorstand erforderlich machen will, wenn er nicht mit Zweidrittelmehrheit gewählt worden ist. Wir sind der Auffassung, daß die Bestätigung der gewählten Landesbezirksvorstände in allen Fällen durch den Bundesvorstand zu erfolgen hat.

Der Antrag 29 hat seine Erledigung gefunden durch den vorherigen Vorschlag, ihn als Material an den Bundesvorstand zu verweisen.

Der Antrag 30 des Bayerischen Gewerkschafts-Bundes muß angenommen werden, und zwar aus dem ganz einfachen Grunde, weil er die notwendige Korrektur bringt zu Ziffer 2 c des § 12, wo gesagt worden ist, daß der Bundesausschuß das Bestätigungsrecht hat und nicht der Bundesvorstand. Also bitten wir um Annahme des Antrags 30.

Den Antrag 31 zum § 14 bitten wir als Material dem Bundesvorstand zu überweisen, damit wir bis zur endgültigen Klärung, sagen wir der politischen Landesgrenzen im Westen oder Südwesten Deutschlands, die Möglichkeit haben, die besonderen Wünsche des Landes Baden und der anschließenden Länder zu berücksichtigen. Also Überweisung als Material an den Bundesvorstand.

Ich komme zum § 15 betreffend Kreis- und Ortsausschüsse. Hierzu die nötigen Anträge in der gedruckten Vorlage Nummer 32, 33 und 34. Dazu ein weiterer Nachtragsantrag folgenden Inhalts: „Der Vorstand des Kreis- und Ortsausschusses besteht aus dem geschäftsführenden Vorsitzenden sowie weiteren Vorstandsmitgliedern, unter denen die kaufmännischen Industrieangestellten, Techniker, Werkmeister angemessen vertreten sein sollen". Wir sehen hier die Wiederholung. Wenn ich hier auch die Bitte um Ablehnung ausspreche, so verweise ich auf die gleiche Begründung, die ich in diesen Fällen vorhin bereits gegeben habe. (S. Antr. Nr. 82.)

Den Antrag 32 bitten wir abzulehnen, wie bereits gesagt, weil auch hier die Zweidrittelmehrheit mit der Bestätigung verkoppelt wird.

Dagegen schlagen wir vor, die Anträge 33 und 34 als Material dem Bundesvorstand zu überweisen, um diesen in die Lage zu versetzen, die besonderen Wünsche von Bayern und Baden bezüglich der gemeinsamen Kassen- und Geschäftsführung zu berücksichtigen, wobei ich nicht unterlassen möchte, hier herauszustellen, daß auch im Vorbereitenden Ausschuß eingehend diese Frage behandelt worden ist. Sie ist verankert im § 15 unter Ziffer 8 des Satzungsentwurfes. Dort heißt es: „Auf Antrag einer Gewerkschaft kann der Bund für diese im Wege der Vereinbarung die Kassen- und Geschäftsführung ihrer Kreis- und Ortsverwaltungen ganz oder teilweise durch seine Kreis- und Ortsausschüsse übernehmen." Nur einen kurzen Nachsatz. Immer ausgehend von dem Gesichtspunkt, daß die autonomen Gewerkschaften und Industriegewerkschaften die Träger des künftigen neuen Bundes sind, soll diesen Industriegewerkschaften nicht eine Hemmung auferlegt werden, daß in diesem oder jenem Land in Abweichung vom Üblichen eine andere Kassen- und Geschäftsführung durchgeführt wird.

Zum § 19 keine Anträge in der gedruckten Vorlage, aber ein Zusatzantrag liegt vor. Dieser Zusatzantrag will folgenden Inhalt für § 19 festlegen: „Für die Führung von Arbeitskämpfen arbeitet der Bundesausschuß auf Vorschlag des Bundesvorstandes Richtlinien für Arbeitskämpfe aus." (S. Antr. Nr. 83.)

Ich wollte diesen Antrag nicht übergehen, aber die Antragsteller selbst werden sich inzwischen davon überzeugt haben, daß dieser Antrag überholt ist, weil die Delegierten bereits in ihrer Kongreßmappe die Vorschläge für Richtlinien usw. vorliegen haben.

Kolleginnen und Kollegen!

Ich habe versucht, in möglichst gedrängter Form ein Bild aufzurollen über die Stellungnahme der Satzungskommission zu den vorliegenden Anträgen. Es mag nicht uninteressant sein, wenn ich jetzt abschließend sage, daß die Vertreter der Industriegewerkschaften, die maßgeblich im Vorbereitenden Ausschuß an der Ausarbeitung dieses Satzungsentwurfes mitgewirkt haben, sehr zurückhaltend gewesen sind in der Stellung von Anträgen auf Abänderung des Satzungsentwurfes. Von den insgesamt 35 Anträgen, die wir nunmehr hier besprochen haben, sind nicht weniger als 25 gestellt von den Gewerkschaftsbünden, die ja nun verschwinden und aufgehen im neuen Deutschen Gewerkschaftsbund. Ein Antrag wurde gestellt vom Gewerkschaftsrat und 9 Anträge von Industriegewerkschaften.

Lassen Sie mich abschließend sagen: In der Satzungskommission haben wir uns bemüht, das Wort zu verwirklichen, das, wenn ich nicht irre, gestern von dieser Stelle aus Ministerpräsident Arnold gesagt hat: Wenn wir hier auf diesem Kongreß einen Deutschen Gewerkschaftsbund schaffen für das Gebiet der Bundesrepublik Deutschland, dann muß in diesem Augenblick das Denken in Zonen und Ländern aufhören.

Und so richte ich von hier aus abschließend den dringenden Appell an die Vielzahl der Delegierten aus den Gewerkschaften, sich im Hinblick auf dieses große Ziel des Zusammenschlusses zu einer einheitlichen deutschen Gewerkschaftsbewegung bei den notwendigen Entscheidungen von diesem Wort leiten zu lassen. Ich glaube sagen zu können, daß die Satzungskommission sich bemüht hat, aus dem Widerstreit der Meinungen den Weg zu zeigen, der auf diesem Kongreß zu einer Verständigung führen sollte. Künftigen Kongressen muß es dann vorbehalten bleiben, auf Grund der gemachten Erfahrungen zweckentsprechende Abänderungen vorzunehmen. Eine Satzung ist niemals etwas Vollendetes, sondern sie wächst mit dem Wirken und den Zwecken der Gewerkschaften.

Zur Geschäftsordnung:

Markus **Schleicher,** Stuttgart, Gewerkschaftsbund Württemberg-Baden:

Werte Kolleginnen und Kollegen!

Sie haben vom Berichterstatter gehört, daß zum § 3 des Satzungsentwurfs keinerlei Anträge gestellt worden sind. Das würde bedeuten, daß die Anträge zur Angestelltenfrage zunächst nicht unter dem eigentlichen Tagesordnungspunkt und später überhaupt nicht mehr behandelt werden können. Ich beantrage deshalb, alle Anträge zur Angestelltenfrage, also die Anträge 36 bis 38, mit zur Beratung zu stellen und zunächst den Antragsteller oder die Antragskommission zu bitten, auch ihre Stellungnahme hier bekanntzugeben.

(Gegen den Antrag ergriff niemand das Wort. Der Antrag wurde genügend unterstützt.

Der Kongreß lehnte jedoch den Antrag des Kollegen Schleicher mit 227 gegen 180 Stimmen ab.)

Wilhelm **Petersen**, Hamburg, Industriegewerkschaft Metall:

Kolleginnen und Kollegen!

Ich möchte zur Vereinfachung der umfangreichen Arbeit, die wir bei der Satzungsberatung zu erledigen haben, folgenden Geschäftsordnungsantrag stellen: Eine Generaldiskussion wird nur über die §§ 1, 9 und 11 geführt.

Die anderen Paragraphen und die dazu gestellten Abänderungsanträge sind in der Einzelberatung zu behandeln. Ich stelle diesen Antrag, weil sonst zu befürchten ist, daß alle Fragen und alle Anträge durcheinander behandelt werden. Das, was zu den §§ 1, 9 und 11 zu sagen und zu entscheiden ist, sind sogenannte grundsätzliche Angelegenheiten, die ich besonders zu behandeln bitte. Ich glaube, wir können dadurch unsere Arbeit sehr vereinfachen. Ich bitte, diesen meinen Antrag nicht nur zu unterstützen, sondern ihn auch anzunehmen.

Walter **Freitag**, Mülheim, Industriegewerkschaft Metall:

Kolleginnen und Kollegen!

Leider sehe ich mich genötigt, mich gegen die Ausführungen meines Kollegen Petersen zu wenden. Es ist ein Ding der Unmöglichkeit, daß wir die Generaldebatte abbrechen und bereits in Einzeldebatten eintreten können. Ich bitte Sie dringend, es zunächst bei der Generalaussprache über den Satzungsentwurf zu belassen. Wir kommen dann nachträglich zu Einzelberatungen der anderen Paragraphen; anders ist nicht zu verfahren. *(Beifallsrufe.)*

(Der Antrag des Kollegen Petersen wurde nicht genügend unterstützt.)

(Walter Freitag wendete sich im Namen des Kongreßbüros gegen die in einigen Münchener Zeitungen festgestellte unsachliche Berichterstattung über Einzelheiten des Kongresses und ermahnt die Presse, gegenüber der neuen deutschen Gewerkschaftsbewegung den ihr gebührenden Anstand zu wahren.)

DER VORSITZENDE:

Wir fahren nun in der Diskussion fort. Ich möchte aber besonders nochmal auf eins aufmerksam machen: der erste Diskussionsredner — ich mußte ihn leider rügen — hat meiner Auffassung nach nicht zur Sache gesprochen. Ich verweise deshalb noch einmal ausdrücklich auf Ziffer 9 der vorliegenden und von Ihnen angenommenen Geschäftsordnung.

Dort heißt es: Spricht ein Redner nicht zur Sache, so hat der Vorsitzende ihn zur Sache zu rufen. Nach zweimaliger vergeblicher Mahnung des Vorsitzenden ist dem Redner das Wort zu entziehen.

Ich bitte also die nachfolgenden Redner, sich daran zu halten und damit der Kongreßleitung ihre Aufgabe zu erleichtern.

Karl **Hauser**, Kronberg/Taunus, Industriegewerkschaft Metall:

Meine verehrten Kollegen Delegierten!

Jeder Delegierte des Gründungskongresses, der nicht so denkt wie ich, denkt falsch! *(Heiterkeit.)* Das hat zwar der Kollege Reuter gestern bei seiner Berichterstattung nicht gesagt. Aber er hat nach meiner Meinung so gedacht, als er den außerordentlich guten Antrag des Kollegen Mößner, Stuttgart, zu Ziffer 6 der Geschäftsordnung in einer geradezu klassischen Begründung abgelehnt hat.

Wenn geschäftsordnungsmäßig die Redezeit auf 10 Minuten beschränkt wird, dann ist es natürlich besser, mit einer Art Punktwertungssystem auszukommen, wie das Kollege Reuter mit dem großen und kleinen Format der „Welt der Arbeit" praktisch vorgeführt hat.

Liebe Freunde! Ich stehe auf dem Standpunkt, man sollte gerade in einer solchen Beratung, in der wichtigste Satzungsbestimmungen zur Abstimmung vorliegen, doch eingehend über die einzelnen Dinge diskutieren können. Das kann man auf Grund der Fülle des Vortragsmaterials des Kollegen Reuter in 10 Minuten schlecht tun. Und unsere „Ablehnungskommission" — ich meine Satzungskommission — hat uns ja nun erklärt, was sie von den Anträgen annimmt und ablehnt. Ich muß feststellen, daß die meisten Anträge zur Satzung abgelehnt worden sind. Ich will im einzelnen jetzt nicht darauf eingehen, weil es nach meiner Meinung nicht zweckmäßig wäre, alle Ablehnungsgründe der Satzungskommission hier noch einmal zu erörtern.

Ich möchte nur auf einen besonderen Fall zu sprechen kommen, den Kollege Reuter im Zusammenhang mit § 3 eingehend erörtert hat: Das ist die Angestelltenfrage. Wir als Techniker haben größtes Interesse, daß hier Klarheit geschaffen wird. Ich spreche nicht zum Antrag 36 des Gewerkschaftsbundes Württemberg-Baden, sondern zu § 3 des Satzungsentwurfs.

Da muß festgestellt werden, daß unter den 13,5 Millionen Arbeitnehmern unserer Bundesrepublik 3,3 Millionen Angestellte und Beamte sind. Davon sind in den hier vertretenen Gewerkschaften auf Grund des vorliegenden Materials rund 0,8 Millionen organisiert. Über 2 Millionen Angestellte und Beamte stehen mithin außerhalb der Gewerkschaftsbewegung. Das ist ein bedauerliches Symptom, sowohl für die Außenseiter als auch für uns Gewerkschafter.

Noch betrüblicher ist, daß selbst gewerkschaftlich organisierte Kollegen sich nicht zusammenfinden können. Diese Trennung muß ja dazu führen, daß erhebliche Teile der Angestellten und Beamten noch immer abseits stehen. Deshalb ist erfreulich, daß unser verehrter Kollege Reuter dieses Problem in seinem Bericht noch einmal angeschnitten hat. Was allerdings 4 Jahre lang in der Angestelltenfrage falsch gemacht oder versäumt worden ist, läßt sich in 10 Minuten nicht erörtern. Wenn wir die Ausführungen unseres Kollegen Reuter noch einmal überprüfen, so müssen wir feststellen: es genügt nicht, wenn er das Problem in dem Leitartikel der „Welt der Arbeit" lediglich aufzeigt.

Der Kongreß muß deshalb einen Ausweg suchen. Wir sollten uns als Gewerkschafter hüten, die sog. Bohrwürmer der Metaphysik zu sein, sondern uns real zu den Dingen stellen.

Feststeht, daß die Frankfurter CDU-Zeitung z. B. geschrieben hat: „Der in Stuttgart-Cannstatt erfolgte Zusammenschluß der Angestellten-Gewerkschaften der britisch-amerikanischen Zonen zur Deutschen Angestellten-Gewerkschaft ist eine unmißverständliche Absage an das Prinzip der Industriegewerkschaften und damit die Angelegenheit aller Werktätigen." Im September hat die DAG-Leitung erklärt, daß das Problem der Organisation für sie von der Tagesordnung gestrichen ist. Damit gab die DAG-Leitung klar zu erkennen, daß sie nicht daran denkt, mit uns noch einmal in eine Debatte einzutreten, und ich kann mir deshalb nicht vorstellen, daß die DAG zu uns kommt und sagt: „Gewährt mir die Bitte, ich sei in eurem Bunde der Siebzehnte!" (Heiterkeit!)

Immerhin muß gesagt werden, daß die Mehrheit der DAG-Mitglieder und vornehmlich die Kollegen, die aus den früheren demokratischen Angestelltenverbänden stammen, mit denen uns enge

Freundschaftsbeziehungen verknüpfen, mit ernster Sorge, zugleich aber auch mit großen Hoffnungen auf unseren Bundeskongreß blicken. Die meisten von ihnen sind nicht aus ideologischen Gründen zur DAG gestoßen. Zweifellos hatten sie dabei das Beste im Auge, sie haben aber die Konsequenzen ihrer Einstellung nicht übersehen.

Nebenbei muß in diesem Zusammenhang gesagt werden, daß es zur Gründung von selbständigen Angestelltenverbänden kaum gekommen wäre, wenn 1945/46 bei den Industriegewerkschaften der Gedanke der Wiedergutmachung auch gegenüber den 1933 gemaßregelten Angestelltengewerkschaftssekretären Eingang gefunden hätte. Ob diese selbstverständliche Kameradschaftspflicht nur aus Versehen oder aus „pro domo"-Gründen unterblieben ist, wollen wir heute nicht untersuchen.

Jedenfalls steht es fest, daß wir diese selbständigen Angestelltenverbände nicht nachträglich durch Beschlüsse und Entschließungen einfach aus der Welt schaffen können. Sie sind eine reale Tatsache, mit der wir uns abfinden müssen. Hinzu kommt, daß die Heidelberger Entschließung, wie wir aus den Anträgen 36—38 ersehen, noch nicht von allen Industriegewerkschaftern anerkannt wird. Deshalb muß ich noch dazu sagen, daß es verfehlt wäre und dem Ansehen unserer Gewerkschaften nicht zuträglich sein würde, wenn wir hier auf die unzähligen gewerkschaftlichen Verstöße der DAG, die zum Teil recht aggressiver Natur sind, eingehen würden. Ebensowenig können wir aber die mimosenhafte Haltung einiger Industriegewerkschafter begrüßen.

Was wir verlangen müssen, ist die klare Einstellung gegenüber dem Angestellten- und Beamtenproblem. Wir wissen, liebe Kollegen, daß dies sehr dringlich ist, denn der versuchte Einbruch der DAG in die Industriegewerkschaften muß nach unserer Auffassung aufgehalten werden. Das können wir nur, wenn wir uns einmal auf einen mittleren Standpunkt stellen. Das Mitbestimmungsrecht der Beamten und Angestellten innerhalb der Industriegewerkschaften ist ein Problem für sich. Wir haben hier vorhin von der Satzungskommission verschiedene Ablehnungsvorschläge gehört. Aber ich stehe auf dem Standpunkt, in Angestellten- und Beamtenfragen sollten eigentlich die Angestellten und Beamten in erster Linie selbst mitwirken.

Das trifft insbesondere für die vorliegenden Richtlinien für die Angestelltenarbeit zu, die uns der Kollege Reuter als Berichterstatter hier vorlegen mußte. Ich muß offen sagen, eine solche Dilettantenarbeit habe ich für unmöglich gehalten. Wir Techniker lehnen diese Richtlinien ab, und ich bitte die Delegierten, diesen Richtlinien nicht zuzustimmen, sondern sie als Material dem Bundesvorstand zu unterbreiten.

(Der Vorsitzende wies auf den Ablauf der Redezeit hin.)

Zum Schluß möchte ich kurz folgendes vorschlagen: Wir haben ein Interesse daran, daß wir mit der DAG nochmal in ein Gespräch kommen, denn die Spaltung unter der Angestelltenschaft darf nicht weiter fortgehen. Ich schlage deshalb vor, daß Sie heute beschließen oder den Bundesvorstand beauftragen mögen, daß zur Klärung der Angestelltenfrage ein Koordinierungsausschuß mit einer bestimmten Anzahl von Mitgliedern aus den Reihen der Angestelltenvertreter gebildet wird. Wir wünschen, daß wir als Berufskollegen mit Berufskollegen verhandeln. In den Ausschuß sollen in erster Linie Kollegen früherer Angestelltengewerkschaften berufen werden. Dann können wir an die DAG herantreten und sie bitten, mit uns eine Aussprache zu führen.

Meine lieben Freunde! Wir haben dann die Möglichkeit, mit den DAG-Kollegen mal ernsthaft als Berufskollegen zu reden. Deshalb bitte ich Sie, diesem Antrag zuzustimmen; denn das ist dringend notwendig. Die Stimmung in den Betrieben ist so, daß mit der DAG eine Übereinkunft gefunden werden soll, wobei wir als Angestellte in den Industriegewerkschaften genau wissen, um was es geht. Wir üben absolut Solidarität mit der Arbeiterschaft. Wir wissen, daß unsere Bestrebungen mit der Arbeiterschaft gemeinsam verfolgt werden müssen. Infolgedessen müssen wir die DAG zu unserer Auffassung bewegen, und das ist nur möglich, wenn wir mit den Kollegen dort verhandeln und nicht mit einzelnen Führern.

DER VORSITZENDE:

Ehe ich die Diskussion fortsetze, bitte ich, eine Mitteilung der Mandatsprüfungskommission zur Kenntnis zu nehmen. Sie hat vorhin durch ihren Berichterstatter bekanntgegeben, daß die Mandate 66 und 77 ungeklärt seien. In der Zwischenzeit ist nun die Angelegenheit aufgeklärt und erledigt worden, so daß also auch diese beiden Kollegen als vollwertige Delegierte zu betrachten sind.

Ich erteile nunmehr das Wort dem Kollegen Bleicher, Stuttgart. Ihm folgt der Kollege Ginhold, München, vom BGB.

Willi **Bleicher,** Stuttgart, Industriegewerkschaft Metall:

Kollegen und Kolleginnen!

Gestern hatten wir und erlebten wir miteinander einen gewerkschaftlichen Feiertag, heute, vor wenigen Minuten, erlebten wir in der Erklärung des Kollegen Freitag einen gewerkschaftlichen Werktag. Unser ganzes Wirken besteht im wesentlichen aus solchen Werktagen, d. h. immer wieder müssen wir uns mit dem Großen auseinandersetzen, — sich klar werden über die Aufgaben, die sich aus den jeweiligen Situationen für uns als Gewerkschafter ergeben.

Als ich mir gestern so die Begrüßungsansprachen anhörte, ja, da drängte sich mir der Eindruck auf, als wären die Dinge bei uns innerhalb der Gewerkschaften über das Grundsätzliche entschieden. Kollegen, ich glaube, darüber müßte man und sollte man mehr diskutieren, als das bisher der Fall gewesen ist.

Ich nehme den § 1: „Name des zu gründenden Gewerkschaftsbundes für die Bundesrepublik Deutschland". Mit dieser Formulierung haben wir den politisch-staatsrechtlichen Zustand, der da geschaffen wurde, ohne unseren Willen anerkannt. Damit haben wir die Spaltung unserer Nation anerkannt und haben sie übertragen — so wie ich die Dinge sehe — auf die Gewerkschaften. Ich hätte es gern gesehen, wenn man hier diese Frage offengelassen hätte, indem man formuliert hätte: „Dieser neugeschaffene Gewerkschaftsbund der Bundesrepublik Deutschland ist ein Teil des noch zu schaffenden und von uns so sehnlichst herbeigewünschten gesamtdeutschen Gewerkschaftsbundes."

Nicht anders, Kolleginnen und Kollegen, steht auch die im Zusammenhang mit dem Weltgewerkschaftsbund stehende Frage. Was in dieser Angelegenheit gegangen und geschehen ist, vermag man in 10 Minuten Redezeit nicht darzutun. Allein eines ist Tatsache: es war vor Jahren eine Organisationsform, die, wenn man selbst mit ihrem Inhalt nicht einverstanden gewesen ist, doch jedem von uns die Verpflichtung auferlegt hätte, mitzuringen in dieser Organisation. Stattdessen ist man dazu übergegangen, eine neue Organisation zu gründen, und gestern wurde die Frage bereits angeschnitten, diesem neuen Gewerkschaftsbund der demokratischen Länder oder der freien demokratischen Gewerkschaften beizutreten, ohne daß wir um den Inhalt desselben wissen. Es ist wahr, der Weltgewerkschaftsbund ist in einer Situation entstanden, die im wesentlichen diktiert war von der Niederringung des Faschismus, jenes Faschismus, der die brutalste Herrschaftsform eben des Kapitalismus war.

Damals aber stand die AFofL außerhalb dieses Weltgewerkschaftsbundes. Mich stimmt nur die Tatsache mißtrauisch, daß es gerade die AFofL ist, die alles tat und tut, um diesen neuen Gewerkschaftsbund ins Leben zu rufen.

Ich möchte nicht, daß wir uns festlegen, weil jede Festlegung in dieser Richtung eine Festlegung der Besatzungsmächte ist. Man hat gestern angespielt auf das, was sich drüben in der Ostzone auf jenem Gebiet abspielt. Jawohl, Kolleginnen und Kollegen, jeder von uns macht Vorbehalte nach dieser oder jener Richtung gegenüber dem Neuen, was dort existiert. Aber eines ist Tatsache, und das vermag niemand zu bestreiten, dort drüben sind bereits einige gewerkschaftliche Grundsätze verankert.

(Unruhe im Forum. Der Vorsitzende ermahnte den Redner, zur Sache zu sprechen.)

Ich bin der Meinung, daß einer dieser gewerkschaftlichen Grundsätze die Entmachtung derer ist, die uns immer wieder in Not und Elend geführt haben. Drüben ist ferner eine Reihe weiterer Grundsätze durchgeführt worden. Ich glaube, ganz gleich wo wir stehen, wir wären glücklich, wenn sie auch bei uns durchgeführt worden wären. Ich wünsche, Kollegen, daß wir diese Fragen erst nach reiflichem Überlegen entscheiden sollten, nach reiflicher Diskussion durch die gesamten Mitglieder, und daß wir diese Entscheidung durch Befragung derselben herbeiführen sollten. Die sauberste und einwandfreieste Befragung in den Gewerkschaften ist die Urabstimmung.

(Der Vorsitzende wies auf Ablauf der Redezeit hin.)

Deshalb, Kolleginnen und Kollegen, sage ich, wenn wir hier zusammengekommen sind, dann sollen wir uns alle miteinander bewußt werden, was die Aufgabe des neuen Deutschen Gewerkschaftsbundes ist, und eine der wesentlichsten und vornehmsten Aufgaben ist die Erhaltung der Einheit der Gewerkschaften bei uns im Westen und darüber hinaus die Schaffung der gewerkschaftlichen und damit auch der politischen Einheit für unser ganzes Vaterland. Dies gilt nicht nur für Deutschland, sondern im internationalen Maßstab. Wenn wir diese Einheit geschaffen haben, dann wollen wir in diesen Organisationen ringen um die beste Methode und um den wirksamsten Weg zur Wahrung der Interessen aller Schaffenden in Deutschland und in der Welt.

Willi **Ginhold,** München, Bayerischer Gewerkschafts-Bund:

Werte Kolleginnen und Kollegen!

Wir hörten von den vielen Meinungsverschiedenheiten, aber letzten Endes ist doch ein Satzungsentwurf entstanden. Ich glaube, wir dürfen hier für diese sehr umfangreiche Arbeit unsere Anerkennung aussprechen den Mitgliedern des Vorbereitenden Ausschusses für den Gründungskongreß, des Gewerkschaftsrats und auch den Mitgliedern des Organisationssekretariats.

Die jungen Gewerkschaftsmitglieder haben den heutigen Tag heiß herbeigesehnt, an dem nun endlich ein Deutscher Gewerkschaftsbund gegründet werden soll. Denn wir haben gefunden, daß es hohe Zeit ist, den zentralen Arbeitgeberorganisationen einen Partner gegenüberzustellen und der Aktivität der Kreise der Industrie, des Handels und des Handwerks auch etwas Gleichwertiges entgegenzusetzen. Diese Klarheit ist notwendig für die Behandlung der Probleme, z. B. der Lehrlingslöhne und vor allen Dingen der Erziehung der arbeitenden Jugend, des weiteren der Urlaubsregelung und der Beseitigung der Berufsnot der Jugend usw.

Wenn wir den § 2 der Satzung betrachten, dann wird eindeutig zum Ausdruck gebracht, daß eine wirkungsvolle Einheit geschaffen werden soll, und es sind etwa 20 Programmpunkte, die zum Aufgabengebiet des Deutschen Gewerkschaftsbundes gehören. Wir sind der Auffassung, daß hierzu auch eine starke wirkungsvolle Verwaltung erforderlich ist, und deshalb sollte es bezüglich des § 11 der gedruckten Vorlage bei der dort festgelegten Anzahl der hauptamtlichen Vorstandsmitglieder bleiben.

Ein Wort zu den Argumenten der Satzungskommission bezüglich der Vertretung der Jugend. Die Jugend ist keine Sondergruppe, sondern man muß diese Forderung aus der besonderen Aufgabenstellung gewerkschaftlicher Jugendarbeit heraus verstehen. Hierüber muß auch einmal Klarheit geschaffen werden, und ich möchte die Anregung geben, daß sich die Hauptvorstände der Industriegewerkschaften und alle Verwaltungsorgane bis herunter zu den Orts- und Kreisausschüssen eingehend mit den Jugendproblemen beschäftigen.

Der Kongreß sollte auch die Notwendigkeiten und die Wichtigkeit gleicher Beitrags- und Unterstützungssätze erkennen und entsprechende Beschlüsse fassen. Vor allen Dingen ist eine Solidaritätspflicht gegenüber den kleinen Gewerkschaften erforderlich.

Noch eins, was sich mit unserer Meinung und der der jungen Gewerkschaftsmitglieder deckt: In der breiten Öffentlichkeit sind die Gewerkschaften ein Begriff. Die Gewerkschaften werden als ein Ganzes betrachtet.

Nun noch ein Wort zur Vorlage für die Jugendarbeit. Wir vertreten die Auffassung, daß wir einen Schritt weitergehen müssen. Denn die Salzgitter-Richtlinien für die Jugendarbeit in der britischen Zone und die im süddeutschen Raum bestehenden Richtlinien gehen weit über das hinaus, was in der Vorlage zur gewerkschaftlichen Jugendarbeit gefordert wird. Es müßte ein Beschluß gefaßt werden, der dringend die Bildung von Bundesjugend- und Bundesfrauenausschüssen vorsieht, und zwar in Ergänzung zur Druckvorlage.

Heute ist es etwa eine halbe Million junger Menschen, die durch Mitgliedschaft in unserer Organisation und durch aktive Mitarbeit unter Beweis gestellt haben, daß sie an die fortschrittliche, gesellschaftliche Kraft der Gewerkschaftsbewegung Anschluß gefunden haben. Das ist ein sehr erfreuliches Zeichen. Unsere Bewegung ist nach 1945 außerordentlich schnell gewachsen, und ich frage, ob wir bereits den ausreichend qualifizierten Funktionärskörper haben, der notwendig ist. Die Lösung des Nachwuchsproblems ist mit eines der wichtigsten Probleme der Gewerkschaften. Sehen wir doch einmal in diesen Kreis der Delegierten! Wir haben aus dem Bericht der Mandatsprüfungskommission gehört, daß der älteste 78, der jüngste 27 Jahre alt ist. Es sind leider nur 15 Kollegen bis zu 35 Lebensjahren unter uns. Das Durchschnittsalter liegt etwa bei 55 Jahren. Damit will ich ganz besonders unterstreichen, daß die Lösung des Nachwuchsproblems in unserem Gesamtinteresse liegt.

Es ist auch kein Geheimnis, daß es den politischen Parteien bisher nicht gelungen ist, die Jugend zu gewinnen. Ohne Zweifel aber steht ein großer Teil der schaffenden Jugend auf dem Standpunkt, daß eine starke Gewerkschaftsbewegung am ehesten die Grundlage bilden könnte für eine neue und bessere Staatsordnung der Zukunft. Besonders durch ihre parteipolitische Neutralität bietet sich der Gewerkschaftsbewegung eine sehr große Chance. Diese Chance muß genutzt werden. Wenn die Jugend fühlt, daß die führenden älteren Kollegen verständnisvolle Hilfe leisten, dann dürfen wir überzeugt sein, daß sie restlos für uns zu gewinnen ist.

Ich möchte deshalb die herzliche Bitte an die Delegierten richten, die Anträge und Forderungen bezüglich der Vertretung der Jugend zu unterstützen. Die Jugend selbst kann hier nicht entscheiden, aber die Delegierten tragen für die Zukunft der deutschen Gewerkschaftsbewegung eine große Verantwortung.

Karl **Mößner,** Stuttgart, Industriegewerkschaft Metall:

Werte Kolleginnen und Kollegen!

Ich möchte mich ausschließlich mit dem § 2 unseres Satzungsentwurfs beschäftigen. Ich bin der Meinung, daß unsere ganze Arbeit von dem Ziel abhängig ist, das wir uns in unserer Satzung setzen. Die Arbeiterschaft erwartet von der Konzeption, die wir heute vornehmen, Großes. Ich bin der Meinung, die formale Einheit, die wir heute schaffen werden, ist außerordentlich wichtig.

Aber wir dürfen dabei nicht vergessen, daß das Wichtigste ist, die Einheit der Arbeiterklasse herzustellen, d. h. die Mehrzahl aller arbeitenden Schichten in unsere Reihen zu führen. Unser Einfluß ist sowohl abhängig von der Initiative wie vom Klassenbewußtsein der Arbeiterschaft. Auch unsere parteipolitische Neutralität kann uns nicht hindern, gegenüber dem Staat und der Gesellschaft eine klare Stellung einzunehmen. Ich bin der Auffassung, diese klare Stellungnahme kann nur die sein, daß wir in unserem § 2 als Ziel und Aufgabe des Bundes den Sozialismus voransetzen.

Durch zwei Weltkriege und durch das, was darauf folgte — Inflation, Währungsumstellung usw. —, sind mindestens 90 Prozent des deutschen Volkes enteignet worden. Die Arbeiterschaft wird uns verstehen, wenn wir uns als Ziel setzen, daß die Nutznießer dieses Krieges, eben die restlichen 10 Prozent, zum Nutzen der Allgemeinheit enteignet werden. Deshalb müßte im § 2 stehen, daß wir uns für den Sozialismus einsetzen.

Stattdessen haben wir als politische Forderung im Grunde genommen nur den Kampf für die Sicherung und den Ausbau der demokratischen Rechte und der Freiheit des Volkes aufgestellt. Dazu möchte ich sagen, je weniger die einfachsten Lebensbedürfnisse befriedigt werden, als da sind Nahrung, Kleidung, Wohnung, um so mehr redet man von Demokratie und Freiheit. Das ist das einzige, was man uns seit 1945 in den Westzonen in Hülle und Fülle gegeben hat. Aber, Kollegen, man läßt dabei den Arbeiter in völliger Unkenntnis über die wirklichen Dinge seines Daseins. Ich bin der Meinung, daß der Begriff Freiheit in der kapitalistischen Gesellschaftsordnung eben nur für den wirtschaftlich Starken Bedeutung hat.

(Der Vorsitzende mahnte den Redner zur Sache zu sprechen.)

Ich möchte zu dem vorgelegten Satzungsentwurf folgendes erklären:

Entgegen der Erwartung breiter Mitgliederkreise lehnt es die Mehrheit des Gründungskongresses ab, in den Bundessatzungen die notwendigen Sicherungen festzulegen, die die Gefahr eines noch-maligen Scheiterns der deutschen Gewerkschaftsbewegung abwen-den können. 1933 konnte — wie der Hauptvorstand der Gewerk-schaft Textil, Bekleidung in seinem vorliegenden Antrag 48 ganz richtig sagt — die Arbeiterbewegung weggefegt werden, weil sie „... ihre innersten Ideale nicht ernst genug gepflegt hat".

Lehnt es die Mehrheit des Gründungskongresses angesichts des Wiedererstarkens der schwärzesten Reaktion heute ab, sich in den Satzungen zu dem alten Ideal der Erkämpfung der sozialistischen Gesellschaftsordnung und zu der einzig erfolgversprechenden Politik des proletarischen Klassenkampfes zu bekennen, und legt sie sich umgekehrt auch heute wieder für denselben verhängnisvollen Weg der Zusammenarbeit, d. h. der Arbeitsgemeinschaft mit den Unter-nehmern fest, der nachweisbar von 1918 bis 1933 zur Vernichtung der Gewerkschaften und zur Aufrichtung der schrankenlosen Unter-nehmerdiktatur geführt hat, dann bleibt jedem verantwortungs-vollen Delegierten die Pflicht, gegen den vorliegenden Satzungsent-wurf zu stimmen.

Max **Ehrhardt,** Stuttgart, Gewerkschaftsbund Württemberg-Baden.

Gewerkschaftskolleginnen und -kollegen!

Obgleich eine Diskussion über den Antrag 36 nicht gewünscht wird, möchte ich mir doch gestatten, ein paar Bemerkungen zu dem zu machen, was unwidersprochen Kollege Hauser hier dargelegt hat.

Ich habe natürlich nicht die Absicht, das Organisationsproblem der Angestellten hier zur Diskussion zu stellen. Das würde er-fordern, diese Diskussion unter ganz anderen Bedingungen zu führen. Aber ich möchte dem Kollegen Hauser meinen persönlichen Dank aussprechen für die Art und Weise, wie er dieses Problem hier angesprochen hat. Denn ich war gestern abend tief erschüttert, als es anläßlich der Bemerkung des Berichterstatters, Kollegen Reuter, daß die DAG nicht aufgenommen werden kann, eine Anzahl von Delegierten gab, die Beifall klatschten. *(Zustimmung.)*

Ich bin der Meinung, daß es erschütternd ist, wenn es bis zu diesem Augenblick noch nicht gelungen ist, eine völlige gewerk-schaftliche Einheit herbeizuführen. Ich anerkenne die bisherigen Bemühungen. Ich weiß um die Schwere der Probleme. Aber ich bitte Sie, überzeugt zu sein, daß auch in unseren Reihen der leiden-schaftliche Wunsch besteht, mit der Arbeiterschaft gemeinsam in einem Bunde heimatberechtigt zu sein. Es kann gar keinem Zweifel unterliegen, daß die großen sozialen und wirtschaftspolitischen Probleme unserer Zeit von Hand- und Kopfarbeitern gemeinsam gemeistert werden müssen.

Deshalb glaube ich, es müßte möglich sein, trotz Heidelberg doch noch zu versuchen, eine Verständigung zu erreichen. Insofern stimme ich mit dem Kollegen Hauser überein, und ich möchte auch meinem Freund Hauser von hier aus sagen: Hätten wir vor drei Jahren bereits die Möglichkeit gehabt, in einer solchen Form zu diskutieren, wie er es heute angeregt hat, vielleicht wären wir einige Schritte weiter.

Liebe Gewerkschaftsfreunde! Wir sind uns darin einig, daß wir bezüglich weltanschaulicher Fragen Toleranz und Respekt dem Andersdenkenden erweisen wollen. Keiner wünscht die Rückkehr der Richtungsgewerkschaften, aber jeder denkende Gewerkschafter weiß, was in dieser Problematik liegt. Wenn wir die gesellschaftlichen Aufgaben unserer Zeit betrachten, soll man dann nur wegen einer Organisationsfrage, die eine Zweckmäßigkeitsfrage ist, nicht diese Toleranz, nicht diesen Respekt Andersdenkenden gegenüber, in Erscheinung treten lassen? Wollen wir eine Zweckmäßigkeitsfrage zu einem Dogma machen? Ich glaube, wir sollten uns im Interesse der gewerkschaftlichen Einheit darüber klar sein: Organisationsfragen müssen sich organisch entwickeln, und wir müssen uns gegenseitig überzeugen.

Ich bin nicht der Meinung, daß das auch von mir vertretene Organisationsprinzip auch das Prinzip für alle Arbeiter sein muß. Aber ich rechne mit den Realitäten der Gegenwart. Ich bin der Überzeugung, die Angestelltengewerkschaften, die bisher den Bünden angehörten, haben unter Beweis gestellt, daß sie durchaus in einer klaren gewerkschaftspolitischen Haltung und mit einer inneren Leidenschaft gemeinsam mit den Kameraden der Arbeiterschaft alle Probleme unserer Zeit gelöst haben.

Wir wollen doch nicht nur in den Betrieben Kameraden sein, weil wir zu einem gemeinsamen Wirken miteinander verbunden sind, sondern wir wollen auch in den Betrieben gemeinsame Kameraden sein in der Wahrnehmung unserer sozialen und wirtschaftspolitischen Interessen! Wir wollen nichts unversucht lassen, uns dafür einzusetzen, daß den Dingen, die gegenwärtig unglücklich verlaufen, eine Form gegeben wird, die die Sicherheit bietet, daß die gewerkschaftliche Einheit zwischen Arbeitern und Angestellten herbeigeführt wird.

Selbstverständlich muß man sich darüber klar sein, daß man dann nicht den Standpunkt vertreten kann, eine Verständigung sei nur möglich, wenn die eine Seite total akzeptiert, was die andere Seite will. Es entspricht nicht den Grundsätzen gewerkschaftlicher Demokratie, einen solchen Standpunkt herauszustellen. Wenn man das berücksichtigt, dann sollte es auch möglich sein zu verwirklichen, was Kollege Böckler gesagt hat: Wir alle, ganz gleich wo wir stehen und was wir tun, sollen in dem neuen Deutschen Gewerkschaftsbund gemeinsam heimatberechtigt sein. *(Starker Beifall.)*

Paul **Übel**, Nürnberg, Gewerkschaft Bau, Steine, Erden:

Kollegen und Kolleginnen!

Eine der wichtigsten Angelegenheiten für die Industriegewerkschaften ist die Finanzkraft des Gewerkschaftsbundes.

Liebe Freunde, Kollege Reuter hat uns bereits auf dem Auflösungskongreß des Bayerischen Gewerkschafts-Bundes und auch gestern erklärt, daß der Gewerkschaftsbund 15 Prozent des Beitragsaufkommens benötige, um die ihm gestellten Aufgaben zu erfüllen. Nun, Kolleginnen und Kollegen, 15 Prozent von 5 Millionen Mitgliedsbeiträgen ergeben im Jahr die ansehnliche Summe von etwa 18 Millionen Mark. Ich bin der festen Überzeugung, daß diese 18 Millionen Mark reichen müßten, um die Aufgaben des Bundes zu erledigen.

Der § 5 sagt nun, die Gewerkschaften werden verpflichtet, je Vierteljahr je Mitglied weitere 15 Pf. an den Bund abzugeben, um einen Solidaritätsfonds zu schaffen. Ich bin der festen Überzeugung, es wäre Aufgabe der 487 Delegierten, hier zu sagen: die 15 Prozent müssen genügen, um daraus auch noch den Solidaritätsfonds zu bilden.

Der § 19, der in keiner Art und Weise besprochen worden ist, legt den Industriegewerkschaften nun die Richtlinien für die Führung von Arbeitskämpfen vor. Wenn der Berichterstatter der Satzungskommission erklärt hat, daß es nicht anginge, in § 2 das Wort „bindend" einzusetzen, dann bin ich der Überzeugung, daß aus dem § 19 das Wort „bindend" erst recht gestrichen werden muß. Habt ihr euch schon einmal überlegt: der Bund sagt, 10 Millionen Mark werden als Solidaritätsfonds gesammelt, und dann können jene Industriegewerkschaften, die einen Kampf aufnehmen, von uns unterstützt werden. Die Folgerungen daraus sind dann, daß der Bund mitbestimmend bis zur letzten Entscheidung sein wird. Ich glaube, die Industriegewerkschaften sind doch Manns genug, um ihre Kämpfe selbst zu führen. Ich bin überzeugt, daß der Bund, der solch große Aufgaben zu erledigen hat, sich für die Kämpfe der einzelnen Gewerkschaften nicht zu interessieren hat. *(Ablehnung.)*

Kollegen, ihr lacht! Es gibt ja auch Gewerkschaften, die an einem wirtschaftlichen Kampf nicht allzu großes Interesse haben. Wenn das Wort „bindend" in diesem § 19 bleibt, besteht Gefahr, daß man eben dann vom Bundesvorstand aus sagen wird: der Kampf kann geführt werden oder nicht.

Nun noch ein kurzes Wort zur Frage unserer Jugend und unserer Frauen. Ich glaube, wenn wir den Antrag des Bayerischen Gewerkschafts-Bundes ablehnen, erweisen wir unserer Jugend und unseren Frauen einen schlechten Dienst. *(Stürmischer Beifall!)* Dann werden die Frauen und die Jugendlichen, die noch abseits stehen, eines Tages sagen: nicht einmal das Recht hat man ihnen gegeben, im Bundesvorstand mit Sitz und Stimme vertreten zu sein. Ist es denn eine Gefahr, daß im Bundesvorstand den Frauen und der Jugend Sitz und Stimme gegeben wird? Ich glaube nicht! Ich bin überzeugt, psychologisch wird sich diese Angelegenheit auf unsere gesamte Gewerkschaftsbewegung auswirken.

Im übrigen muß von den 15 Prozent für den Bund der Solidaritätsfonds geschaffen, muß die Streichung des Wortes „bindend" in § 19 vorgenommen werden und müssen Jugend und Frauen das Mitbestimmungsrecht im Bundesvorstand haben.

Markus **Schleicher**, Stuttgart, Gewerkschaftsbund Württemberg-Baden:

Werte Kolleginnen und Kollegen!

Ich möchte mich mit dem Antrag 21 des Gewerkschaftsbundes Württemberg-Baden beschäftigen, der eine andere Zusammensetzung des Bundesvorstandes wünscht, als sie der Vorbereitende Ausschuß vorgeschlagen hat. Ich freue mich konstatieren zu können, daß der Vorbereitende Ausschuß inzwischen seine Meinung über seine eigenen ersten Vorschläge zum großen Teil geändert hat, so daß nicht mehr die große Spannung zwischen unserer Auffassung und der Auffassung des Vorbereitenden Ausschusses besteht.

Wir gehen einig mit dem Vorbereitenden Ausschuß, daß man den Bundesvorstand nicht allzu groß machen soll, und wir gehen einig mit ihm in dem Problem, den Bundesvorstand nicht aus lauter Ressortleitern zusammenzustellen. Das würde zu einer Sekretärpolitik führen, die wir bisher gehabt haben, und die sich als sehr schädlich erwiesen hat. Ich freue mich, daß in der Zwischenzeit auch seitens des Bundes und des Vorbereitenden Ausschusses diese unsere Gedankengänge zum Durchbruch gekommen sind und man sich damit begnügen will, den Geschäftsführenden Bundesvorstand nur aus neun Personen zusammenzusetzen. Wir haben auch nichts dagegen, daß die Gewerkschaften mit ihrem Vorsitzenden künftig im Bundesvorstand wirken sollen.

Die Differenz, die noch zwischen unserer Auffassung und der Auffassung des Vorbereitenden Ausschusses besteht, ist lediglich in der Frage, ob man einen Bundesvorstand zusammensetzen soll, in dem die eigentlichen Träger der Bundesarbeit auf der Landesebene vollkommen ausgeschlossen werden. Gestatten Sie mir ein Wort dazu, weil gesagt worden ist, es liegen grundsätzliche Erwägungen vor, daß die Träger der Arbeit auf der Landesebene nicht im Bundesvorstand Sitz und Stimme haben sollen. Ich kann einen solchen Grundsatz nicht anerkennen, sondern die Zusammensetzung des Bundesvorstandes ist für mich eine Zweckmäßigkeitsfrage.

Es scheint doch so zu sein, daß die Gewerkschaften nur im Rahmen der gegebenen wirtschaftlichen und politischen Verhältnisse gebildet werden können. Wir haben noch nicht den Versuch gemacht, über diesen Rahmen hinaus praktische Gewerkschaftsarbeit zu leisten. Wir können das auch nicht. Also muß die Gewerkschaftsbewegung sich immer den gegebenen wirtschaftlichen und politischen Verhältnissen anpassen. Und diese Verhältnisse sind heute nicht zentralistisch, wie wir das gern haben möchten, sondern sie sind föderativ.

Nun verstehe ich nicht, warum man sagt, daß die Menschen, die praktisch die Bundesarbeit in den Ländern erledigen müssen, ohne engsten Kontakt und ohne engste Zusammenarbeit mit den Sekretären im Bundesvorstand sein sollen. Ich halte diese Regelung praktisch deswegen für unmöglich, weil ja der § 14 der Bundessatzung den Landesbezirksvorsitzenden die ganz gleichen Aufgaben zur selbständigen Erledigung überweist, wie sie im Reichsmaßstab die zentrale Instanz, nämlich der Bundesvorstand, hat. Das steht so geschrieben.

In der Zwischenzeit hat man in den letzten Wochen versucht, die Dinge so auszulegen, als ob die Tätigkeit der künftigen Landesbezirksvorstände auch auf den Gebieten, die sie gesetzgeberisch selbständig erledigen sollen, nur nach den Vorschlägen des zentralen Bundesvorstandes erledigt werden könnte. Darin liegt ein großer Denkfehler.

Ich habe kein Interesse, unbedingt nochmals in der Zentralleitung einer Organisation tätig zu sein. Wenn ich irgendwie Geschmack daran finden würde, die Aufgabe eines Landesbezirksvorsitzenden so aufzufassen, daß er nur auf Weisung von oben das Land gewerkschaftlich leiten sollte, dann würde ich mich gerade nach solchem Posten drängen! Wir haben doch die Beweise! Da blieben noch schöne Aufgaben, die sich solche Landesleitungen stellen können . . . und dürfen!

Aber so liegen ja die Dinge nicht, sondern die Arbeit einer Landesleitung ist so groß und schwierig, daß keine verantwortliche Landesleitung sie erledigen kann, ohne den ständigen Kontakt und das ständige Beschlußrecht im Bundesvorstand zu haben. Wir haben doch als Landesleiter die Aufgabe, praktisch die großen Tagesfragen auf allen Gebieten der Arbeitsverwaltung zu erledigen. Nicht der zentrale Bundesvorstand sitzt in den Landesarbeitsämtern, um die verantwortliche Gewerkschaftspolitik zu machen, sondern das ist der Landesleiter, und er kann nicht allein ohne ständige Fühlungnahme und ohne ständige Zusammenarbeit mit der Zentrale diese ungeheuer großen Aufgaben erledigen. Andererseits kommen die Menschen, die oben die Versicherungen, die Sozialfürsorge usw. leiten, nicht an die praktischen Aufgaben heran, sondern die Träger der Landesversicherungsanstalten sind die Landesleitungen. So könnte ich Ihnen auf allen Gebieten der praktischen Tagesarbeit beweisen, daß es unter allen Umständen notwendig ist, daß die Landesleitung Sitz und Stimme im Bundesvorstand haben muß.

Man sagt uns, wir seien nachgeordnete Organe des Bundesvorstandes. Ich glaube nicht, daß die Dinge so liegen können, sondern ich glaube, die Landesleiter sind Vertreter des Bundesvorstandes in ihrem Lande, und die Arbeit der Landesleitung ist ganz bestimmt so wichtig wie die Arbeit der Leitung oben in der Zentrale.

(Der Vorsitzende wies auf den Ablauf der Redezeit hin.)

Gestatten Sie mir, nochmals darauf hinzuweisen, daß wir vor dem Kongreß einige Denkfehler gemacht haben. Wir haben allzu grundsätzlich gearbeitet. Wir haben uns festgelegt, nördlich und südlich, haben erlebt, daß Konferenzen stattgefunden haben, und daß die Menschen, die dort die Mehrheit hatten, die Demokratie „mit dem Holzhammer" machen wollten. Ich glaube aus den dargelegten Gründen das berechtigt ablehnen zu dürfen. Ich weiß, haben die Mehrheit. Wir werden uns auch dieser Mehrheit fügen. Aber wir werden auch als Minderheit weiter arbeiten an einem vernünftigen Zusammenwachsen unseres Gewerkschaftsbundes. Wir werden in unserer Arbeit nicht nachlassen. Ich glaube, wir sind in einem Jahr so weit, daß man im Bundesvorstand froh sein wird, wenn wir als Landesleiter zu ihm kommen. Aus all diesen Gründen bitte ich: tun Sie etwas mehr als bisher üblich, um dann die Vermittlung und den Ausgleich in allen strittigen Fragen zu finden. Demokratie, die nur einige Stimmen Mehrheit sucht, ist so großklotzig, daß ich sie nur als „Demokratie mit dem Holzhammer" bezeichnen möchte, die wir nicht anwenden dürfen.

Everhard **Esser,** Hannover, Industriegewerkschaft Chemie, Papier, Keramik:

Kolleginnen und Kollegen!

Das Fundament jeder gewerkschaftlichen Organisation ist die Satzung, und innerhalb dieses Fundamentes gibt es bestimmte Bausteine von besonderer Bedeutung. Als einen dieser Bausteine möchte ich den § 3 ansehen, und zwar § 3, Ziffer 2. Was steht hinter dem lapidaren Satz? Er besagt, daß es in dem von uns zu bildenden neuen deutschen Gewerkschaftsbund konkurrierende Gewerkschaften nicht geben darf. Eigentlich müßte dieser Grundsatz für den Gewerkschafter eine Selbstverständlichkeit sein, und wir sehen trotz seiner Einfachheit, daß der Versuch gemacht wird, in das Ihnen vorgelegte Organisationsbild einen Mißton hineinzubringen.

Die 16 Gewerkschaften, die als Mitglieder vorgesehen sind, sind alle beschränkt auf ein bestimmtes Organisationsgebiet. Wenn hier gesprochen wird, daß die Angestellten in diesem oder jenem Umfange nicht berücksichtigt werden, so möchte ich einmal hier feststellen, daß man jeweils nur von einem Teil der Angestellten reden kann. Denn die große Mehrzahl der Angestellten — fast eine Million organisierter Angestellter — ist bereits heute an dem Platz, wo sie gewerkschaftlich, wirtschaftlich und sozialpolitisch arbeiten können: in den Industriegewerkschaften.

Welche Möglichkeiten zur Entfaltung bestehen nun für die Angestellten in Industriegewerkschaften? Ich will von meiner eigenen reden, von der Industriegewerkschaft Chemie, Papier, Keramik. Dort haben wir Minderheitsrechte, die uns garantieren, daß wir in allen Gremien unsere Vertreter haben. Wir haben durch unsere Fachgruppen die Möglichkeit, alle Dinge, die wirtschaftlich von Bedeutung für den einzelnen sind, wahrzunehmen. Wir haben praktisch in unserer Organisation alles das, was eine Angestelltengewerkschaft eigener Prägung nur irgendwie geben kann. Ich sage dies bewußt als Vertreter von 37 000 Angestellten in der Industriegewerkschaft Chemie, Papier, Keramik. Was haben wir darüber hinaus? Wir haben die Möglichkeit, und zwar in einem fast unvorstellbaren Maßstab, unsere Industriezweige von der wirtschaftspolitischen und sozialpolitischen Seite maßgeblich zu beeinflussen.

Wenn ich dies feststelle, dann nur, um dem Gedankengang, der immer wieder vorgebracht wird, entgegenzutreten, als wenn die Angestellten nicht genügend berücksichtigt würden oder in irgendeinem Teil ihres Arbeitens für die Gewerkschaftsbewegung von einem anderen Teil der Arbeitnehmerschaft majorisiert würden. Dieser Unterton war auch in den Ausführungen des Kollegen Ehrhardt zu hören, und ich möchte Ihnen sagen: wir Angestellten in der Industriegewerkschaft sind froh, daß wir fortschrittliches Denken bereits in einem weitgehenden Umfang in die Tat umsetzen konnten, und wir wehren uns gegen jeden Versuch, die Einheit, die wir mit der Arbeiterschaft verwirklichen konnten, durch irgendwelche organisatorischen Manipulationen wieder einschränken zu lassen. *(Bravo-Rufe.)*

Ich weiß, daß vieles, was wir machen, noch in mancher Beziehung in den Kinderschuhen steckt. Ich weiß, daß wir zum Teil belastet sind mit Vorstellungen der Vergangenheit, und ich weiß, daß von manchen Seiten der gute Wille für eine wirkliche Zusammenarbeit zum Teil noch geschaffen werden muß.

Die organisatorischen Voraussetzungen in den vorliegenden Satzungen sind gegeben. Die Richtlinien, die ebenfalls vorliegen, sind nach meiner Ansicht in der jetzigen Form noch nicht genügend, und ich mache daher einen praktischen Vorschlag: der in den Richtlinien vorgesehene Bundesangestelltenausschuß soll beauftragt werden, in Zusammenarbeit mit dem Bundesausschuß nähere Einzelheiten für die sogenannte Angestelltenarbeit auszuarbeiten und diesem zur Genehmigung vorzulegen. Dabei soll einmal von dem Gesichtspunkt ausgegangen werden, daß jeder einzelne, auch der Angestellte, in der Organisationsform das finden soll, was er einmal gehabt hat, zum anderen immer unter der Zielsetzung, daß nichts geschaffen wird, was an der so sehr herbeigesehnten und jetzt zum großen Teil vollzogenen Einheit der Arbeitnehmerschaft irgend etwas abschwächen könnte.

Heinrich **Sträter**, Dortmund, Industriegewerkschaft Metall:

Geehrte Gewerkschaftskolleginnen und Kollegen!

Ich will mich mit zwei Fragen der Satzung beschäftigen, die meiner Meinung nach den Wert des neu hier zu schaffenden Bundes ausmachen, und zwar erstens die Frage der Beiträge, zweitens die Frage des Sitzes.

Als gestern von dieser Stelle aus einige Worte der Anerkennung für die Gewerkschaftskollegen ausgesprochen wurden, die 1945 vorbehaltlos an die Bildung neuer Gewerkschaften gingen, wurde vielen Kongreßmitgliedern wieder das Gefühl jener Tage vermittelt. Ich habe das Empfinden, daß man heute allzu leicht bemüht ist, diese Gefühlseinstellung von damals mindestens abzuschwächen.

Wir haben uns damals gesagt, eine neue Gewerkschaftsbewegung muß sich in manchen Punkten von denen früherer Gewerkschaften unterscheiden. Einer der markantesten Punkte war, daß wir in der Zeit vor 1933 immer allzusehr von den materiellen Dingen des Tages gesprochen haben und dabei vergaßen, daß es ein Hauptaufgabengebiet gewerkschaftlichen Wirkens ist, für einen möglichst langen Friedenszustand in unserem Lande und in der Welt Sorge zu tragen. Dadurch sind wir zweimal von Trägern wirtschaftlicher Macht überrannt worden.

Es hat heute gar keinen Sinn, von Forderungen materieller Art zu reden, wenn wir eins bei unseren Überlegungen übersehen, nämlich eine Gewerkschaftsbewegung zu schaffen, die auf ihrem Programm die wirtschaftliche Gleichberechtigung und das Mitbestimmungsrecht stehen hat. Wenn wir das wollen, dann muß nach meinem Dafürhalten überlegt werden, ob der Sitz des heute zu schaffenden Gewerkschaftsbundes fernab vom Orte der Auseinandersetzung gelegt werden soll, etwa nach Frankfurt oder sonstwo, oder ob es nicht zweckmäßig ist, den Sitz an den Ort der Entscheidungen zu legen, damit er möglichst nahe am Schauplatz der Kämpfe sein wird. Täuschen Sie sich nicht, gelingt uns diese unsere Aufgabe nicht — und sie kann nicht auf morgen oder übermorgen vertagt werden, sie muß heute am Tage gelöst werden —, dann nützt die Lösung aller anderen Probleme nichts, auch wenn noch soviel Tarifverträge geschlossen und Wohnungen aufgebaut werden.

Aus diesen Erwägungen heraus auch einige Bemerkungen zu den Beiträgen. Nach meinem persönlichen Dafürhalten bin ich nicht davon überzeugt, daß der Beitragssatz von 15 Prozent für einen von mir gedachten Gewerkschaftsbund ausreicht. Wenn ich trotzdem diese Bedenken zurückstelle, dann lediglich aus dem Grunde, um überhaupt zu erreichen, daß wir zu dieser Gründung kommen. Ich habe aus einigen Reden heute vermerkt, daß man zwar davon spricht, das Denken in Zonen, in Städten oder in sonstigen Gemarkungen müsse überwunden werden, daß es aber meistens anders aussieht.

Wenn ein Gewerkschaftsbund wiederum — ich gebrauche hier den Ausdruck — „Stiefelputzer" der einzelnen Industriegewerkschaften werden soll, wie wir es vor 1933 erlebt haben, dann haben wir aus der Vergangenheit wiederum nichts gelernt. *(Zustimmung.)*

Wir werden es den nächsten Jahren überlassen müssen, ob unsere Meinung richtig ist oder diejenige, die heute die 15 Prozent für zu hoch erklärt. Wenn wir unser Problem in der Wirtschaft nicht nur mit dem Mund, sondern mit der Tat lösen wollen, dann brauchen wir dazu ganz andere Einrichtungen als etwa solche früherer Art — dann kosten diese Einrichtungen ungeheure Summen Geld. Dann möchte ich nicht gern, daß der Bund, der vor dieser Aufgabe steht, bei jeder Gelegenheit als Bettler zu den Industriegewerkschaften gehen müßte und in der Erfüllung seiner Aufgaben gelähmt wäre.

Ich bitte deshalb, daß die Dinge in der kommenden Zeit von diesem Gesichtspunkt aus gesehen werden. Wir haben ein wirtschaftliches Institut notwendig, Wir haben andere Einrichtungen notwedig, die, wie ich schon betonte, ungeheuere Aufgaben haben und ungeheuere Finanzmittel erfordern. So gesehen, verehrte Delegierte, glaube ich, werden wir auch manche sonstige Frage anders sehen müssen, wie dies heute hier geschehen ist.

Auch wäre es interessant, zu erfahren, was sich die Kollegen, die etwa an Frankfurt denken, vorgestellt haben. Ich muß sagen, wir von der Industriegewerkschaft Metall sind eigentlich, wenn wir den Namen Frankfurt hören, etwas betrübt, weil wir schon einmal gehört haben, daß in Frankfurt alles fertig sei, und wir nur einzuziehen brauchten. Wir mußten aber erleben, daß noch einige 100 000 Mark investiert werden mußten, und man heute noch nicht fertig ist. Wir sollten die Beitragsmittel so ausgeben, daß wir es vor den Mitgliedern verantworten können. In Düsseldorf steht ein gewerkschaftseigenes Bürogebäude. In Köln bestehen Einrichtungen des Bundes, so daß wir bei unseren Überlegungen ohne wesentliche Neuausgaben veranschlagen können. Ich bitte von dieser Seite aus einmal das Problem zu überlegen und die Entscheidung danach zu fällen. *(Starker Beifall.)*

Ludwig **Müller,** Hannover, Industriegewerkschaft Chemie, Papier, Keramik:

Kolleginnen und Kollegen!

Der Berichterstatter der Satzungskommission, Kollege Fette, hat in sehr sachlicher Weise die Stellungnahme der Mitglieder der Satzungskommission zu den einzelnen Änderungsanträgen zur Satzung bekanntgegeben. So sehr ich die sachliche Art anerkenne, so notwendig halte ich es doch, auszusprechen, daß in einigen Punkten die erforderliche Stellungnahme der Satzungskommission zu einzelnen Paragraphen des Satzungsentwurfs nicht erfolgt ist. Ich begrenze meine Ausführungen auf die Punkte, mit denen ich nicht einiggehen kann, soweit diese Stellungnahme unter Beschlußfassung der Satzungskommissionsmitglieder erfolgt ist.

Kollege Fette sagt z. B., daß zu dem § 1 innerhalb der Kommission keine Entscheidung gefällt worden ist. Die Mitglieder sollen selbst entscheiden. Kollegen, mir kommt es so vor, als wenn man auch in den maßgebenden Instanzen wie die Katze um den heißen Brei herumgeht, und deshalb mache ich den Versuch, diesen Punkt ungeachtet des Berichts der Satzungskommission, die es vorzog, keine Stellungsnahme folgen zu lassen, anzusprechen.

Kollegen, wir müssen uns darüber klar sein, daß das Gesicht und der Inhalt unserer neuen Organisation, des einheitlichen Gewerkschaftsbundes, geformt werden sollen.

Wenn wir das klar sehen und erkennen, dann müssen wir wissen, was das Primäre und was das Sekundäre ist. Ich betrachte den Sitz des Bundes nicht als das Primäre, sondern als das Sekundäre. Und darum haben wir unsere Stellungnahme nach meiner Auffassung klar und entscheidend in bezug auf die Streitfrage über den Sitz des Bundes einzunehmen.

Dabei vertrete ich die Auffassung, daß wir erst einmal den arbeitenden Funktionskörper der Bundesinstanzen, die wir bisher in den einzelnen Bünden gehabt haben, zugrunde legen. Auf der anderen Seite haben wir auch darauf zu achten, ob wir bei einer eventuellen Sitzverlegung des Bundes Kosten ersparen. Es kann sich nach meiner Auffassung bei einer solchen Entscheidung nur um einen vorläufigen Sitz des Bundes handeln, weil auch der endgültige Sitz der Bundesregierung noch nicht entschieden ist. Soviel zu § 1.

Dann möchte ich noch Stellung nehmen zu den §§ 6 und 7, wie sie von dem Berichterstatter der Satzungskommission angesprochen und behandelt worden sind. Der Kollege Fette sagte, daß es ureigene Angelegenheit der Industriegewerkschaften sei, die Regelung der Unterstützungseinrichtungen vorzunehmen, Ziel müsse aber sein, möglichst einheitliche Unterstützungssätze herbeizuführen. Hierzu habe ich zu erklären, daß ich diese Stellungnahme nicht für klar ansehe, sondern für höchst unklar. Wenn wir das Wort „möglichst" hineinbringen, dann wissen wir auf Grund von Erfahrungen, daß Abweichungen Tür und Tor geöffnet sind, und das sogenannte Wettrennen wieder über die Art und Höhe der einzelnen Unterstützungssätze beginnt. Gerade das wollen wir vermeiden. Wir wollen uns gemeinsam für das Ziel einsetzen, daß dieser Streit der Vergangenheit in der Zukunft innerhalb der Gewerkschaftsbewegung endgültig verschwindet.

Als Begründung hat Kollege Fette angegeben: einmal sind es Richtlinien, und Richtlinien können niemals verbindlich sein. Mir ist diese Argumentierung, die scheinbar vom juristischen Standpunkt aus erfolgt ist, nicht durchschlagend. Weiter sagt er dazu: es dürfen keine Bindungen entstehen, weil die Struktur bei den einzelnen Gewerkschaften verschieden ist. Ich kann eine Struktur der Art und Höhe der Unterstützungssätze nicht erkennen, und ich bestreite, daß hier die Struktur der einzelnen Gewerkschaften bei der Begründung einer solchen Stellungnahme in den Vordergrund gerückt werden muß.

Zu § 11 hat die Satzungskommission eine Änderung des Satzungsentwurfs vorgeschlagen, soweit die weiteren Vorstandsmitglieder in Betracht kommen, und zwar eine Änderung von neun aufs sechs Vorstandsmitglieder. Ich muß feststellen, daß eine Begründung nicht vorgenommen worden ist. Welche Gründe sind also innerhalb der Satzungskommission maßgebend? Ich nehme natürlich von vornherein an, daß nur sachliche Gründe maßgebend gewesen sind. Wenn das der Fall ist, dann kann und muß der Berichterstatter die Begründung dazu geben. Wir müssen uns darüber klarwerden, daß für die einzelnen Ressorts die neuen Vorstandsmitglieder unbedingt als Verantwortliche erforderlich sind.

Karl **Ultsch,** Nürnberg, Industriegewerkschaft Metall:

Kolleginnen und Kollegen!

Es ist leider in 10 Minuten Redezeit nur möglich, im Telegrammstil zu sprechen, und ich weiß nicht, ob ich von der Mehrheit der Delegierten verstanden werde, wie ich es möchte, weil ich mitten aus dem Betrieb zu euch komme, während ich den Eindruck habe, daß die Mehrzahl der hier anwesenden Delegierten nicht daher kommen. Leider hat die Mandatsprüfungskommission hierüber keine Auskunft gegeben. *(Heiterkeit!)*

Ich möchte zu § 3 folgendes sagen: Es sind verschiedene Fehler gemacht worden, die früher oder später zur Gründung der DAG führen mußten. Man hat nach meiner Auffassung jetzt vielleicht jede Brücke der Verbindung mit der DAG abgebrochen.

Ich bin der Auffassung, daß es nur eine Arbeiter-, Angestellten- und Beamtenschaft in Deutschland gibt, und daß man diese miteinander für die großen Ziele einzusetzen hat. Es muß ein Weg gefunden werden, diese Hunderttausende in die gemeinsame Front aller Schaffenden einzugliedern. Ich glaube, man sollte nicht einfach über diese Frage hinweggehen. Man soll vor allem bedenken, daß man den Fehler, den man bei anderen bekämpft, später nicht selber machen darf. Ich bin der Auffassung, daß der neue Bundesvorstand alle Wege beschreiten muß, um diese Mitglieder wieder zurückzuführen. Kollegen, wenn ich vorhin von den Fehlern gesprochen habe, den wir der einen Seite vorwerfen, dann möchte ich jetzt sagen, daß wir jetzt dabei sind, vielleicht aus denselben Gründen heraus einen neuen Fehler zu machen.

Zu § 2, Ziff. 2 u: Wir verdammen die DAG, weil sie sich dem Willen der Mehrheit nicht untergeordnet hat — weil sie selbst eine Organisation aufgezogen hat. Nun, Kollegen, wissen wir aber auch, daß die internationale Gewerkschaftsbewegung, an der mitzuarbeiten wohl auch der Letzte von uns bereit ist, ein anderes Gesicht bekommt, wenn ich feststellen muß, daß die internationale neue Gewerkschaftsbewegung ungefähr das Ausmaß hat wie die Länderflaggen, die beim Präsidium hier vertreten sind. Ich muß schon sagen, daß dieses Europa und diese Internationale verhältnismäßig klein geworden sind. Wenn hier die Mitarbeit an der internationalen Gewerkschaftsbewegung zur Frage steht, dann darf uns nicht so, wie die Kollegen der DAG, der Gedanke leiten, daß dort, wo wir in der Minderheit sind, eine selbständige Organisation gegründet werden muß, um seinen persönlichen oder politischen Willen durchzusetzen. Denn es ist höchstes Recht in der Demokratie, daß die Freiheit der Minderheit gewahrt wird und daß die Minderheit sich den Beschlüssen der Mehrheit fügt. *(Heiterkeit!)*

Ich wiederhole es ganz offen: Ich weiß, daß mich die Mehrzahl nicht verstehen wird, weil sie nicht dort steht, wo wir den täglichen Gewerkschaftskampf durchzuführen haben, nämlich in den Betrieben.

Der Anschluß an die internationale Gewerkschaftsbewegung ist nach meiner Meinung nicht Frage des Kongresses, weil die Gesamtmitgliedschaft zu dieser Frage überhaupt noch nicht Stellung genommen hat, und keiner der Delegierten ein objektives Bild darüber geben kann, wie die von ihm vertretenen Mitglieder eigentlich denken.

Zu § 2, Ziff. 2 n möchte ich sagen: ich glaube, wir müssen aus der Praxis lernen und nicht die wichtigsten Fragen zu den nichtigsten machen. Das zeigt sich schon in der Feststellung, daß für die Gewerkschaftsbewegung vollkommen nebensächliche Momente zur Generaldebatte erhoben werden, nämlich: Sitz des Vorstandes usw. Kollegen, ich glaube, den Kollegen, Arbeitern, Angestellten und Beamten in den Betrieben und Verwaltungen ist es vollkommen gleichgültig, ob der Präsident Böckler, Müller oder Huber heißt, sondern sie legen Wert darauf, daß eine Gruppe von Gewerkschaftern in den Vorstand gewählt wird.

Nach den Vorlagen für gewerkschaftliche Richtlinien soll z. B. festgelegt werden, daß alle Arbeitskämpfe praktisch nur durchgeführt werden können, wenn der Bundesvorstand seine Zustimmung gibt. Nun liegen vier Jahre gewerkschaftlicher Erfahrung hinter uns, und wir haben in einigen Kämpfen in Bayern und anderswo festgestellt, daß diese Kämpfe im Gegensatz zur Auffassung der verschiedensten führenden Gewerkschafter organisatorisch gut geführt und siegreich beendet wurden. Und nun, Kollegen, sehen wir in den Betrieben, daß uns dazu Hemmschuhe vorgeschoben werden sollen. Wir müssen deshalb diese Richtlinien ablehnen.

(Der Vorsitzende wies auf den Ablauf der Redezeit hin.)

Zum § 9, der die Organe des Bundes aufzählt, bin ich der Meinung, daß der Bundesausschuß das Mittelding, das Kontrollorgan ist, das zwischen dem Bundeskongreß und dem Bundesvorstand zu stehen hat. Kollegen, Ihr sprecht immer von Demokratie. Ich bin der Auffassung, daß auch in diesem Bundesausschuß auf jeden Fall die Stimme der Betriebsarbeiter vernommen werden soll, wie in all den anderen Körperschaften, die zur Wahl stehen. Ich vermisse dort bedauerlicherweise die Arbeiter, Angestellten und Beamten aus den Betrieben und den öffentlichen Diensten.

Ich möchte zusammenfassend sagen, daß wir uns darüber klar sein sollten, die Gewerkschaftsbewegung zu einem schlagkräftigen Instrument der internationalen Vertretung der Schaffenden zu gestalten. Um da mitzuarbeiten, ist es oft notwendig, seine persönlichen Auffassungen in den Hintergrund zu stellen, dabei aber dem Grundsatz zu dienen: alles für das schaffende Volk und keinerlei Bindung mit jenen, die im Besitz der Produktionsmittel sind und damit zum Ausbeuter werden.

(Nach Entgegennahme einiger geschäftlicher Mitteilungen vertagte der Vorsitzende den Kongreß um 13 Uhr 10 auf Nachmittag 15 Uhr.)

Nachmittagssitzung

Vorsitzender: Walter Freitag

(DER VORSITZENDE eröffnete die Sitzung wieder um 15 Uhr.)

DER VORSTZENDE (Walter **Freitag**):

Kolleginnen und Kollegen!

Bevor wir in der Tagesordnung fortfahren, habe ich die angenehme Pflicht, Ihnen die Mitteilung zu machen, daß der Herr Minister für Wirtschaft der Bundesregierung uns mit seinem Besuch beehrt hat. (*Beifall.*) Wir begrüßen ihn hier in unserem Kreis aufs herzlichste. Ich bitte den Herrn Wirtschaftsminister, einige Worte an den Kongreß zu richten.

Professor Dr. Ludwig **Erhard,** Bundesminister für Wirtschaft:

Meine Herren!

Nachdem der Arbeitsminister Storch Ihnen bereits offiziell Grüße der Bundesregierung der Bundesrepublik Deutschland überbracht hat, obliegt es mir eigentlich nur noch, durch meine Anwesenheit Ihnen hier meine Verbundenheit zu Ihrer Arbeit zu dokumentieren.

Ich weiß sehr wohl, daß wir in den Mitteln, in den Verfahren nicht immer ganz einer Meinung sind. Aber das eine möchte ich ganz deutlich herausstellen, daß wir in den materiellen Zielen ganz bestimmt einig gehen, nämlich dem Ziel, der deutschen Wirtschaft zu dienen. Wenn ich sage, der deutschen Wirtschaft, dann meine ich hier nicht etwa nur die Industriellen, die Händler, die unternehmerischen Berufsstände, sondern ich meine den wirtschaftenden Menschen in seiner Gesamtheit. Und ihn in den Mittelpunkt unserer Arbeit zu stellen, seinem Wohl, der Wohlfahrt des deutschen arbeitenden Menschen zu dienen, erachten Sie als Ihre Aufgabe, und ich möchte Ihnen versichern, das betrachte ich auch als die meine.

Meine Herren! Ich wünsche und hoffe, daß die Zusammenarbeit, die bis jetzt oft nur sporadisch war, aber dann, wie ich glaube, doch auch immer fruchtbar, daß die sich vertiefen möge. Denn aus der Zusammenarbeit wächst das gegenseitige Verstehen, der Blick für die Notwendigkeiten und für die Zweckmäßigkeiten unseres gemeinsamen Handelns, um so mehr als wir glauben und hoffen dürfen, daß in naher Zukunft bereits die Formen und die Institutionen geschaffen werden, die unsere Arbeit auch auf eine materielle und formale Basis stellen.

In diesem Sinne, meine Herren, wünsche ich Ihnen zu Ihrer Arbeit Glück und Erfolg. Und ich möchte noch einmal hier mit dem Ergebnis schließen, daß ich mich mit Ihnen, Ihren Aufgaben, Ihren Zielen durch die gemeinsame Sorge für das Wohl des arbeitenden deutschen Menschen verbunden weiß, und daß ich hoffe, in dieser gemeinsamen Arbeit in den nächsten Jahren zu Erfolgen zu kommen, die uns einen Ausweg aus der Not, den Weg in eine bessere deutsche Zukunft finden lassen. *(Beifall.)*

DER VORSITZENDE:

Kolleginnen und Kollegen!

Ich glaube, in Ihrem Namen zu sprechen, wenn ich dem Herrn Minister unseren Dank für seine freundlichen Ausführungen ausspreche. Dürfen wir doch danach annehmen, daß wir in Zukunft zu einem erträglichen Zusammenarbeiten im Interesse der Teile des deutschen Volkes, die wir zu vertreten haben, gelangen werden.

Zur Geschäftsordnung:

Karl **Klus**, Frankfurt a. M., Gewerkschaft der Eisenbahner Deutschlands:

Kolleginnen und Kollegen!

Sie werden mit mir der Auffassung sein, daß wir unsere vor uns liegende noch reichhaltige Tagesordnung ordnungsgemäß und rechtzeitig erledigen wollen und müssen. Wenn wir das wollen, müssen wir die allgemeine Aussprache nunmehr beenden, weil nach meiner Auffassung in der allgemeinen Aussprache nichts Neues mehr gesagt werden wird und gesagt werden kann. Was noch zur Satzung zu sagen ist, kann ausreichend in der speziellen Aussprache zu den einzelnen Paragraphen der Satzung ausgeführt werden. Ich bin der Meinung, daß zu einigen Paragraphen noch eine sehr lebhafte und ausführliche Aussprache erfolgen wird.

Von diesem Gesichtspunkt aus, Kollegen, beantrage ich deshalb Schluß der allgemeinen Aussprache, und ich bitte, diesem meinem Antrag Ihre Zustimmung zu erteilen.

(Gegen den Antrag meldete sich kein Redner zum Wort.

Der Kongreß entschied sich mit großer Mehrheit für Beendigung der Generaldebatte.

Der Vorsitzende bat den Berichterstatter der Satzungskommission, Kollegen Christian Fette, Stuttgart, Industriegewerkschaft Druck und Papier, die Stellungnahme derselben zu den einzelnen Paragraphen bekanntzugeben.)

DER VORSITZENDE:

Der § 1 Absatz 1 lautet: Die Vereinigung der Gewerkschaften führt den Namen „Deutscher Gewerkschaftsbund".

Wortmeldungen liegen nicht vor. Einspruch wird nicht erhoben. Wir kommen zur Abstimmung.

(Der Kongreß nahm den § 1 Absatz 1 in der Fassung des Satzungsentwurfs einstimmig an.) *(Beifall.)*

DER BERICHTERSTATTER:

Wir behandeln jetzt den Absatz 2 des § 1, in dem geregelt werden soll, wohin der Sitz des Bundes kommt. Die Satzungskommission hat durch mich kundgetan, daß die Entscheidung hier bei den Delegierten des Kongresses liegt. Ich wiederhole diese Stellungnahme.

Ich werde nun aufgefordert, zu den Anträgen 1 bis 5 das Wort zu nehmen. Ich habe in meinem Bericht von der Entscheidung der Satzungskommission Kenntnis gegeben. Ich ergänze diese kurze Formulierung und sage, daß eine Übereinstimmung in der Satzungskommission nicht herbeigeführt werden konnte und darum auch von uns nicht der Versuch unternommen wurde, eine Entscheidung zu treffen. Die Entscheidung, wie ich noch einmal sage, legen wir in die Hände der Delegierten.

Diejenigen, die für Düsseldorf votieren, wozu auch ich mich persönlich bekenne, bringen ihre bestimmten Argumente dafür ins Feld, die im Verlaufe der vorigen Diskussion zum Ausdruck gekommen sind.

Diejenigen, die in ihrer Antragstellung für Frankfurt a. M. votieren, haben gleichfalls ihre Argumente ins Feld geführt, und ein ganz gewichtiges ist den Delegierten gedruckt in einem großen Umschlag zugegangen.

Der Vorschlag der Satzungskommission ist, ohne weitere Aussprache die Entscheidung durch Abstimmung, und zwar durch geheime Abstimmung, herbeizuführen.

(Auf Vorschlag des Vorsitzenden wurde unter Hinweis auf die Möglichkeit späteren Widerspruchs in eine Aussprache eingetreten.)

Wilhelm **Petersen,** Hamburg, Industriegewerkschaft Metall:

Kolleginnen und Kollegen!

Der Kollege Markus Schleicher hat vorhin einen kurzen Ausflug nach Bad Salzuflen unternommen. Ich will ihm zu seiner und mancher anderen Beruhigung sagen, daß in Bad Salzuflen keinem Delegierten der britischen Zone irgendwie eine gebundene Marschroute mitgegeben worden ist. Es ist nicht die Absicht der Delegierten der britischen Zone, so, wie der Kollege Schleicher es leise andeutete, unbedingt zu majorisieren.

Aber wir haben auch die Absicht, uns nicht immer von der Minderheit etwa auf den Arm nehmen zu lassen. Kollege Schleicher sprach öfters über Demokratie und auch von der Demokratie mit dem Holzhammer, wenn solche Methoden angewandt würden. Ich gebe ihm damit recht, bin aber auch der Meinung, daß das nicht nur nördlich der Mainlinie geschieht. Ich habe so die Empfindung, als ob es außer einer Demokratie mit dem Holzhammer auch eine Demokratie mit Druckerschwärze gäbe. Wir sind hier gestern und heute mit Druckschriften überschwemmt worden, die immer mit einem Finger nach Frankfurt zielen, und die Frankfurter haben sich sogar als Künstler erwiesen und ein sehr umfangreiches und vielleicht nicht ganz billiges Kunstblatt auf den Tisch gelegt, das auch dorthin weist.

Im Oktober vorigen Jahres hatte die Industriegewerkschaft Metall einen Gewerkschaftstag in Lüdenscheid, und da hatte man zu entscheiden: Frankfurt oder Köln. Da kam von Köln ein Telegramm an. Das hatte seltsamerweise denselben Wortlaut, denselben Inhalt wie das Telegramm, das jetzt von Frankfurt angekommen ist. Es hat damals der Kölner Oberbürgermeister der Tagung herzliche Glückwünsche übersandt mit der Hoffnung, es möge beschlossen werden, daß Köln der Sitz der Industriegewerkschaft Metall werde. Damals haben einige herzhaft gelacht und heute morgen haben dieselben Beifall geklatscht. Es kommt immer darauf an, wo ein Telegramm herkommt und nicht, welchen Inhalt es hat.

Heute ist in der Generaldebatte von dem Kollegen Ultsch sehr oft das Wort praktische Arbeit gebraucht worden. Wenn wir praktische Arbeit leisten wollen, dann brauchen wir dafür ein Haus, in dem der Bundesvorstand und all seine Organe und alle seine Einrichtungen arbeiten können. Wir haben festzustellen: müssen wir uns ein solches Haus erst schaffen oder ist ein solches Haus vorhanden. Da muß ich Ihnen allen sagen, daß ein solches Haus an dem Ort vorhanden ist, in dem jetzt der Bundesvorstand des Deutschen Gewerkschaftsbundes für die britische Zone seine Arbeit geleistet hat und immerhin auch noch bis zum Ausgang dieses Jahres leisten wird. Das Haus ist vorhanden, die Einrichtungen sind da, die Einrichtungen können ausgebaut werden.

Nun frage ich Sie, liebe Kolleginnen und Kollegen, müssen wir dieses eingerichtete Haus mit den Menschen, die gewohnt sind, dort zu arbeiten, nun aus Düsseldorf wegnehmen und nach Frankfurt verlegen? Ist das vielleicht praktische Arbeit? Wir haben dort das Haus und sollten dieses Haus benutzen.

Ich erlaube mir auch die Frage: Warum muß überhaupt eine Sitzverlegung diskutiert werden? Wir haben hier nicht einen Zusammenschluß von Gewerkschaftsbünden, sondern wir gründen hier einen Gewerkschaftsbund neu, und für diesen suchen wir einen Sitz und sollen das nehmen, was vorhanden ist. Solange die Frage der Regierungshauptstadt oder Bundeshauptstadt ungeklärt ist, ist es doch zwecklos, Anträge nach der Art von Nr. 4 zu stellen, der da lautet: „Der Kongreß beschließt, den Sitz des Bundesvorstandes vorläufig nach Frankfurt zu verlegen." Wenn man schon vorläufig handelt, dann bleibt man besser vorläufig dort, wo man schon ist. Solange die Dinge von staatspolitischer Seite ungeklärt sind, sollten wir uns doch überlegen, ob wir nicht am besten dort hausen, wo nun in dem Teil, der sich jetzt Bundesrepublik Deutschland nennt, wirklich das Herz der Industrie schlägt, in dem die Ruhrbehörde sitzt. (Widerspruch.)

Vorläufig sind wir Bundesrepublik Deutschland, und wir hier können daran nichts ändern. In Düsseldorf sitzt die Ruhrbehörde, die einen wesentlichen Einfluß auf die wirtschaftliche Gestaltung der Bundesrepublik hat. Dort, wo auch noch andere Körperschaften sitzen, dort, wo sich ein wesentlicher Teil der Arbeitnehmer zusammenfindet, dort sollten wir nicht wegziehen, wenn wir schon das Wort vorläufig gebrauchen müssen.

Der Bundesvorstand des bisherigen Deutschen Gewerkschaftsbundes für die britische Zone hat in diesem Hause nachweisbar sehr nützliche Arbeit geleistet, nicht nur für die Gewerkschaften, sondern überhaupt für die ganze deutsche Wirtschaft. Diese Arbeit kann dort weiter geleistet werden, wenn die Kollegen, die jetzt in

den Bundesvorstand gewählt werden und aus den Gebieten südlich
der Mainlinie kommen, gewillt sind, gemeinsam mit ihren anderen
Kollegen im Interesse der Gewerkschaftsbewegung zu arbeiten.
Ich bitte Sie deswegen, mir und damit der Mehrheit des Vorberei-
tenden Ausschusses zu folgen und Ihre Stimme abzugeben für
Düsseldorf. *(Beifall.)*

DER VORSITZENDE:

Ich hatte vorhin aufgefordert, zu den einzelnen Paragraphen der
Satzung zu sprechen. Ich hatte klar gefragt, ob Wortmeldungen
zu den Anträgen vorliegen, und darauf hingewiesen, daß eine
ganze Reihe von Anträgen gestellt ist. Nun werde ich ersucht, zunächst den Antragstellern das Wort zu geben. Von Antragstellern
habe ich bisher nur eine Wortmeldung vorliegen. Ich habe nichts
dagegen, wenn die Antragsteller ihren Antrag nicht besonders begründen wollen. Dann bitte ich Sie aber auch, so freundlich zu
sein, mir später keine Vorwürfe zu machen, daß ich ihnen das Wort
nicht erteilt hätte.

Willi **Richter,** Frankfurt a. M., Freier Gewerkschaftsbund Hessen:

Gewerkschaftskolleginnen und -kollegen, verehrte Anwesende!

Nach der vom Kongreß beschlossenen Geschäftsordnung heißt es
in Ziffer 7, daß bei der Verhandlung über einen Antrag zunächst
der Antragsteller das Wort erhält und die Redezeit hierfür 15 Minuten beträgt. In der Ihnen vorliegenden Drucksache über die Anträge hat der Antrag des Freien Gewerkschaftsbundes Hessen die
Nummer 4. Ich habe mich für verpflichtet gefühlt zu warten, bis
aufgefordert worden wäre, wer zu den Anträgen 1, 2 und 3 das
Wort wünscht, da ich nicht glaubte, das Recht zu haben, als erster
hier zu sprechen.

Ich habe als Vorsitzender des Freien Gewerkschaftsbundes Hessen
den Antrag Nr. 4 zu § 1 zu begründen. Sie als Delegierte haben zu
entscheiden, wo der Deutsche Gewerkschaftsbund seinen Sitz haben
soll, d. h. wo der Vorstand und die Verwaltung des Spitzenorgans
der deutschen Gewerkschaften zu erreichen ist.

Hätten wir heute den Deutschen Gewerkschaftsbund für das ge-
samtdeutsche Gebiet zu schaffen, dann wäre dies auf dem Gründungskongreß der gesamtdeutschen Gewerkschaften sicherlich kein
Problem. Ich glaube, daß Übereinstimmung besteht, daß für den
Sitz des gesamtdeutschen Gewerkschaftsbundes nur Berlin in Frage
kommen würde, weil eben Berlin der Sitz der deutschen Gewerk-

schaftsbewegung gewesen war, weil Berlin, wenn es wieder zu einem demokratischen, freien und unabhängigen Deutschland gehören wird, wieder der Sitz der deutschen Gewerkschaftsbewegung werden dürfte.

Jetzt haben wir nach unserer Ansicht nur den vorläufigen Sitz des Deutschen Gewerkschaftsbundes für die Bundesrepublik Deutschland zu bestimmen, und deshalb lautet der Antrag des Hessischen Gewerkschaftsbundes: „Der vorläufige Sitz des Deutschen Gewerkschaftsbundes ist Frankfurt am Main." Um den Sitz bewerben sich die Gewerkschaftsbewegungen von Düsseldorf und von Frankfurt a. M. Es ist meiner Ansicht nach sehr erfreulich, daß zwei in Deutschland bedeutsame Städte in den Wettbewerb getreten sind. Sicherlich wäre es uns allen und der neuen deutschen Gewerkschaftsbewegung unwürdig, wenn von keiner Stadt der Sitz der Spitzenorganisation der Gewerkschaften erstrebt würde.

Ich bin deshalb nicht der Ansicht meines verehrten Herrn Vorredners, daß wir uns auf den Standpunkt stellen sollten, nachdem der Deutsche Gewerkschaftsbund der britischen Zone seither in Düsseldorf seinen Sitz hatte, und von dort die Geschäfte für die britische Zone führte, daß nun auch notwendigerweise für die gesamte Bundesrepublik Deutschland die Geschäftsführung des neuen DGB in Düsseldorf bleiben sollte. Es ist schon richtig, daß es keinen Zusammenschluß, wie der Kollege Petersen gesagt hat, der einzelnen Gewerkschaftsbünde gibt, sondern daß die für das westdeutsche Bundesgebiet bestehenden autonomen Gewerkschaften sich eine Dachorganisation, sich ihren Gewerkschaftsbund auf diesem Gründungskongreß schaffen. Aber es wäre ebenso falsch, anzunehmen, daß es sich um einen Anschluß der anderen, seither selbständigen Gewerkschaftsbünde der Bundesrepublik Deutschland an den seitherigen Deutschen Gewerkschaftsbund der britischen Zone handeln würde. Wenn dies der Fall wäre, dann wäre auch die Frage des Bundessitzes ohne Zweifel leichter zu beantworten. Dann könnte man sagen, du gehst dorthin, wohin du dich verheiratest.

Auf Grund der politischen Sachlage sollte es also selbstverständlich sein, daß nur ein vorläufiger Bundessitz in der Satzung festgelegt wird. Der Hessische Gewerkschaftsbund hat deshalb, wie ich bereits sagte, einen vorläufigen Sitz beantragt.

Der Satzungsentwurf hat in seinem § 1 den Sitz offengelassen, da eine Verständigung weder im Gewerkschaftsrat noch im Vorbereitenden Ausschuß für den Gründungskongreß möglich war. Wie Sie aus der Nachbemerkung zum § 1 des Satzungsentwurfes sehen, hat sich dieser Ausschuß in seiner Sitzung in Recklinghausen am 15. Juni dieses Jahres mit 13 Stimmen für Düsseldorf und mit 11 Stimmen für Frankfurt a. M. ausgesprochen. Leider ist nicht vermerkt, daß fünf Mitglieder des Vorbereitenden Ausschusses abwesend waren, und zwar waren dies die Kollegen Schleicher, Stuttgart, Vorsitzender des Gewerkschaftsbundes Württemberg-Baden; Knöss, Frankfurt a. M., Vorsitzender der Gewerkschaft Bau, Steine, Erden; Stenger, Frankfurt a. M., Vorsitzender der Deutschen Postgewerkschaft; Huber, Stuttgart, sowie Deischl, München, beide Mitglieder des Hauptvorstandes der Gewerkschaft Öffentliche Dienste, Transport und Verkehr. Wir haben uns selbstverständlich in diesen Wochen seit Recklinghausen über diese Abstimmung unterhalten. Diese Kollegen erklärten, daß sie, wenn sie in dieser Sitzung anwesend gewesen wären, für Frankfurt a. M. gestimmt hätten, so daß das Bild, das jetzt durch die Nachbemerkung zu dem § 1 Ziffer 2 entstanden ist, gerade umgekehrt aussehen würde.

In dieser Sitzung in Recklinghausen hat der Kollege Hans vom Hoff unter anderem ausgeführt, daß der Sitz der Bundesregierung und Bundesverwaltung Bonn sei und dies für den Sitz des Deutschen Gewerkschaftsbundes maßgebend sein müsse. Wie ist es damit in Wirklichkeit? Inzwischen wissen wir, daß zwar der Parlamentarische Rat Bonn als Bundessitz erklärt hat, daß aber der Bundestag selbst, das Parlament, eine Entscheidung hierüber noch nicht gefällt hat. Vielmehr hat der Bundestag einen Ausschuß eingesetzt, der zur Zeit durch Inaugenscheinnahme die Verhältnisse in Bonn und in Frankfurt a. M. feststellen und ein sachlich fundiertes Urteil darüber abgeben will, welche der beiden Städte sich am meisten eignen dürfte.

Bonn ist bis jetzt nur der Sitz der Bundesregierung. Die Verwaltungen der einzelnen Ministerien sitzen überwiegend, soweit sie seither im Wirtschaftsrat bestanden haben, mit ihrem ganzen Apparat in Frankfurt a. M., so daß man nur davon sprechen kann, daß zur Zeit Bonn der Sitz der Bundesregierung ist und Frankfurt a. M. der Sitz der Bundesverwaltungen.

Über die Entfernung von Bonn nach Düsseldorf und von Bonn nach Frankfurt a. M. will ich nichts sagen. Sie wissen alle, daß sowohl mit der Eisenbahn wie auch der Autobahn die Unterschiede ganz unbedeutend sind. Darüber brauchen wir nicht zu sprechen.

Wenn man sich vorhin im Zusammenhang mit der Frage des Sitzes über das Projekt für das Frankfurter Gewerkschaftshaus etwas lustig zu machen versuchte, so glaube ich doch, daß wir alle stolz sein können, daß die Gewerkschaftsbewegung, die erst seit 1945 wieder besteht, derartige Fortschritte auch auf diesem Gebiet erzielt hat.

Wenn wir nun heute beschließen, daß der Deutsche Gewerkschaftsbund, den wir gründen, seinen Sitz in Düsseldorf hat, dann brauchen wir, wenn Bonn Sitz der Bundesregierung bleibt, ein Sekretariat in Bonn. Es ist einfach nicht anders möglich, wenn wir mit den maßgeblichen Stellen — das sind sowohl das Parlament wie auch die Regierungsorgane selbst — in Verbindung bleiben wollen —, wenn wir die Probleme, die sich bei den einzelnen Gesetzen, seien sie sozialpolitischer oder wirtschaftspolitischer Art, aufwerfen, meistern wollen. Wir müssen ständig Fühlung haben mit unseren besten Kolleginnen und Kollegen und sie als Sachverständige dort zur Verfügung haben, genau so wie dies die anderen Gewerkschaftsgruppen tun müssen.

Wenn Bonn Sitz der Bundesregierung bleibt, dann bleibt doch mindestens bis 1951 die Bundesverwaltung der maßgebenden Ministerien in Frankfurt a. M. Das bedeutet, daß die Arbeit, die in Frankfurt a. M. seither vom Sekretariat des Gewerkschaftsrats gemacht wurde, nach wie vor in Frankfurt a. M. durch Aufrechterhaltung eines Sekretariats weitergeführt werden muß. Wenn dann der Sitz des Bundes in Düsseldorf ist, so bedeutet das, daß wir ein weiteres Sekretariat in Bonn als Verbindungsstelle mit der Bundesregierung und dem Parlament haben müssen.

Das sind Tatsachen, die sich nicht aus der Welt schaffen lassen. Kommt der Sitz des Deutschen Gewerkschaftsbundes nach Frankfurt a. M., so haben wir das zweite Sekretariat, das Verbindung nehmen muß und soll mit den einzelnen Ministerien und den Verwaltungen, gespart und haben, solange der Bundestag in Bonn ist, lediglich eine Verbindungsstelle in Bonn zu unterhalten.

Kommt der Bundestag — ich weiß nicht, was in diesem Monat entschieden wird, trotzdem ich selbst Bundestagsabgeordneter bin — jedoch nach Frankfurt a. M., dann ist Parlament, Regierung, Verwaltung, deutsche Gewerkschaftsbewegung an einem Ort.

Es wäre an sich das Nächstliegende, daß wir einfach beschließen würden, am Sitze der Bundesregierung auch den Sitz des Deutschen Gewerkschaftsbundes zu errichten. Aber ich glaube, daß keiner von uns so vermessen ist, das sich aus einer eventuellen Wahl von Bonn ergebende Risiko — Zeitaufwand, Kapitalinvestitionen für Neubauten und alle möglichen sonstigen Dinge wie Büros, Wohnungen usw. — auf sich nehmen zu können. Hinzu kommen die dauernden Mehrausgaben durch die einseitige Lage von Bonn innerhalb des Bundesgebietes der Bundesrepublik Deutschland.

Nun hat heute morgen der Kollege Sträter aus Dortmund von der Industriegewerkschaft Metall zu dem Sitz des Bundes Stellung genommen und erklärt, für ihn komme nur Düsseldorf und nicht Frankfurt a. M. in Frage. Frankfurt verspricht und hält nichts. Ich möchte dazu sagen, daß ich die Verhandlungen in Frankfurt mit der Industriegewerkschaft Metall miterlebt habe und ich daher weiß, wie sich die Dinge dort abgespielt haben. Es sind Kollegen anwesend, die mich jederzeit berichtigen können, wenn ich nicht den Tatsachen entsprechend die Sache wiedergeben sollte. Soviel mir erinnerlich, hat der Gewerkschaftstag Metall im Oktober 1948 stattgefunden. Auf ihm ist der Beschluß gefaßt worden, den Sitz nach Frankfurt a. M. zu verlegen. Ich habe an den Verhandlungen oder, besser gesagt, an den Besprechungen der Organe, dem Vorstand und dem Beirat von der Gewerkschaft Metall, im Frankfurter Gewerkschaftshaus teilgenommen. Es war im Spätherbst, wenn ich nicht irre, im November oder anfangs Dezember. Damals hatten die Kollegen verschiedene Objekte in Frankfurt a. M. im Auge. Sie dachten an die Erwerbung oder Mietung von besonderen Häusern oder an die Errichtung eines Gewerkschaftsbürohauses auf dem Grund und Boden der Frankfurter Gewerkschaften. Sie sind zu keinem Ergebnis gekommen, und erst im April 1949, also dieses Jahr, hat die Vermögensverwaltung der hessischen Gewerkschaften, deren Aufsichtsratmitglied ich bin, von seiten der Industriegewerkschaft Metall erklärt bekommen, daß sie in dem geplanten Neubau drei Geschosse beziehen will und zwar als äußersten Termin am 1. Oktober 1949.

Wir haben alles daran gesetzt, um diesen Wunsch zu erfüllen, aber hexen können auch wir nicht. Es wird in Frankfurt a. M. beim Gewerkschaftshausneubau von den Bauarbeitern schon erklärt, daß sie auf dem Boden der Gewerkschaften und bei der Errichtung von Gewerkschaftshäusern am meisten angetrieben würden. Wir sind nicht daran schuld, daß die Industriegewerkschaft Metall erst am 1. April die Entscheidung getroffen hat, daß sie in dieses Haus ziehen will. Wir sind deshalb nicht verantwortlich, daß dieses Haus bis zum 1. Oktober nicht fertig werden konnte.

(Der Vorsitzende wies auf den Ablauf der Redezeit hin.)

Ich darf noch in einigen Sätzen auf diese Sache hinweisen. Das Projekt ist 1930 in Angriff genommen und im ersten Bauabschnitt als das Ihnen bekannte Frankfurter Gewerkschaftshaus fertig-gestellt worden. Der zweite Bauabschnitt ist ein Neubau, der drei Stockwerk hoch von der Industriegewerkschaft Metall in Anspruch genommen wird und von dem noch zwei Geschosse frei sind für den Deutschen Gewerkschaftsbund. Im alten Bau, in dem der Gewerkschaftsrat seine Büros hat und zur Zeit noch die Gewerkschaft der Eisenbahner Deutschlands, die ebenfalls zwei Geschosse frei machen werden, so daß dann vier Geschosse für den Deutschen Gewerkschaftsbund zur Verfügung stehen.

In den vier Geschossen für den Deutschen Gewerkschaftsbund haben die einzelnen Zimmer — und Sie können es an dem Prospekt nachzählen — 196 Fenster, und der Vorteil dieses Baues ist es, daß Sie die Zwischenwände verrücken können, wie Sie wollen.

(Der Vorsitzende wies erneut darauf hin, daß die Redezeit abgelaufen ist.)

Es ergeben sich 66 Zweifensterzimmer, 12 Dreifensterzimmer und 5 Vierfensterzimmer, so daß insgesamt 83 Zimmer zur Verfügung stehen. Ich glaube, daß in 83 Zimmern der Deutsche Gewerkschaftsbund einen würdigen Aufenthalt haben könnte, und ich glaube auch, daß sich die deutschen Gewerkschaften in Frankfurt wohl fühlen würden.

Was ich, und das darf ich noch sagen, persönlich an Hemmungen habe, entsteht aus der Tatsache, daß unser alter Freund und Kollege Böckler — schließlich darf ich annehmen, daß er Bundesvorsitzender wird — irgendwie wandern müßte. Das ist mir persönlich unangenehm. Ich glaube und hoffe, daß ich auch da eine Regelung finde, wenn Frankfurt Bundessitz wird.

Lorenz **Hagen,** München, Bayerischer Gewerkschafts-Bund:

Kolleginnen und Kollegen!

Ich halte Sie bestimmt nicht lange auf. Wenn wir von seiten Bayerns aus den Antrag gestellt haben: „Der Bund hat seinen Sitz in Frankfurt a. M.", so können wir das um so leichter tun, weil wir nicht pro domo, weil wir nicht in eigener Sache sprechen.

Für uns war nur maßgebend, wo der Sitz des Bundes am zweckmäßigsten ist. Gewiß, es hat auch bei uns in Bayern nicht an Stimmen gefehlt, die glaubten, München vorschlagen zu müssen. Aber wir haben die Kollegen überzeugt und haben ihnen gesagt: nein, wir sind immer für Zweckmäßigkeiten. München kann niemals der Sitz des Bundes werden, weil es in einem Zipfel Deutschlands liegt. Dasselbe, was hier für München gilt, gilt aber nahezu in demselben Ausmaß auch für Düsseldorf *(Widerspruch)*, so daß wir — ich habe gesagt, nahezu — zu der Auffassung gekommen sind: am zentralsten liegt Frankfurt a. M.

Nun täuschen wir uns nicht darüber, Kolleginnen und Kollegen, daß auch Frankfurt a. M. nicht für dauernd der Sitz des Bundes sein wird, und zwar deshalb, weil auch wir in Bayern immer noch daran glauben, daß es einmal wieder ein einiges Deutschland geben wird, in dem Berlin die Hauptstadt sein wird, und daß dann der Sitz des neuen Bundes ganz selbstverständlich wieder an den Sitz einer eventuellen Zentralregierung nach Berlin kommen wird.

Aus diesen Gründen heraus glauben wir, um mich ganz kurz zu fassen, Ihnen vorschlagen zu sollen, Frankfurt a. M. als den Sitz des Bundesvorstandes zu wählen, vielleicht noch mit dem Zusatz „vorläufiger Sitz", den der Freie Gewerkschaftsbund Hessen selbst vorgeschlagen hat.

Wir bitten Sie also, in diesem Sinne Ihre Stimme abzugeben. *(Beifall.)*

Hans **Böckler,** Deutscher Gewerkschaftsbund (brit. Zone):

Kolleginnen und Kollegen!

Wir brauchen uns in der Frage des Sitzes gar nicht allzusehr zu erhitzen. Sie liegt auch denkbar einfach. Es kommt einzig und allein darauf an, was wir uns künftig als Gewerkschaften zu tun und zu leisten vornehmen.

Wenn wir Gewerkschaftsarbeit schlechthin machen in der uns bisher bekannten Weise und Form, dann brauchen wir dafür eine etwas geruhsamere Atmosphäre, als ich sie liebe. Dann ist Frankfurt a. M. der gegebene Platz. *(Beifall.)*

Ich zweifle aber, ob es bei uns allein liegen wird, in welcher Atmosphäre wir arbeiten wollen oder arbeiten müssen. Unsere gegebenen Gegner werden es uns nahebringen, wo wir am besten aufgehoben sind. Die schärfsten unserer Gegner sind seit urdenklichen Zeiten nicht südlich des Mains, sondern nördlich des Mains gewesen. *(Beifall.)* Wenn wir uns der früheren Zeiten erinnern, so wissen wir: alles, alles, was gegen die Interessen der Arbeitnehmerschaft gerichtet war, hat seinen Ausgang von der Ruhr genommen, und fast die gesamte Unternehmerschaft folgte willig den Weisungen, die von dort her in die Lande gesandt wurden. So war es, so ist es — verlaßt euch darauf — gegenwärtig bereits wieder, und so wird es erst recht in der Zukunft sein.

Zu den gegen uns stehenden Kräften im deutschen Unternehmerlager kommen noch die vielfach anders als wir wollenden Kräfte, die die Besatzungsmächte einsetzen. Wir brauchen nur ans Ruhrstatut und an die Ruhrbehörde zu denken. Wir werden erst einmal aufmerksam studieren, was eigentlich in dieser Satzung enthalten ist, um zu wissen, wie groß die Gefahr ist, die da möglicherweise der ganzen deutschen Wirtschaft droht.

Wir haben schon einmal in aller Ausführlichkeit darüber gesprochen, und wir haben das, was damals als unsere Befürchtungen Ausdruck fand, im Druck niederlegen lassen, um es so einer größeren Zahl unserer Kollegen zugänglich zu machen. Aber es kommt, wie gesagt, darauf an, was wir uns vornehmen. Wenn wir uns das vornehmen, was mir vorschwebt und dem einer der Redner des Vormittags Ausdruck gegeben hat, wenn es uns ernst ist mit unserem Vorsatz, die großen, die ganz großen, die schwierigen Dinge anzufassen, sie ernsthaft anzufassen, wenn wir eindringen wollen in die Wirtschaft, wie es unser aller Wille ist, dann verlaßt euch darauf, Kolleginnen und Kollegen, dann ist unser Platz in der Nähe unseres schärfsten Gegners. *(Beifall.)* Dann müssen wir auch darauf gefaßt sein, ihm Aug in Aug gegenüberzustehen.

Weil ich das so sehe und weil an der Ruhr, in deren Nähe nach meinem Wunsch die Bundesleitung ihren Sitz nehmen soll, die Industrien gehäuft sind, die eigentlich Ausgangspunkt aller anderen Industrien und fast aller anderen Wirtschaftszweige sind, deswegen ist es erst recht unser Wille, in der Nähe des Gebietes zu sein, das als Wirtschaftseinheit nicht nur in Deutschland die größte Bedeutung hat, sondern auch in Europa. Dort müssen wir sein, in der Nähe dieses Reviers, in dem — vorhin ist darüber gelacht worden, ich wiederhole es — das Herz der Wirtschaft, der deutschen Wirtschaft, am stärksten schlägt. Und das wird niemand bestreiten wollen.

Das sind die Gründe, die mich bestimmen, nicht, was mir der Kollege Richter unterstellt, Rücksichtnahme auf mich. Wie käme ich denn dazu, Rücksichtnahme überhaupt zu verlangen oder in Rechnung zu stellen. *(Heiterkeit.)*

Also, Kolleginnen und Kollegen, machen wir es kurz! Ihr handelt klug und dient Eueren Interessen: Wenn es wahr ist, was zu erreichen Ihr Euch vorgenommen habt, dann gehört der Bundessitz in die Nähe der Ruhr, dann gehört er nach Düsseldorf. *(Beifall.)*

Zur Geschäftsordnung:

Adolf **Kummernuss**, Stuttgart, Gewerkschaft Öffentliche Dienste, Transport und Verkehr:

Kolleginnen und Kollegen!

Ich neige zu der Auffassung, daß wir, wenn wir die Diskussion in dieser Form fortsetzen, unseren Kongreß um 14 Tage verlängern müssen. *(Zustimmung.)*

Ich bitte zu bedenken, die Uhr zeigt jetzt 16 Uhr. Wenn die beiden übrigen Organisationen ihren Antrag noch begründen wollen, dann bedarf das einer weiteren halben Stunde. Dann liegen fünf Wortmeldungen vor, unter denen ebenfalls Antragsteller dabei sind. Das heißt, wir müssen bis $\frac{1}{2}6$ Uhr über diese Dinge diskutieren. Es liegt ein Antrag vor auf geheime Abstimmung. Wir müßten die geheime Abstimmung selbstverständlich vornehmen und hätten dann glücklich bis um 6 Uhr den § 1 unserer Satzung erledigt. Ich kann mir nicht vorstellen, daß in diesem Raum eine Frau oder ein Mann anwesend ist, der noch nicht weiß, wofür er stimmen soll. *(Zustimmung.)*

Darum möchte ich Sie bitten, die Diskussion abzubrechen und das Büro zu beauftragen, die Abstimmung vorzunehmen, ob in geheimer Abstimmung über den § 1 Absatz 2 entschieden werden soll oder nicht.

(Gegen den Antrag meldete sich kein Redner zum Wort.

Der Kongreß entschied sich mit großer Mehrheit für Beendigung der Debatte zu § 1.)

DER VORSITZENDE:

Kolleginnen und Kollegen!

Kollege Adolf Kummernuss hat bereits darauf hingewiesen, daß Antrag Nr. 57 vorliegt, die Abstimmung geheim vorzunehmen. Um Zeit zu sparen, schlage ich dem Kongreß vor, nicht eine große Debatte über diesen Antrag herbeizuführen, sondern sich damit einverstanden zu erklären, daß die Abstimmung über die Frage des Sitzes der Organisation geheim vorgenommen wird. Erhebt sich dagegen Widerspruch? Das ist nicht der Fall. Wir stimmen geheim ab.

Kollegen, wir treten dann in die Abstimmung ein. Ich bitte die Mandatsprüfungskommission, ihres Amtes zu walten.

(Die Stimmzettel wurden eingesammelt. Auf den Zuruf: ist ein Stimmzettel ungültig, der nicht bedruckt ist? erklärte der Vorsitzende, daß er gültig ist, wenn er ordnungsgemäß mit roter Ausweiskarte abgegeben ist.)

Ich stelle fest, daß jetzt alle Stimmzettel abgegeben sind. Dann ist der Wahlakt geschlossen. In der Zeit, in der ausgezählt wird, fahren wir in der Tagesordnung weiter. Wir kommen jetzt zum § 2.

DER BERICHTERSTATTER:

Kolleginnen und Kollegen!

§ 2 regelt Zweck und Aufgaben des Bundes. Die Satzungskommission schlägt Ihnen Annahme der Fassung vor, die vom Vorbereitenden Ausschuß ausgearbeitet ist und Ihnen im Entwurf vorliegt, mit der einzigen Maßgabe, daß der Buchstabe d die Fassung bekommen soll, die im Antrag Nummer 6 des Bayerischen Gewerkschafts-Bundes vorgesehen ist. Sie lautet demnach: Durchführung gemeinsamer Gewerkschaftsaufgaben für die Jugend und die Frauen. Sonst unverändert.

DER VORSITZENDE:

Wer für den Vorschlag der Satzungskommission ist, den bitte ich um ein Handzeichen.

(Der Kongreß stimmte einstimmig für Änderung des § 2, Ziffer 2, Buchst. d, gemäß Antrag Nr. 6.)

Lorenz **Hagen**, München, Bayerischer Gewerkschafts-Bund:

Wir haben zum § 2, Ziffer 2, Buchstabe f noch den Antrag gestellt, daß es heißen soll: „Einrichtung und Unterhaltung von wirtschafts- und sozialpolitischen sowie arbeitsrechtlichen Beratungsstellen". Nun hat uns der Kollege Fette heute früh erklärt, daß seiner Auffassung nach das Wort sozialpolitisch so umfassend ist, daß auch arbeitsrechtlich damit verstanden wird. Wenn das die Auffassung der Satzungskommission ist und es wird in diesem Sinne protokolliert, dann haben wir keine Veranlassung, weiter zu dem Antrag Nr. 7 Stellung zu nehmen.

DER VORSITZENDE:

Was durch den Kollegen Fette festgestellt wurde, ist auch die Auffassung des Kongreßbüros und damit erübrigt sich der Antrag des Bayerischen Gewerkschafts-Bundes.

Wir können dann zur Abstimmung über den gesamten § 2 kommen.

(Der Kongreß nahm den § 2 in der Fassung des Satzungsentwurfs einschließlich der Änderung gemäß Antrag Nr. 6 einstimmig an.)

DER BERICHTERSTATTER:

Der § 3 wurde heute vormittag von mir bei der Berichterstattung schnell übergangen, weil Abänderungsanträge nicht vorliegen. Ich halte es für zweckdienlich, hier zu der Ziffer 2 des § 3 kurz einiges zu bemerken, weil in der Generaldebatte darauf Bezug genommen wurde und man den Anschein erwecken wollte, als sei dies eine Formulierung, gerichtet gegen die DAG. Dem ist nicht so, sondern die Ziffer 2 Buchstabe a legt grundsätzlich fest, daß Voraussetzung für die Aufnahme in den Bund ist, daß diesem nicht bereits eine für die gleiche Arbeitnehmergruppe zuständige Gewerkschaft angehört.

Wenn es sich beispielsweise in der Gewerkschaft der Eisenbahner ergeben sollte, daß die Lokomotivführer sich selbständig machen, dann können sie eben in den Deutschen Gewerkschaftsbund nicht aufgenommen werden, weil dort die Gewerkschaft der Eisenbahner existiert. Was ansonsten zur DAG zu sagen ist, geschieht unter einem anderen Tagesordnungspunkt. Hier sei nur gesagt, daß nicht beabsichtigt ist, eine Spitze gegen die DAG zu treiben, sondern daß wir wohl alle glühend beseelt sind von dem Wunsch, auf diesem Kongreß möge noch eine Verständigung mit der DAG gefunden werden.

Ich bitte daher, den § 3 unverändert anzunehmen, wie er in dem Ihnen vorliegenden Entwurf festgelegt ist.

DER VORSITZENDE:

Wer diesem Vorschlag zustimmt, den bitte ich um das Handzeichen.

(Der Kongreß nahm den § 3 in der Fassung des Satzungsentwurfs gegen wenige Stimmen an.)

DER BERICHTERSTATTER:

Der § 4 regelt in Ziffer 1 die Beiträge für den Bund und setzt sie mit 15 Prozent fest. Ziffer 2 sagt: „Die Beiträge sind vierteljährlich nachträglich an den Bund zu entrichten". Ich halte es für zweckmäßig, gesondert abzustimmen. Ich verweise allerdings darauf, daß ich heute vormittag in der Berichterstattung gesagt habe, daß die Anträge, die die §§ 4 und 5 koppeln wollen, unmöglich angenommen werden dürfen. Wir bitten also auch hier um unveränderte Annahme des § 4 wie auch des § 5. Zunächst einmal § 4.

DER VORSITZENDE:

Zum § 4 liegt eine Reihe von Anträgen vor. Zunächst haben die Antragsteller zur Begründung ihrer Anträge das Wort.

Franz **Valentiner**, Hamburg, Industriegewerkschaft Holz:

Kolleginnen und Kollegen!

Wenn wir von der Industriegewerkschaft Holz aus den Antrag Nr. 10 zu § 4 gestellt haben, gleichfalls auch den Antrag Nr. 11 zu § 5, so haben wir diese Anträge nach reiflicher Abwägung und aus einer Erfahrung gestellt, die hinter uns liegt.

Wir alle, und ganz besonders wir von der Industriegewerkschaft Holz, hätten es einmütig begrüßt, wenn ein großer, starker Bund zustande gekommen wäre, mit allen Vollmachten und Einrichtungen, wie wir es uns gewünscht haben. Die Entscheidungen sind im Vorbereitenden Ausschuß so gefallen, daß wir in bezug auf die Festsetzung von Beiträgen und Unterstützungen von unserem Ziele abrücken und uns dem fügen müssen, was aus dem Widerstreit der Meinungen im Vorbereitenden Ausschuß zustande gekommen ist.

Wir wissen aus der Erfahrung, daß die Bünde seit der Gründung ihren Aufbau, ihren Ausbau zu organisieren hatten, und daß viele Probleme technischer und persönlicher Art zu lösen gewesen sind. Wir verstehen, daß bis jetzt die Beiträge in der bisherigen Höhe geleistet wurden, weil diese Aufgaben erfüllt werden mußten, jedoch unter Außerachtlassung der Erfüllung unserer Pflichten in bezug auf Unterstützungseinrichtungen. Wir können aber nicht ganz konform mit der Meinung des Vorbereitenden Ausschusses gehen und noch einmal einen solchen Beitrag genehmigen, wie er bis jetzt gewesen ist, nachdem nun die einzelnen Bünde organisatorisch und betriebstechnisch ausgerüstet sind, nachdem Büroeinrichtungen und sonstige Dinge vorhanden sind.

Wenn wir bedenken, daß zum Teil bisher schon Gewerkschaften in den Bünden vorhanden waren, denen es nicht möglich war, ihrer vollen Beitragspflicht zu genügen, wie soll es nun werden, wenn die gesamten Unterstützungseinrichtungen von den einzelnen Gewerkschaften getragen werden sollen, ohne daß vielleicht — der entsprechende Beschluß ist in Art und Höhe noch nicht da — eine Bindung durch die große Solidarität als solcher vorliegt. Ich denke da an die kleinen Gewerkschaften. Wir sind als Holzarbeiter immer eine kleine, aber eine stolze und oft richtunggebende Gewerkschaft gewesen. Wie soll es für die Organisationen, bei denen die Verhältnisse ähnlich liegen wie bei uns, werden, wenn sie nun die Unterstützungseinrichtungen selbst tragen sollen?

Wir glauben, daß der neue Bund die Aufgaben, die ihm hier gestellt werden, erfüllen kann, und daß es ihm möglich sein muß, einen bestimmten Prozentsatz, sagen wir 2 Prozent, aus den 15 Prozent als Unterstützungs- oder Solidaritätsfonds abzuzweigen. Wir glauben, mit unserem Antrag nicht nur uns selbst, sondern einer Reihe von Gewerkschaften gedient zu haben, weil sie während der Anlaufschwierigkeiten, über die sie mit ihren geringen Mitteln hinwegkommen müssen, eine Erleichterung finden, wenn sie außer den 15 Prozent nicht noch die Abgaben für den Solidaritätsfonds zu tragen brauchen.

Diese rein sachlichen Momente sind es gewesen, die uns bewogen haben, diesen Antrag zu stellen. Wir bitten um Zustimmung.

DER VORSITZENDE:

Weitere Wortmeldungen liegen nicht vor. Ich bitte den Berichterstatter, das Wort zu ergreifen.

DER BERICHTERSTATTER:

Ich kann mich kurz fassen. Ich brauche nicht viel hinzuzufügen. Gerade mein Vorredner, der Kollege Valentiner, gab in seinen Ausführungen die beste Begründung für den Vorschlag, den ich im Auftrage der Satzungskommission vertreten habe, daß eine Trennung zwischen den §§ 4 und 5 zweckmäßig ist. Der Solidaritätsfonds ist gerade dafür gedacht, leistungsschwachen Gewerkschaften, wie er ausführte, helfend zur Seite zu stehen. Ich bitte noch einmal, den §§ 4 und 5 unverändert Ihre Zustimmung zu geben.

DER VORSITZENDE:

Kollegen, ich schlage vor, über jeden Paragraphen gesondert abzustimmen.

(Der Kongreß nahm den § 4 in der Fassung des Satzungsentwurfs gegen wenige Stimmen an.)

(Der Kongreß nahm den § 5 in der Fassung des Satzungsentwurfs gegen wenige Stimmen an.)

DER VORSITZENDE:

Kolleginnen und Kollegen!

Ich bin jetzt in der Lage, Ihnen das Resultat der Abstimmung bekanntzugeben, die wir vorgenommen haben über den künftigen Sitz des Deutschen Gewerkschaftsbundes. Es sind 487 Delegierte hier. Von diesen 487 haben 484 ihrer Abstimmung genügt. Es sind Stimmen abgegeben worden für Düsseldorf 270, für Frankfurt 214. *(Beifall.)* 3 Kollegen haben sich der Stimme enthalten.

(Damit hat der Kongreß als Sitz des Bundes gemäß § 1, Ziffer 2, Düsseldorf festgelegt.)

Wir fahren in der Tagesordnung fort und kommen zum § 6. Der Berichterstatter hat das Wort.

DER BERICHTERSTATTER:

Wir schlagen ebenfalls unveränderte Annahme des § 6 vor, in der kurzen Fassung: „Sonderbeiträge zur Deckung außerordentlicher Ausgaben des Bundesvorstandes können vom Bundesausschuß beschlossen werden".

In Verbindung damit liegt der Antrag Nr. 13 vor, gestellt vom Bundesvorstand des Freien Gewerkschaftsbundes Hessen, der eine Neuformulierung des § 6 wünscht über Gewährung von Zusatzruhegeld. Wir schlagen von der Satzungskommission aus vor, diesen Antrag abzulehnen, da er Ruhegeldzahlung durch den Bund vorsieht und die Satzungen in Durchführung des Prinzips der autonomen Indstriegewerkschaften das Unterstützungswesen oder besser gesagt deren Regelung den Industriegewerkschaften zuweist.

Albert **Mayer**, Darmstadt, Freier Gewerkschaftsbund Hessen:

Gewerkschaftskolleginnen und -kollegen!

Wenn der Vorstand des FGB Hessen den Delegierten des Kongresses zu dem vorliegenden Satzungsentwurf einen neuen § 6 in Vorschlag bringt und damit dem kommenden Bund die Aufgabe zuweisen will, bei sich einen Fonds zu bilden, aus dem an die invaliden Kollegen aller angeschlossenen Gewerkschaften ein Zusatzruhegeld durch die Bundesorgane ausgezahlt werden soll, so geschieht das aus einer zweijährigen guten Erfahrung heraus.

Der FGB Hessen hat bisher an rund 18 000 dauernd erwerbsunfähige und langjährige Gewerkschaftsmitglieder 1 519 600 Mark ausgezahlt. Wieviel gelinderte Not und wieviel dankbare Freude und wieviel Agitationskraft in diesen Zahlen enthalten sind, läßt sich nicht ermessen. Ich hörte z. B., daß die alten Kollegen, als sie freudestrahlend nach Hause kamen, zu ihren Frauen sagten: „Siehst du, Frau, ich habe es gewußt, daß die Gewerkschaften mich nicht vergessen haben, wenn du auch immer über den Beitrag geschimpft hast".

Kollegen, daß dies kein Einzelfall ist, beweisen die vielen Dankschreiben der alten Kollegen, die bei uns eingangen sind. Über den Grundsatz, eine Zusatzruhegeldunterstützung für dauernd erwerbsunfähige Kollegen auzuzahlen, sind sich die Gewerkschaften wohl einig und klar. Die Gewerkschaften haben meiner Meinung nach mehr oder weniger diese moralische Verpflichtung denjenigen alten Mitgliedern gegenüber, die jahrzehntelang vor 1933 schon treu und brav ihre Beiträge gezahlt haben und 1945 wieder die ersten waren. Daß diese Verpflichtung heute in dem Maß, wie das früher einmal war, nicht sofort wieder übernommen werden kann, begreift jeder Kollege, weil er weiß, daß die Gewerkschaften bei dem großen Raubzug der Nazis im Jahre 1933 ihre gesamten Vermögen verloren hatten — weil er weiß, daß sie es bis heute noch nicht wieder zurückbekommen haben —, weil er auch weiß, daß bei der Währungsreform die Gewerkschaften nicht anders behandelt wurden wie jeder unter uns.

Das entbindet aber die Gewerkschaften nicht der Verpflichtung gegenüber den alten, langjährigen Mitgliedern, wenigstens so lange nicht, als es nicht gelingt, die Sozialversicherung so zu gestalten, daß sie in ihrer Leistung als eine regelrechte Versicherung angesprochen werden kann. Die Rentenversicherung müßte ihre Aufgabe dahingehend erfüllen, daß sie eine Sicherung bietet für den Fall, daß man auch leben kann, wenn man am Ende seines Arbeitslebens noch einige Jahre zu leben hat. Daß die Rentenversicherung heute alles andere als eine solche Art Sicherung ist, darüber besteht keine Meinungsverschiedenheit.

So wie das Prinzip der Gemeinschaftsarbeit und das Prinzip der Gemeinschaftshaftung in der Sozialversicherung zwangsweise festgelegt ist, so sollte in der Frage des Zusatzruhegeldes für die dauernd arbeitsunfähigen Gewerkschaftsmitglieder das Prinzip der Solidarität bei den Gewerkschaften maßgebend sein. Andernfalls, Kollegen, haben wir kein Recht, uns besonders für einen Neuaufbau der Sozialversicherung einzusetzen, indem unter Beseitigung der Zersplitterung eine zweckmäßigere Organisationsform angestrebt werden soll.

Ausgangspunkt unserer Überlegungen in Hessen über die Einführung des Zusatzruhegeldes beim Bund war, daß dann, wenn alle arbeitsunfähigen Gewerkschaftsmitglieder eine Unterstützung erhalten sollen, diese Aufgabe eine Bundesaufgabe werden muß, besonders aus der Erkenntnis heraus, daß es manchen Gewerkschaften jetzt und in der nächsten Zukunft wohl nicht möglich sein wird, für die dauernd erwerbsunfähigen Mitglieder etwas zu tun.

Wir gingen weiter von der Überlegung aus, daß erste Aufgabe für die Gewerkschaft ist, für angemessene Lohn- und Arbeitsbedingungen ihrer Mitglieder zu sorgen. Soweit bei den Gewerkschaften eigene Unterstützungseinrichtungen bestehen oder geschaffen werden, sollten sie sich aber darauf beschränken, Schicksalsschläge, die im Arbeitsleben immer wieder vorkommen, so aufzufangen, daß sie das betreffende Mitglied über das Schlimmste und die schlimmste Not hinwegbringen. Wird ein Arbeitnehmer aber — und darauf möchte ich Sie besonders hinweisen — dauernd erwerbsunfähig, so hört er praktisch auf, Arbeitnehmer zu sein. Er scheidet aus dem Arbeitsprozeß aus und seine Gewerkschaft hat für ihn keine unmittelbaren Aufgaben mehr zu erfüllen. Er wird zwar als alter Gewerkschafter nach wie vor am Gewerkschaftsleben weiter interessiert sein, aber bei weitem nicht mehr so an einer der ureigensten Aufgaben der Gewerkschaften, nämlich der Regelung der Lohn- und Arbeitsbedingungen. Seine Existenzbedingungen sind eben andere geworden. Er kann auch nicht mehr so wie im Arbeitsleben unmittelbaren Einfluß auf die Gestaltung seiner Existenzbedingungen nehmen. Sie sind auf eine andere Ebene gestellt. An die Stelle des Lohnes ist nämlich jetzt die Rente getreten und an die Stelle des Arbeitgebers der Versicherungsträger.

Wenn nun die Gewerkschaften im Grundsatz darüber einig sind, diesen dauernd erwerbsunfähigen Mitgliedern zur Verbesserung ihrer Lage eine Beihilfe zu gewähren, so muß das nach der eben entwickelten Stellung des Erwerbsunfähigen zum Arbeitsleben, zu den Gewerkschaften, eine Aufgabe der gesamten Gewerkschaftsbewegung sein, in diesem Falle also eine Aufgabe des Bundes und seiner Organe. Hier ist dann die Möglichkeit, ohne Rücksicht auf die momentane finanzielle Lage der Gewerkschaft, der das arbeitsunfähige Mitglied angehört, eine Unterstützung zu gewährleisten, deren Höhe sich nach der Höhe der geleisteten Beiträge und nach der Dauer der Mitgliedschaft bemißt, also unter den gleichen Voraussetzungen für jedes Mitglied jeder Gewerkschaft die gleiche Unterstützung.

Wenn die Satzungskommission den Antrag Nr. 13 zu § 6 des Satzungsentwurfes zur Ablehnung empfiehlt mit der Begründung, daß die vorgeschlagene Regelung der Invalidenunterstützung ein Eingriff in die geheiligte Autonomie der Industriegewerkschaften sei, so glaube ich bewiesen zu haben, daß hier kein Eingriff dieser Art vorliegt, daß diese Aufgabe heute einfach nicht mehr zu den ureigensten Aufgaben einer Industriegewerkschaft gehört. Der Antrag, wie er Ihnen vorliegt, wird Sie heute aber nur vor die Frage stellen, den Grundsatz an sich zu beschließen. Da in Ziffer 2 des neuen Paragraphen festgelegt ist, daß über die Aufbringung der Mittel der Bundesausschuß beschließen soll, können Einzelheiten insbesondere dieser Frage erst noch ganz genau ermittelt und errechnet werden.

Ich bitte Sie nun, als die für die zukünftige Gestaltung des westdeutschen Gewerkschaftsbundes Verantwortlichen, im Interesse der gesamten Gewerkschaftsbewegung unserem Antrag zum § 6 zuzustimmen. Glauben Sie mir, Kolleginnen und Kollegen, eine ungleiche Behandlung der Kollegen gerade in dieser Frage wird heute nicht mehr verstanden, abgesehen davon, daß die Errichtung von 16 jeweils gleichen Apparaten zur Erledigung dieser Arbeiten in den Gewerkschaften heute ebensowenig verstanden werden könnte.

Hinzu kommt noch, daß eine ungleiche Behandlung eine Gefahr für den Bestand der Industriegewerkschaften an sich ist.

(Der Vorsitzende wies auf den Ablauf der Redezeit hin.)

Ich verweise in diesem Zusammenhang auch auf die dringende Mahnung des Kollegen Reuter, die Industriegewerkschaften nicht von dieser Seite her in ihrem Bestand zu gefährden. Und sie wären gefährdet, wenn es nicht gelingt, für alle in diesem Falle gleiche Unterstützungen zu schaffen. Wir dürfen nämlich nicht vergessen, Kolleginnen und Kollegen, daß das Prinzip der Industriegewerkschaften auch zu einem häufigen Wechsel der Organisationszugehörigkeit führt. So kann ein Schlosser aus der Metallindustrie in einen chemischen Betrieb wechseln und eine Stenotypistin kann sogar im Laufe ihres Lebens die ganze Skala der sechzehn Gewerkschaften durchlaufen. Es kann also vorkommen, daß ein Kollege jahrzehntelang einer starken Industriegewerkschaft angehört, um dann plötzlich festzustellen, daß er in eine Industriegewerkschaft überwechseln muß, die ihm keine Unterstützung gewährt. Kollegen, was das bedeuten würde, brauche ich nicht erst zu sagen.

Die Glocke hat zum Schluß gemahnt. Ich werde zum Schluß kommen. Ich möchte Sie bitten, sich genauestens gerade in dieser Frage Ihre Abstimmung zu überlegen. Es ist nicht einfach damit abgetan, daß Sie dem Antrag der Satzungskommission, den Antrag Nr. 13 abzulehnen, stattgeben. Sie werden draußen bei den alten, jahrzehntelang treuen und braven Mitglieder Ihrer Gewerkschaft eine entsprechende Resonanz finden.

DER VORSITZENDE:

Das Schlußwort hat der Berichterstatter:

DER BERICHTERSTATTER:

Zweifellos sind die Motive, die der Kollege Mayer in seiner Begründung entwickelt hat, edel und gut. Wenn Sie sich aber Ihrer Verantwortung als Delegierte zu diesem Kongreß bewußt sind, dann darf die Entscheidung leider nicht — leider sage ich — vom Herzen diktiert sein. Entscheidend muß die Vernunft allein sein.

Die kleine Ind.-Gew. Druck und Papier, der vorzustehen ich die Ehre habe, zahlt 10 Prozent als Invalidenunterstützung. Das Verhältnis wird in anderen Gewerkschaften nicht viel anders sein. Ich bitte, einmal zu überlegen, in welchem Ausmaß wir Mittel aufbringen müßten, um diesen an sich gerechten Forderungen nachkommen zu können. Es ist bedauerlich, daß der Arbeitnehmer, der knapp das zum Leben Notwendige hat, heute noch selbst gezwungen ist, nach Mitteln und Wegen zu suchen, um seinen alten Arbeitsveteranen zu helfen. Wir haben dies getan in der Vergangenheit und seit 1945 wieder in den einzelnen Gewerkschaften mit den verschiedensten Methoden. Es waren meist keine glücklichen Lösungen.

Ich kann deshalb nicht anders, als von dieser Stelle noch einmal dringend zu bitten, diesen Antrag abzulehnen, und ihn nicht in der Satzung zu verankern, wodurch er Verpflichtung würde und wir dieser Verpflichtung in kürzester Zeit nicht mehr nachzukommen vermöchten. Also, so leid es mir tut, ich bitte um Ablehnung des Antrages.

DER VORSITZENDE:

Wir kommen zur Abstimmung.

(Der Kongreß nahm den § 6 in der Fassung des Satzungsentwurfs mit Mehrheit an.)

Zur Geschäftsordnung:

Fritz **Knepper**, Bielefeld, Gewerkschaft Textil, Bekleidung:

Kolleginnen und Kollegen!

Ich fühle mich veranlaßt, gegen die Art und Weise der Abstimmungsführung des Vorsitzenden Protest einzulegen.

Der Freie Gewerkschaftsbund Hessen hat zum § 6 einen Antrag gestellt, der bedeutend weitergehend ist als der vorgelegte Entwurf. Es entspricht demokratischen Grundsätzen, daß ein weitergehender Antrag zuerst zur Abstimmung kommt. Das ist aber durch den Vorsitzenden nicht geschehen.

Ich bitte den Kongreß, meinen Einspruch zu unterstützen.

DER VORSITZENDE:

Der § 6 ist in einer Fassung, wie er vom Vorbereitenden Ausschuß vorgelegt wurde, angenommen worden. Nun liegt zwar ein Antrag Nr. 13 vor, der jedoch mit der Materie des § 6 nichts zu tun hat. Aus diesem Grunde kann ich jetzt nicht darüber abstimmen lassen. Es bleibt den Antragstellern überlassen, diesen Antrag erneut aufzugreifen und später als neuen Antrag wieder einzureichen. Zum § 6 gehört er jedenfalls nicht. Wir kommen jetzt zu § 7.

DER BERICHTERSTATTER:

Zum § 7, Unterstützungen, sind ebenfalls entsprechende Änderungsanträge eingegangen. Vorschlag der Satzungskommission: Annahme wie vorliegender Entwurf des Vorbereitenden Ausschusses ohne jede Abänderung.

Wilhelm **Gefeller,** Hannover, Industriegewerkschaft Chemie, Papier, Keramik:

Kolleginnen und Kollegen!

Der § 7 der Vorlage ist einer der Paragraphen, der draußen in den Mitgliederkreisen wohl mit am meisten Beachtung gefunden hat. Das beweisen nicht nur die Zuschriften unserer hauptamtlich angestellten Kollegen in den Verwaltungsstellen, sondern auch die Zuschriften der Kollegen aus den Betrieben. Es ist der Paragraph, der in den letzten vier Jahren von allen Schichten der Kollegenschaft wiederholt und nachdrücklichst angesprochen worden ist. Es wird in der Mitgliedschaft sehr wohltuend empfunden, daß nunmehr in den Satzungen ein Paragraph verankert wird, der sich eben mit der Unterstützungszahlung beschäftigen soll. Nur fanden sehr viele Mitglieder und Kollegen, die sich mit der Materie beschäftigten, so etwas wie ein Haar in der Suppe.

Wir haben heute morgen lang und breit im Rahmen der Beratungen über den § 3 festgehalten, daß es dem Industriegewerkschaftsprinzip nicht zuträglich sei, konkurrierende Gewerkschaften in den Rahmen des neuen Bundes aufzunehmen oder im Bund zu haben. Kollegen, aber mit einer unzulänglichen Verabschiedung des § 7 schaffen Sie konkurrierende Gewerkschaften, und zwar dadurch, daß es, wenn man den § 7 auslegt, wie er hier vorgeschlagen ist, jeder Industriegewerkschaft freigestellt ist, Art und Höhe der kommenden Unterstützungen selbst festzulegen.

Das kann aber nicht der Sinn dieser Satzung sein. Das würde so etwas wie einen unfairen und unlauteren Wettbewerb ergeben und ein Wettrennen, von dem mein Kollege Müller schon sprach. Deshalb hat sich unsere Industriegewerkschaft bewogen gefühlt, einen Antrag einzureichen, der diese mögliche Unfairness von vornherein verhindern soll.

Kollegen, die Toleranz, die uns hier von der Satzungskommission empfohlen worden ist, und die Kollege Fette dadurch zum Ausdruck gebracht hat, nach Möglichkeit die Richtlinien des Ausschusses einzuhalten, dieser Vorschlag mag vielleicht den Kollegen Fette und die Satzungskommission ehren, aber es wäre uns viel wohler, wenn klar und eindeutig festgehalten würde, daß die Richtlinien der kommenden Unterstützungssätze und -arten als für alle Gewerkschaften verbindlich angesehen würden.

Vorhin ist der „Kollege aus dem Betrieb" zitiert worden und die Möglichkeit einer oft wechselnden Mitgliedschaft. Diese vielartige Mitgliedschaft würde sich aber für das Industriegewerkschaftsprinzip sehr verheerend auswirken, da wir keinem Kollegen zumuten können, beim Berufs- oder Betriebswechsel der Organisation beizutreten, die auf Grund ihrer Struktur niedrigere Unterstützungssätze zahlt als die, der er bisher zugehört hat. Deshalb, Kollegen, ist in diesem Antrag Nr. 15 nichts weiter über die Art der Unterstützungen gesagt worden, auch nichts über die Höhe oder die Dauer oder dergleichen. Das bleibt dem Bundesausschuß überlassen. Es soll durch Annahme dieses Antrags nur verhindert werden, daß so etwas wie ein unlauterer Wettbewerb einsetzt, alles andere ist Sache des Bundesausschusses. Deshalb bitte ich, den Anträgen 14 und 15, die beide dasselbe wollen, zuzustimmen.

Werner **Bock,** Bielefeld, Gewerkschaft Textil, Bekleidung:

Werte Kollegen, werte Kolleginnen!

Der Kollege Reuter hat gestern schon ausgeführt, daß das Prinzip der Industriegewerkschaften zerstört würde, wenn man für den § 7 nicht die richtige Formulierung finden würde. Der Kollege Gefeller hat eben ausgeführt, welche Formulierung gewünscht wird.

Von den Gewerkschaften stellt namentlich die Gewerkschaft Textil, Bekleidung den Ihnen vorliegenden Antrag Nr. 14: Der Bund „strebt" nicht an, sondern „beschließt" die Einführung von notwendigen und gleichen Unterstützungsarten und Unterstützungssätzen der Gewerkschaften für alle ihre Mitglieder. Weiterhin erläßt der Bundesausschuß die Richtlinien dazu, die für alle Gewerkschaften bindend sein müssen. Ich brauche keine großen Ausführungen mehr zu machen, denn es geht nicht anders, wenn wir dem Gedanken der Solidarität für alle Gewerkschaften zum Durchbruch verhelfen wollen, dann müssen diese Richtlinien auch für alle Gewerkschaften bindend sein. Sonst könnte es wirklich eintreten, daß die Konkurrenz wieder vorherrscht und eine Organisation gegen die andere ausgespielt wird.

Ein Beispiel: Ein Bauarbeiter oder sonst ein Kollege, der in einem unserer Betriebe Arbeit findet, würde sagen: ich denke gar nicht daran, in Eure Organisation überzutreten, denn in unserer Organisation werden andere Unterstützungssätze gezahlt als in Eurer Organisation. Dann hätten wir bald wieder das, was wir vor 1933 hatten, nämlich, daß in einem Betrieb drei, vier und fünf Organisationen für die Kassierung und für die Mitglieder zuständig wären. Der Leitgedanke muß doch sein: ein Betrieb, eine Gewerkschaft, und aus Gründen der Solidarität müssen allen gleiche Unterstützungssätze gesichert sein, sei es bei Kampfmaßnahmen oder bei Unterstützungsmaßnahmen.

Ich bitte dringend darum, unserem Antrag Nr. 14 Ihre Zustimmung zu geben.

Falls der Antrag die Zustimmung des Kongresses findet, stellen wir weiter den Antrag, daß die Fonds, die in den einzelnen Bünden angesetzt worden sind, für diesen Zweck verwandt werden. Wenn wir nämlich als Gewerkschaften ab 1. Januar 1950 die Unterstützungen übernehmen sollen, ist es doch selbstverständlich und logisch, daß dann diese Fonds anteilmäßig den Gewerkschaften für diesen Zweck zurückgegeben werden.

Also, das ist ein Eventualantrag zu diesem Antrag. Wir bitten darum, daß diesem ebenfalls stattgegeben wird.

Karl **Klus**, Frankfurt a. M., Gewerkschaft der Eisenbahner Deutschlands:

Kolleginnen und Kollegen!

Ich kann verstehen, daß eine Reihe von Gewerkschaften sich ausschalten möchte, vielleicht nur, weil eine Gewerkschaft in der Lage ist, einige Mark mehr an Arbeitslosen- oder anderer Unterstützung zu zahlen. Aber man kann dies nicht auf dem Wege verhindern, wie es hier von den Antragstellern gewünscht wird.

Nein, Kollegen, haben wir denn eine „Industriegewerkschaft" Erziehung oder Bildende Künste? Wollt ihr vielleicht, daß der Bund eines Tages beschließt, eine Arbeitslosenunterstützung in der und der Höhe einzuführen, die dann auch von den Erziehern eingeführt werden soll, oder von den Postbeamten, oder von den Eisenbahnbeamten? Das zeigt die Unmöglichkeit, daß der Bund die Richtlinien für alle Gewerkschaften festlegen kann.

Man kann nur das machen, was von der Satzungskommission beantragt wird, weil praktisch nichts anderes möglich ist.

DER BERICHTERSTATTER:

Auch hier gilt nicht Böswilligkeit, sondern klares Urteil der einzelnen Industriegewerkschaften. Nehmen wir an, die Gewerkschaft Bau braucht unbedingt eine Arbeitslosenunterstützung, so wie es die Gewerkschaften der Post und Eisenbahn nicht nötig haben. Gleichermaßen liegt es auf dem Gebiete der Invalidenunterstützung.

Kollegen, nehmt dies in euch auf! Die Zeit zwingt dazu, mich kurz zu fassen. Nicht Böswilligkeit, sondern klare Erkenntnis, daß ein derartiger Beschluß nicht durchführbar ist. Deshalb bitten wir um Annahme des Antrages, wie er in der Vorlage dargestellt ist.

(Die über den § 7 des Satzungsentwurfs per Akklamation durchgeführte Abstimmung war zweifelhaft. Die Empfehlung des Vorsitzenden, den § 7 zur Neufassung an die Satzungskommission zu überweisen, wurde abgelehnt. Kollege Max Thoma, Hamburg, Industriegewerkschaft Druck und Papier, beantragte geheime Abstimmung.

Der Kongreß stimmte dem im Einverständnis mit dem Kongreßbüro gemachten Vorschlag des Vorsitzenden zu, den § 7 in der Fassung des Antrags Nr. 14 der Gewerkschaft Textil, Bekleidung zur Abstimmung zu bringen.)

DER VORSITZENDE:

Ich bitte diejenigen Delegierten um ein Handzeichen, die für den § 7 in der Fassung des Antrags Nr. 14 sind.

(Der Kongreß nahm den § 7 in der Fassung des Antrags Nr. 14 mit Mehrheit an.)

DER VORSITZENDE:

Wir fahren fort, wir kommen zu § 8.

DER BERICHTERSTATTER:

Kolleginnen und Kollegen!

Zum § 8 liegen Abänderungsanträge nicht vor. Lediglich in einem verspäteten Antrag ist gewünscht worden, daß in der Ziffer 3 am

Schluß gesagt wird, Gewerkschaften, die s c h u l d h a f t e r w e i s e mit der Beitragszahlung im Rückstand sind, ...

Die Satzungskommission bittet jedoch um Annahme der unveränderten Fassung des Entwurfs.

DER VORSITZENDE:

Wer hierfür ist, den bitte ich um das Handzeichen:

(Der Kongreß nahm den § 8 in der Fassung des Satzungsentwurfs einstimmig an.)

DER BERICHTERSTATTER:

Kolleginnen und Kollegen!

Jetzt kommt der wichtige § 9. Trotz seiner Wichtigkeit muß ich mich kurz fassen und auf meine hierzu gemachten Ausführungen in der Vormittagssitzung verweisen. Es geht um die Organe des Bundes, die nach dem Wunsch der Mehrheit der Mitglieder der Satzungskommission in folgender Rangfolge erscheinen sollen:

erstens der Bundeskongreß, dann

der Bundesvorstand,

der Bundesausschuß und

die Revisionskommission.

Hierzu liegen Abänderungsanträge vor, und zwar Nr. 17 vom Bayerischen Gewerkschafts-Bund und Nr. 18 vom Freien Gewerkschaftsbund Hessen, die beide eine Umstellung derart wünschen, daß der Bundesausschuß hinter dem Bundeskongreß und vor dem Bundesvorstand rangiert. Ich habe als Berichterstatter auf die große Bedeutung dieser Entscheidung hingewiesen.

Der Bundesvorstand wird vom Bundeskongreß gewählt. Er ist verpflichtet, gemäß der Satzung und den Beschlüssen dieses Kongresses zu arbeiten und die Verantwortung für seine Politik bis zum nächsten Bundeskongreß zu tragen. Diese klare Verantwortlichkeit muß herausgestellt werden. Sie wird gestört, wenn dem Antrag von Bayern und Hessen entsprochen und der Bundesausschuß vor den Bundesvorstand gesetzt wird. Darum appelliere ich dringend, der Formulierung, wie sie vom Vorbereitenden Ausschuß im Satzungsentwurf festgelegt ist, zuzustimmen.

DER VORSITZENDE:

Wortmeldungen hierzu liegen nicht vor. Wir kommen zur Abstimmung.

(Der Kongreß nahm den § 9 in der Fassung des Satzungsentwurfs gegen wenige Stimmen an.)

DER VORSITZENDE:

Wir fahren fort und behandeln jetzt den § 10.

DER BERICHTERSTATTER:

Hierzu sind keine Abänderungsvorschläge eingegangen. Die Satzungskommission bittet um unveränderte Annahme.

DER VORSITZENDE:

Wir kommen zur Abstimmung.

(Der Kongreß nahm den § 10 in der Fassung des Satzungsentwurfs einstimmig an.)

DER BERICHTERSTATTER:

Zu Ziff. 1 des § 11 hat die Satzungskommission folgende Formulierung vorgeschlagen:

Der Bundesvorstand besteht aus
einem Vorsitzenden,
zwei stellvertretenden Vorsitzenden und
sechs weiteren Vorstandsmitgliedern, die hauptamtlich tätig sind, sowie aus
je einem Vertreter der dem Bund angeschlossenen Gewerkschaften.

Im Laufe des Nachmittags ist ein Antrag eingegangen, der genügend unterstützt ist. Er lautet:

Die Unterzeichneten stellen den Antrag, daß im zukünftigen Bundesvorstand die Jugend durch einen von ihr vorgeschlagenen Kollegen vertreten wird, selbst wenn dadurch der Bundesvorstand um ein weiteres Mitglied erweitert werden muß. (Siehe Antrag Nr. 84.)

Ich möchte hierzu einige kurze Worte sagen, die besonders an die Jugendvertreter gerichtet sind, die hier im Hause sind.

Wenn einer Verständnis für die Gewerkschaftsjugend hat, dann nehme ich dieses Recht für mich in Anspruch. Ich entstamme dieser Jugend und bin seit dem 17. Lebensjahre in der Arbeiterbewegung. Wenn ich dennoch an die Antragsteller die dringende Bitte richte, diesen Antrag zurückzuziehen, um dem Kongreß nicht die Ablehnung empfehlen zu müssen, so wegen der sich ergebenden Konsequenzen.

Teilen wir auf nach Gruppen, räumen wir der Jugend das Recht eines Vertreters ein, dann ist dieser hauptamtlich tätige Kollege vielleicht in zwei bis drei Jahren nicht mehr jung, er muß aussteigen und einen anderen Jugendlichen nachziehen. Als nächste Gruppen können mit größerem Recht dann die Angestellten kommen, die Beamten, die Frauen usw. und ebenfalls Sitz und Stimme im Bundesvorstand fordern.

Kollegen, ich bitte, diese Auswirkungen zu bedenken, und empfehle, daß die Delegierten sich in bezug auf Ziffer 1 der Formulierung anschließen, wie sie von mir vorgetragen wurde. Den Zusatzantrag empfiehlt die Kommission abzulehnen.

Wilhelm **Gefeller,** Hannover, Industriegewerkschaft Chemie, Papier, Keramik:

Kolleginnen und Kollegen!

Ganz im Gegensatz zu der Satzungskommission möchte ich Ihnen dringend empfehlen, der Vorlage, wie sie der Vorbereitende Ausschuß beschlossen und zunächst einmal vorgelegt hat, zuzustimmen, und zwar aus folgenden Gründen:

Wenn der Bundesvorstand einschl. der drei Vorsitzenden aus insgesamt nur acht oder neun Kollegen besteht, dann wird es sich in relativ kurzer Zeit erweisen, daß dieser Vorstand personell ungenügend besetzt ist. Ich kann dies hier um so sicherer prophezeien, weil wir diese Erfahrung bereits gemacht haben. Von dieser Erfahrung ließ sich der VAG, dem ich auch angehöre, leiten und beschloß, zwölf Kollegen mit der Wahrung der Geschäfte des Bundes zu beauftragen, und zwar mit der Maßgabe, daß die drei Vorsitzenden nicht mit einem Ressort belastet werden dürfen, weil sie zunächst einmal den Bund zu repräsentieren haben und zum anderen ihre Aufgabe darin besteht, zu koordinieren, was mit der Gewerkschaftsbewegung auf politischem Gebiet zu koordinieren ist.

Wollen Sie einen Vorsitzenden, der mit diesen großen Aufgaben betraut werden muß, wollen Sie diesem Vorsitzenden das Referat — oder Dezernat, wie man es nennen will — „Jugend" oder „Bildung" übertragen, oder soll sich der Kollege mit „Arbeitsrecht" oder den mannigfaltigen Fragen der Wirtschaft beschäftigen? Nein, Kollegen, das ist praktisch gar nicht durchführbar.

Man sprach ferner heute morgen von der Diskrepanz, die leider noch zwischen den einzelnen Ländern und Zonen vorhanden wäre. Ich möchte mich nicht darüber auslassen, aber die personelle Besetzung in dem Sinne, wie sie der VAG vorgeschlagen hat, dürfte viel einfacher diese Dinge aus dem Wege räumen, als wenn man sich auf einen Bundesvorstand einigen würde, der nur acht oder neun Mitglieder hat.

Ich bitte deshalb, der Vorlage des VAG in der vorliegenden Form zuzustimmen mit der Abänderung, daß statt 13 weiteren Vorstandsmitgliedern 16 Kollegen aus den Industriegewerkschaften nominiert werden sollen. Denn dann wäre gewiß die Chance vorhanden, Frauen und Jugendliche in gebührendem Maße zu berücksichtigen.

DER VORSITZENDE:

Um auch diesen Abschnitt möglichst reibungslos und schnell behandeln zu können, schlage ich Ihnen vor, abschnittsweise vorzugehen und zunächst Ziffer 1 zu nehmen. Wir fahren in der Aussprache fort.

Gustav **Schiefer,** München, Bayerischer Gewerkschafts-Bund:

Werte Kolleginnen und Kollegen!

Ich bin Optimist genug, daß der Gründungskongreß des Deutschen Gewerkschaftsbundes der Jugend und den Frauen die Würdigung zuteil werden läßt, die ihnen zusteht.

Wenn der Kollege Fette als Berichterstatter erklärt, daß er seit seinem 17. Lebensjahr im Rahmen der Arbeiterbewegung kämpft und in der Jugendbewegung tätig war, so kann ich unmöglich seine Stellungnahme verstehen. Wir haben andere Zeiten wie vor 40 Jahren. Will man denn nicht verstehen, was die Jugend will, was sie bewegt, was die Jugend treibt? Wenn wir als Gewerkschaften, nachdem die politischen Parteien nicht fähig gewesen sind, die Jugend zu erfassen, nicht imstande sind, die Jugend an uns zu ziehen, läuft unsere Bewegung den verkehrten Weg. (*Langanhaltender Beifall.*)

Wir in Bayern, im Bayerischen Gewerkschafts-Bund, haben seit 1945 der Jugend in allen Institutionen, die wir haben, jenen Platz eingeräumt, den sie verdient, und haben die denkbar besten Erfahrungen gemacht.

Was hindert den kommenden Bund, zu seinen 27 Vorstandsmitgliedern drei oder sechs Mitglieder der Jugend mit Sitz und Stimme hineinzunehmen? Dabei lasse ich die Frage völlig offen, ob der Kollege besoldet oder ehrenamtlich tätig sein soll.

Fühlen Sie denn nicht mit der Jugend? Gehen Sie unter die Jugend! Hören Sie mit dem Ohr der Jugend! Helfen Sie der Jugend, die Ihnen zuruft: seid uns Wegweiser! Worin besteht die neue Zeit? Die Zeit einer Jugendbewegung von vor 50 und 55 Jahren ist vorbei, die Jugendbewegung von heute ist völlig anders geworden. Mit was soll sich die Jugend beschäftigen, ist von einem Kollegen gefragt worden, und: hat die Jugend soviel Probleme im Rahmen der gesamten Gewerkschaftsbewegung zu lösen?

Die Fragen der Unterbringung der Jugend, die Fragen der Schulbildung, die Fragen der Berufsschulen — um nur einige anzuzeigen — sind von so großer Bedeutung, daß die Jugend Arbeit in Hülle und Fülle mit den eigenen Problemen hat.

Ich bitte herzlichst und innigst: lassen Sie diesen historischen Kongreß nicht von Verhältnissen beherrscht sein, die zu unserer Zeit maßgebend gewesen sind. So oft ist ausgesprochen worden, daß wir neuen Aufgaben entgegen gehen. Mein lieber Hans Böckler hat mit einer Emphase für Düsseldorf geworben, die mich bestimmt, mit noch größerer Emphase für eine würdige Vertretung der deutschen Jugend im Rahmen der Gewerkschaften zu werben. Ich werde auch die Gewerkschaften bitten, die die Jugend noch nicht eingegliedert haben, in ihren Organisationen dieses Versäumnis recht bald nachzuholen. Die Jugend wird der kommende Träger des heute oder morgen zu beschließenden Bundes sein, wird seine spätere Tragkraft sein.

Ich will kurz sein. Ich hatte mir vorgenommen, nicht zu reden, verübelt mir bitte nicht, daß ich es doch getan habe. Ich habe nur noch ein biß'l auf dem Herzen. Ich verwahre mich dagegen, daß wir hier in Bayern nichts in unseren Gewerkschaften getan hätten. Wir haben in Bayern, und ich glaube auch in Württemberg, zum mindesten mit derselben Überzeugung und mit derselben Hingabe für den Gewerkschaftsgedanken geworben, wie man es in anderen Nestern unseres westdeutschen Staates getan hat.

Ich schließe damit, daß ich den Kongreß herzlichst bitte, dem Antrag, der zuletzt eingereicht ist, zuzustimmen und der Jugend im Interesse unserer Bewegung den Platz einzuräumen, der ihr gebührt.

Karl **Hauser**, Frankfurt a. M., Freier Gewerkschaftsbund Hessen:

Liebe Kolleginnen und Kollegen!

Ich komme vom Main, und deshalb will ich die Mittellinie einhalten. Was Kollege Fette prophezeit hat, trifft jetzt ein. Ich stelle nämlich dieselben Ansprüche für die technischen Angestellten, für die Techniker sowohl als auch für die Werkmeister. Wir wollen aber nicht etwa, daß die Jugend und die Frauen nicht zum Zuge kämen.

Ich habe mich zu § 10 nicht gemeldet, und zwar deshalb nicht, weil ich mit dem Kollegen Fette einverstanden war, daß es tatsächlich Angelegenheit der Gewerkschaften ist, dafür zu sorgen, daß zum Bundeskongreß entsprechend der Stärke der Angestellten auch Angestelltenvertreter entsandt werden. Wie aber zum Beispiel der selige Gewerkschaftsrat diese Möglichkeit der Wahl von Angestelltenvertretern beurteilte — mein Freund Reuter wird mir dafür nicht böse sein —, ergibt sich aus einem Schreiben des Gewerkschaftsrats, in dem er in sehr wohlwollender Weise die angeschlossenen Gewerkschaften bzw. Bünde darauf aufmerksam macht, daß wahrscheinlich die Angestellten bei den Wahlen nicht richtig berücksichtigt worden seien.

In der Industriegewerkschaft Metall ist das ja nun anders gewesen. Wenn das überall so wäre, dann wären wir zufrieden, und es müßten heute rund 90 Angestellte bzw. Beamte als Delegierte anwesend sein.

Bedauerlich ist, daß die Mandatsprüfungskommission gerade diese Zusammensetzung nicht festgestellt hat. Nun, das kann sich alles noch ändern.

Ganz anders ist das beim Bundesvorstand. Hier sagt die Satzungskommission ebenfalls, daß es Sache der Gewerkschaften sei, Angestellte in den Bundesvorstand zu delegieren. Zugleich schlägt aber die Satzungskommission vor, von jeder Gewerkschaft nur einen Vertreter in den Bundesvorstand zu entsenden. 16 Gewerkschaften haben wir, 16 Vertreter kommen hinein. Wie soll das den Angestellten durch die einzelnen Industriegewerkschaften zugute kommen?

Gewiß, die Industriegewerkschaft Handel, Banken und Versicherungen wird durch ihren Vorsitzenden vertreten sein, aber die Masse der Industrieangestellten — es sind rund 70 000 Industrieangestellte ohne die Beamten, die Techniker und die Werkmeister —, die kaufmännischen Industrieangestellten, die sind im Bundesvorstand nicht vertreten.

Ob es nun 25, 27 oder 30 Vorstandsmitglieder sind, das spielt gar keine Rolle. Deshalb bitte ich die anwesenden Delegierten, unserem Abänderungsantrag auf Erhöhung der Zahl der Bundesvorstandsmitglieder auf 29 zuzustimmen unter der Voraussetzung, daß die Industrieangestellten in angemessener Form berücksichtigt werden.

Oskar **George,** Stuttgart, Gewerkschaft Öffentliche Dienste, Transport und Verkehr:

Kolleginnen und Kollegen!

Wenn ich jetzt, beauftragt und ausgerüstet mit dem Vertrauen der Jugend, zu unserem Antrag spreche, der noch ganz frisch in Erinnerung ist und der eben vom Kollegen Schiefer mit soviel Temperament vertreten wurde, so möchte ich diesen Antrag noch kurz seitens der Jugend begründen:

Wir haben uns nicht erst seit heute, sondern seit Monaten mit diesem Kongreß beschäftigt, und wir haben ungefähr gewußt, wie dieser Antrag aufgenommen werden wird. Wir haben absolut den Rahmen unserer Möglichkeiten erkannt und in diesem Rahmen unsere Diskussionen geführt. Wenn Kollege Schiefer begründet, daß die Jugend hinein muß, so möchte ich sagen, das ist richtig.

Aber eines möchte ich noch in Ergänzung dazu sagen. Ich bin der Überzeugung, daß bei den allermeisten Delegierten über die Jugend falsche Begriffe vorherrschen. Bitte, Kolleginnen und Kollegen, das soll kein Vorwurf gegen irgendeinen sein, aber ich habe in Gesprächen mit älteren Kollegen immer wieder festgestellt, daß, wenn man davon spricht, daß ein Jugendlicher in den Vorstand soll, dann bei den älteren Kollegen die Vorstellung auftaucht, daß vielleicht 17- bis 18jährige als Mitglied des Vorstands des Deutschen Gewerkschaftsbundes vorgeschlagen werden sollen.

Das ist nicht unsere Absicht. Wir sind uns darüber klar, daß wir auf keinem Jugendkongreß sind, und daß die 13 Nazijahre hinter uns liegen. Wir sind uns klar, daß die Jugend eigentlich gar nicht weiß, was sie soll und was sie will. Wir sind uns aber auch klar, daß wir gerade auf diesem Kongreß historische Aufgaben zu erfüllen haben. Dieser Kongreß muß unbedingt beschließen, daß die Jugend im Vorstand angemessen vertreten ist und zwar nicht, wie man sagt, automatisch, weil wir jung sind —, weil wir als Jugend Besonderes wollen, sondern weil wir täglich mit der Jugend arbeiten müssen und wissen, daß für die Jugend etwas Besonderes getan werden muß, und dieses Besondere kann nicht getan werden, wenn wir irgendwo und irgendwann mitberaten dürfen.

Sie wissen doch selbst, Kollegen, wie es um Ihr Mitbestimmungsrecht bestellt ist. Auch Sie wollen nicht nur mitberaten, sondern auch mitbestimmen, weil Sie wissen, wenn man nur mitberät, kommt man doch unter den Tisch. Und so wollen auch wir in einem Kongreß mitwirken, der imstande ist, wirklich die Probleme zu sehen und zu vertreten und für die Jugend zu fühlen und sie zu fördern. Ich glaube, Kollegen, daß ich mich nicht weiter verbreiten brauche, ich glaube, daß jeder Delegierte zu diesem Kongreß erkannt hat, daß wir uns dieser Verpflichtung für die Jugend nicht entziehen können.

Ich bitte Sie deshalb, für den Antrag der Jugend zu stimmen.

Hermann **Engels,** Hamburg, Gewerkschaft Öffentliche Dienste, Transport und Verkehr:

Kolleginnen und Kollegen!

Ich bin der Meinung, daß wir an sich zu einem falschen Zeitpunkt über die Fragen der Jugend debattieren. Ich bin zwar der Ansicht, daß über die Frage der Jugend und über die Frage, ob die Jugend dem Bundesvorstand angehören soll oder nicht, debattiert werden soll. Ich bin aber nicht der Meinung, daß es genügt, in den Bundesvorstand des Deutschen Gewerkschaftsbundes nur einen Jugendlichen hineinzunehmen, sondern daß in diesen Vorstand mehr als ein Jugendlicher hineingehört.

Ich wehre mich dagegen, wenn hier von einem Redner ganz deutlich ausgesprochen wurde, es müsse nun irgend jemand als Vertreter einer Gruppe hineingebracht werden. Gestatten Sie mir, von dieser Stelle aus ein Bekenntnis abzulegen. Ich bin zu den Vorbesprechungen des Deutschen Gewerkschaftsbundes hingegangen mit dem Gedanken, daß der Kollege Böckler mit 74 Jahren zu alt sei, um die Geschicke des Deutschen Gewerkschaftsbundes zu leiten. Als ich aus dieser Vorbesprechung herausgekommen bin, habe ich mir und meinem Kollegen folgendes gesagt: Der Kollege Hans Böckler mit seinen 74 Jahren ist viel jünger als mancher Sechzehnjährige.

Das bewegt auch mich, heute hier heraufzukommen und Sie zu bitten, Ihre Stimme ohne weiteres der Jugend zu geben, aber die Jugend soll hier den Mut haben und ihren Vorschlag namentlich bringen. Keiner von uns wird gegen den namentlichen Vorschlag der Jugend sein.

Lorenz **Hagen,** Bayerischer Gewerkschafts-Bund:

Kolleginnen und Kollegen!

Wir waren uns von vornherein darüber klar — ich glaube, daß ich das nicht nur für Bayern, sondern für den ganzen süddeutschen Raum, ohne zonenmäßig denken zu wollen, sagen darf —, daß der § 11 von dem gesamten Satzungsentwurf der Paragraph sein wird, der am meisten umstritten wird. Heiß umstritten deshalb, weil er ja das Organ, das die Geschicke des Bundes in der Zukunft hauptsächlich und in erster Linie zu leiten hat, umschreibt und festlegt.

Wie liegen nun die Dinge entwicklungsmäßig? Soll ich eine lange Erklärung darüber geben, was alles bisher bestanden hat? Ich glaube, daß das nicht notwendig ist, weil es einmal bereits Bestand ist und weil zweitens sich an einer bestimmten Tatsache, die ich vorläufig nicht näher bezeichnen will, nichts ändern wird. Aber eins wollen wir nicht vergessen: wir haben heute in Westdeutschland andere Verhältnisse wie bis 1933.

Bis 1933 gab es auch bei den einzelnen damals vorhandenen Richtungsbünden Bezirksleiter. Ich möchte sagen, sogenannte „Mauerblümchen", auch bei der Organisation, in der ich damals schon tätig war, beim Allgemeinen Deutschen Gewerkschaftsbund. Heute stehen wir vor der Frage, sollen wir fortfahren, wo wir 1933 aufgehört haben, oder müssen wir uns aus ganz zeitbedingten Gründen heraus umstellen und dem Zeitgeist Rechnung tragen?

Hier sagen wir von Süddeutschland aus: jawohl, wir müssen uns umstellen! Wir haben heute keine zentrale Reichsregierung wie damals, die bis zu einem gewissen Grade autoritär war, sondern heute haben wir neben der Bundesregierung auch Länderregierungen, die gewisse legislative Rechte haben. Diese legislativen Rechte können unserer Auffassung nach nicht durch einen Bundesvorstand, der in Düsseldorf sitzt, für jede Landesbasis bearbeitet und vertreten werden.

Nun kann man sagen, ja, dazu sind Landesbezirksvorstände da. Aber es wird sich doch als notwendig erweisen, daß die Arbeit, die auf Landesbasis gemacht werden muß, mit der des gesamten Bundesvorstandes koordiniert wird. Wir waren sehr erstaunt, daß uns der Kollege Fette als Berichterstatter der Satzungskommission heute früh erklärt hat, daß man lediglich daran denkt, eine kleine Änderung in Ziffer 6 des § 11 zu machen.

Ich stelle ferner fest, daß wir in unserem Antrag Nr. 22 auch die Forderung aufgestellt haben, die Zahl der aus den Gewerkschaften kommenden Bundesvorstandsmitglieder, also der unbesoldeten, zu erhöhen. Dieselbe Formulierung hat sich auch der Kollege Schmidt im Vorbereitenden Ausschuß zu eigen gemacht. Nun haben wir den Antrag gestellt, hier noch eine Ergänzung hineinzunehmen, die besagt, daß dem Bundesvorstand auch die sieben Landesbezirksvorsitzenden angehören sollen. Ich habe vorher schon ganz kurz eine Begründung hierfür gegeben. Es ist unserer Auffassung nach aus politischen Gründen notwendig, daß die Landesbezirksvorsitzenden im Bundesvorstand mit verankert sind, dabei kommt es nicht darauf an, ob mit beschließender oder beratender Stimme. Wenn die Interessen der einzelnen Landesbezirke gewahrt werden sollen, dann müssen die Landesbezirke im Bundesvorstand zum mindesten mit beratender Stimme vertreten sein. Erst dann, wenn dieser Antrag abgelehnt werden sollte und sieben Landesbezirke nicht hinein kommen, habe ich die Erklärung abzugeben, daß wir uns dem Antrag des Gewerkschaftsbundes Württemberg-Baden anschließen, wonach wenigstens vier Landesbezirke im Bundesvorstand vertreten sein sollen.

Man hat erklärt, daß die Zahl 25 gewissermaßen schon absolut sei. Ich habe die Frage gestellt, ob das, was der VAG, und auch der Gewerkschaftsrat mit, ausgearbeitet hat, denn nun schon ein Evangelium sei, oder ob das auch noch abgeändert werden könne. Hier müßte man erklären: jawohl, die beiden Korporationen haben beschlossen, daß auch eine Berechtigung besteht, Anträge an den Kongreß zu stellen, durch die Gewerkschaften einmal, andererseits auch durch die bisher bestehenden Bünde.

Es ist kein Streben nach einer Sinecure für uns, wenn wir das Verlangen stellen, die Landesbezirksvorsitzenden im Bundesvorstand mit einzubauen. Man könnte noch darüber vieles sagen, aber die ganze Begründung, die dagegen angeführt ist, ist unserer Auffassung nach nicht stichhaltig.

Ich habe mit Vertretern verschiedener Industriegewerkschaften vor und während der Tagungen des Gewerkschaftsrates und des VAG gesprochen und — bitte, merken Sie einmal auf, was man mir geantwortet hat — man hat gesagt: wenn man auf der Bundesebene dazu übergeht, die Vertreter der Landesbezirke mit in den Bundesvorstand einzubauen, dann besteht die große Gefahr, daß die Bezirksleiter der Industriegewerkschaften dasselbe Verlangen stellen. Nun frage ich Sie: Ist diese Begründung ausschlaggebend genug, um eine derartige Forderung abzulehnen? Ich glaube nicht, Kolleginnen und Kollegen! Wenn man aus solchen Gründen formulieren will wie es vorgesehen ist — Hinzuziehung zu Beratungen von Fall zu Fall —, dann glaube ich, Kolleginnen und Kollegen, werden Sie damit der gesamten Gewerkschaftsbewegung keinen großen Dienst erweisen.

Wir bitten Sie dringend, unserem Antrag Nr. 22 zu Ziffer 1 des § 11 stattzugeben, und wir bitten ferner zuzustimmen, daß mindestens vier der Landesbezirksvorsitzenden in den Bundesvortand hineinkommen.

Man kann vielleicht — und das soll mein letztes Wort sein — sagen: wie kommt der Bayerische Gewerkschafts-Bund dazu, zwei Anträge zur selben Sache mit verschiedenen Grundlagen zu stellen? Der Antrag Nr. 19, den der Kollege Schiefer so eingehend begründet hat, spricht von 25 Mitgliedern des Bundesvorstandes, während der Antrag Nr. 22 von 27 Mitgliedern des Bundesvorstandes spricht. Hierzu möchte ich Ihnen sagen, daß der erste Antrag von unserer Jugend auf dem letzten Bundestag eingebracht worden ist, ohne daß die Jugend dort irgend etwas an der Gesamtzahl des Bundesvorstandes, wie nach dem Satzungsentwurf des VAG vorgeschlagen, geändert hat, während wir im Bundesvorstand und Bundesausschuß des Bayerischen Gewerkschafts-Bundes der festen Überzeugung waren, daß bei dieser Zahl eine Rücksichtnahme auf die Landesbezirke nicht möglich ist. Deshalb haben wir den Antrag nach der Richtung hin erweitert, daß wir anstatt 25 Kollegen 27 vorgeschlagen haben.

Ich bitte Sie noch einmal dringend im Interesse der gesamten Sache, unserer Gewerkschaftsbewegung, diesem Antrag Ihre Zustimmung zu geben.

DER VORSITZENDE:

Es liegt hier noch ein Antrag vor. Was dieser Antrag besagen will, ist mir klar, und trotzdem möchte ich Sie bitten, daß wir über diesen Antrag nicht weiter beraten.

Wir hatten im Kongreßbüro Erwägungen über den zeitlichen Verlauf angestellt und geglaubt, daß wir bis 6 Uhr mit den Beratungen zur Satzung fertig wären. Demgemäß ist Mitteilung ergangen an den Rundfunk und an die Presse. Wir sind aber noch nicht so weit. Wir haben noch eine Reihe von Beratungen zu führen.

Wenn der § 11 erledigt ist, kommen noch eine Reihe von Paragraphen, die mit von ausschlaggebender Bedeutung sind. Aus diesem Grunde schlage ich Ihnen vor, die Beratungen über die Paragraphen jetzt zu unterbrechen und fordere den Kongreß auf, einen Beschluß dahingehend zu fassen, daß jetzt der Deutsche Gewerkschaftsbund gebildet wird und wir die weiteren Beratungen zurückstellen und morgen in der Tagesordnung weiterfahren.

Besteht darüber Einverständnis?

(Der Kongreß stimmte zu, die Beratungen zu unterbrechen.)

(Kollege Walter **Freitag** übergab den Vorsitz an den Kollegen Hans **Böckler**.)

DER VORSITZENDE (Hans **Böckler**):

Ich bitte die Vorsitzenden der einzelnen Gewerkschaften und die Kollegen des Gewerkschaftsrats, nach vorne zu kommen.

Kolleginnen und Kollegen!

Der historische Augenblick ist nun gekommen. Wir sind mit unseren Beratungen bereits so weit fortgeschritten, daß wir ruhig die Gründung des von uns beabsichtigten Bundes vornehmen können. Dazu ist notwendig, daß wir zuvor einen Beschluß fassen, einen Beschluß des Wortlautes:

Der vom Gewerkschaftsrat einberufene Kongreß beschließt die Gründung des Deutschen Gewerkschaftsbundes für das Gebiet der Bundesrepublik Deutschland.

Haben Sie alle den Beschlußentwurf vernommen? *(Ja-Zurufe.)* Sind Sie sich klar über seinen Inhalt? *(Ja-Zurufe.)*

Dann kommen wir zur Abstimmung.

(Der Kongreß beschloß einstimmig die Gründung des Deutschen Gewerkschaftsbundes für das Gebiet der Bundesrepublik Deutschland.)

(Lang anhaltender Beifall.)

DER VORSITZENDE:

Wir werden jetzt, und zwar der bisherige Gewerkschaftsrat und mit ihm die Vorsitzenden der 16 Gewerkschaften, eine Urkunde unterzeichnen, die all das enthält, was bei einem Gründungsakt so bedeutsamer Art, wie wir ihn eben vollzogen haben, gesagt wird und schriftlich festgehalten werden soll und muß, damit spätere Geschlechter sich den Augenblick vergegenwärtigen können, an dem sie selbst nicht zugegen waren. Sie sollen der Urkunde entnehmen können, was da lange vor der Zeit, in der der eine oder andere die Urkunde durchblättert, geschehen ist. Ich unterzeichne nun diese Urkunde und bitte die Vorsitzenden der Gewerkschaften, nach mir zur Feder zu greifen.

(Der Kongreß stimmte das Lied „Brüder, zur Sonne, zur Freiheit" an.

Der Vorsitzende sowie die Mitglieder und Sekretäre des Gewerkschaftsrats und die Vorsitzenden der sechzehn Gewerkschaften unterzeichneten die Urkunde. Im Anschluß daran unterzeichneten die anwesenden Delegierten die Urkunde.)

DER VORSITZENDE:

Nun ist es also geschehen! Die deutschen Arbeitnehmer haben wieder einen Gewerkschaftsbund, d. h. das Instrument, das ihnen die Gewähr gibt, die Zukunft der arbeitenden Menschen zu einer besseren zu gestalten.

In dieser feierlichen Stunde wollen wir auch an diejenigen denken, denen die Umstände es verwehren, schon jetzt bereits Mitglied unseres Bundes zu werden, und die deshalb auch diesem feierlichen Akt persönlich in ganz, ganz kleiner Zahl nur beiwohnen konnten. Wir senden ihnen unsere herzlichsten Grüße durch den Äther. *(Beifall.)*

Unserer Freunde in Berlin, die Mitglieder der UGO sind, wollen wir in diesem Augenblick gedenken. *(Beifall.)*

Wir haben unseren Bund, von dem wir nicht nur wünschen und hoffen, von dem wir gewiß sind, daß er täglich an Stärke wachsen wird. Wir haben unseren Bund und mit ihm die Garantie auf eine für alle Schaffenden glücklichere Zukunft.

Der Akt der Gründung unseres Bundes ist hiermit geschlossen. *(Beifall.)*

(DER VORSITZENDE vertagte den Kongreß um 18.15 Uhr auf Freitag, den 14. Oktober 1949; vormittags 9 Uhr.)

DRITTER VERHANDLUNGSTAG

Freitag, 14. Oktober 1949

Vormittagssitzung

Vorsitzender: Adolf Kummernuss

(DER VORSITZENDE eröffnete die Sitzung wieder um 9 Uhr 06.)

DER VORSITZENDE (Adolf **Kummernuss**):

Kolleginnen und Kollegen!

Bevor wir in die Tagesordnung eintreten, habe ich Ihnen einige Begrüßungstelegramme, die im Laufe der bisherigen Tagung eingegangen sind, bekanntzugeben. Ich hoffe, daß die Absender damit einverstanden sind, wenn ich lediglich ihre Adressen bekanntgebe, denn allen Telegrammen ist gemeinsam, daß sie unserer Tagung einen glücklichen Verlauf und einen guten Erfolg wünschen.

In diesem Sinne sind Glückwunschadressen eingegangen von:

Ministerpräsident Wilhelm Kopf, Hannover,

Bundesminister für Verkehr, Seebohm, aus Bonn am Rhein,

Bundesminister Wilhelm Niklas,

Johann Böhm, Präsident des Österreichischen Gewerkschafts-Bundes und zweiter Präsident des Nationalrates,

Paul Löbe, Berlin-Wilmersdorf *(Beifall)*,

Martin Plettl. aus Florida (USA) *(Beifall)*,

Internationaler Bund der christlichen Gewerkschaften, Paris *(Beifall)*,

Vorstand der SPD Kurt Schumacher, Erich Ollenhauer *(Beifall)*,

Landesvorstand Nordrhein-Westfalen der Gewerkschaft Handel, Banken und Versicherungen,

Hauptausschuß ehemaliger politischer Häftlinge, Land Niedersachsen, Dr. Viktor Fenyes und Alfred Jahn,

Jakob Kaiser, Berlin *(Beifall)*,

Professor Dr. Walter Gerlach, Universität München,

Franz Schreiber, Elisabethkrankenhaus Zweibrücken-Niederauerbach,

Hörerschaft der Akademie der Arbeit in Frankfurt a. M., i. A. Drescher *(Beifall)*,

Belegschaft der Süddeutschen Kalkstickstoffwerke, i. A. Betriebsrat Hart,

Belegschaft VAW Toeging, i. A. Betriebsrat Josef Rosenlehner,

International Association of Machinists, Eric Peterson, Generalsekretär und Kassierer, Washington *(Beifall)*,

Communication Workers of America (CIO), Earnest Weaver, Chicago *(Beifall)*,

Verband für Gemeinwirtschaft AG, Hamburg,

Belegschaft der Stahl- und Röhrenwerke Reisholz AG, Düsseldorf,

Deutscher Gewerkschaftsbund Kreisausschuß Wolfenbüttel,

Vorstand der KPD, Frankfurt a. M.,

Dozenten und Teilnehmer des Vorbereitungskursus für den Besuch der arbeiterbildenden Akademien an der Bundesschule Burgwall,

Organisierte Jugendkollegen der Westfalenhütte AG, i. A. Schwendtke, Jugendobmann der Westfalenhütte,

Ministerpräsident für Schleswig-Holstein, Dieckmann,

Bruno Siegert, Cadolsburg,

Bundesminister Hellwege,

Arbeiter-Samariterbund, i. A. Bundesvorstand Thieß,

Deutscher Bund des Jugendringes, gez. Josef Rommerskirchen *(Beifall)*,

CDU-Zonenausschuß Köln-Marienburg,

Ortsausschuß der beiden Landkreise Berchtesgaden und Laufen,

Gewerkschaft Textil, Bekleidung, Ortsverwaltung Lörrach,

und zum Schluß vom Betriebsrat Eisenwerke Kaiserslautern. *(Beifall.)*

Kolleginnen und Kollegen!

Bevor ich dem ersten Redner zur Geschäftsordnung das Wort gebe, erlaube ich mir, zur heutigen Tagung einige Worte zu sagen.

Wir haben gemeinsam die Aufgabe, ein Arbeitspensum von 8 Stunden heute morgen in 4 Stunden zu erledigen. Wenn wir also, wie vorgesehen und notwendig, unsere Tagung bis heute abend zu Ende bringen wollen, dann werden Sie sicherlich mit mir einer

Meinung sein, daß wir ein anderes Verfahren anwenden müssen, wie es bisher der Fall gewesen ist. *(Beifall.)* Daß wir vom Kongreßbüro aus nicht die Absicht haben, irgendeinem Kollegen einen Maulkorb anzulegen, haben Sie sicherlich im Laufe des gestrigen Tages erfahren. Wenn wir trotzdem zum Ende kommen sollen, dann liegt die Entscheidung darüber bei Ihnen, verehrte Kolleginnen und Kollegen, und ich darf Sie bitten, sich einmal die Frage zu überlegen, ob es unbedingt erforderlich ist, so zu verfahren, wie es gestern geschehen ist. Ich denke z. B. an die Diskussion in der Frage des Bundessitzes. Ich unterstelle, daß jede Kollegin und jeder Kollege, die hier anwesend sind, den Satzungsentwurf und auch die vorliegenden Anträge durchgelesen und zu diesen Anträgen auch Stellung bezogen haben.

Wenn das so ist, dann erlaube ich mir die Bemerkung, daß manche Diskussionsrede, die immerhin 10 bis 12 Minuten dauert, recht überflüssig geworden ist. *(Zustimmung.)* Wenn wir zur Grundlage unserer Debatte die Heiligkeit des Augenblicks von gestern abend nehmen und wenn wir darüber hinaus von dem Gedanken ausgehen, daß in diesem Raum die Vertreter von 16 Gewerkschaften anwesend sind, die nur die eine Absicht haben, sich ein neues Dach zu schaffen, wenn alle die Gedanken ausgeschaltet werden, die darauf hinauslaufen, bisher liebgewordene Einrichtungen zu verlängern, dann bin ich der Auffassung, werden wir bis heute abend unseren Kongreß in Ruhe und Ordnung durchführen und abschließen können.

Wir sind beim § 11, Ziffer 1. Bevor ich nun dem Kollegen Rose vom Bayerischen Gewerkschafts-Bund das Wort zur Geschäftsordnung gebe, darf ich mir vielleicht noch eine Erklärung erlauben, weil ich der Meinung bin, daß unter Umständen dann die Erklärung des Kollegen Rose nicht mehr erforderlich ist.

Das Kongreßbüro hat sich vor Beginn dieser Sitzung mit dem § 11, Ziffer 1 beschäftigt und macht dazu folgenden Vorschlag: Der Bundesvorstand besteht aus 27 Mitgliedern, und zwar aus

einem Vorsitzenden,

zwei stellvertretenden Vorsitzenden,

acht hauptamtlich tätigen Vorstandsmitgliedern und

sechzehn weiteren Vorstandsmitgliedern,

von denen jeder einer anderen Gewerkschaft angehören soll. Das bedeutet also im Gegensatz zu dem Vorschlag, der bisher gemacht worden war, die Zahl von 6 auf 8 zu erhöhen.

Kolleginnen und Kollegen, ich bitte zu erwägen, ob es jetzt, nachdem gestern abend die Konferenz einmütig ihren Standpunkt zur Jugendfrage manifestiert hat, noch erforderlich ist, bei der Bestimmung der Zahl sich über Personen zu unterhalten. Wir können uns sehr gut vorstellen, daß bei der Wahl des Bundesvorstandes eine Diskussion über die Personen noch einmal erfolgt, und nach der Einstellung des Kongresses wird es nach unserer Auffassung eine Selbstverständlichkeit sein, daß von Ihnen ein Jugendlicher in den Bundesvorstand gewählt wird.

Aber wir bitten ausdrücklich, das nicht in der Ziffer 1 zu verankern, und zwar aus dem einfachen Grunde, weil dasselbe Recht, besonders erwähnt zu werden, nicht nur die Jugend hat, sondern auch die Beamten, Angestellten und was noch alles dazu gehört. Der Kongreß ist majorenn und soll bei der Wahl zum Bundesvorstand von sich aus bestimmen, wer diese acht Personen sind. Darum sind wir der Auffassung, daß sich eine weitere Diskussion über den § 11, Ziffer 1 durch diesen neuen Vorschlag erübrigt. *(Zustimmung.)*

Wünscht der Kollege Rose trotzdem das Wort zur Geschäftsordnung? *(Zuruf: Jawohl!)*

Rudi **Rose,** München, Bayerischer Gewerkschafts-Bund:

Kolleginnen und Kollegen!

Es ist keine Trotzköpfigkeit, wenn ich mich trotz der Ausführungen des Kollegen Kummernuss zu Wort melde, sondern es ist einfach ein Irrtum des Kollegen Kummernuss gewesen, daß ich mich vielleicht zum § 11 oder zur Satzung überhaupt zu Wort gemeldet hätte. Das habe ich nicht getan, sondern die Wortmeldung lautete „Zur Geschäftsordnung", und zur Geschäftsordnung glaube ich im Namen der Delegierten einiges sagen zu müssen.

Ich bin so vorsichtig gewesen, bevor ich die Wortmeldung abgab, mich in Kollegenkreisen zu erkundigen, ob ich mit meiner Auffassung auf dem richtigen Wege bin und nicht etwa nur eine persönliche Meinung vertrete, wenn ich es für erforderlich halte, zu Beginn des dritten und vielleicht entscheidungsreichsten Tages dieses Kongresses den Hinweis zu machen, daß es bei der weiteren Verhandlungsführung unter keinen Umständen mehr vorkommen darf, daß ein Mitglied der Kongreßleitung, das jeweils den Vorsitz in der Verhandlungsführung innehat, eine Feststellung grundsätzlicher Art zur Tagesordnung oder zur Geschäftsordnung trifft, ohne sich hierbei der Zustimmung des Kongresses zu vergewissern. *(Zustim-*

mung.) Wir sind uns darüber im klaren, daß heute jedes Wort, das zuviel gesprochen ist, schadet. Wenn ich trotzdem glaube, hierzu einige sehr ernste Worte sagen zu müssen, dann in dem festen Bewußtsein und in der Überzeugung, daß sie einmal gesagt werden müssen, und zwar im Interesse der Gesamtbewegung. Es ist erforderlich, immer wieder darauf hinzuweisen, daß die Kongreßleitung eine Kongreßleitung und keine Kongreßverführung ist.

Es muß also auch darauf hingewiesen werden, daß man manchmal den Verhandlungsgang beschleunigen kann, wenn man sich mit den Abstimmungsergebnissen abfindet, wenn sie einem jedoch nicht amtsgenehm sind, darf man nicht versuchen, sie anzuzweifeln und dadurch den Gang der Dinge aufzuhalten.

Es darf auch weiterhin nicht vorkommen, daß, wenn ausgerechnet einer der ältesten Gewerkschaftskollegen, die anwesend sind, sich erlaubt, zur Jugendfrage zu sprechen, er mitten in seinem temperamentvollen Vortrag durch die Glocke des Vorsitzenden unterbrochen und aus dem Konzept gebracht wird — daß die Zuhörer darauf hingewiesen werden, daß sie nur Gäste sind und sich ruhig auf den oder jenen Stühlen zu verhalten und sich jeglicher Beifallskundgebung zu enthalten haben. *(Beifall.)* Es kann sein — ich sage, es kann sein —, daß die diesbezügliche Feststellung gestern nachmittag die Meinung der Mehrheit des Kongresses war. Die Auffassung der Mehrheit ist aber nicht festgestellt worden. Ich glaube, wenn sie erfragt worden wäre — und es hat schließlich der ganze Kongreß über eine solche grundsätzliche Feststellung zu entscheiden —, wäre wahrscheinlich folgendes herausgekommen: Man hätte festgestellt, daß 90 bis 95 Prozent der auf den Rängen anwesenden Kolleginnen und Kollegen Gewerkschaftsfunktionäre sind, die aktiv tätig sind und nur deswegen nicht Delegierte sind, weil die Zahl der Kongreßteilnehmer begrenzt sein muß. *(Beifall.)* Diese Kollegen aber folgen dem Gang der Dinge mit einer solchen inneren Anteilnahme, daß man dann, wenn etwas kommt, was sie für ihre Arbeit wichtig halten, von ihnen nicht verlangen kann, daß sie schweigen. *(Zuruf: Zur Geschäftsordnung sprechen!)*

Ich bitte mich aussprechen zu lassen. Ich glaube wohl, hier darf man einmal so sprechen, wie man denkt. Es hat keinen Zweck, darum herumzureden. Ich habe ausdrücklich den Antrag gestellt auf Abstimmung. Ich möchte keine Kampfabstimmung. Ich habe mir nur erlaubt, im Namen von vielen Delegierten den Hinweis zu geben, daß auch von dieser Seite aus alles getan werden muß, um den Kongreß ordnungsmäßig durchzuführen. Sie als Gewerkschafter brauchen offene Worte nicht zu scheuen, denn sie stützen die Demokratie. *(Beifall.)*

DER VORSITZENDE:

Und nun, meine Kolleginnen und Kollegen, wollen wir uns nicht abhalten lassen, zumindest den Versuch zu unternehmen, in sachlicher Art und Weise unsere Tagesordnung zu Ende zu bringen. Zunächst erhält der Berichterstatter das Wort, der einen Antrag zur Kenntnis zu bringen hat.

DER BERICHTERSTATTER:

Werte Kolleginnen und Kollegen!

Zum § 11 ist ein weiterer Antrag eingegangen, den ich zur Kenntnis bringe. Der Antrag lautet: Der Bundesvorstand wird durch die Aufnahme von 4 weiteren ehrenamtlich wirkenden Mitgliedern, die aus Betrieben entnommen werden, auf 29 erhöht. (S. Antrag Nr. 59.)

Ohne jetzt weitere Ausführungen zu machen, erkläre ich als Vorsitzender der Satzungskommission, daß wir dem vom Kollegen Kummernuss gemachten Vermittlungsvorschlag beitreten. Der Antrag der Satzungskommission, über den demnach zu beschließen wäre, hätte folgenden Wortlaut: Der Bundesvorstand besteht aus

einem Vorsitzenden,

zwei stellvertretenden Vorsitzenden und

acht weiteren Vorstandsmitgliedern, die hauptamtlich tätig sind,

sowie aus

je einem Vertreter der dem Bund angeschlossenen Gewerkschaften.

DER VORSITZENDE:

Sie haben die beiden Anträge gehört. Wünscht der Antragsteller den Antrag noch besonders zu begründen? *(Zuruf: Jawohl!)*

Alfred **Spindler,** Duisburg, Industriegewerkschaft Bergbau:

Kolleginnen und Kollegen!

Wir haben gestern unseren neuen Gewerkschaftsbund geschaffen. Aus kleinen Anfängen heraus, aus schwierigen Lagen wurde er zu dem, was er heute ist.

Heute gilt es, die Untermauerung zu schaffen, auch die Leitung zu schaffen, die in der Lage ist, alle wichtigen Probleme, die vor der Arbeitnehmerschaft stehen, zu lösen. Ich glaube, es ist wichtig darauf hinzuweisen, daß gemäß der Tradition der Gewerkschaften auch die Verbindung mit den untersten Einheiten nicht abreißen soll. Ich kann mir vorstellen, daß nur die dauernde Verbindung von unten bis oben die Vorbedingungen schafft, die notwendig sind, um genügend Erfahrungen und Kenntnisse zu sammeln.

Ich schlage auf Grund der Tatsache, daß auch in den entscheidenden Industriegewerkschaften Betriebsarbeiter in den leitenden Organen vorhanden sind, vor, daß zumindest vier Betriebstätige in den Bundesvorstand gewählt werden.

Gerhard **Pohl**, Augsburg, Gewerkschaft der Eisenbahner Deutschlands:

Meine sehr verehrten Kolleginnen und Kollegen!

Wenn ich Ihnen jetzt sage, daß ich der jüngste Delegierte des Kongresses bin, so verbinde ich damit die Bitte, daß Sie mich trotzdem anhören. Ich verbinde damit den Wunsch, daß ich nicht hinterher von vielleicht rhetorisch besser veranlagten Kollegen leicht abgeschossen werde.

Es ist für junge Kollegen, meine sehr verehrten Anwesenden, ein eigenartiges Gefühl, zuzuhören, wenn ältere Kollegen sich über die Probleme der Jugend unterhalten. Ich darf diese Tatsache als ein Zeichen dafür hinnehmen, daß die Jugend zunächst einmal überhaupt ernst genommen wird. Ich möchte mir aber doch gestatten, zu dem Punkt Jugendvertretung im § 11 einige Klarstellungen zu machen, die sich im Laufe dieser Diskussionen als notwendig erwiesen haben.

Bei der Jugend handelt es sich nicht um eine Sparte, die vielleicht mit der der Beamten, Angestellten oder Werkmeister zu vergleichen ist, wie es gestern hieß. Es geht hier nicht um eine Gruppe einiger Gewerkschaftsmitglieder, hier handelt es sich um das Generationenproblem schlechthin, welches wir lösen müssen. Es geht nicht allein um die Zusammenfassung der Jugendlichen, es geht nicht allein um die Zahl von einer Million oder mehr Jugendlichen im künftigen Deutschen Gewerkschaftsbund. Hier, meine sehr geschätzten Anwesenden, handelt es sich einfach um die Zukunft der deutschen Gewerkschaftsbewegung.

Es liegt uns als Jugend vollkommen fern, irgendwelche Sonderrechte in Anspruch nehmen zu wollen. Wir glauben aber, daß in den Satzungen des Deutschen Gewerkschaftsbundes der Frage des Nachwuchses genügend Platz eingeräumt werden sollte. Glauben Sie auch nicht, daß die Jugend eine Absplitterung oder gar eine Gewerkschaft in der Gewerkschaft darstellen möchte.

Wir wären zufrieden, wenn durch die Aufnahme eines Jugendvertreters im künftigen Bundesvorstand der bisher geleisteten
Jugendarbeit, die wir dank der tatkräftigen Mitarbeit einiger älterer
Kollegen durchführen konnten, eine kleine Anerkennung erfahren
würde. Wir rufen und bitten darum. Wir bitten den Kongreß,
geben Sie uns über die Satzung die Möglichkeit, am Geschehen in
der Gewerkschaftsorganisation Deutschlands mitgestalten zu dürfen.
Wir bitten Sie herzlichst darum. Wir reichen Ihnen die Hand entgegen und bitten Sie, geben Sie uns auch die Ihrige in der Erkenntnis, daß die Erfahrung der älteren Kollegen, gepaart mit dem Elan
der Jugend, in gemeinsamer Arbeit zum Wohle der gesamten deutschen Arbeitnehmerschaft im Sinne unserer gewerkschaftlichen Idee
wirksam werden muß. *(Beifall.)*

DER VORSITZENDE:

Kolleginnen und Kollegen, ich darf erfreulicherweise bekanntgeben, daß der letzte Redner, Kollege Hellmuth Duerkopf, Hannover,
von der Industriegewerkschaft Chemie seine Wortmeldung zurückgezogen hat.

Wir kommen somit zur Abstimmung über § 11 Ziffer 1. Ich darf
vielleicht den Berichterstatter bitten, noch einmal den Vorschlag
der Satzungskommission vorzulesen, da wir bekanntlich immer
zuerst über die Vorschläge der Satzungskommission abstimmen.

DER BERICHTERSTATTER:

Die Formulierung der Ziffer 1 in § 11, die zur Abstimmung steht,
lautet: Der Bundesvorstand besteht aus

einem Vorsitzenden,

zwei stellvertretenden Vorsitzenden und

acht weiteren Vorstandsmitgliedern, die hauptamtlich tätig sind,
sowie aus

je einem Vertreter der dem Bund angeschlossenen Gewerkschaften.
(S. Antrag Nr. 58.)

DER VORSITZENDE:

Diejenigen Delegierten, die mit diesem Vorschlag einverstanden
sind, bitte ich um das Handzeichen.

**(Der Kongreß nahm die Ziffer 1 des § 11 in der von der
Satzungskommission und dem Kongreßbüro vorgeschlagenen
Fassung gegen wenige Stimmen an.)**

DER VORSITZENDE:

Durch die Annahme dieser Fassung sind die übrigen Anträge erledigt. Wir kommen somit zu Ziffer 2.

DER BERICHTERSTATTER:

§ 11 Ziffer 2. Von der Satzungskommission wird unveränderte Annahme beantragt.

DER VORSITZENDE:

Diejenigen Delegierten, die mit diesem Vorschlag einverstanden sind, bitte ich um das Handzeichen.

(Der Kongreß nahm die Ziffer 2 des § 11 in der Fassung des Satzungsentwurfs einstimmig an.)

DER VORSITZENDE:

Nun zu Ziffer 3.

DER BERICHTERSTATTER:

Wir bitten, den Text der Ziffer 3 zu streichen und durch folgende Formulierung zu ersetzen, wie beantragt mit Nr. 23 vom Bundesvorstand des Freien Gewerkschaftsbundes Hessen: „Der Bundesvorstand vertritt den Bund nach innen und außen. Der Bundesvorsitzende oder seine Stellvertreter führen den Vorsitz im Bundesvorstand, im Bundesausschuß und auf dem Bundeskongreß".

DER VORSITZENDE:

Diejenigen Kolleginnen und Kollegen, die mit diesem Vorschlag einverstanden sind, bitte ich, das Handzeichen zu geben.

(Der Kongreß nahm die Ziffer 3 des § 11 in der Fassung des Antrags Nr. 23 einstimmig an.)

DER VORSITZENDE:

Wir kommen zur Ziffer 4 des § 11.

DER BERICHTERSTATTER:

Die Satzungskommission beantragt, die Ziffern 4 und 5, wie in der Vorlage vorgesehen, unverändert anzunehmen, bis auf eine Richtigstellung, die sich aus der Ziffer 1 ergibt. In Ziffer 4 muß die Zahl zwölf abgeändert werden in elf.

DER VORSITZENDE:

Diejenigen Kolleginnen und Kollegen, die mit der vorgetragenen Fassung der Ziffer 4 einverstanden sind, bitte ich um das Handzeichen.

(Der Kongreß nahm die Ziffer 4 des § 11 in der auf Grund der Ziffer 1 geänderten Fassung des Satzungsentwurfs einstimmig an.)

DER VORSITZENDE:

Zu Ziffer 5 liegen keine Abänderungsanträge vor. Diejenigen Kolleginnen und Kollegen, die mit der Ziffer 5 in der vorliegenden Fassung einverstanden sind, bitte ich um ein Handzeichen.

(Der Kongreß nahm die Ziffer 5 des § 11 in der Fassung des Satzungsentwurfs einstimmig an.)

DER VORSITZENDE:

Wir kommen somit zu Ziffer 6 des § 11.

DER BERICHTERSTATTER:

In der Ziffer 6 des § 11 soll der erste Satz unverändert bleiben. Dieser lautet: „Sitzungen des Bundesvorstandes finden nach Bedarf, in der Regel jedoch mindest monatlich einmal, statt."

Dann soll auf Vorschlag der Satzungskommission folgender Satz folgen: „Die Landesbezirksvorsitzenden sind zu den Sitzungen des Bundesvorstandes mit beratender Stimme hinzuzuziehen, wenn Landesbezirksangelegenheiten zur Erörterung stehen." (S. Antrag Nr. 63.)

DER VORSITZENDE:

Diejenigen Delegierten, die mit der von der Satzungskommission vorgeschlagenen Abänderung und Fassung einverstanden sind, bitte ich um ein Handzeichen.

(Der Kongreß nahm die Ziffer 6 des § 11 in der auf Vorschlag der Satzungskommission geänderten Fassung des Satzungsentwurfs gegen wenige Stimmen an.)

DER VORSITZENDE:

Wir kommen somit zu Ziffer 7 des § 11.

DER BERICHTERSTATTER:

Es liegen keine Abänderungsvorschläge vor.

DER VORSITZENDE:

Abänderungsanträge liegen nicht vor. Wer mit der vorliegenden Fassung einverstanden ist, den bitte ich um das Handzeichen.

(Der Kongreß nahm die Ziffer 7 des § 11 in der Fassung des Satzungsentwurfs einstimmig an.)

DER VORSITZENDE:

Wir kommen somit zur Abstimmung über den gesamten § 11. Wer mit den eben beschlossenen Fassungen der einzelnen Ziffern des § 11 einverstanden ist, den bitte ich um ein Handzeichen.

(Der Kongreß nahm den § 11 mit den beschlossenen Änderungen gegen wenige Stimmen an.)

DER VORSITZENDE:

Wir kommen somit zum § 12: Der Bundesausschuß.

DER BERICHTERSTATTER:

Zum § 12 schlägt die Satzungskommission vor, die Ziffer 1 wie folgt zu formulieren: „Der Bundesausschuß setzt sich zusammen aus je zwei Vorstandsmitgliedern der dem Bund angeschlossenen Gewerkschaften ..." (S. Antrag Nr. 62.) Das Nachfolgende bleibt unverändert.

DER VORSITZENDE:

Ich bitte diejenigen Kolleginnen und Kollegen, die mit der vorgeschlagenen Abänderung einverstanden sind, um das Handzeichen.

(Der Kongreß nahm die Ziffer 1 des § 12 in der auf Vorschlag der Satzungskommission geänderten Fassung des Satzungsentwurfs gegen wenige Stimmen an.)

DER BERICHTERSTATTER:

Kolleginnen und Kollegen! Ich mache nun noch auf den Antrag Nr. 27 aufmerksam, über den gesondert abgestimmt werden muß. Dieser Antrag ist gestellt worden vom Bundesvorstand des Bayerischen Gewerkschafts-Bundes, und die Satzungskommission hat Überweisung als Material an den künftigen Bundesvorstand vorgeschlagen.

DER VORSITZENDE:

Damit kommen wir zur Abstimmung über den Antrag 27 zu § 12 Ziffer 1. Es wird vorgeschlagen, diesen Antrag als Material dem

Bundesvorstand zu überweisen. Wer damit einverstanden ist, den bitte ich um ein Handzeichen.

(Der Kongreß überwies den Antrag Nr. 27 gegen eine Stimme als Material an den Bundesvorstand des DGB.)

DER VORSITZENDE:

Wir können somit nun über den ganzen § 12˙ abstimmen. Diejenigen Kolleginnen und Kollegen, die einschließlich der Abänderungen dem § 12 ihre Zustimmung geben wollen, bitte ich um ein Handzeichen.

(Der Kongreß nahm den § 12 mit den beschlossenen Änderungen gegen wenige Stimmen an.)

DER VORSITZENDE:

Wir kommen somit zum § 13 der Satzung.

DER BERICHTERSTATTER:

Zu § 13 schlägt die Satzungskommission unveränderte Annahme vor. Ich verweise noch einmal darauf, daß zu diesem Paragraphen ein Antrag vorliegt, der sich nicht in Ihren Akten befindet. Der Antrag strebt an, die Wahl der Revisionskommission auf dem Kongreß vorzunehmen. Wir haben die Begründung gegeben, daß hier die Notwendigkeit der Auswahl guter Fachkräfte erforderlich ist und bitten daher um unveränderte Annahme des § 13 nach der gedruckten Vorlage.

DER VORSITZENDE:

Diejenigen Kolleginnen und Kollegen, die mit dem Antrag der Satzungskommission einverstanden sind, den § 13 in unveränderter Form anzunehmen, bitte ich um ein Handzeichen.

(Der Kongreß nahm den § 13 in der Fassung des Satzungsentwurfs gegen wenige Stimmen an.)

DER VORSITZENDE:

Wir kommen zum § 14.

DER BERICHTERSTATTER:

Hier beantragt die Satzungskommission zu den Ziffern 1 und 2 unveränderte Annahme, da keine Abänderungsvorschläge vorliegen. In der Ziffer 3 bitten wir, den Antrag Nr. 30, gestellt vom Bayerischen Gewerkschafts-Bund, zu übernehmen. Die Ziffer 3 würde demnach im letzten Satz lauten: „Der Landesbezirksvorstand wird durch die Landesbezirkskonferenz gewählt und bedarf der Bestätigung durch den Bundesausschuß", nicht „Bundesvorstand", wie in der gedruckten Vorlage steht.

In Verbindung mit diesem Paragraphen haben wir noch über den Antrag Nr. 31 des Badischen Gewerkschaftsbundes abzustimmen. Der Antrag hat folgenden Wortlaut: „Der Gründungskongreß möge beschließen, daß bis zur Bildung des Südweststaates für das Land Baden (französische Zone) ein Landesbezirk gebildet wird".

Die Satzungskommission schlägt vor, diesen Antrag als Material an den Bundesvorstand zu überweisen.

Zu den übrigen Ziffern des § 14 liegen keine Änderungsanträge vor.

DER VORSITZENDE:

Wer mit dem Vorschlag der Überweisung einverstanden ist, den bitte ich ums Handzeichen. *(Zuruf: Kollege Kummernuss, ich habe ums Wort gebeten!)*

Wir sind in der Abstimmung. Ich bedaure dies, aber Kollege, du hättest mich rechtzeitig aufmerksam machen müssen. Das ist nicht geschehen.

(Der Kongreß nahm den Antrag Nr. 30 einstimmig an.)

(Der Kongreß überwies den Antrag Nr. 31 mit überwiegender Mehrheit als Material an den Bundesvorstand des DGB.)

DER VORSITZENDE:

Wir kommen somit zur Abstimmung über den § 14 einschließlich der beiden Abänderungen. Wer mit Einschluß dieser beiden Abänderungen mit dem § 14 einverstanden ist, den bitte ich um ein Handzeichen.

(Der Kongreß nahm den § 14 in der auf Vorschlag der Satzungskommission geänderten Fassung des Satzungsentwurfs gegen wenige Stimmen an.)

DER VORSITZENDE:

Wir fahren in der Beratung fort. Wir kommen zu § 15.

DER BERICHTERSTATTER:

§ 15 bittet die Satzungskommission ebenfalls unverändert anzunehmen, und zwar die im Satzungsentwurf festgelegte Formulierung. Zum § 15 liegen die Anträge Nr. 32, 33 und 34 vor. Die

Satzungskommission bittet, die Anträge Nr. 33 vom Bayerischen Gewerkschafts-Bund und Nr. 34 vom Badischen Gewerkschaftsbund
dem Bundesvorstand als Material zu überweisen und den Antrag 32
abzulehnen.

DER VORSITZENDE:

Wer mit der Überweisung der Anträge Nr. 33 und 34 an den
Bundesvorstand einverstanden ist, den bitte ich um ein Handzeichen.

**(Der Kongreß überwies die Anträge Nr. 33 und 34 gegen
wenige Stimmen als Material an den Bundesvorsand des DGB.)**

DER VORSITZENDE:

Wir kommen somit zur Gesamtabstimmung über den § 15. Wer
unter Berücksichtigung der Überweisung der Anträge den Paragraphen in seiner vorliegenden Fassung annehmen will, den bitte
ich um ein Handzeichen.

**(Der Kongreß nahm den § 15 in der Fassung des Satzungs-
entwurfs gegen wenige Stimmen an.)**

DER VORSITZENDE:

Der Antrag Nr. 32 ist somit durch die Annahme des Paragraphen
erledigt. Wir kommen somit zum § 16.

DER BERICHTERSTATTER:

Zu § 16 liegt kein Abänderungsantrag vor. Wir beantragen unveränderte Annahme.

DER VORSITZENDE:

Wer sich diesem Vorschlag anschließt, den bitte ich um das Handzeichen.

**(Der Kongreß nahm den § 16 in der Fassung des Satzungs-
entwurfs einstimmig an.)**

DER VORSITZENDE:

Nun zu § 17.

DER BERICHTERSTATTER:

§ 17. Auch hier beantragen wir unveränderte Annahme mit dem
Hinzufügen, daß unter Nr. 35 zum § 17 ein Antrag des Gewerkschaftsrates der vereinten Zonen vorliegt. Dieser Antrag ist ein

selbständiger Antrag. Er erfordert notwendigerweise einen Beschluß, weil dadurch der Kongreß bestimmte Aufträge erteilt.

Wir bitten darum um Annahme des Antrages Nr. 35, gestellt zum § 17, ferner um unveränderte Annahme des § 17.

DER VORSITZENDE:

Wer mit dem Vorschlag der Satzungskommission einverstanden ist, den Antrag Nr. 35 zum § 17 anzunehmen, den bitte ich um ein Handzeichen.

(Der Kongreß nahm den Antrag Nr. 35 gegen wenige Stimmen an.)

DER VORSITZENDE:

Wir kommen zur Abstimmung über den § 17. Wer den § 17 in der vorliegenden Form mit der Ergänzung durch den Antrag 35 annehmen will, den bitte ich um ein Handzeichen.

(Der Kongreß nahm den § 17 in der Fassung des Satzungsentwurfs gegen wenige Stimmen an.)

DER VORSITZENDE:

Wir kommen nun zur Behandlung des § 18.

DER BERICHTERSTATTER:

§ 18 behandelt die Schiedsgerichte. Es liegen keine Abänderungsanträge vor. Wir bitten um unveränderte Annahme.

DER VORSITZENDE:

Wer sich diesem Vorschlag anschließt, den bitte ich um ein Handzeichen.

(Der Kongreß nahm den § 18 in der Fassung des Satzungsentwurfs einstimmig an.)

DER VORSITZENDE:

Nun zu § 19.

DER BERICHTERSTATTER:

§ 19, Führung von Arbeitskämpfen.

Dazu ist Antrag Nr. 60 folgenden Inhalts eingegangen: „Der Bundeskongreß wird ersucht, den § 19 dahin abzuändern, daß der letzte Satz gestrichen wird." Dieser lautet: „Diese Richtlinien sind für alle angeschlossenen Gewerkschaften bindend."

Nach diesem Antrag würde also der § 19 folgenden Wortlaut haben: „Für die Führung von Arbeitskämpfen beschließt der Bundesausschuß auf Vorschlag des Bundesvorstandes Richtlinien."

Dieser Antrag ist durch die Verhältnisse bereits überholt. Richtlinien liegen nämlich schon vor, und ich bitte, die Formulierung des § 19 unverändert anzunehmen. Wenn am Schluß gesagt wird, daß diese Richtlinien für alle angeschlossenen Gewerkschaften bindend sind, dann hat das nicht Bezug auf die materiellen Auswirkungen, wie beispielsweise Streikunterstützung, sondern gibt die Gewähr dafür, daß die Führung von notwendigen Wirtschaftskämpfen bei den Gewerkschaften liegt und die Entscheidung über einen Streik in der Gewerkschaft fällt und nicht an irgendeiner anderen Stelle. Das ist der Sinn der Richtlinien, die bindend für alle Gewerkschaften sein sollen und die bindend sein müssen, wenn wir uns unserer großen Verantwortung bewußt sind.

Ich bitte also, den § 19 unverändert anzunehmen.

DER VORSITZENDE:

Wer sich diesem Antrag anschließt, den bitte ich um ein Handzeichen.

(Der Kongreß nahm den § 19 in der Fassung des Satzungsentwurfs gegen wenige Stimmen an.)

DER VORSITZENDE:

§ 20.

DER BERICHTERSTATTER:

Keine Abänderung, unveränderte Annahme.

DER VORSITZENDE:

Wer den § 20 akzeptiert, den bitte ich um ein Handzeichen.

(Der Kongreß nahm den § 20 in der Fassung des Satzungsentwurfs einstimmig an.)

DER VORSITZENDE:

§ 21.

DER BERICHTERSTATTER:

§ 21 betrifft die Auflösung des Bundes. Keine Abänderung. Unveränderte Annahme wird empfohlen.

DER VORSITZENDE:

Wer mit der unveränderten Annahme des § 21 einverstanden ist, den bitte ich um ein Handzeichen.

(Der Kongreß nahm den § 21 in der Fassung des Satzungsentwurfs einstimmig an.)

DER BERICHTERSTATTER:

Ich bitte nun um Nachsicht, daß mir bei der Fülle des Materials ein Antrag durchgegangen ist, den wir noch erledigen müssen. Ich bitte zurückzuschlagen zu § 2, in dem es unter dem Buchstaben u) am Schluß des § 2 auf der zweiten Seite heißt: „Mitarbeit in der internationalen Gewerkschaftsbewegung."

Hierzu liegt nun ein Zusatzantrag vor, der genügend Unterstützung hat und eine ergänzende Änderung folgenden Inhalts vorschlägt: „Die Entscheidungen über Anschlüsse an internationale Gewerkschaftsverbindungen erfolgen durch Urabstimmung der gesamten Mitglieder." *(Widerspruch und Heiterkeit.)*

Kollegen, ich erspare mir jedes Wort. Wir beantragen Ablehnung.

DER VORSITZENDE:

Kolleginnen und Kollegen!

An und für sich hätten wir nicht nötig, noch einmal darüber zu diskutieren, da der § 2 in der vorliegenden Fassung angenommen worden ist, aber um bei den Kollegen Antragstellern nicht den Eindruck entstehen zu lassen, daß wir einfach darüber hinweggehen, stimmen wir noch einmal ab, und wir bitten diejenigen, die damit einverstanden sind, daß der Buchstabe u) im § 2 in seiner vorliegenden Fassung bestehen bleibt, das Handzeichen zu geben.

(Der Kongreß stimmte gegen wenige Stimmen für Beibehaltung des § 2, Ziffer 2 u) und lehnte damit den Antrag Nr. 61 ab.)

DER VORSITZENDE:

Kolleginnen und Kollegen!

Wir kämen jetzt zur Gesamtabstimmung über unsere Satzung. Der Kollege Hans Jahn hatte jedoch gebeten, vor dieser Abstimmung eine Erklärung abgeben zu dürfen. Ich bitte den Kollegen Jahn, das Wort zu nehmen.

Hans **Jahn**, Frankfurt a. M., Gewerkschaft der Eisenbahner Deutschlands:

Obwohl über den § 7 abgestimmt ist, wonach der Bundesausschuß Richtlinien über die Unterstützungseinrichtungen erlassen soll, möchte ich von mir aus die Erklärung durch den Kongreß bestätigt wissen, daß für Organisationen, die ihrer ganzen Struktur nach Verschiedenartigkeit in der Unterstützungseinrichtung aufweisen müssen wie z. B. wir, die wir Arbeiter, Angestellte und Beamte organisieren, in den vom Bundesausschuß zu erlassenden Richtlinien Ausnahmen zugelassen werden müssen. *(Zustimmung.)* Wir laufen sonst Gefahr, daß Hunderttausende von Beamten, die wir organisiert haben, dann in andere Lager abschwenken. Solcher Sprengstoff darf nicht in unsere Organisation hineingetragen werden.

Ich bitte deshalb, daß der Kongreß bestätigt, daß für solche Organisationen Ausnahmen zugelassen werden. *(Beifall.)*

DER VORSITZENDE:

Kolleginnen und Kollegen!

Ich glaube, daß wir über diese Angelegenheit keine Abstimmung vorzunehmen brauchen, und zwar aus dem sehr einfachen Grunde, weil der Beschluß, den wir gestern gefaßt haben, im ersten Absatz lautet:

Der Bund beschließt die Einführung von notwendigen und und gleichen Unterstützungsarten und Unterstützungssätzen für die Gewerkschaften für alle ihre Mitglieder. Die Richtlinien hierzu erläßt der Bundesausschuß.

Im Bundesausschuß sitzen auch unsere Freunde Eisenbahner, und ich darf sagen, daß nicht nur die Kollegen der Eisenbahn, sondern daß auch die Kollegen der Postgewerkschaft, die Kollegen vom Bund und die der Gewerkschaft Öffentliche Dienste, Transport und Verkehr an diesen Dingen nicht uninteressiert sind, und ich glaube, daß die Richtlinien so aufgestellt werden, daß wir als Organisation diesen Dingen unsere Zustimmung geben können. Ich darf also voraussetzen, daß Sie hier unter dieser Betrachtung von einer Abstimmung Abstand nehmen wollen.

Und nun, Kolleginnen und Kollegen, sind wir soweit, daß das, was gestern abend hier feierlich unterzeichnet worden ist, also die Gründung des neuen Deutschen Gewerkschaftsbundes, nunmehr durch eine einmalige Abstimmung untermauert werden soll. Denken Sie daran, Kolleginnen und Kollegen, daß Sie jetzt nicht als Vertreter

Ihrer Organisation hier sitzen, sondern denken Sie daran, daß Sie für ungefähr fünf Millionen Gewerkschafter in der neuen deutschen Bundesrepublik hier sitzen und auf Grund dieser Betrachtung nunmehr Ihre Entscheidung zu fällen haben.

Ich bitte jetzt diejenigen Kolleginnen und Kollegen, die gewillt sind, die soeben beratene Satzung als Gesetz für unsere zukünftige Gewerkschaftsbewegung zu beschließen, von der wir wissen, daß sie der Anfang ist, auf den wir für die Zukunft aufbauen wollen, um ein Handzeichen.

(Der Kongreß stimmte gegen eine Stimme der im einzelnen durchberatenen Satzung in der Gesamtheit als Gesetz des Bundes zu.)

(Beifall.)

(10.06 Uhr)

DER VORSITZENDE:

Kolleginnen und Kollegen!

Ich darf Sie im Zusammenhang mit diesem Tagesordnungspunkt nunmehr bitten, die Vorlagen zur Hand zu nehmen, die sich einmal auf die

Beamtenarbeit, Angestelltenarbeit, arbeitende Jugend, erwerbstätigen Frauen und auf die
Richtlinien des Deutschen Gewerkschaftsbundes zur Führung von Arbeitskämpfen

erstrecken. Wir sind gehalten, über diese Vorschläge ebenfalls zur Abstimmung zu schreiten.

(Der Kongreß nahm die
Richtlinien für die Beamtenarbeit des DGB einstimmig,
Richtlinien für die Angestelltenarbeit im DGB gegen wenige Stimmen,
Forderungen des DGB für die arbeitende Jugend einstimmig,
Forderungen des DGB für die erwerbstätigen Frauen einstimmig,
Richtlinien des DGB zur Führung von Arbeitskämpfen gegen wenige Stimmen an.)

Kolleginnen und Kollegen! Wir sind damit mit dem dritten Punkt unserer Tagesordnung fertig.

Wir kommen nunmehr zum

Punkt 4 der Tagesordnung:

Die Aufgaben der deutschen Gewerkschaften in Wirtschaft, Staat und Gesellschaft

Dazu hat unser Freund Hans Böckler das Wort.

Hans **Böckler:**

Kolleginnen und Kollegen!

Mit dem Zusammenschluß der westdeutschen Gewerkschaften zu einem umfassenden Bund beenden wir in der neueren deutschen Gewerkschaftsgeschichte ein Kapitel, auf das wir — so schwer und sorgenbeladen es auch war — mit Stolz und Genugtuung zurückblicken. In der Stunde des totalen Zusammenbruches eines größenwahnsinnigen Systems und in all den entsetzlichen Folgen des Zusammenbruches sind die Arbeitnehmer nicht verzweifelt. Sie haben die stumpfe Lähmung, die sich des ganzen Volkes zu bemächtigen drohte, abgeschüttelt und haben, im festen Glauben an die guten Kräfte unseres Volkes, selbstlos gearbeitet und immer wieder gearbeitet, um, wenn irgend möglich, das Ganze zu retten.

Bewährung der Arbeitnehmerschaft

Heute dürfen alle, die dabei waren — und wir als Gewerkschafter waren die ersten, die für das gemeine Wohl auf- und zusammenstanden —, dankbar feststellen, daß unseres Landes Arbeitnehmerschaft die ihr auferlegte Prüfung bestanden hat. Wir fühlen wieder festen Boden unter den Füßen, und wir überschauen die Vielfalt der Probleme, die uns gestellt sind, und so dürfen wir vielleicht auch hoffen, daß die schwerste Katastrophe der deutschen Geschichte überwunden werden kann. Zurückblickend stellen wir eine ganz große Leistung der vielen unserer Kolleginnen und Kollegen fest, die gleich uns in den ersten Zeiten der bittersten Not auf ihrem Arbeitsplatz aushielten und treu ihre Pflicht erfüllten.

184

Versagen der Nachkriegsbürokratie

Das Inflationsgeld, das man ihnen in den ersten Nachkriegsjahren in die Hand steckte, war im Grunde kaum mehr als ein Hohn, konnte sich doch der Tag für Tag Tätige hierfür noch nicht einmal die kärgliche Nahrung kaufen, die zur Erhaltung der Gesundheit und Arbeitsfähigkeit unbedingt erforderlich war. Gleichzeitig wurde ihm von anderen Schichten unserer Bevölkerung vorgelebt, daß man es „auch anders" machen kann, indem einzelne sich privat und persönlich dem allgemeinen Schicksal zu entziehen und die Not vom Halse zu halten vermochten. Es brauchte dazu ja schließlich nur das eine, daß man sich über Recht, Sitte und Moral ohne Skrupel hinwegsetzte. Es sollte niemals vergessen werden, daß wir es vor allem der Pflichttreue, der Disziplin und dem Anstand unserer deutschen Arbeitnehmerschaft zu verdanken haben, wenn Westdeutschland nach dem Zusammenbruch des Dritten Reiches nicht im Chaos versank.

Ohne ihren Einsatz wäre der Wirtschaftsprozeß 1945/46 wohl völlig zum Erliegen gekommen.

Drei volle Jahre währte dieser Zustand, drei Jahre mußten wir warten, bis die Verantwortlichen sich entschlossen, die große Geldflut des Naziregimes zu beseitigen und damit endlich die Voraussetzungen zu schaffen, unter denen ehrliche Arbeit wieder mit ehrlichem Geld bezahlt werden konnte. Ich will hier nicht die Frage aufwerfen, ob es notwendig war, die Reform bis zum Jahre 1948 hinauszuschieben oder ob die Ordnung zu treffen nicht schon früher möglich war. Was es für die Werktätigen bedeutete, diese endlos erscheinenden drei Jahre durchzustehen, das kann nur der ermessen, der die körperlichen und seelischen Belastungen dieser Jahre miterlebte.

Die Hoffnungen, die die Arbeiter auf die Währungsreform, das heißt auf ein gesundes Geld gesetzt hatten, wurden leider nur zu einem Teil erfüllt. Gewiß ist zu sagen, es verbesserte sich die Versorgungslage seit dem Sommer 1948. Es kamen mehr Rohstoffe, mehr Nahrungsmittel aus dem Auslande herein, die Ernte war überdurchschnittlich gut, Millionen fleißiger Hände regten sich. Industrie und Handel aber hatten fortan keinen Grund mehr, die seit langem gehorteten Waren zurückzubehalten. Tatsächlich füllten sich die Auslagen der Geschäfte schon in den ersten Tagen nach der Währungsreform mit einem Reichtum, den sich wenige Tage zuvor niemand zu erträumen gewagt hatte. Dinge, die man nur noch vom Hörensagen kannte, waren über Nacht in größter Auswahl vorhanden, und ohne Scheu breiteten Schieber und Horter ihre Beute plötzlich vor unseren Augen aus. Aber, wenn sie nun auch bereit waren, ihre Waren gegen gutes Geld herzugeben, so doch nur gegen möglichst viel gutes Geld.

Die Währungsreform hat der breiten Masse nur einen kümmerlichen Rest der alten Ersparnisse belassen. Eine im einzelnen magere, aber in der Summe schon ins Gewicht fallende Erstausstattung der Konsumenten mit neuem Geld kam hinzu. Im ganzen war so zunächst eine immerhin beachtliche Kaufkraft vorhanden und zudem ein ungeheurer, aufgestauter Bedarf der ausgehungerten, abgerissenen und durch Verschleiß, Bombenschaden oder Zwangsevakuierung der nötigsten Gebrauchsgüter beraubten Werktätigen, der Flüchtlinge usw.

Wir hatten also trotz der Geldreform zunächst noch das, was man mit einem in der letzten Zeit auch bei uns modern gewordenen Ausdruck als „Verkäufermarkt" bezeichnet, das heißt, einen Markt, auf dem der Verkäufer den Preis der Ware weitgehend zu diktieren vermag. Daß diese Situation von den Warenbesitzern wieder kräftig ausgenutzt wurde, versteht sich von selbst. Die Preise wurden, wo es nur anging, in die Höhe getrieben und so die Kaufkraft der breiten Masse der Bevölkerung rasch abgeschöpft. Schließlich standen Millionen mit leeren Taschen und hungrigen Augen vor den reichlich mit Waren versehenen Geschäften und den friedensmäßigen Auslagen der glänzend ausgestatteten Läden. Ein Bild, das sich bis heute kaum verändert hat. Eine solche Entwicklung hätte man nach unserem Dafürhalten wenn nicht ganz ausschließen, so doch zumindest in vernünftigen Grenzen halten können.

Aber ein betont liberaler Wirtschaftskurs, der nach der Währungsreform eingeschlagen wurde, machte den überstürzten Abbau aller Kontrollen und Preisbeschränkungen zu einer Frage der Weltanschauung, und es war kein Wunder, daß die Geschäftswelt hieraus die ihr genehmen Folgen zog. Für die Millionen der Flüchtlinge, Rentner, Fürsorgeempfänger, aber auch für die meist auf Lohn oder Gehalt angewiesenen Erwerbstätigen brachte so die Währungsreform eine neue schwere Belastung. Die reale Kaufkraft der gegen Lohn oder Gehalt Beschäftigten ging in wenigen Monaten rapide zurück. Es entstanden neue und sehr ernste soziale Spannungen. Denn wenn der Arbeiter in den ersten drei Jahren nach dem Kriege nichts kaufen konnte, weil nichts da war, so war jetzt zwar genügend da, aber der Großteil der Arbeitenden konnte wiederum nichts kaufen, weil die Löhne nicht ausreichten, weil die Preise den Löhnen einfach davonliefen.

Psychologisch war dieser Zustand natürlich noch schwerer zu ertragen als der objektive Mangel vor dem Währungsschnitt. Aber auch diese neue Belastung nahm die Arbeitnehmerschaft mit einer vorbildlichen Disziplin auf sich. Eine breit angelegte Lohnsteigerung wäre selbstverständlich berechtigt gewesen, aber wir wußten, daß sie die Gefahr einer neuen Inflation heraufbeschwören mußte. Wir wußten auch, daß die Folgen dieser Inflation neben den Sozialrentnern und sonstigen Hilfsbedürftigen vor allem wieder die Arbeiter und Angestellten getroffen hätten. Aus diesem Grunde begnügten wir uns mit bescheidenen Lohnkorrekturen, versuchten daneben aber alles nur Erdenkliche, um das Preisniveau herabzudrücken.

Wenn die Arbeitnehmer sich auf diese Weise eine äußerste Selbstbeschränkung auferlegten, so geschah dies in der Erwartung, daß die staatliche Wirtschaftsführung in Würdigung dieser Haltung alles tun würde, um die Lohn-Preis-Schere zu schließen, die immer gefährlicher auseinanderklaffte. Praktisch geschah jedoch nichts! Zwar gab es durch geraume Zeit ein sehr heftiges Getöse um das sogenannte Jedermann-Programm. Kapitalistische Einflüsse, neben der Grundeinstellung der Frankfurter Wirtschaftsverwaltung, verhinderten jedoch die Inkraftsetzung eines Programms, von dem wir nur wußten, daß es sich zwar in England hervorragend bewährte, daß es aber auch bei uns zur erfolgreichen Durchführung ein gewisses Maß von Wirtschaftsplanung und -lenkung erfordert hätte. Deshalb durfte aus dem Jedermann-Programm nichts werden.

Auch in dieser Situation bewiesen unsere Kolleginnen und Kollegen und mit ihnen die Gesamtheit der deutschen Arbeitnehmer, daß nicht nur die bessere Einsicht in die volkswirtschaftlichen Zusammenhänge bei ihnen war, sondern daß sie auch im Gegensatz zu der Raffgier und Selbstsucht anderer Bevölkerungsschichten und Gruppen bereit waren, die sehr schweren Belastungen und Opfer für die Allgemeinheit wiederum auf sich zu nehmen. Der Wirtschaftstaumel in der angeblich sozial gebundenen, in Wirklichkeit aber schamlos freien Marktwirtschaft konnte nur so lange anhalten, wie Kopfgelder und Resterspatnisse zur Verfügung standen.

Schon um die Jahreswende fand deshalb dieser sehr wenig ruhmreiche Abschnitt der Nachkriegsentwicklung sein Ende. Der Aufschwung erlahmte, die Wirtschaft stagnierte. Hinter den Arbeitern und Angestellten erhob sich drohend das alte Gespenst der Arbeitslosigkeit, die ernsteste und bedenklichste Belastung, die den arbeitenden Menschen nach allem, was voraufgegangen war, auferlegt werden konnte. Tatsächlich blieben während der ganzen Saison

1949 über eine Million Werktätiger zum Feiern verurteilt, und dies, obwohl es in unserem verwüsteten Lande an Arbeitsaufgaben wahrlich nicht fehlt und auch unausgenutzte Wirtschaftskapazitäten in erheblichem Umfange zur Verfügung stehen.

Um diesen Zustand zu beseitigen, haben wir seit Beginn dieses Jahres und den ganzen Sommer hindurch mit aller Energie eine aktive Konjunkturpolitik, vor allem auch eine arbeitsintensive Investitionspolitik gefordert. Aber die für die Wirtschaftsführung in unserem Lande Verantwortlichen blieben allen Anregungen gegenüber taub. Sie stellten sich zunächst sehr hartnäckig auf den Standpunkt, daß der Kapitalmangel eine Vollbeschäftigung unmöglich mache, daß die Selbstfinanzierung der Betriebe und die damit verbundenen Investitionen das Richtige seien und daß eine autonome Kreditschöpfung unbedingt zu einer Inflation führen würde.

Spät erst erkannte die Wirtschaftsverwaltung und ganz zuletzt — ich gestehe, zu unserer großen Verwunderung — sogar die Bank deutscher Länder, daß etwas geschehen müsse und sogar etwas geschehen könne. Leider war aber inzwischen die Saison vorüber. Die arbeitsgünstigen Monate des Jahres 1949 waren unter nutzlosen Diskussionen vertan. Hunderttausende fleißiger Hände ruhten auch fernerhin zwangsweise. Tausende und aber Tausende von Wohnungen blieben ungebaut, ungezählte Menschen, denen man zu einer menschenwürdigen Wohnstätte hätte verhelfen können, hausten weiter in Elendsquartieren und Behelfsunterkünften, und viele Tausende können nicht in den Arbeitsprozeß eingegliedert werden, allein deswegen, weil dort, wo Arbeit vorhanden ist, die Unterbringungsmöglichkeiten für die Arbeitskräfte fehlen.

Fürwahr, auch dieser letzte Abschnitt der Nachkriegsentwicklung hat uns bitter enttäuscht, ganz gleich, ob wir ihn vom wirtschaftlichen oder sozialen Gesichtspunkte aus betrachten. Das Geldchaos ist überwunden, die Wirtschaft hat sich weitgehend stabilisiert, aber die Lage der Arbeitnehmerschaft hat sich kaum geändert. Dafür gibt es nur eine Erklärung, nämlich die, daß die bestehende Wirtschafts- und Sozialordnung, sofern man überhaupt von Ordnung sprechen kann, in jedem Falle gegen die Interessen der arbeitenden Menschen ist. Anders ausgedrückt: Weil in dieser Ordnung die soziale, ja die physische Existenz des arbeitenden Menschen dauernd bedroht bleibt und weil diese sogenannte Ordnung die gerechte Verteilung des von allen erarbeiteten Sozialproduktes in keinem Falle zu gewährleisten vermag.

Gewiß sind dies Probleme, die die Menschen seit mehr als einem Jahrhundert beschäftigen. Aber als Gewerkschafter haben wir in den letzten schweren Jahren ja doch einiges hinzugelernt. Wir haben erkannt, daß sich das Sozialproblem um so unerbittlicher und gefährlicher stellt, je schlechter es einem Volke im ganzen geht. Den extremen Fall haben wir unmittelbar nach dem Zusammenbruch erlebt. Damals führte der absolute Mangel an allem, was für die nackte Existenz notwendig war, insbesondere aber der Mangel an Nahrungsmitteln, zu einem Kampf aller gegen alle. Und da fanden wir, wie hoffnungslos die Lage des Besitzlosen und nur auf seine Arbeitskraft angewiesenen Menschen gegenüber dem ist, der entsprechend der gesellschaftlichen Ordnung unmittelbar über das Sozialprodukt verfügt.

Gemeinschaftsprinzip statt Individualprinzip

Auf der anderen Seite könnten wir uns aber sehr wohl eine Volkswirtschaft vorstellen — und wir stellen sie uns vor —, in der die soziale Frage ihren niederdrückenden Charakter verliert. Weil dort die, statt auf private Gewinnerzielung, auf geplante Bedarfsdeckung abgestellte Wirtschaft so viel hergibt, daß die Existenz aller gesichert ist und dazu ein allgemein höherer Lebensstandard die Menschen zufriedenstellt. Ich hebe das hervor, damit alle, die es angeht, verstehen, weshalb wir die großen Fragen der Wirtschafts- und Sozialordnung in unserer schweren Notlage heute ernster beurteilen als jemals, ganz anders auch als die Siegermächte in den viel besseren und gesicherteren Verhältnissen, deren sie sich erfreuen dürfen.

Wir wollen weder mit ihnen noch mit den besitzenden Schichten darüber rechten, ob eine liberale Wirtschaftsordnung unter bestimmten Voraussetzungen erstrebenswert ist oder nicht. In unserem armen Deutschland liegen solche Voraussetzungen jedenfalls nicht mehr vor, so daß wir, selbst wenn wir anders wollten, einfach gezwungen sind, vom Individualprinzip in der Wirtschaft zum Gemeinschaftsprinzip zu kommen. *(Zustimmung.)*

Als Gewerkschafter jedenfalls müssen wir immer wieder betonen, daß wir das neoliberalisierende Spiel, das heute in Westdeutschland Geltung hat, für mehr als bedenklich halten. In unseren Reihen kann kein Zweifel darüber bestehen, daß die derzeitige Wirtschafts- und Sozialordnung — und die beiden entsprechende Politik — unter keinen Umständen die Ordnung sein kann, unter der wir in dem Notstands- und Elendsgebiet, zu dem Deutschland nach dem Kriege geworden ist, leben und wieder gesunden können.

Harte Tatsachen

Für uns als Gewerkschafter muß deshalb Grundsatz sein, daß wir Diskussionen über wirtschaftsorganisatorische und wirtschaftspolitische Fragen nur führen, wenn unsere Gesprächspartner bereit sind, sich mit uns auf den Boden der harten, aber realen Tatsachen zu stellen. *(Beifall.)*

Dieser Tatsachen sind nun eine ganze Reihe: Einmal haben wir den größten, den grausamsten Krieg der Weltgeschichte bis zum Weißbluten durchgestanden und ihn dann verloren. Verloren gegen die gesamte Welt oder, besser gesagt, gegen zwei Welten, die östliche und die westliche. Die Sieger haben unser Land aufgespalten in eine West- und eine Ostzone und haben die eine wie die andere unter die ihnen eigene Ordnung und unter ihre Gesetze gestellt. Ein tragisches Schicksal hat es zudem gewollt, daß sich zwischen den Großmächten nach ihrem Sieg über das Dritte Reich ein schwerer Konflikt entzündete. In dem Maße aber, in dem dieser Konflikt sich verschärfte, vertiefte sich auch die Kluft zwischen dem deutschen Westen und dem deutschen Osten, rissen die Beziehungen ab, die äußeren und leider viel zu sehr auch die inneren. Ohne Ostdeutschland ist der Westen nur der Rest einer organischen Einheit, der für sich nur beschränkt lebensfähig ist; vor allem deshalb, weil mit dem Osten die wichtigsten landwirtschaftlichen Gebiete abgetrennt wurden, aus denen die überwiegend industrielle und sehr dichte Bevölkerung der westlichen Provinzen ernährt wurde.

Aber damit noch nicht genug. Als eine weitere Belastung kommt hinzu, daß in unsere westlichen Provinzen, in dieses dicht besiedelte, hoch industrialisierte Gebiet ohne ausreichende eigene Nahrungsgrundlage, seit 1945 über sieben Millionen Menschen zusätzlich hineingepreßt wurden. Sieben Millionen auf etwa 34 Millionen Alteingesessene. Die Bevölkerungsdichte stieg damit je Quadratkilometer von 166 im Jahre 1939 auf 202 im Jahre 1948. Eine solche Zusammenballung von Menschen auf engem Raum bedeutet eine wirtschaftliche sowohl als auch eine politische und soziale Gefahr, wenn Millionen der Neuhinzugekommenen, so wie es bei uns der Fall ist, aller Mittel entblößt, weder Obdach noch Arbeit finden können.

Aber auch damit ist das Maß unserer Sorgen noch nicht voll erfaßt. Um den ganzen Ernst unserer Lage zu erkennen, dürfen wir die deutsche Existenzkrise nicht isoliert sehen, sondern müssen sie im Zusammenhang mit der gesamteuropäischen Problematik betrachten. Seit etwa einem Vierteljahrhundert erscheinen die Lebensgrundlagen der hochindustriellen west- und mitteleuropäischen Länder durch einen unaufhaltsam erscheinenden Strukturwandel in der Weltwirtschaft auf das ernsteste bedroht. Europa, einst die Werkstatt der Welt, ging in dem gleichen Umfange seiner Absatzmärkte verlustig, in dem die Überseeländer eigene Industrien aufbauten. Europa ist nicht mehr in der Lage, die für die Ernährung seiner dichtgedrängten Industriebevölkerung erforderlichen landwirtschaftlichen Erzeugnisse und für die Inganghaltung seiner Industrien unentbehrlichen Rohstoffe zu bezahlen. Der gleichen Problematik standen wir schon einmal, und zwar nach dem ersten Weltkriege, gegenüber. Die zweite Weltkatastrophe aber hat die wirtschaftliche Strukturkrise noch um vieles mehr verschärft, so daß wir, und mit uns die meisten der europäischen Länder, nicht mehr in der Lage sind, den Passivsaldo der Zahlungsbilanzen durch Einnahmen etwa aus überseeischen Anlagen, aus dem Schiffs- und dem Touristenverkehr und anderem mehr auszugleichen.

Außerdem erscheint der Produktivitätsvorsprung, den die Vereinigten Staaten von Amerika durch die Entwicklung einer gigantischen Massenproduktion, durch Maschinisierung und Rationalisierung gegenüber Europa erreichen konnten, kaum noch aufholbar. Es sei denn, Europa könnte zu einem ähnlich großen einheitlichen Produktions- und Marktgebiet zusammengeschweißt werden wie die USA. Solange dies nicht der Fall ist, bleibt Europa konkurrenzmäßig den Vereinigten Staaten hoffnungslos unterlegen, bleibt es bestenfalls der Kostgänger von Amerika. In einer solchen Situation müssen wir, wie jedes europäische Land, das äußerste tun, um wirtschaftlich wenigstens einigermaßen durchzukommen. Gewiß sind sehr beachtliche Bestrebungen vorhanden, eine europäische Zusammenarbeit herbeizuführen. Ungeachtet dessen aber wird jedes Land natürlich zuerst immer seine besondere Not zu überwinden, seine Interessen durchzusetzen versuchen.

Ein Fanal besonderer Prägung ist deshalb die Welle der Währungsabwertungen, wie sie unlängst ins Rollen kam. Großbritannien begann, und fast alle anderen europäischen Länder folgten, weniger freiwillig als zwangsweise. Die Währungsabwertung ist aber ein sehr rigoroses, gewalttätiges Verfahren, weil ein Erfolg fast immer nur auf Kosten anderer erzielt werden kann. Dies gilt es zu bedenken neben der Tatsache unserer Unfreiheit, die uns auch in Fragen der Währung nicht gestattet, Regelungen nach eigener Erkenntnis und eigenem Bedürfnis zu treffen. Wenn wir dies alles sehen, dann ist es wohl klar, daß wir hier in Westdeutschland Jahre noch, ja wahrscheinlich Jahrzehnte, unter einem starken wirtschaftlichen und sozialen Druck stehen werden. Als Gewerkschaften sind wir deshalb stärkstens an einer politischen wie wirtschaftlichen und sozialen Ordnung interessiert, die den zu erwartenden Notständen wirksam begegnet.

Wirksame Neuordnung unerläßlich

Wie aber, so fragt mit uns die übrige Welt, wie aber soll diese Ordnung sein? Wir wissen, es gab und gibt auf diese Frage ungezählte und sehr verschiedene Antworten. Bereits um die Mitte des 18. Jahrhunderts, in der frühesten Zeit des modernen Kapitalismus also, beschäftigte sich der Engländer Adam Smith mit ihr, und in der Folgezeit wurde diese Frage mit vielem Zugehörigen immer wieder zur Diskussion gestellt. So durch Proudhon, durch Robert Owen, Fourier, Rodbertus und andere bis zu Karl Marx und Friedrich Engels. Die Notwendigkeit, zu klaren und eindeutigen Begriffen zu kommen, ist aber heute mehr denn je gegeben, nachdem fast die gesamte Menschheit in eine Periode ernstester Gefährdung geraten ist. Mit der Aufschließung der Atomenergie hat sich der Mensch zum Herrn über Kräfte gemacht, mit deren Hilfe sowohl eine neue Epoche der Lebenssteigerung und Lebensbereicherung heraufgeführt als auch Katastrophen entfesselt werden können, die unser Geschlecht austilgen oder in primitivste Barbarei zurückwerfen müssen. Ob das eine, ob das andere geschieht, ist eine Frage des menschlichen Gewissens, das sich in der Ordnung der menschlichen Beziehungen zu erweisen haben wird, national so gut wie auch international.

Nun sind wir hier in Restdeutschland weltpolitisch gesehen zur Zeit eigentlich nur Objekt, und als solches nicht gerade bedeutungsvoll. Für das allgemeine Menschenschicksal aber ist es trotzdem nicht gleichgültig, wie wir in unserem Lande uns gewerkschaftspolitisch insbesondere den sozialen Fragen gegenüber verhalten werden. Denn wir sind hier im gewissen Sinne Vorfeld zwischen den weltpolitischen Fronten. Insofern tragen wir Verantwortung, und wir sind als Gewerkschafter bereit, uns dieser Verantwortung zu unterstellen. Diese Bereitwilligkeit aber, durch die Taten in unzähligen Fällen bereits bewiesen, berechtigt uns zu dem Verlangen, daß unsere wirtschafts- und sozialpolitischen Forderungen mit der gleichen Verantwortlichkeit aufgenommen, mit gleicher Verantwortlichkeit auch behandelt und schließlich erfüllt werden.

Mittelpunkt ist der arbeitende Mensch

Es geht zunächst darum, den entscheidenden Grundsatz festzulegen, nach dem die Gewerkschaften die volkswirtschaftliche und
soziale Ordnung aufgebaut haben wollen, diesen Grundsatz zu erkennen und anzuerkennen. Es ist der Satz, daß der arbeitende
Mensch, als der weitaus wichtigste Produktionsfaktor, inmitten
allen wirtschaftlichen Geschehens zu stehen hat und daß ihm gesell-
schaftlich der Platz eingeräumt wird, auf den er ein für allemal Anspruch hat. *(Beifall)* Vergessen wir nicht, es ist immer und einzig
die menschliche Arbeit, durch welche die Gemeinschaft lebt. In dem
Maße, in dem es uns gelingt, die Arbeitskraft und den Leistungs-
willen aller voll zum Einsatz zu bringen, wird ein optimaler volks-
wirtschaftlicher Ertrag und die bestmögliche Versorgung der Gesellschaft gewährleistet sein. Dabei ist jede Art von Arbeit im
Grundsatz gleich zu achten. Die unselbständige wie die selbständige,
die Arbeit des Bauern, der sein Feld bebaut, wie die des Kumpels,
der die Kohle aus der Erde holt, die Arbeit des Unternehmers, der
sein Werk organisiert, wie die des Arbeitskameraden, der an der
Maschine steht.

Die reine Unternehmerwirtschaft hat aber ökonomisch und sozial
versagt, denn es ist ihr nicht gelungen, die Vollbeschäftigung aller
und damit die bestmögliche volkswirtschaftliche Leistung herbeizuführen. Und es ist ihr ebenso unmöglich gewesen, eine gerechte
Verteilung der Produktion zu erreichen. Das eine wie das andere
mußte scheitern an dem Grundprinzip der kapitalistischen Ordnung, ausschließlich unter dem Gesichtswinkel des privaten Ge-
winnes zu produzieren. Unter diesem falschen Prinzip war bislang
und ist heute noch der in lohn- oder gehaltsabhängiger Stellung sich
befindende Mensch bestenfalls ein Werkzeug, dessen man sich bedient, wann es unter dem Ertragsgesichtspunkt zweckmäßig erscheint, das man aber seelenruhig beiseite stellt, sobald diese
Zweckmäßigkeit entfällt.

Bedarfsdeckung als Organisationsprinzip

Die von den Gewerkschaften angestrebte volkswirtschaftliche
Ordnung wird deshalb an die Stelle des privaten Gewinnstrebens als
Organisationsprinzip die Bedarfsdeckung setzen müssen. Das wird
von selbst dazu führen, daß die Arbeitskraft, die Leistungsfähigkeit
und der Leistungswille des arbeitenden Menschen als die letztlich
einzigen Quellen des gesellschaftlichen Wohlstandes Anerkennung

finden. Ist eine solche Anerkennung erst erfolgt, dann wird sich auch eine gerechte Verteilung des Sozialproduktes durchsetzen lassen nach dem Grundsatz, daß jeder am gesellschaftlichen Ertrage in dem Umfange beteiligt sein soll, in dem er sich durch Arbeit und Leistung einen Anspruch erworben hat. Den sozial schlechtest Gestellten der Volksgemeinschaft aber, den Alten, den Rentnern, Arbeitsbehinderten und anderen wird ihr Recht auf ein menschenwürdiges Dasein gegeben sein. Als Gewerkschafter sind wir uns darüber klar, daß die großen Aufgaben, die zu lösen wir uns vorgenommen haben, nicht von heute auf morgen bewältigt werden können. Der wirtschaftlich Stärkere wird seine seit Menschengedenken angemaßte Macht nicht kampflos aufgeben, und auch der Arbeiter muß erst in seine neuen Aufgaben hineinwachsen.

Die Umstellung der gesamten komplizierten Maschinerie der Volkswirtschaft auf neue Grundlagen ist eine schwierige praktisch-politische und wirtschaftsorganisatorische Aufgabe. Die wichtigste Voraussetzung für ihre Lösung ist die geistig moralische Neuorientierung der Menschen, das heißt eine Renaissance des sozialen Gewissens.

Unser Bemühen, diese Erneuerung herbeizuführen, wird auf hartnäckigen Widerstand stoßen, nicht nur bei denen, die eigensüchtige Interessen vertreten und verteidigen. Schwerer noch wird es sein, alte Ideologien zu überwinden, die noch in so vielen, vielen Köpfen festsitzen. Darum richten wir uns auf längere Zeiträume ein und sind entschlossen, den Weg eines gesunden Realismus zu gehen. Wir werden uns der konkreten Probleme des wirtschaftlichen Lebens bemächtigen und werden uns überall dort einschalten, wo an ihrer Lösung gearbeitet wird, und wir werden dafür sorgen, daß sie in dem Sinne gelöst werden, wie es der arbeitende Mensch verlangen muß.

Unterbeschäftigung, Arbeitslosigkeit, Vollbeschäftigung

Unter diesem Gesichtspunkt beschäftigt uns heute das Problem der Arbeitslosigkeit, und es steht fest, daß die Forderung auf Vollbeschäftigung aller Arbeitnehmer im Mittelpunkt unserer gewerkschaftlichen Arbeit stehen muß. Dazu ist ein Widerspruch die Tatsache, daß wir zur Zeit, also auf dem Höhepunkt der Saison, 1¼ Millionen Arbeitslose haben und daß die Gefahr einer Massenarbeitslosigkeit noch unbekannten Ausmaßes ständig vorhanden ist. Die

Gewerkschaften müssen diesem Zustand gegenüber eine aktive Arbeitsbeschaffungspolitik verlangen. Ganz gleich, ob eine Arbeitslosigkeit konjunktureller oder struktureller oder beider Arten vorliegt. Hinter dem Ausdruck „strukturelle Arbeitslosigkeit" verbirgt sich ja vorwiegend das sogenannte Flüchtlingsproblem. Wir müssen erkennen, daß das Flüchtlingsproblem unser Problem, das heißt Problem der Werktätigen ist. Nur ein Bruchteil der aus dem Osten Ausgewiesenen oder zu uns Geflüchteten ist wieder zu einer Arbeitsstelle oder einer selbständigen Existenz gekommen, die große Masse muß sich erst nach einem Arbeitsplatz umsehen. Damit geht das Flüchtlingsproblem in das umfassendere und größere der Vollbeschäftigung ein. Es bedeutet dies, daß die Katastrophe der Einweisung von Millionen Menschen in unseren dichtbevölkerten Raum vor allem den Arbeiter und Angestellten trifft, weil sich hierdurch die Konkurrenz um den Arbeitsplatz ungemein verschärft und die latente Gefahr, aus dem Arbeitsprozeß ausgeschaltet zu werden, außerordentlich gesteigert wird.

Es ist sinnlos, darauf zu hoffen, daß sich auch dieses Problem im freien Spiel der Kräfte lösen könnte. Nein, wir brauchen einen umfassenden und klaren Plan, der zeigt, wie und wo man jeden Arbeitswilligen — ob Einheimischen oder Flüchtling — nützlich einsetzen und beschäftigen kann. Ein solcher Plan aber setzt eine geplante Wirtschaft überhaupt voraus. Weil die bisher maßgebenden Stellen sich aber weder zu dem einen noch zu dem anderen verstehen wollen, deshalb das Dilemma, aus dem kein Weg herauszuführen scheint.

Kreditpolitik allein nicht entscheidend

Es ist eine Utopie, anzunehmen, daß die Wirtschaftsführung sich heute darauf beschränken könnte, etwa durch Kreditausweitung oder Krediteinschränkung die konjunkturelle Entwicklung so zu steuern, daß Arbeitslosigkeit vermieden oder beseitigt würde. Gewiß ist die Kreditpolitik eines der wichtigsten Mittel der Wirtschaftslenkung, und eine wirklich aktive Kreditpolitik hätte uns in diesem Sommer vermutlich mit leichter Mühe aus dem Zustand der Stagnation herausgebracht. Man sagt uns, daß, wer eine solche Politik fordert, einer Inflationspolitik das Wort redet. Davon kann natürlich nicht im mindesten die Rede sein! Die Gewerkschaften sind vielmehr der Überzeugung, daß es sehr wohl möglich ist, alle Arbeitslosen, vor allem die 200 000 feiernden Bauarbeiter nützlich zu beschäftigen, ohne die Währung zu gefährden. Ich deutete diese Möglichkeit bereits an.

Wir müssen endlich in unserem Kreditwesen zu besseren Regelungen als den bisherigen kommen. Die Selbstfinanzierung der Betriebe hat ganz zweifellos zu Fehlinvestitionen sehr erheblichen Umfanges geführt, und auch die Anlagefinanzierung unserer Kreditinstitute ist volkswirtschaftlich gesehen oft einfach nicht vertretbar. Sie ist in unserer augenblicklichen Lage doch nur berechtigt, oder vielmehr sie wäre es, soweit sie sich nicht oder nicht in erster Linie auf Vergrößerung oder Neuerstellung von Produktionsanlagen oder auf Verstärkung der Kapitalkraft großer Werke bezieht. Vieles davon verträgt ganz gewiß einen Aufschub. In der Gegenwart kommt es auf die Vergrößerung der Einsatzmöglichkeiten der menschlichen Arbeitskraft an.

Wohnungsbau tut not

Aus diesem Grunde wünschen die Gewerkschaften eine erheblich stärkere Finanzierung des Wohnungsbaues und vor allem des sozialen Wohnungsbaues. Daneben Kreditgewährung an die baugewerblichen Betriebe. Wenn dies geschähe und etwa noch unterstützt würde durch wirtschaftsfördernde steuerliche Maßnahmen, dann würde es gewiß gelingen, die hartnäckigen Stockungen zu überwinden, die sich in unserer Wirtschaft seit langem zeigen. Die Gewerkschaften halten daher die Aufstellung eines Wohnungsbauprogramms für nötig, dessen Größenordnung der Schwere der Wohnungsnot entspricht. Sie verlangen außerdem die Zusammenfassung aller Wohnungsbaubehörden in eine zentrale Bundesinstanz. Daneben die Beschaffung und planmäßige Lenkung von Finanzierungsmitteln, einschließlich einer etwa notwendig werdenden Kreditschöpfung. Nicht zuletzt aber die Industrialisierung der Bauwirtschaft, vor allem der gesamten Zubehörindustrie mit dem Ziele einer Kostensenkung und einer Beschleunigung der Baudurchführung.

Die besondere Lage, in der wir uns befinden, die Tatsache, daß sehr viel mehr zu tun ist, als nur den konjunkturellen Ablauf unter Kontrolle zu halten und zu steuern, macht es wie gesagt erforderlich, daß man sich neben der Kreditpolitik auch noch anderer Mittel wirtschaftspolitischer Einwirkung bedient. Über die öffentlichen Haushalte beispielsweise ließe sich ganz bestimmt Einfluß auf die Investitionstätigkeit, mit steuerlicher Unterstützung auch auf die Einkommensverteilung, nehmen. Fast jeder Unternehmer baut heute seinen Betrieb auf und aus, ausschließlich auf Kosten der Preise. Möglichst in einem Jahr müssen die Preise das finanzieren, wozu unter normalen Verhältnissen ein Dutzend und mehr Jahre erforderlich waren. Infolge des Angebotsmonopols der meisten Unternehmungen wird hierdurch zu Lasten der Verbraucher der private Lastenausgleich bereits vorweggenommen.

Wenn so, wie angekündigt, die Steuergesetzgebung wirklich sozialen Grundsätzen folgen will, hat sie, und damit auch die künftige Steuerprüfung, sich dieser Tatsache bereits besonders anzunehmen.

Monopolbildung wird geduldet

Seit anderthalb Jahren beschäftigt sich die oberste Wirtschaftsbehörde mit einer Monopolgesetzgebung zur Bekämpfung der Monopole und zur Sicherung des Wettbewerbs. Durch den Widerstand der verschiedenen interessierten freien Unternehmer wechseln die Gesetzentwürfe lediglich von Zeit zu Zeit die Schublade in den Ämtern. Unterdessen werden allerorten Preisabreden direkter oder indirekter Art, offen oder geheim getroffen, die zu den amtlichen Behauptungen und Forderungen einer Marktwirtschaft in schroffstem Widerspruch stehen. Warum z. B. bei der Radio-, der Zement-, Ziegelindustrie und anderen Industriezweigen so auffallend gleiche Preise, bei gewiß nicht immer gleichen Produktionsbedingungen? Warum bei den Banken einheitliche Zinssätze? Und wie verträgt sich das alles mit der vielgepriesenen freien und obendrein sozialen Marktwirtschaft?

Die Antwort ist einfach zu geben. Das Unternehmertum will ja die immer wieder herausgestellte sogenannte freie Wirtschaft ganz und gar nicht, sondern strebt nach einer von den Interessenten selber geführten und gelenkten Unternehmerwirtschaft. (Starker Beifall.) Wohin dies führt, das läßt ein einziges Beispiel erkennen. Nach den Untersuchungen im Wirtschaftswissenschaftlichen Institut liegt der Reallohn des Arbeiters heute bei 60 Prozent der Vorkriegshöhe. (Hört! Hört!-Rufe.) Zur gleichen Zeit liegen die Gewinne des Unternehmers trotz eines Rückganges im letzten Quartal über Vorkriegshöhe (Hört! Hört!-Rufe), während die Lohnquote, d. h. der Anteil von Lohn und Gehalt am Produktionswert, um 16 Prozent unter dem Stand von 1936 liegt. Erwerbslose und Flüchtlinge aber vegetieren vollends.

Aktive Staatliche Preispolitik

Die Gewerkschaften verlangen deshalb eine aktive staatliche Preispolitik, die sich besonders auf die wichtigsten Güter des täglichen Bedarfs der Werktätigen erstreckt. Und dazu weitere geeignete Maßnahmen, durch die eine baldige Hebung des Reallohnniveaus erzielt wird. Die Bundesregierung hat die Chance, bei ihren ersten gesetzgeberischen Arbeiten bereits die nötigen Schritte zu tun. Die Abwertung der Währung bietet dazu eine Gelegenheit. Die Regierungserklärung hat zwar die Gewerkschaften und ihre hohe staatspolitische Bedeutung vornehm übergangen und auch die großen Leistungen der organisierten Arbeitnehmer im Aufbauwerk der letzten Jahre geflissentlich übersehen. Das soll uns aber, die wir uns nicht gerade als die schlechtesten Elemente in unserem Volke fühlen, nicht abhalten, unseren Wünschen und Forderungen auf diesem, unserem ersten Bundeskongreß entschiedenen Ausdruck zu geben. *(Beifall.)* Ich sage deshalb:

Die deutschen Arbeitnehmer haben der Allgemeinheit gegenüber im Staate, in der Wirtschaft und in der Gesellschaft ihre Pflicht stets voll erfüllt, und sie werden dies auch fernerhin tun. Sie werden gleich den Mitgliedern der Regierung ihre Kraft dem Wohl des deutschen Volkes widmen, seinen Nutzen mehren, Schäden von ihm wenden und seine Gesetze achten, genau wie unsere Herren Minister. Damit sie das aber können, verlangen sie wirtschaftliche und gesellschaftliche Gleichstellung mit jedermann in unserem Lande, das heißt, wir Gewerkschafter nehmen für uns wie für alle arbeitenden Menschen die Rechte und Freiheiten in Anspruch, die ein demokratisches Staatswesen seinen Bürgern gewährleisten muß. Bürger, nicht Untertanen wollen wir sein! *(Beifall.)* Wollen mitraten, mittaten und mitverantworten in allen wichtigen Dingen des Lebens der Gemeinschaft. Vor allem in den Angelegenheiten der Wirtschaft unseres Volkes.

Demokratisierung der Wirtschaft

Auf eine Demokratisierung der Wirtschaft ist deshalb unsere Absicht gerichtet und auf Mitbestimmung der Arbeitnehmerschaft in allem wirtschaftlichen Geschehen. Wir machen uns als Gewerkschafter den Beschluß des Katholikentages in Bochum voll zu eigen, indem auch wir sagen, so wie es dort gesagt wurde: „Der Mensch steht im Mittelpunkt jeder wirtschaftlichen und betriebswirtschaftlichen Betätigung. Das bisherige Wirtschaftsrecht muß durch ein Betriebsrecht ersetzt werden, das den Menschen in seinen Rechten und Pflichten in den Vordergrund rückt. Das Mitbestimmungsrecht aller Arbeitenden bei sozialen, personellen und wirtschaftlichen Fragen ist ein natürliches Recht in gottgewollter Ordnung, dem die Mitverantwortung aller entspricht."

Und wir bekennen uns auch zum Kapitel 27 der Rerum Novarum des Papstes Leo XIII., in dem gesagt ist: „Es ist gewisseste Wahrheit, daß der Wohlstand der Völker durch nichts anderes hervorgebracht wird als durch die Arbeit der Proletarier, sei es, daß sie sie auf den Feldern, sei es, daß sie sie in den Fabriken ausüben."

Wir Gewerkschafter stimmen auch mit der Enzyklika „Quadragesimo Anno" des Papstes Pius VI. überein. Dort wird gesagt: „So wenig das Kapital ohne die Arbeit, so wenig kann die Arbeit ohne Kapital bestehen. Es widerstreitet aber den Tatsachen, einem der beiden, dem Kapital oder der Arbeit, die Alleinursächlichkeit an dem Ertrag des Zusammenwirkens zuzuschreiben. Vollends widerspricht es der Gerechtigkeit, wenn der eine oder andere Teil, auf diese angebliche Alleinursächlichkeit pochend, das ganze Ergebnis für sich beansprucht. Lange genug konnte in der Tat das Kapital ein Übermaß für sich vorwegnehmen. Das gesamte Erträgnis, die gesamten Überschüsse, nahm das Kapital vorweg für sich in Anspruch, dem Arbeiter kaum die Notdurft für die Erhaltung der Arbeitskraft und ihre Produktion überlassend." So der Papst, so auch wir!

Wenn dem so ist, und wer zweifelte, daß es so ist, dann haben wir als Gewerkschaften das Recht nicht nur, sondern auch die Pflicht, ein neues Wirtschaftsrecht zu fordern und dies einmal aus Erwägungen rechtlicher Art und erst recht aus ethischen Gründen. Dieses neue Recht aber wird, indem es die beiden Wirtschaftsfaktoren Arbeit und Kapital als eine organische Einheit erkennt, jedem dieser Faktoren die ihm zukommende Stelle zuweisen müssen. Dies unter dem Gesichtswinkel, daß der Arbeiter auch dann, wenn er nichts anderes als seine Arbeitskraft in das Unternehmen einbringt, als völlig gleichberechtigt und gleichverpflichtet neben dem Unternehmer zu stehen hat.

Man wende uns nicht ein, daß bei solcher engen Mitteilhaberschaft das Risiko des Betriebes, der Besitzlosigkeit der meisten Arbeitnehmer wegen, einseitig den Unternehmer belaste. Auch der Arbeitnehmer trägt an diesem Risiko seinen Teil durch Arbeitszeit — oder Lohnverluste und durch Arbeitslosigkeit. Gemeinhin ist es sogar der größere Anteil des gemeinsamen Risikos und zweifellos vom Arbeitnehmer weniger verschuldet als vom Unternehmer durch dessen Festhalten an einer überlebten Wirtschaftsordnung. Bei ihrem Verlangen nach einem unbedingten Mitbestimmungsrecht der Arbeitnehmer in der Wirtschaft sind sich die Gewerkschaften völlig darüber im klaren, daß allen beanspruchten Rechten natürlich auch Pflichten gegenüberstehen, die zusammen mit den Rechten eine unlösbare Einheit darstellen. Sie geben sich auch keiner Täuschung darüber hin, daß gleich wie die Unternehmer auch die Arbeitnehmer noch viel hinzuzulernen haben, um in einer tatsächlichen und engsten Verbundenheit mit den Unternehmern bestehen zu können.

Die Mitbestimmung der Arbeitnehmer soll aber nicht nur in den Betrieben und nicht nur in bezug auf personelle und soziale Angelegenheiten bestehen, sondern auch in wirtschaftlichen und betriebswirtschaftlichen Fragen gegeben sein. In der Gesamtwirtschaft und in allen ihren Organen und Vorgängen muß sogar dieses Mitbestimmungsrecht eine Selbstverständlichkeit darstellen. Dies gilt besonders für die Besetzung von Selbstverwaltungskörpern der Wirtschaft als auch von Einrichtungen öffentlichen Charakters, z. B. von Wirtschaftskammern und ähnlichem. In diesen ist die Besetzung paritätisch, damit auch sie dazu beitragen, den Arbeitnehmern einen vollen Ein- und Überblick im gesamten Wirtschaftsablauf und die Möglichkeit des Einsatzes auch des eigenen Wissens und Könnens zu geben. Die Gewerkschaften müssen daher gesetzliche Regelungen verlangen, die die soziale, personelle und wirtschaftliche Mitbestimmung der Arbeiter im Betriebe sicherstellen, die außerdem aber auch die Bildung und paritätische Besetzung von Wirtschafts- und Handelskammern und ähnlichen Selbstverwaltungsorganen der Wirtschaft vorsehen, und die das Gesellschafts-, insbesondere das Aktienrecht, umgestalten, so daß den Gewerkschaften ein maßgeblicher Einfluß in den Gesellschaften möglich ist. (Beifall.)

Planung und Lenkung der Wirtschaft

Für die Mitbestimmung der Arbeitnehmer in der Wirtschaft ist allerdings Planmäßigkeit der letzteren Voraussetzung. Deshalb, und aus anderen Gründen, müssen die Gewerkschaften auch auf ihrer Forderung nach einer geplanten und gelenkten Wirtschaft bestehen.

In der freien Marktwirtschaft, die sich so gern sozial nennt, ohne es wirklich zu sein oder auch nur sein zu können, ist für die Mitbestimmung der Arbeitnehmer kein Raum gegeben. Sie können dort weder in ihrer Eigenschaft als Produzenten noch in der als Konsumenten mitbestimmend zur Geltung kommen. Sie sind vielmehr ausschließlich Objekt in dem einen wie dem anderen Falle, so daß ein neues Wirtschaftsrecht, wie es die Gewerkschaften für notwendig erachten, sich auch der Konsumenten wird erinnern müssen.

Es muß zur Unmöglichkeit werden, daß über wichtigste Lebensbedingungen der kapitalentblößten Volksschichten, also vorwiegend der Arbeitnehmer, ohne deren Mitwirkung über das parlamentarisch etwa Mögliche hinaus Entscheidungen gefällt werden, wie deren eine jetzt in bezug auf die Wohnungsmieten vorzuliegen scheint. Alle Welt spricht und die Presse schreibt über die bestehende Absicht einer Erhöhung der Mieten. Die Gewerkschaften aber, die über fünf Millionen Mitglieder zählen und die darüber hinaus auch noch ein Großteil der unorganisierten Arbeiter und Angestellten mit deren Billigung vertreten, wurden bis jetzt in dieser so wichtigen Angelegenheit kaum bemüht.

Es zeigt sich auch damit wieder die Unerläßlichkeit einer Neuordnung unserer Zustände auf dem wirtschaftlichen und sozialen Gebiet. Ja, auch auf dem letzteren erwarten die Gewerkschaften vom Staat und seinen Organen, dem Parlament sowohl als auch der Regierung, eine durchgreifende Besserung des Bestehenden, ein uneingeschränktes Koalitionsrecht und volle Freizügigkeit der Arbeitnehmer. Dazu das Recht des Arbeitskampfes und ferner Schutz der Arbeitskraft, besonderen Schutz der Frauen und Jugendlichen, soweit sie im Erwerbsleben stehen. Ausreichende Fürsorge für die Arbeitslosen wie für die erwerbsbeschränkten oder arbeitsunfähigen Volksglieder. Kurz, die Ergreifung aller Maßnahmen, die den Lebensstandard der sozial schlechtergestellten Bevölkerungsgruppen zu heben geeignet sind und die der Würde dieser Menschen gerecht werden.

Um die Vergesellschaftung

Das Begehren der Gewerkschaften geht aber auch noch auf anderes. Neben dem Mitbestimmungsrecht der Arbeitnehmer in der Wirtschaft und neben der Demokratisierung der letzteren erkennen die Gewerkschaften die Vergesellschaftung der Schlüsselindustrien als absolute Notwendigkeit. *(Zustimmung.)* Diese Vergesellschaftung muß den Schlußstein des wirtschaftsdemokratischen Aufbaues in unserem Lande bilden. Daß wir, wenn wir von Vergesellschaftung oder Sozialisierung wichtigster Wirtschaftszweige sprechen, nicht einfach die Verstaatlichung meinen, ist von uns oft genug betont worden. Es erübrigt sich deshalb, hier ein weiteres Mal darzutun, aus welch triftigen Gründen die Gewerkschaften die Verstaatlichung ablehnen. Sie vermöchten sich weder mit einer solchen östlicher oder ähnlicher Prägung noch mit einer von der Art unseres eigenen Landes, in dem ja Post und Eisenbahn verstaatlichte Einrichtungen darstellen, zu befreunden. Die Gewerkschaften halten für die hauptsächlichsten Wirtschaftszweige viel gründlicher vorbereitete und zweckmäßigere Ordnungen erforderlich.

Solche Ordnungen zu treffen, könnte das von den Alliierten erlassene Gesetz Nr. 75 eine gute Handhabe bieten, zum mindesten sollte es erhoffen lassen, daß in der Frage der Demokratisierung der Schwerindustrie ein echter Fortschritt erzielt wird. Natürlich kommt es dabei in erster Linie auf die Bereitwilligkeit der Besatzungsmächte an. Wir müssen ja allerdings feststellen, daß bei der Neuordnung beispielsweise der I.G. Farbenindustrie noch kein Anfang gemacht wurde, um hier zu einer besseren Neuordnung zu kommen. Die Gewerkschaften haben sich deshalb in den letzten Monaten eingehend mit diesem Komplex befaßt und werden den Hohen Kommissaren ihre Vorschläge in Kürze einreichen. Wir möchten bei den Besatzungsmächten und ihren Regierungen, besonders der britischen Labourregierung, eine so gute Kenntnis der ganz besonderen Lage Deutschlands und der daraus zwangsläufig sich ergebenden besonderen Bedürfnisse voraussetzen, daß wir keine wesentlichen Behinderungen des gewerkschaftlichen Wollens um neue Ordnungen in unserer Wirtschaft erwarten.

Bei den fünf Millionen deutschen Arbeitnehmern, die sich jetzt in einem Bunde vereinigen, steht jedenfalls der Vorsatz unverrückbar fest, durch starke Einflußnahme auf die wichtigsten Bezirke in der Wirtschaft des Landes den Frieden und die Freiheit für sich selbst, für das deutsche Volk und für die Welt zu sichern. Was an Gründen gegen die Vergesellschaftung ins Feld geführt wird, ist ausnahmslos durch die Erfahrung, die Entwicklung und auch durch die Praxis längst widerlegt.

Der Kohlenbergbau, die Eisen- und Stahlindustrie, die Großchemie wie das Kreditwesen gehören in die Hand der Volksgesamtheit, und dies aus sozialen Gründen sowohl als auch aus solchen technisch-wirtschaftlicher Art, erst recht aber aus politischen Notwendigkeiten. Denn nicht ein weiteres Mal darf es geschehen, daß wirtschaftliche Zusammenballungen, in politische Macht umgesetzt, ein demokratisches Staatsgefüge zerstören, so wie es der deutschen Republik und ihrer Weimarer Verfassung geschah. Auch darf es sich nicht wiederholen, daß aus den Erträgnissen der Mammutgebilde in der Wirtschaft destruktive politische Kräfte gezüchtet und gefördert werden, so wie es gleichfalls in der Vergangenheit erfolgte. Die Vergesellschaftung der Grundstoffindustrien muß aber auch aus wirtschaftlichen und sozialen Gründen durchgeführt werden. Nur in einer vergesellschafteten Industrie können Produktion und Produktionskapazität dem Bedarf sinnvoll angepaßt werden. Nur über sie können wir dahin kommen, daß die wichtigsten Grundstoffe volkswirtschaftlich richtig verteilt werden und daß ein privatwirtschaftlicher Mißbrauch im Vertrieb der Erzeugnisse verhindert wird.

Neben den Schlüssel- und Grundstoffindustrien bedarf aber auch die deutsche Energiewirtschaft einer grundlegenden Neuordnung. Der Fortschritt der Verbundwirtschaft, das Vordringen der Energieversorgung bis zum letzten Dorf und die überragende Bedeutung der Energieversorgung für die gesamte Wirtschaftsentwicklung haben ein Ausmaß erreicht, in dem ein längeres Verharren bei den alten, lediglich durch die historische Entwicklung bedingten Zuständen nicht länger verantwortet werden kann. Die größten Energiekonzerne sind, wie die der Grundstoffindustrien bei Kohle und Eisen, beschlagnahmt. Es ist deshalb notwendig, daß auch hier baldmöglichst ein Energietreuhänderverband, paritätisch besetzt, bestellt wird, um die fällige Neuordnung in der Energiewirtschaft in die Wege zu leiten.

Neues Eigentumsrecht

Wir wissen natürlich, daß alle Forderungen der Gewerkschaften, sofern sie an Grundsätzliches rühren, einen starken Widerstand in allen kapitalistisch interessierten Kreisen finden. Aber noch ist uns kein Argument begegnet, das uns hätte davon überzeugen können, daß wir Unbilliges und dem Gemeinwohl Abträgliches oder rechtlich nicht Begründetes verlangten. Diese Tatsache muß uns ermutigen, darauf zu bestehen, daß ein neues Wirtschaftsrecht möglichst bald seine Ergänzung finde durch ein neues Eigentumsrecht. Durch ein Recht, das entgegen den bisher bestehenden Zuständen das Eigentum sozial verpflichtet und damit den Weg frei macht für den wirtschaftlichen, sozialen und kulturellen Fortschritt der arbeitenden Klassen. *(Beifall.)*

Kulturelle Leistungen der Gewerkschaften

Denn auch für die kulturellen Belange ihres Anhanges hatten die Gewerkschaften der Vergangenheit gewirkt und haben die der Gegenwart einzustehen. Dank der vielen auf kulturellem Gebiet geleisteten Arbeit sind die Gewerkschaften seit langer Zeit aus dem kulturellen Leben unseres Volkes nicht mehr wegzudenken. Mit der Verkürzung der Arbeitszeiten, die fast in jedem Falle erkämpft werden mußte, schufen die Gewerkschaften die erste Voraussetzung für eine Teilnahme der schaffenden Menschen an den kulturellen

Gütern und dem kulturellen Leben ihrer Zeit überhaupt. Und indem sie bei Millionen der werktätigen Menschen ein starkes Selbstbewußtsein weckten, schufen sie die Voraussetzungen für ein Höchstmaß moralischer Widerstandskraft wie es sich so glänzend zeigte und bewährte in den Zeiten eines tiefen moralischen Verfalls weiter Schichten der Bevölkerung unseres Landes. In jenen Jahren, sie liegen ja noch nicht weit zurück, da zeigte es sich, was die deutschen arbeitenden Menschen an Opferwilligkeit, zivilem Mut und Charakterstärke gewonnen hatten durch die jahrzehntelange erzieherische, bildende und den Menschen veredelnde Kulturarbeit der Gewerkschaften.

In ungezählten schulischen und anderen Veranstaltungen sind die Gewerkschaften auch heute wieder bestrebt, Geist und Gemüt empfänglich zu machen für alles Schöne, Gute und Edle. Eine große Zahl besteingerichteter eigener Schulen unterstützt sie darin und dient weiter dazu, jüngere, qualifizierte und aktive Mitglieder für die Funktionen in den Gewerkschaften selbst vorzubereiten. Andere Einrichtungen sorgen für die berufliche Ertüchtigung der jungen Menschen und wieder andere legen die Fundamente allgemeiner staatsbürgerlicher Bildung. Sie bilden verläßliche Demokraten für die junge Republik und bauen damit kräftig für die Zukunft. Sie führen Jahr für Jahr viele Tausende heraus aus der Primitivität ihres Lebens und wecken bei ihnen kulturelle Bedürfnisse und zeigen gleichzeitig Wege zur Befriedigung derselben.

Dem allgemeinen Fortschritt des menschlichen Geschlechtes leisten die Gewerkschaften allein hierdurch schon einen großen Dienst. Mit dieser Feststellung glaube ich, dieses wichtige Aufgabengebiet der Gewerkschaften verlassen zu dürfen.

Umfassende Aufgaben der Gewerkschaften

Gestatten Sie mir noch, zusammenfassend zu sagen: Die hier vertretenen Gewerkschaften sehen ihre Aufgabe in Wirtschaft, Staat und Gesellschaft ausschließlich in der Beseitigung jeder sozialen Not durch die Herbeiführung menschenwürdiger Arbeits- und Lebensbedingungen für alle schaffenden Menschen. In diesem einen Satz ist der ganze Aufgabenkreis unserer Gewerkschaften und das Programm des gewerkschaftlichen Wollens enthalten. Jeder Unbefangene wird zugeben müssen, daß dieses Wollen in vollem Einklang steht mit dem, was man als das jedem Menschen zustehende naturgegebene Recht ansieht.

Die bis jetzt in unserem Lande geltende wirtschaftliche wie gesellschaftliche Ordnung hat den Arbeiter deklassiert, hat dauernd seine Würde verletzt und seine Menschenrechte geschmälert. Es hat ihn ständig übervorteilt, hat ihn geistig und kulturell gehemmt und hat ihn immer wieder in das tiefste Elend gestoßen.

Dem wollen die Gewerkschaften ein Ende machen. Es ist ihr unerschütterlicher Entschluß, unter Aufbietung aller ihnen zu Gebote stehenden Kräfte den arbeitenden Menschen persönlich frei zu machen, seine und der Seinen Existenz zu sichern und ihm die Achtung zu verschaffen, auf die er als ein nützliches Glied der Gemeinschaft Anspruch hat.

Zur Erfüllung ihrer vorgezeichneten Aufgaben und Pflichten werden die Gewerkschaften sich der bei ihnen gebräuchlichen Mittel und Methoden bedienen. So, wie bisher, werden sie also Differenzen auf schiedliche Weise auszugleichen versuchen, ehe sie schärfere Waffen wie Streik usw. anwenden, und sie werden immer bemüht sein, die allgemeinen Volksinteressen nicht zu beeinträchtigen.

In einem freilich wird man die Gewerkschaften zum Äußersten entschlossen finden: In der Verteidigung der demokratischen Einrichtungen, auf denen unser aller Wohl beruht, gegen jede Autokratie und gegen jede Totalität. Ein zweites 1933 darf und wird es nie mehr geben, darin sind sich die gewerkschaftlich organisierten Männer, Frauen und Jugendlichen einig.

Für diese Aufgaben stellten sie alles früher Trennende zurück und fanden sich zusammen in der Eintracht, die allein die Garantie des Sieges gibt.

Es lebt noch eine Flamme,
Es grünt noch eine Saat.
Verzage nicht, noch bange,
Im Anfang war die Tat!

(Lebhafter, anhaltender Beifall.)

DER VORSITZENDE

Kolleginnen und Kollegen!

Nicht nur aus dem Schlußbeifall, sondern auch aus dem Beifall während des ausgezeichneten Referates des Kollegen Böckler darf ich das Recht herleiten, im Namen des gesamten Kongresses unserem Freund Hans Böckler für seine vorzüglichen Ausführungen den herzlichsten Dank auszusprechen.

Darüber hinaus schlägt Ihnen die Kongreßleitung vor, diesen Vortrag des Kollegen Hans Böckler in einer Broschüre drucken zu lassen, damit unsere Kollegen draußen in den Betrieben Gelegenheit haben, über die Probleme, die hier angesprochen worden sind, zu diskutieren.

Des weiteren, Kolleginnen und Kollegen, glaube und hoffe ich, in Ihrem Namen zu sprechen, hergeleitet aus Ihrem Beifall, daß Sie nicht den Wunsch haben, diese vortrefflichen Ausführungen durch eine Diskussion zerreden zu lassen. *(Zustimmung.)*

Ich höre aus Ihrem Beifall Ihr Einverständnis, daß die Ausführungen des Kollegen Böckler nicht zur Diskussion gestellt werden sollen. *(Beifall.)*

Somit haben wir lediglich die Pflicht, die mit diesem Tagesordnungspunkt verbundenen „Wirtschaftspolitischen Grundsätze und Sozialpolitischen Grundsätze des Deutschen Gewerkschaftsbundes" zur Abstimmung zu bringen. Diejenigen Kolleginnen und Kollegen, die mit den vorliegenden Wirtschaftspolitischen Grundsätzen des Deutschen Gewerkschaftsbundes einverstanden sind, bitte ich um ihr Handzeichen.

(Der Kongreß nahm die Wirtschaftspolitischen Grundsätze des DGB in der Fassung des Entwurfs einstimmig an.)

DER VORSITZENDE:

Diejenigen Kolleginnen und Kollegen, die die Sozialpolitischen Grundsätze des Deutschen Gewerkschaftsbundes gutheißen wollen, bitte ich um ihr Handzeichen.

(Der Kongreß nahm die Sozialpolitischen Grundsätze des DGB in der Fassung des Entwurfs einstimmig an.)

DER VORSITZENDE:

Kolleginnen und Kollegen!

Ich darf Ihnen nach Abschluß dieses Tagesordnungspunktes folgenden Vorschlag der Kongreßleitung unterbreiten: Da während des Vortrages des Kollegen Böckler die Aufmerksamkeit aller im Saal erforderlich war, treten wir in eine Pause von zehn Minuten

Anschließend setzen wir unsere Beratungen zu Punkt 5 der Tagesordnung fort.

(DER VORSITZENDE vertagte den Kongreß bis 11.45 Uhr.)

DER VORSITZENDE:

Kolleginnen und Kollegen!

Wir fahren in unseren Beratungen fort und kommen jetzt zu

Punkt 5 der Tagesordnung:

Beratung und Beschlußfassung über die sonst gestellten Anträge

Zunächst zu den Anträgen Nr. 36 und 37 und 38. Dazu hat der Berichterstatter der Antragskommission, der Kollege Tacke, das Wort.

DER BERICHTERSTATTER (Bernhard **Tacke,** Bielefeld, Gewerkschaft Textil, Bekleidung):

Kolleginnen und Kollegen!

Die Antragskommission hat sich zunächst mit den Anträgen Nr. 36, 37 und 38 beschäftigt und erachtet es als richtig, diese drei Anträge miteinander zu verbinden und sie einheitlich zu behandeln, da sie in ihrem wesentlichen Inhalt dasselbe besagen.

Durch Annahme des § 3 und vornehmlich seiner Ziffern 1 und 2 in der vorliegenden Fassung ist in der Angestelltenorganisationsfrage eine gewisse Entscheidung getroffen worden. Damit haben die Anträge Nr. 36, 37 und 38 in der Organisationsfrage der Angestellten, soweit es sich um die augenblickliche Entscheidung handelt, ihre Erledigung gefunden.

Die Antragskommission sieht sich nicht in der Lage, in dieser Frage einen anderen Standpunkt einzunehmen und stellt sich auf den Standpunkt des Vorbereitenden Ausschusses für den Gründungskongreß. Dabei wird keinesfalls festgestellt, daß damit die Organisationsfrage der Angestellten ihre endgültige Erledigung gefunden hat.

Die Antragskommission empfiehlt, der Bundesvorstand möge alles versuchen, um auf der Basis der beschlossenen Satzung eine Verständigung in der Angestelltenorganisationsfrage herbeizuführen. In diesem Sinne dürften damit die Anträge Nr. 36, 37 und 38 ihre Erledigung gefunden haben.

DER VORSITZENDE:

Wer mit dem Vorschlag der Antragskommission einverstanden ist, den bitte ich um das Handzeichen.

(Der Kongreß entschied gegen wenige Stimmen, die Anträge Nr. 36, 37 und 38 durch Annahme der Satzung als erledigt zu betrachten und empfahl dem Bundesvorstand, auf dieser Basis eine Verständigung in der Angestelltenorganisationsfrage zu suchen.)

DER VORSITZENDE:

Wir kommen nunmehr zu dem Antrag Nr. 39: Jugendfrage.

DER BERICHTERSTATTER:

Im wesentlichen Teil seines Inhalts hat der Antrag in den vorliegenden Forderungen für die schaffende Jugend bereits starke Beachtung gefunden. Es ist für die Antragskommission selbstverständlich, daß der Bundesvorstand von sich aus alle möglichen Mittel ergreift, um die Erfüllung dieser Forderungen sicherzustellen. Mit der Annahme derselben findet somit auch dieser Antrag seine Erledigung. Darüber hinaus wird empfohlen, die speziellen Fragen dieses Antrages dem Bundesvorstand als Material zu überweisen.

DER VORSITZENDE:

Wer mit dem Vorschlag der Antragskommission einverstanden ist, bitte ich um das Handzeichen.

(Der Kongreß überwies den Antrag Nr. 39 einstimmig als Material an den Bundesvorstand.)

DER VORSITZENDE:

Wir kommen in unserer Vorlage zum Antrag Nr. 40: Bildungswesen.

DER BERICHTERSTATTER:

Die Antragskommission stellt zu diesem Antrag zunächst einmal fest, daß kein Antrag auf Aufhebung der bisher bestehenden Bildungseinrichtungen gestellt worden ist. Damit dürfte die Gefahr der Aufhebung irgendwelcher bereits bestehenden Bildungseinrichtungen behoben sein. Anderseits kann das Problem vom Bundesvorstand nur im Gesamtrahmen betrachtet und erledigt werden.

Die Antragskommission empfiehlt deshalb, den Antrag gerade wegen seiner Wichtigkeit dem Bundesvorstand als Material und zur besonderen Beachtung zu überweisen.

DER VORSITZENDE:

Wer mit diesem Vorschlag der Antragskommission einverstanden ist, den bitte ich um das Handzeichen.

(Der Kongreß überwies den Antrag Nr. 40 einstimmig als Material an den Bundesvorstand.)

DER VORSITZENDE:

Wir kommen zum Antrag Nr. 41: Neugestaltung der Gewerkschaftspresse.

DER BERICHTERSTATTER:

Zu diesem Antrag liegen bereits Grundsätze fest, die in den Satzungen sowohl als auch in den Richtlinien des Vorbereitenden Ausschusses ihren Ausdruck gefunden haben.

Die Antragskommission ist der Auffassung, daß sich deshalb dieser Antrag erübrigt und bereits seine Erledigung gefunden hat.

DER VORSITZENDE:

Wer mit der Auffassung der Antragskommission übereinstimmt, den bitte ich um das Handzeichen.

(Der Kongreß erklärte einstimmig den Antrag Nr. 41 durch Annahme der Satzung und der Richtlinien des VAG für das Pressewesen als erledigt.)

DER VORSITZENDE:

Wir kommen jetzt zum Antrag Nr. 42.

DER BERICHTERSTATTER:

Der Antrag Nr. 42 ist ebenfalls nach der von mir eben vorgetragenen Auffassung zu behandeln und kann nur, soweit es sich um die besonderen Wünsche des Badischen Gewerkschaftsbundes handelt, für jeden Landesteil einen besonderen Kopf in der Beilage zu schaffen, Aufgabe des Bundesausschusses oder Bundesvorstandes sein.

Ich beantrage, diesen Antrag als Material an den Bundesvorstand zu überweisen.

DER VORSITZENDE:

Wer sich dieser Auffassung anschließt, den bitte ich um das Handzeichen.

(Der Kongreß überwies den Antrag Nr. 42 einstimmig als Material an den Bundesvorstand.)

DER VORSITZENDE:

Wir kommen zum Antrag Nr. 43.

DER BERICHTERSTATTER:

In der Annahme, daß der Gewerkschaftsrat sich bei der Stellung dieses Antrages klar war, daß die Voraussetzungen zur Erfüllung des Antrages gegeben sind, empfiehlt die Antragskommission Annahme dieses Antrages.

DER VORSITZENDE:

Wer sich der Auffassung der Antragskommission anschließt, den bitte ich um das Handzeichen.

(Der Kongreß nahm den Antrag Nr. 43 einstimmig an.)

DER VORSITZENDE:

Wir kommen nun zum Antrag Nr. 44: Allgemeinverbindlicherklärung von Tarifverträgen.

DER BERICHTERSTATTER:

Der Antrag Nr. 44 behandelt die Allgemeinverbindlicherklärung von Tarifverträgen.

Die Antragskommission verkennt nicht die besondere Situation, in der sich gerade die Gewerkschaft Gartenbau, Land- und Forstwirtschaft befindet, und hat deshalb auch die wirklich grundsätzlichen Erwägungen bei der Begründung zur Kenntnis genommen. Aber anderseits ist bei der Behandlung des Antrages zu berücksichtigen, daß wir mit seiner Annahme eine Entscheidung von einer Tragweite treffen würden, die heute im einzelnen wirklich nicht zu übersehen ist.

Deshalb beantragt die Antragskommission, diesen Antrag als Material an den Bundesvorstand mit dem Auftrage einer sorgfältigen Überprüfung zu überweisen.

Friedrich **Greve**, Hameln, Gewerkschaft Gartenbau, Land- und Forstwirtschaft:

Kolleginnen und Kollegen!

Da man sich mit der Beratung dieses Antrages einverstanden erklärt hat, so fühle ich mich veranlaßt, einige kurze Ausführungen zu machen, die zeigen, warum wir gezwungen sind, der allgemeinen Auffassung der Gewerkschaftsbewegung, daß das Vertragsrecht Angelegenheit der vertragschließenden Parteien, Arbeitgeber und Arbeitnehmer, sein soll, entgegenzutreten.

In unserem Berufszweig liegen die Dinge so, daß der bisherige Zustand, der durch das Tarifvertragsgesetz gekennzeichnet ist, ungeheuer schädliche Auswirkungen für unsere Mitglieder hat. Tatsache ist, daß die in dem Tarifvertrag bisher vorgesehenen Bestimmungen unseren Mitgliedern nicht die Möglichkeit geben, in den Genuß der tarifvertraglich verankerten Löhne zu kommen. Die Dinge liegen so, daß das Arbeitgebertum in der Landwirtschaft heute noch bei weitem nicht reif ist, eine verantwortliche Arbeitgeberorganisation aufzubauen. Im Gegenteil, das Bauerntum im Bundesgebiet ist immer noch darauf bedacht, König auf seinen Bauernhöfen zu sein.

Aus all diesen Gründen ist es heute noch nicht möglich, mit dem Arbeitgebertum in der Landwirtschaft unter eigener Verantwortung Verträge abzuschließen. Wir sahen uns deshalb gezwungen, diesen Antrag zu stellen mit der Bitte, ihn dem Bundesvorstand nicht nur als Material zu überweisen, um dann vielleicht, wie das sehr häufig vorkommt, im Aktenschrank versenkt zu werden, sondern dem Bundesvorstand zur besonderen Beobachtung zu empfehlen, damit in diesen Dingen tarifvertragsmäßig unverzüglich eine Änderung herbeigeführt wird.

Ich appelliere insbesondere auch an den Herrn Bundesarbeitsminister, der sich unseren Wünschen nun endlich nicht mehr verschließen darf, die dahin gehen, daß wir in der Landwirtschaft eine Sonderbestimmung im Tarifvertrag wünschen. Ich glaube, daß der Bundesvorstand unsere Bitte an diesen Kongreß aufnehmen wird, daß auch der neue Bundesarbeitsminister, Herr Kollege Storch, diese Dinge berücksichtigen wird, da in der Landwirtschaft eine besondere Notlage vorliegt. Wir müssen unsere Landarbeiter, die teilweise noch ein Sklavenleben zu führen gezwungen sind, in den Genuß von Tarifverträgen bringen.

Ich bitte den Bundesvorstand nochmals eindringlich, dieser besonderen Lage in der Landwirtschaft bei kommenden Beratungen nicht nur Verständnis entgegenzubringen, sondern sich mit voller Energie für die Verwirklichung unseres Antrages einzusetzen.

DER VORSITZENDE:

Wir kommen zur Abstimmung über den Antrag Nr. 44. Wer damit einverstanden ist, daß dieser Antrag dem Bundesvorstand als besonders dringlich überwiesen wird, den bitte ich um das Handzeichen.

(Der Kongreß überwies den Antrag Nr. 44 einstimmig als besonders dringliches Material an den Bundesvorstand.)

DER VORSITZENDE:

Wir kommen zum Antrag Nr. 45: Betriebsrätewesen.

DER BERICHTERSTATTER:

Der Begründung dieses Antrags konnte sich die Antragskommission nicht verschließen. Es erübrigt sich, noch etwas hinzuzufügen. Wir beantragen als Antragskommission, daß dieser Antrag Nr. 45 in seiner vorliegenden Fassung angenommen wird.

DER VORSITZENDE:

Wer sich der Auffassung der Antragskommission anschließt, den bitte ich um das Handzeichen.

(Der Kongreß nahm den Antrag Nr. 45 gegen wenige Stimmen an.)

DER VORSITZENDE:

Wir kommen zum Antrag Nr. 46.

DER BERICHTERSTATTER:

Die Antragskommission hat sich auch mit diesem Antrag der Industriegewerkschaft Chemie, Papier, Keramik eingehend befaßt.

Wir sind allgemein der Auffassung, daß er in dieser Form nicht angenommen werden könne, da die Struktur in den einzelnen Industriegewerkschaften doch als sehr unterschiedlich zu betrachten ist. Z. B. ist es auf dem Gebiet der Landwirtschaft technisch nicht möglich, während der Frühjahrsbestellung die Vorarbeiten zur Wahl der Betriebsräte durchzuführen. Ähnliches trifft nach Angabe der Vertreter der Gewerkschaft der Eisenbahner zu.

Deshalb ist die Antragskommission der Auffassung, daß der Bundesvorstand im Verein mit dem zu bildenden Arbeitsrechtsausschuß den Auftrag bekommt, einen einheitlichen Termin anzustreben mit der Maßgabe, daß dieser Termin möglichst im Frühjahr liegen soll. In dieser Fassung wäre der Antrag Nr. 46 von der Antragskommission zur Annahme zu empfehlen.

DER VORSITZENDE:

Ich nehme ohne weiteres an, daß die Industriegewerkschaft Chemie, Papier, Keramik einverstanden ist. Wenn der Kongreß der gleichen Auffassung ist, so bitte ich um das Handzeichen.

(Der Kongreß beauftragte zum Antrag Nr. 46 einstimmig den Bundesvorstand, die Festlegung eines im Frühjahr liegenden Termins anzustreben.)

DER VORSITZENDE:

Wir kommen zu dem Antrag Nr. 47: Arbeitsschutz.

DER BERICHTERSTATTER:

Auch dieser Antrag ist in der vorliegenden Form zur Annahme nicht zu empfehlen. Unter der Voraussetzung, daß die Antragsteller ihre Zustimmung dazu geben, haben wir diesen Antrag in etwa umformuliert. Er sollte demnach heißen:

Der Bundeskongreß möge beschließen, daß beim Bundesvorstand eine Abteilung eingerichtet wird, in der alle anfallenden Fragen bezüglich Berufskrankheiten, Unfallverhütung, Arbeitsschutz, Koordinierung mit den Berufsgenossenschaften und hier besonders die Erweiterung des Berufskrankheitskatalogs behandelt werden.

In dieser Fassung könnten wir den Antrag zur Annahme empfehlen.

DER VORSITZENDE:

Die Antragsteller selbst sind mit dieser Fassung einverstanden. Ich bitte den Kongreß im Falle des Einverständnisses um das Handzeichen.

(Der Kongreß nahm den Antrag Nr. 47 in der von der Antragskommission geänderten Fassung einstimmig an.)

DER VORSITZENDE:

Wir kommen zum Antrag Nr. 48.

DER BERICHTERSTATTER:

Der Antrag Nr. 48 hat durch die Annahme der wirtschaftspolitischen Richtlinien seine Erledigung gefunden und die antragstellende Gewerkschaft zieht diesen Antrag zurück. *(Bravo-Rufe.)*

DER VORSITZENDE:

Wenn der Antrag zurückgezogen wird, brauchen wir über ihn wohl nicht abzustimmen. Wir kommen zu Antrag Nr. 49.

DER BERICHTERSTATTER:

Bei diesem Antrag ist entsprechend zu verfahren. Die antragstellende Gewerkschaft zieht auch diesen Antrag zurück.

DER VORSITZENDE:

Wir können gleichermaßen verfahren und brauchen nicht abzustimmen.

DER BERICHTERSTATTER:

In diesem Zusammenhang muß ich noch einen eingegangenen Antrag der Industriegewerkschaft Bergbau, Bezirk 5, Gelsenkirchen-Buer, zur Kenntnis bringen, den wir unter 49a einrangiert haben, weil er mit diesen Dingen in enger Verbindung steht. Sinngemäß bezweckt der Antrag eine einheitliche Behandlung aller versicherungspflichtig Beschäftigten, ganz gleich, ob Industriearbeiter, Stadt- oder Staatsbeamte. Begründet wird der Antrag damit, daß dann den in das Berufsleben eintretenden Jugendlichen die Berufswahl erleichtert und das Interesse an ihrem einmal ergriffenen Beruf erhalten würde.

In der vorliegenden Form ist dieser Antrag jedoch nicht zur Annahme zu empfehlen. Die Antragskommission schlägt deshalb vor, diesen Antrag dem Bundesvorstand ebenfalls als Material zu überweisen.

DER VORSITZENDE:

Ich hoffe, daß der Antragsteller mit diesem Vorschlag einverstanden ist, und bitte den Kongreß, seine Zustimmung durch Handzeichen zu bekräftigen.

(Der Kongreß überwies den Antrag Nr. 49a gegen wenige Stimmen als Material an den Bundesvorstand.)

DER VORSITZENDE:

Wir kommen nun zum Antrag Nr. 50.

DER BERICHTERSTATTER:

Antrag der Gewerkschaft Kunst zur Kulturpolitik des Deutschen Gewerkschaftsbundes.

214

Die Antragskommission hat sich lange und eingehend mit diesem Antrag befaßt. Es ist nicht zu verkennen, daß in diesem Antrag eine Frage angeschnitten wird, die auf kulturpolitischem Gebiet von großer Bedeutung ist. Trotzdem war die Antragskommission der Auffassung, daß dieser Antrag in der vorliegenden Form nicht zur Annahme empfohlen werden könne.

Unter der Voraussetzung, daß sich die Antragsteller damit einverstanden erklären, haben wir eine Umformulierung des Antrages vorgenommen. Der Antrag würde danach folgendermaßen lauten:

Der Gründungskongreß des Deutschen Gewerkschaftsbundes wolle beschließen, einen Preis — „großen" war zu streichen — der Gewerkschaften für hervorragende Werke auf dem Gebiete des Theaters, der Musik, der bildenden Kunst, der Literatur und der Wissenschaft zu schaffen.

Dieser Preis der Gewerkschaften soll regelmäßig an Künstler, Autoren und Gelehrte vergeben werden, die in ihren Werken einen besonders wertvollen Beitrag zur Arbeiterbewegung bzw. Gewerkschaftsbewegung leisten.

Wir haben uns entschieden, die Annahme des Antrages bis dahin zu empfehlen, und bitten die Antragsteller, die Annahme dieses Antrages unter Wegfall des von mir nicht verlesenen Absatzteils zu unterstützen.

Erwin **Oehl**, München, Gewerkschaft Kunst:

Kolleginnen und Kollegen!

Trotz der Empfehlung zur Annahme dieses Antrages gestatten Sie ein paar Worte. Viele von Ihnen stehen noch unter dem künstlerischen Eindruck der „Aida"-Aufführung des gestrigen Abends, und ich glaube, wenige von Ihnen waren sich bewußt, daß alle diese Künstler, vom letzten Statisten bis zum Solisten, Mitglieder unserer Gewerkschaft und damit in unserem Bunde sind. *(Starker Beifall.)*

Diese Kollegen haben das Glück, in einem noch stehenden Hause spielen zu können. Viele andere erwerbslose stehen vor den Ruinen ihrer Kulturinstitute: Künstler, Wissenschaftler, Dichter, Schriftsteller. Ich glaube, es ist von symbolhafter Bedeutung, daß die Kunststadt München die Geburtsstätte dieses Preises sein soll, diese Kunststadt München, die unter den Märtyrerstädten der deutschen Kultur nicht an letzter Stelle steht. Aber viele Künstler, viele Menschen aus diesem Kreis, fragen uns heute mit der Bangnis der gebrannten Kinder, und wir werden diesen Menschen angesichts der verbrannten Ruinen nicht aberkennen können, daß sie gebrannte Kinder sind. Sie sind hellhörig geworden und fragen zweifelnd: Wird die deutsche Gewerkschaftsbewegung, diese große Versammlung der Werktätigen imstande sein, uns bei der Verteidigung und Wahrung der Kultur helfen zu können? Ist dies nicht alles ein Provisorium, ist es nicht gekennzeichnet vom Charakter des Provisoriums? Gehört nicht diese umherirrende Hauptstadt des nicht vorhandenen Deutschland zu all den Dingen, die uns zweifeln lassen? Wir haben keinen Frieden, wir sind nur im Übergang, und soll man jetzt im Übergang diesen Preis stiften?

Und dann fragen andere wiederum: Ist diese Bewegung eine echte, wirkliche, ausschließliche Bewegung des Friedens? Hören wir nicht da und dort von Verpflichtungen und Beziehungen, die heute aufgenommen werden und die irgendwie Gefahren in sich bergen, daß hier diese Gewerkschaftsbewegung auf dem einen oder anderen Wege in das Lager weniger friedliebender Mächte getrieben werden könnte, daß diese Entschlüsse folglich zu voreilig sind? Kann nicht der Weg dieser Entscheidung, so wie all die furchtbaren Lockungen, die heute über der Menschheit lasten, die Kultur und den Fortbestand der Kultur im ungünstigen Sinne beeinflussen?

Und wieder andere sagen: Wir Künstler kennen nur eine Kultur. Wir kennen über die deutsche Kultur hinaus nicht nur eine europäische Kultur, wir kennen nur eine Menschheitskultur, eine Weltkultur, und wir erschauern bei dem Gedanken an eine irgendwie geartete Halbweltkultur und ähnliche Formulierungen.

Wir erwidern aber diesen Zweiflern: So hat es keinen Sinn. Es heißt, diese Dinge real zu sehen. Und die Gewerkschaften, die heute über fünf Millionen Werktätige aller Art umschließen, diese Gewerkschaften sind eine geschichtliche Realität, auch wenn es erst später von ihrem Wirken, von der Geschlossenheit aller Mitglieder der Gewerkschaften abhängen wird, ob sie mehr oder weniger ihrem geschichtlichen Auftrag gerecht werden konnten in diesem 20. Jahrhundert, das vielleicht einmal das Jahrhundert des Sozialismus heißen wird.

Deshalb muß dieser Preis der Gewerkschaften gerade in dieser Stunde, die noch nichts Endgültiges hat, geschaffen werden, denn es ist eine Tatsache, daß die Not, die heute die Kulturträger und die Kulturschaffenden treibt und umherjagt, daß diese Not zwingt, das Beste, das Letzte in Angriff zu nehmen! Und so wird dieser Preis einen Hoffnungsstrahl in die Nacht der Not der Künstler und der geistig Schaffenden leuchten lassen.

Der Hunger nach Schönheit in unserem Volk, und gerade in den Schichten der Werktätigen, ist eine Garantie, denn er muß gestillt werden, und die Stillung dieses geistigen Hungers bedeutet Stillung des täglichen Hungers und Gewährung des täglichen Brotes für die Künstler.

In diesem Sinne wollen wir, daß dieser Preis hinausstrahle über die Gewerkschaftsbewegung in die Kreise der Zweifelnden, die sich heute die eben erwähnten Fragen vorlegen, die anfangen, an der Mission eines Bürgertums zu zweifeln, das durch seine Machtpolitik und seine Mächtekonstellationen nicht imstande war, das kulturelle Erbe der Menschheit zu verteidigen. Er wird ein Beitrag sein zur Verständigung aller Völker im Kampf um die unbestrittenen Werte der gesamten Kultur. Er wird somit beitragen, den Ruf unseres Vaterlandes wiederherzustellen, den guten alten Ruf, den es trotz allem immer noch als Geburtsstätte eines Dürer, eines Beethoven, eines Goethe besitzt, und so wird dieser Preis letztlich auf die Gewerkschaften zurückstrahlen. *(Beifall.)*

DER VORSITZENDE:

Ich danke dem Kollegen Oehl für seine Begründung des Antrages Nr. 50. Ich darf mit seinem und mit Einverständnis der übrigen Antragsteller sagen, daß sie mit der durch die Antragskommission abgeänderten Form einverstanden sind.

Wer dafür ist, daß der Antrag Nr. 50 in abgeänderter Form angenommen wird, den bitte ich um das Handzeichen.

(Der Kongreß nahm den Antrag Nr. 50 in der von der Antragskommission geänderten Form einstimmig an.)

(Bravo-Rufe.)

DER VORSITZENDE:

Wir kommen zum Antrag Nr. 51.

DER BERICHTERSTATTER:

Unter Nr. 51 stellte der Hauptvorstand der Gewerkschaft Erziehung und Wissenschaft einen Antrag. Die Antragskommission stellt zunächst fest, daß es sich hier nicht um einen Antrag im üblichen Sinne handeln kann, sondern bittet darum, diesen Antrag, falls er zur Annahme kommt, als eine Willenskundgebung des Kongresses zu betrachten.

Die Antragskommission erklärt sich für die Annahme dieses Antrages. Ich bitte jedoch die Antragsteller, damit einverstanden zu sein, daß es im Absatz 3) nicht wie bisher heißt,

„. . . daß in höchstens fünf Jahren der Bedarf gedeckt ist",
sondern, „. . . daß in möglichst kurzer Zeit der Bedarf gedeckt ist".
Mit dieser Abänderung empfehlen wir den Antrag zur Annahme.

DER VORSITZENDE:

Ich habe vom Kollegen Thiele das Einverständnis. Wenn der
Kongreß gleicher Auffassung ist, bitte ich um das Handzeichen.

(Der Kongreß nahm den Antrag Nr. 51 in der von der Antragskommission geänderten Form einstimmig an.)

DER VORSITZENDE:

Wir kommen zum Antrag Nr. 52.

DER BERICHTERSTATTER:

Während des Kongresses sind uns vornehmlich bei den Ansprachen
der ausländischen Gäste so viel Willenskundgebungen zur internationalen Zusammenarbeit bezeugt worden, daß der vorliegende
Antrag Nr. 52 des Gewerkschaftsrates der vereinten Zonen von der
Antragskommission zur Annahme empfohlen wird.

DER VORSITZENDE:

Diejenigen Kongreßdelegierten, die mit dem Vorschlag der Antragskommission und dem vorliegenden Antrag einverstanden sind,
bitte ich um Handzeichen.

(Der Kongreß nahm den Antrag Nr. 52 gegen wenige Stimmen an.)

DER VORSITZENDE:

Wir kommen nun zum Antrag Nr. 53.

DER BERICHTERSTATTER:

Durch die Annahme des Antrages Nr. 52 haben sich nach Ansicht
der Antragskommission die Anträge Nr. 53 und 54 erledigt.

DER VORSITZENDE:

Wenn der Kongreß damit einverstanden ist und seine Zustimmung
gibt, daß durch den vorher gefaßten Antrag die Anträge Nr. 53 und
54 erledigt sind, so bitte ich um das Handzeichen.

(Der Kongreß erklärt die Anträge Nr. 53 und 54 durch Annahme des Antrags Nr. 52 als erledigt.)

DER VORSITZENDE:

Wir kommen zum Antrag Nr. 55.

DER BERICHTERSTATTER:

Über diesen Antrag, gestellt vom Bundesvorstand des Freien Gewerkschaftsbundes Hessen, können wir uns eine längere Diskussion und Begründung ersparen. Die Antragskommission empfiehlt Annahme. *(Starker Beifall.)*

DER VORSITZENDE:

Ich glaube, daß der Kongreß durch seinen Beifall kundgetan hat, daß er den Antrag annehmen will. Ich möchte in diesem Zusammenhang etwas nicht versäumen und habe mir diese Angelegenheit bewußt bis zum entsprechenden Tagesordnungspunkt zurückgelegt.

Sie wissen, daß heute in Deutschland der Tag der Kriegsgefangenen ist. Wir wollen in dieser Stunde und in diesem Augenblick allen Menschen, die sich noch in Kriegsgefangenschaft befinden, die vier Jahre nach Kriegsschluß noch teilweise wie Leibeigene Sklavenarbeit verrichten müssen, unsere brüderlichen Grüße übersenden und ihnen erklären, daß wir in unseren Bemühungen nicht erlahmen werden, bis der Zeitpunkt erreicht ist, an dem sie in die Arme ihrer Familie zurückgekehrt sind.

(Der Kongreß nahm den Antrag Nr. 55 einstimmig an.)
(Lang anhaltender Beifall.)

DER VORSITZENDE:

Wir fahren in der Tagesordnung fort. Es kommt jetzt der Antrag Nr. 56.

DER BERICHTERSTATTER:

Hier handelt es sich um einen Antrag des Hauptvorstandes der Gewerkschaft Kunst auf Einrichtung einer Bild- und Filmzentrale zur Erfüllung aller möglichen Aufgaben, wie Werbung, Schulung, Fortbildung, notwendigen Herstellung von Film- und Bildmaterial usw.

Zu diesem Antrag möchte die Antragskommission bemerken, daß bereits, und zwar für den bisherigen DGB der britischen Zone, eine solche Stelle geschaffen war, die in weiterem Ausbau begriffen ist. Wir sind der Ansicht, daß das, was als gut und nützlich vom bisherigen Vorstand der britischen Zone erachtet wurde, auch auf den neuen großen Gewerkschaftsbund ausgedehnt werden soll. Unter diesem Gesichtspunkt erachten wir es als nicht notwendig, diesen

Antrag in seiner Formulierung zu begründen, sondern empfehlen, ihn dem Bundesvorstand als Material zu überweisen.

Walter **Nürnberg,** München, Gewerkschaft Kunst:

Kolleginnen und Kollegen!

Über die Bedeutung des Bildes, des Diapositivs und des Films als Lehrmittel sind eigentlich keine Worte zu verlieren. Wir vertreten die Auffassung, daß diese wichtigen Mittel für Schulung, Werbung, Bildung vom Gewerkschaftsbund stärker eingesetzt werden müssen, als es bisher der Fall gewesen ist.

Andere Organisationen, z. B. die katholische Kirche und die evangelische Kirche, haben schon seit langer Zeit diese Einrichtungen in Anspruch genommen und dadurch ihren Einfluß bedeutend verstärken können.

Nur wenn in engster Zusammenarbeit mit den einzelnen Gewerkschaften eine Bild- und Filmzentrale beim Bundesvorstand gebildet ist, können die Aufgaben erfüllt werden, die für die Jugend-, für die Frauenarbeit und für die Ausbildung von Funktionären von Wichtigkeit sind. Darum bitte ich Sie, uns dadurch zu unterstützen, daß der Antrag angenommen und der Bundesvorstand beauftragt wird, die jetzt beim DGB (britische Zone) bestehende Bildzentrale zu erweitern und alles zu tun, daß vor allen Dingen auch die Filmarbeit in den Gewerkschaften verstärkt wird.

DER VORSITZENDE:

Kolleginnen und Kollegen!

Auch hier hat der Antragsteller nicht gegen die Formulierung des Antrages gesprochen und herausgestellt, daß bereits eine Filmzentrale vorhanden ist, und ich nehme daher an, daß ich sein Einverständnis voraussetzen darf, zu empfehlen, den Antrag als Material an den Bundesvorstand zu überweisen.

Wer mit diesem Vorschlag einverstanden ist, den bitte ich um das Handzeichen.

(Der Kongreß überwies den Antrag Nr. 56 einstimmig als Material an den Bundesvorstand.)

DER VORSITZENDE:

Kolleginnen und Kollegen!

Damit wären die Ihnen zunächst vorliegenden Anträge erledigt. Wir kommen nun zu den Anträgen, die noch außerhalb der vorliegenden Anträge zu erledigen sind.

Ich möchte aber, bevor wir dieses Material aus der Hand legen, folgendes nicht unterlassen: Wir haben in Antrag Nr. 42 beschlossen, daß wir Mitglied des neuen Weltgewerkschaftsbundes werden wollen. In Anbetracht der Tatsache, daß hier eine ganze Anzahl von internationalen Freunden als unsere Gäste unter uns weilt, erscheint es mir erforderlich, zum Ausdruck zu bringen, daß wir ehrlich bemüht sein werden, im internationalen Rahmen mitzuwirken, gleichberechtigt mitzuarbeiten, nicht nur zum Wohle des deutschen Volkes, sondern zum Wohle der ganzen Welt für Freiheit und Demokratie. *(Beifall.)*

Wir fahren in der Tagesordnung fort und kommen zu den weiteren Anträgen.

DER BERICHTERSTATTER:

Zunächst ist eine Entschließung des Hauptvorstandes der Gewerkschaft Öffentliche Dienste, Transport und Verkehr und weiter ein Antrag der Arbeitsgemeinschaft der Gewerkschaften, die Beamte organisieren, eingegangen. Da beide Anträge gewisse Berührungspunkte hatten und in ihrem wesentlichen Inhalt dasselbe wollten, haben wir nach Rücksprache mit den Antragstellern mit ihnen vereinbart, daß diese beiden Entschließungen koordiniert werden.

Ich lese sie im folgenden als Entwurf einer Entschließung des Bundeskongresses vor:

Eine demokratische Beamtenschaft ist mit die Voraussetzung für die Demokratisierung des öffentlichen Lebens in der Bundesrepublik Deutschland. Unter Betonung dieses Grundsatzes stellt sich der Kongreß des DGB auf den Boden eines demokratisch-fortschrittlichen Berufsbeamtentums.

In dieser Erkenntnis ist durch die Verwirklichung des Artikels 33, Absatz 5, und des Artikels 131 des Grundgesetzes die alsbaldige Schaffung eines neuen einheitlichen Beamtenrechtes vorzunehmen, wobei die verantwortliche Mitwirkung des DGB und der ihm angeschlossenen Gewerkschaften bei der Regelung aller die Beamtenschaft betreffenden Fragen gefordert wird.

Ferner fordert der Kongreß des DGB die baldige Schaffung eines einheitlichen Betriebsrätegesetzes, das für alle im Bundesgebiet beschäftigten Arbeiter, Angestellten und Beamten Gültigkeit hat.

Der in der Presse am 6. Oktober 1949 erschienene Bericht, nach dem sich Polizeibedienstete nicht in Verbänden mit Nichtpolizeiangehörigen organisieren dürfen, hat bei der gesamten Arbeitnehmerschaft größte Erregung hervorgerufen. Der vom 12. bis 14. Oktober 1949 in München stattfindende Gründungskongreß des DGB sieht sich daher veranlaßt, mit aller Entschiedenheit auf die Einhaltung und Verwirklichung des Artikels 9, Absatz 3, des Grundgesetzes hinzuweisen. Er fordert deshalb für alle Beamten, insbesondere aber für die Polizeibeamten aller deutschen Länder, das uneingeschränkte Koalitionsrecht. *(Bravorufe.)* Die vor kurzem ergangene Anweisung der Hohen Kommissare über die Beschränkung der Koalitionsfreiheit der Polizeibeamten steht dem demokratischen Geiste des Grundgesetzes entgegen.

Der Bundesvorstand wird beauftragt, diese aufgestellten Grundsätze und Forderungen bei der Bundesregierung und beim Bundesparlament mit allem Nachdruck zu vertreten.

Die Arbeitsgemeinschaft der Gewerkschaften: — — — —

Die Antragskommission ist der Auffassung, daß man dieser Entschließung zustimmen soll.

DER VORSITZENDE:

Ich glaube, daß zu diesen Dingen nichts weiter zu sagen ist, vor allem, weil wir wissen, daß in den letzten Tagen hinter den Kulissen sich bereits Dinge ereignet haben, die bestens geeignet sind, bei der gestern neugeformten Bewegung unmißverständliche Reaktionen hervorzurufen.

Wir wollen deshalb diesem Entschließungsentwurf unsere Zustimmung geben. Wer diese Absicht hat, den bitte ich um das Handzeichen.

(Der Kongreß nahm die Entschließung zur Beamtenfrage einstimmig an.)

(Bravo-Rufe.)

DER BERICHTERSTATTER:

Ein letzter, noch eingegangener Entschließungsentwurf, der von einer genügenden Anzahl von Delegierten unterstützt worden ist, hat folgenden Wortlaut:

Der Gründungskongreß des Deutschen Gewerkschaftsbundes hat mit Besorgnis von den Bestrebungen Kenntnis genommen, dem Bundesministerium für Arbeit die Federführung für die Gesetzgebung über die Berufsausbildung und über das Lehrlingsprüfungswesen und die Zuständigkeit auf dem Gebiete des Arbeitsschutzes, der Gewerbeaufsicht und der wirtschaftlichtechnischen Angelegenheiten zu entziehen.

Der Gründungskongreß des Deutschen Gewerkschaftsbundes erklärt im Namen von fünf Millionen Gewerkschaftern, daß für Arbeitsschutz, Gewerbeaufsicht und wirtschaftstechnische Angelegenheiten das Bundesministerium für Arbeit und die Landesarbeitsministerien zuständig sein müssen und daß bei ihnen auch die Federführung für Berufsausbildung und das Lehrlingsprüfungswesen liegen muß. Der Gründungskongreß des Deutschen Gewerkschaftsbundes erkennt in diesem Zusammenhang und im Einklang mit der Erklärung der internationalen Gewerkschaftsjugendkonferenz in München-Hallthurm den Grundsatz an, daß das Lehrverhältnis kein Erziehungsverhältnis, sondern ein Arbeitsverhältnis von besonderer Art ist.

Die Antragskommission empfiehlt die Annahme dieser Entschließung .(Bravo-Rufe.)

DER VORSITZENDE:

Auch dieser Antrag spricht für sich und drückt das aus, was wir alle in dieser Angelegenheit denken. In diesem Zeichen bitte ich um Ihre Zustimmung auch für diesen Antrag.

(Der Kongreß nahm die Entschließung zur Frage der Zuständigkeit des Bundesarbeitsministeriums einstimmig an.)

(Nach Bekanntgabe einiger geschäftlicher Mitteilungen vertagte der Vorsitzende den Kongreß um 12.45 Uhr auf 15 Uhr.)

Nachmittagssitzung

Vorsitzender: Max Träger

(DER VORSITZENDE eröffnete den Kongreß wieder um 15 Uhr.)

DER VORSITZENDE (Max **Träger**):

Kolleginnen und Kollegen!
Wir kommen nun zum

Punkt 6 der Tagesordnung:

Wahl des Bundesvorstandes

Die Grundlage hierzu ist § 11, Ziffer 1, d. h. es sind zu wählen: der Vorsitzende, die beiden stellvertretenden Vorsitzenden, acht hauptamtliche Vorstandsmitglieder. Bei den 16 Vorstandsmitgliedern, die aus den Gewerkschaften kommen, dürfen wir wohl so verfahren, daß wir sie hier bestätigen.

Wir wollen so vorgehen, daß wir die Wahlvorschläge schriftlich geben, damit keine Irrtümer beim Zurufen entstehen können. Ich bitte die Mitglieder der Mandatsprüfungskommission, nach vorne zu kommen und die Stimmzettel einzusammeln. Wir wollen ferner bei der Stimmzettelabgabe immer die rote Delegiertenkarte vorzeigen. Die Stimmzettel haben wir in unserer Mappe liegen. Es sind folgende Stimmzettel vorhanden:

1. Stimmzettel für die Wahl des Vorsitzenden,
2. Stimmzettel für die Wahl der stellvertretenden Vorsitzenden,
3. Stimmzettel für die Wahl der hauptamtlich tätigen Vorstandsmitglieder,
4. Stimmzettel für die Wahl der weiteren Vorstandsmitglieder.

Diesen werden wir jedoch vermutlich nicht gebrauchen.

Hierzu wird eine Aussprache gewünscht.

August **Schmidt**, Bochum, Industriegewerkschaft Bergbau:

Der Vorbereitende Ausschuß hatte am Montag dieser Woche lange Stunden gebraucht, um zu Vorschlägen für den Geschäftsführenden Vorstand des Bundes zu kommen. Wir haben hier im Kongreßsaal

224

und am heutigen Tage den Beschluß gefaßt, den Geschäftsführenden Vorstand entgegen dem Beschluß des Vorbereitenden Ausschusses von 9 auf 11 Personen zu erhöhen.

Ich schlage Ihnen vor, als Vorsitzenden den Kollegen Hans Böckler zu wählen. *(Starker Beifall.)*

Als stellvertretende Vorsitzende die Kollegen Matthias Föcher und Willi Richter,

als weitere Vorstandmitglieder die Kollegen Hans vom Hoff, Albin Karl, Hans Böhm, Georg Reuter, Thea Harmuth, Ludwig Rosenberg, Erich Bührig und als Bearbeiter für Jugendfragen Oskar George.

Ich bitte dem Vorschlag, so wie ich ihn jetzt vorgetragen habe, einmütig die Zustimmung zu geben.

Gerhard **Pohl,** Augsburg, Gewerkschaft der Eisenbahner Deutschlands:

Verehrte Delegierte, liebe Kolleginnen und Kollegen!

Es ist bereits schon in einem erheblichen Umfange über die Mitarbeit der Jugend in dem zu wählenden Bundesvorstand gesprochen worden.

Man hat uns die berechtigten Hoffnungen gemacht, daß auch dann, wenn es satzungsgemäß vielleicht nicht dem Wunsche der Jugend nach präzise genug ausgedrückt wird, den Vorschlag für den Jugendvertreter die Jugend selbst macht. Ich habe soeben im Auftrage der Jugendvertreter einen schriftlichen Vorschlag für die Wahl des Bundesvorstandes eingereicht und bitte, daß dieser Vorschlag mit in die Kandidatenliste aufgenommen wird. Die Jugend schlägt den Kollegen Willi Ginhold vor.

Wir als die Vertreter der Jugend legen größten Wert darauf, daß in den künftigen Bundesvorstand nicht ein unerfahrener Jugendlicher zu sitzen kommt, sondern ein Kollege aus der Jugendbewegung heraus, der bereits in den Jahren vor 1933 ein erhebliches Maß an Erfahrung in der Jugendarbeit unserer Gewerkschaftsbewegung aufzuweisen hatte. Der Kollege Ginhold besitzt das Vertrauen der anwesenden Jugendlichen und wird von der Jugend in Vorschlag gebracht.

DER VORSITZENDE:

Kolleginnen und Kollegen!

Ich möchte Euch einen Vorschlag über das Wahlverfahren machen. Wir wählen zunächst den Vorsitzenden, dann die stellvertretenden

Vorsitzenden und dann diskutieren wir über die nächsten Mitglieder des Vorstandes. Ich glaube, daß das eine große Erleichterung für den Kongreß bedeutet, wenn ihr damit einverstanden seid.

Zur Geschäftsordnung:

Wilhelm **Petersen,** Hamburg, Industriegewerkschaft Metall:

Kolleginnen und Kollegen!

Der Vorschlag, unseren altbewährten Kollegen Hans Böckler zum Vorsitzenden des Bundes zu wählen, ist mit so viel Beifall begrüßt worden, daß ich mir erlaube zu beantragen, die Wahl des Kollegen Böckler durch Akklamation vorzunehmen.

Ernst **Barth,** Stuttgart, Industriegewerkschaft Holz:

Ich beantrage Stimmzettelwahl.

DER VORSITZENDE:

Wenn jemand Stimmzettelwahl beantragt, muß ich diesem Antrag stattgeben. Ich bitte festzustellen, ob dieser Antrag nach unserer Geschäftsordnung genügend unterstützt ist.

(Der Antrag wurde genügend unterstützt.)

Wir kommen also jetzt zu der Wahl des Vorsitzenden. Vorgeschlagen ist Hans Böckler.

Ich bitte die Stimmzettelwahl zu tätigen.

(Die Stimmzettel werden von der Mandatsprüfungskommission eingesammelt und ausgezählt.)

Der Wahlgang des Vorsitzenden ist hiermit geschlossen.

Wir kommen jetzt zur Wahl der stellvertretenden Vorsitzenden.

Ferdinand **Schmitt,** Berchtesgaden, Industriegewerkschaft Nahrung, Genuß, Gaststätten:

Kolleginnen und Kollegen!

Gestatten Sie mir, zur Wahl des Geschäftsführenden Vorstandes kurz einige Ausführungen zu machen.

Wir haben die bisher gemachten Vorschläge gehört, und ich muß meine Verwunderung darüber aussprechen, daß der zweitgrößte Bund, nämlich der bayerische mit seinen 820 000 Mitgliedern, nicht genügend Berücksichtigung fand. Wer mich kennt, weiß, daß ich nicht zu jenen zähle, die bayerische Sonderinteressen vertreten. Ich sehe mich aber trotzdem im Namen vieler Kollegen veranlaßt, unseren Kollegen Lorenz Hagen in Vorschlag zu bringen, der unser Vertrauen genießt, und ich bitte Sie, verehrte Kollegen, unseren Wunsch zu berücksichtigen.

Eugen **Eberle,** Stuttgart, Industriegewerkschaft Metall:

Kolleginnen und Kollegen!

Dieses Problem der zweiten Vorsitzenden ist kein parlamentarisches Problem, sondern muß allein von Zweckmäßigkeitsgründen her gesehen werden. Wir haben auf diesem Kongreß einen Mann kennengelernt, der in der Organisation und für den Neuaufbau — vielen ganz unsichtbar — Hervorragendes geleistet hat. Das ist der Kollege Georg Reuter. *(Lebhafter Beifall.)*

Ich bringe deshalb den Kollegen Reuter als stellvertretenden Vorsitzenden in Vorschlag, auf Grund meiner Erkenntnis und mit der Begründung, daß der Kollege Richter Bundestagsabgeordneter ist und wegen der Fülle der dort zu leistenden Arbeit nicht in der Lage ist, auch noch die großen gewaltigen Aufgaben des Gewerkschaftsbundes mit der nötigen Energie durchzuführen. Von diesem Gesichtspunkt aus allein, ohne persönliche Animositäten, glaube ich, den Vorschlag dem Kongreß unterbreiten zu müssen.

Lorenz **Hagen,** München, Bayerischer Gewerkschafts-Bund:

Werte Kolleginnen und Kollegen!

Ich weiß nicht, soll ich es meinem Kollegen Schmitt danken, daß er meinen Namen genannt hat oder nicht?

Ich möchte Sie aber dringend bitten, Kollegen, von einer Wahl meinerseits Abstand zu nehmen, und zwar deshalb, weil ich nicht willens bin, aus Bayern wegzugehen. Ich möchte bei meinen bayerischen Kollegen bleiben, sofern sie mir weiterhin Vertrauen schenken. *(Lebhafter Beifall.)*

Ich darf aber die Gelegenheit benutzen, einen Vorschlag zu unterbreiten, den der Bundesvorstand und der Bundesausschuß des Bayerischen Gewerkschafts-Bundes schon vor langer Zeit gemacht hat und der auch im Vorbereitenden Ausschuß und im Gewerkschaftsrat behandelt wurde. Er deckt sich mit dem Vorschlag, den der Kollege Eberle soeben gemacht hat.

Ich darf daran anschließen, daß das nicht irgendwie bedeutet, daß wir gegen den Kollegen Willi Richter sind. Wir haben gegen ihn nicht das geringste einzuwenden. Der Kollege Richter ist uns bekannt als ein eifriger Arbeiter. Aber das, was Kollege Eberle gesagt hat, gerade das war auch für uns ausschlaggebend. Ich bin fest überzeugt, und mit mir der Bundesvorstand und der Bundesausschuß des Bayerischen Gewerkschafts-Bundes, daß uns der Kollege Richter auf der parlamentarischen Ebene mehr nützen kann als evtl. einer der beiden stellvertretenden Vorsitzenden, wenn er sich ausschließlich dieser Aufgabe mit seiner ganzen Kraft widmen kann. Ich darf Sie bitten, den Vorschlag meiner Person als nicht gemacht zu betrachten und dafür den Kollegen Reuter nominieren zu lassen.

Adolf **Kummernuss,** Stuttgart, Gewerkschaft Öffentliche Dienste, Transport und Verkehr:

Verehrte Freunde!

Ich habe nicht die Absicht, für irgendeinen Kandidaten eine Propagandarede zu halten. Ich denke auch nicht daran, irgendwelche Zonen- oder Länderinteressen in den Vordergrund zu schieben, weil ich der Auffassung bin, daß wir heute hier weder über Niedersachsen, Bayern, noch über Hamburg zu entscheiden haben, sondern daß wir zu entscheiden haben über das Schicksal von fünf Millionen Gewerkschaftsangehörigen.

Wenn ich mich zu Wort gemeldet habe, dann darum, weil ich der Auffassung bin, daß niemand von uns das Recht hat, einem Kollegen zuzumuten, auf eine Funktion zu verzichten, weil er politischer Mandatsträger ist. Ein politischer Mandatsträger ist kein Mensch zweiter Klasse, denen wir den Zugang zu irgendwelchen Funktionen zu verwehren haben *(Unruhe)*, sondern ein Mandatsträger, der Angestellter einer Gewerkschaft ist, hat das Recht, sich mit seiner ganzen Persönlichkeit, mit seiner ganzen Tatkraft auch für die Gewerkschaftsaufgaben einzusetzen.

Sie als Kongreß haben letzten Endes die Entscheidung darüber, wem Sie Ihre Stimme geben. Aber ich bitte Sie, dabei nicht außer acht zu lassen, daß ein politischer Mandatsträger dadurch diffamiert wird, wenn Sie sagen, er darf hier nicht kandidieren.

DER VORSITZENDE:

Es liegen keine weiteren Wortmeldungen zu der Wahl der stellvertretenden Vorsitzenden vor. Es liegen uns nun drei Vorschläge vor:

Kollege Föcher, Kollege Richter und Kollege Reuter.

Bei der Ausfüllung des Stimmzettels muß darauf geachtet werden, daß nicht mehr als zwei Namen enthalten sind.

Ich bitte also, in die Wahlhandlung einzutreten und dementsprechend zu verfahren. Die Mandatsprüfungskommission bitte ich, einzusammeln.

(Die Stimmzettel wurden von der Mandatsprüfungskommission eingesammelt und ausgezählt.)

Damit schließe ich den Wahlgang der stellvertretenden Vorsitzenden, und jetzt kann ich das Ergebnis des ersten Wahlganges bekanntgeben.

Abgegeben sind 474 Stimmen. Davon hat

397 Stimmen der Kollege Böckler erhalten,

59 haben sich der Stimme enthalten und

18 sind ungültig, das heißt, es waren andere Namen eingeschrieben, als überhaupt vorgeschlagen sind.

Damit ist Kollege Böckler zum Vorsitzenden des DGB gewählt.

(Lebhafter Beifall.)

Hans **Böckler:**

Kolleginnen und Kollegen!

Ich danke für das Vertrauen, das Sie mir durch die Wahl entgegengebracht haben. Ich will versuchen, es zu rechtfertigen und will mich bemühen, es mir auch bei den Kollegen zu verschaffen, die sich der Stimme enthalten haben. *(Bravo-Rufe.)*

DER VORSITZENDE:

Wir können jetzt nicht in der Wahl der weiteren hauptamtlich tätigen Vorstandsmitglieder fortfahren, da ja drei zur Wahl stehen und nur zwei zu wählen sind. Es besteht aber doch die Möglichkeit, daß derjenige, der nicht in diesem Wahlgang gewählt wird, nachher bei den weiteren hauptamtlichen Mitgliedern erscheint. *(Zustimmung.)*

Ich empfehle deshalb, die Namen der 16 Mitglieder des Vorstandes bekanntzugeben, die von den Gewerkschaften vorgeschlagen werden, damit wir hier eine Bestätigung vornehmen können. Darf ich den Kollegen Reuter bitten, diese Namen zu verlesen.

DER BERICHTERSTATTER (Georg **Reuter**):

Kolleginnen und Kollegen!

Der Vorbereitende Ausschuß hat am 10. dieses Monats den am 11. Oktober zusammentretenden Delegationen der einzelnen Gewerkschaften die Bitte unterbreitet, sich auf je einen Vorschlag für die 16 Vorstandsmitglieder aus den Gewerkschaften zu verständigen. Die Vorschläge sind dem Büro gemacht und lauten folgendermaßen:

Von der Gewerkschaft
Bau, Steine und Erden der Kollege **Knöss, Jakob**

von der Industriegewerkschaft
Bergbau der Kollege **Schmidt, August**

von der Industriegewerkschaft
Chemie, Papier, Keramik der Kollege **Gefeller, Wilhelm**

von der Industriegewerkschaft
Druck und Papier der Kollege **Fette, Christian**

von der Gewerkschaft der
Eisenbahner Deutschlands der Kollege **Jahn, Hans**

von der Gewerkschaft
Erziehung und Wissenschaft der Kollege **Traeger, Max**

von der Gewerkschaft
Gartenbau, Land- u. Forstwirtschaft der Kollege **Greve, Friedrich**

von der Gewerkschaft
Handel, Banken und Versicherungen der Kollege **Pawlik, Wilhelm**

von der Industriegewerkschaft
Holz der Kollege **Valentiner, Franz**

von der Gewerkschaft
Kunst der Kollege **Feldmann, Willi**

von der Gewerkschaft
Leder der Kollege **Mittwich, Philipp**

von der Industriegewerkschaft
Metall der Kollege **Freitag, Walter**

von der Industriegewerkschaft
Nahrung, Genuß, Gaststätten der Kollege **Pufal, Gustav**

von der Gewerkschaft
Öffentliche Dienste, Transport und Verkehr der Kollege **Kummernuss, Adolf**

von der Deutschen **Postgewerkschaft** der Kollege **Stenger, Karl**

von der Gewerkschaft
Textil, Bekleidung der Kollege **Bock, Werner.**

Weitere Vorschläge sind dem Büro oder dem Vorbereitenden Ausschuß nicht gemacht. Die Vorschläge entsprechen der Zahl derjenigen Vorstandsmitglieder, die in der heute vormittag angenommenen Satzung niedergeschrieben ist.

DER VORSITZENDE:

Kolleginnen und Kollegen!

Ihr habt die 16 Namen gehört. Ich glaube, daß wir da keine schriftliche Abstimmung nötig haben, sondern daß wir durch Aufheben der Delegiertenkarte diese Vorschläge der Gewerkschaften bestätigen können. Ich höre keinen Widerspruch. Wir verfahren so. Wer diese 16 Vorschläge der Gewerkschaften bestätigen will, den bitte ich, das Zeichen mit der Delegiertenkarte zu geben.

(Der Kongreß bestätigte einstimmig die 16 vorgeschlagenen Vertreter der dem Bund angeschlossenen Gewerkschaften als Mitglieder des Bundesvorstandes.)

DER VORSITZENDE:

Nun möchte ich den Kongreß über eine Frage entscheiden lassen, die sich bei der Auszählung der Stimmen bei der Wahl der stellvertretenden Vorsitzenden ergeben hat.

Es sind Stimmzettel vorhanden, auf denen steht z. B. der Name des hier vorgeschlagenen Kandidaten Meier. Aber dazu ist der Name Müller geschrieben, der nicht vorgeschlagen ist. Es erhebt sich somit die Frage, ob diese Stimmzettel als ungültig erklärt werden sollen oder nicht. Ich frage, weil die Abstimmungskommission sich darüber nicht einig werden konnte. Deshalb lasse ich den Kongreß entscheiden. Wer der Meinung ist, daß Stimmzettel, die nur den Namen eines Vorgeschlagenen tragen, Gültigkeit haben, den bitte ich das Zeichen zu geben.

(Der Kongreß erklärte diese Stimmzettel gültig und vertagte sich für kurze Zeit.)

DER VORSITZENDE:

Die Arbeit des Kongresses geht weiter. Ich habe das Ergebnis der Wahl der stellvertretenden Vorsitzenden mitzuteilen.

Abgegeben sind 417 Stimmzettel, davon

341 Stimmen für Kollegen Föcher *(Beifall),*

279 Stimmen für Kollegen Reuter *(Beifall),*

239 Stimmen für Kollegen Richter.

4 haben sich der Stimme enthalten.

11 Stimmzettel sind ungültig, weil andere Namen darauf stehen als die vorgeschlagenen.

Damit sind die Kollegen Matthias Föcher und Georg Reuter gewählt. *(Beifall.)*

Ich darf nun annehmen, daß es der Wille des Kongresses ist, bei der Wahl der weiteren hauptamtlichen Vorstandsmitglieder an die Stelle von Reuter, der für dieses Amt vorgeschlagen war, Richter zu setzen. Ich höre keinen Widerspruch. Ich frage den Kollegen Richter, ob er damit einverstanden ist. (Kollege Richter stimmte zu.)

Wir haben jetzt über den Wahlvorschlag der weiteren hauptamtlich tätigen Vorstandsmitglieder abzustimmen. Es wird noch dazu gesprochen, Kollegen, es liegen Wortmeldungen vor. Ich will nur die Namen der bisher Vorgeschlagenen in die Erinnerung zurückrufen. Ich wiederhole noch einmal

Hans vom Hoff,

Albin Karl,

Hans Böhm,

Willi Richter,

Thea Harmuth,

als Jugendvertreter Oskar George oder Willi Ginhold,

Erich Bührig,

Ludwig Rosenberg.

Es kommt jetzt noch ein neuer Wahlvorschlag, Otto Franke aus der französischen Zone.

Wir treten jetzt in die Aussprache ein.

Dr. Heinz **Küppers**, Düsseldorf, Deutscher Gewerkschaftsbund (britische Zone):

Kolleginnen und Kollegen!

Zur Frage des Jugendvertreters im Geschäftsführenden Vorstand des neuen Deutschen Gewerkschaftsbundes ist bereits sehr viel gesagt worden. Wenn ich hierzu auch noch einige Worte sage, so tue ich das erstens einmal deshalb, weil ich selbst der jungen Generation angehöre, aber in einigen Punkten abweichende Ansichten gegenüber den bisher hier von den Jugendvertretern geäußerten habe. Zum zweiten deshalb, weil die Jugend bisher mit zu meinem eigentlichen Arbeitsbereich gehört hat.

Sie wählen jetzt den Geschäftsführenden Vorstand des neuen Deutschen Gewerkschaftsbundes, dessen ungeheuere Fülle von Aufgaben durch das, was in diesen drei Tagen hier vor Ihnen abgerollt wurde, wohl genügend verdeutlicht worden ist.

Es besteht bei keinem von uns ein Zweifel darüber, daß unsere Jugend ein Recht darauf hat, gehört zu werden und selber entscheidend mitzuwirken. Aber Kolleginnen und Kollegen, ich bitte Sie, sachlich zu überlegen, ob die mit so großem Feuer und so großer Begeisterung vorgetragene Forderung der Jugend allen kritischen Überlegungen auch standhält, mit anderen Worten, ob es richtig ist, daß in ein so verantwortliches Gremium, in dem Gewerkschaftspolitik von ganz hoher Warte aus gemacht wird, ein Vertreter der Generation hineinkommt, die eigentlich erst anfängt, sich ihre Sporen zu verdienen. *(Widerruf!)*

Ich will sagen, es ist durchaus berechtigt und es besteht bei keinem von uns ein Zweifel darüber, daß es richtig ist, später ein eigentliches Jugendsekretariat zu schaffen. Das ist Angelegenheit des Vorstandes. Es ist ferner klar, daß dieses Sekretariat mit einem jungen Kollegen besetzt wird, der das Vertrauen der gesamten Gewerkschaftsjugend und der anderen Gewerkschaftskollegen hat.

Wenn mein Vorredner der Jugend hier oben vorhin gesagt hat, daß die Jugend einen anderen Kollegen wünscht als den Kollegen George, weil er keine längeren Erfahrungen habe und weil es nicht angehe, einen Kollegen für die Jugend vorzuschlagen, der von der Jugend selbst nicht vorgeschlagen wird, so kann ich doch dazu wohl sagen, daß das nicht ganz richtig gesehen ist. Denn erstens verfügt der Kollege George über reichliche Erfahrungen, weil er immerhin der verantwortliche Jugendvertreter einer unserer größten Gewerkschaften ist. Zum zweiten glaube ich, daß es nicht richtig ist, wenn man sagt, daß die Jugend selbst den oder jenen Kandidaten vorgeschlagen hat. Denn ich glaube nicht, daß alle Jugendsekretäre, selbst einschließlich der Gastdelegierten, hier versammelt sind, so daß also nicht fünf oder sechs Jugendsekretäre für sich das Recht beanspruchen können, allein und ausschließlich im Namen der Jugend zu sprechen.

Ich bin vielmehr der Auffassung, daß es richtiger wäre, wenn die Wahl eines Jugendsekretärs — nicht eines verantwortlichen Vorstandsmitgliedes — auf einer späteren Jugendkonferenz erfolgen würde, so daß dieser Jugendsekretär dann auch das Vertrauen der gesamten Jugend hat.

Generationsprobleme — Kolleginnen und Kollegen, das sollte man sich überlegen — kann man nicht durch formalistische Akte lösen, nicht dadurch, daß man einfach um des Prinzips willen jemand in ein so hohes und verantwortliches Gremium hineinwählt, sondern Generationsprobleme lassen sich nur durch ein Hineinwachsen in die Arbeit lösen und durch eine sukzessive, im Laufe der nächsten Zeit zu erfolgende Verjüngung des Funktionärkörpers. *(Zustimmung.)* Wir haben keine eigene Jugendorganisation in dem Sinne, daß neben unseren älteren Kollegen die jüngeren Kollegen stehen, sondern wir haben nur Gewerkschafter, eine Einheit von Arbeitern, Angestellten und Beamten in einem einheitlichen Gewerkschaftsbund und damit auch eine Einheit von jungen und alten Kollegen.

Wir haben, wenn wir eine Frau in den Bundesvorstand wählen, selbstverständlich dann den Grundsatz zugrunde zu legen, daß wir diese Kollegin analog dem, was ich gesagt habe, wählen, nicht aus dem Prinzip heraus, sondern weil sie eine gute Gewerkschaftskollegin ist, von der wir wissen, daß sie die großen Aufgaben, die einer Gewerkschaftsführerin in solchem Gremium gestellt sind, lösen kann. *(Beifall.)*

DER VORSITZENDE:

Ich darf bekanntgeben, daß noch ein neuer Wahlvorschlag eingekommen ist, Alois Wöhrle.

Oskar **George,** Stuttgart, Gewerkschaft Öffentliche Dienste, Transport und Verkehr:

Kolleginnen und Kollegen!

Ich könnte stolz und froh sein, daß ich, getragen von dem Vertrauen vieler Delegierter, für den Bundesvorstand vorgeschlagen werde.

Aber wir haben vor diesem Kongreß, wie ich gestern schon in der Begründung des Antrages für die Jugend anführte, einige Besprechungen mit den Jugendsekretären gehabt. Die Jugendsekretäre, die leider nicht als ordentliche Delegierte, sondern größtenteils als Gäste hier sind, haben sich dann auf den Kollegen Ginhold geeinigt. Ich glaube, wenn ich Interesse gehabt hätte, hätten sie sich auch auf mich geeinigt. Ich habe aber in diesem Kreis die Aufstellung eines Wahlvorschlags für den Bundesvorstand abgelehnt und ich würde nicht ehrlich vor mir selbst bestehen können, würde ich nunmehr vor dem Kongreß diese Wahl annehmen.

Ich bin der Meinung, den Sitz für die Jugend haben wir für die Jugend bekommen und wir sollten auch den Vorschlag dafür der Jugend überlassen. Was Kollege Dr. Küppers gesagt hat, unterstreiche ich vollkommen. Kollege Dr. Küppers hat vollkommen recht, wir haben keine eigene Jugend und wir wollen auch keine eigene Jugend. Ich glaube, daß auch der Kollege Ginhold dieser Meinung ist, und daß wir keine eigene Jugend in der Gewerkschaftsbewegung aufbauen wollen.

Wir wollen aber doch, daß dieser Vorschlag, der von den Kollegen kommt, die für die Jugend zu arbeiten und die für die Jugend hier zu sprechen haben, respektiert wird und ich bitte Sie deshalb, Ihre Stimme dem Kollegen Ginhold zu geben.

DER VORSITZENDE:

Kollege George, ich darf annehmen, daß damit Ihr Vorschlag zurückgezogen ist. *(George: Ja!)* Es wird mir ferner mitgeteilt, daß der Vorschlag Alois Wöhrle auch zurückgezogen wird. Stimmt das? *(Wöhrle: Ja!)*

Marta **Sieger**, Schlangenbad/Taunus, Freier Gewerkschaftsbund Hessen:

Liebe Kolleginnen und Kollegen!

Erlaubt, daß auch einmal eine Frau zu Ihnen spricht.

Es ist uns zugestanden worden, eine Frau in den Bundesvorstand schicken zu dürfen, und da möchte ich die Kolleginnen und Kollegen doch darauf aufmerksam machen, daß wir eine Frau nötig haben, die in der Hauptsache Gewerkschafterin ist, und zwar schon lange, nicht erst so neu hineingekommen in die Bewegung, sondern eine, die hineingewachsen ist.

Wir haben eine solche Kollegin, die wir Frauen uns schon ausgesucht haben, die wir kennen und schätzen lernten auf den Frauenkonferenzen, während der Schulungen. Sie hat uns dort klare Wege gezeigt, wenn wir im Dunkeln tasteten. Wir Frauen sind ja noch nicht so weit, wie die wohl schon durch Generationen geschulten Männer. Ich erkenne das durchaus an und wir sind froh, wenn wir unter unseren Geschlechtsgenossinnen eine Führerin finden, die uns die Wege zeigt und uns hilft, in der Gewerkschaftsbewegung weiter zu wachsen. Diese Frau ist Liesel Kipp-Kaule.

Liesel Kipp-Kaule hat bereits vor 1933 in der Gewerkschaftsbewegung gestanden. Sie arbeitet seit 1945 wieder aktiv in der Gewerkschaft Textil, Bekleidung mit und in der Hauptsache eben mit uns Frauen, um die Frauenbewegung innerhalb der Gewerkschaften aufzubauen, damit wir neben euch Männern bestehen und neben euch Männern mitarbeiten können.

Ich bin mir vollkommen klar darüber, daß die Aufgaben im Bundesvorstand ungeheuer schwierige sind. Wichtige Aufgaben, nicht nur Frauenfragen, nein, alle gewerkschaftlichen Arbeiten soll die Frau miterleben, mitdenken, mit ihrem Verstand durcharbeiten, mitentscheiden, zusammen mit den Männern. Und da ist es notwendig, daß wir eine Frau haben, die nicht nur rein gefühlsmäßig arbeitet — eine Schwäche, die wir nun einmal besitzen —, sondern eine Frau, die eben mit ihrem Verstande mitarbeiten kann, an diesen Dingen, die eine ungeheure Wichtigkeit sogar über die Gewerkschaftsbewegung hinaus haben.

Zu unserem Leidwesen sind ja die Männer in einer so großen Überzahl hier. Die 14 ordentlichen weiblichen Delegierten sind eine so verschwindende Zahl, daß wir Frauen uns ein klein wenig schämen müssen gegenüber der Außenwelt. Gerade die Gewerkschaftsbewegung, die als erste Organisation die Gleichberechtigung der Frau auf ihr Programm setzte, steht in einem schlechten Licht da, weil so wenig Frauen auf diesem Gründungskongreß vertreten sind, der ja wohl historische Bedeutung hat. Trotzdem, liebe Kollegen, laßt uns selbst die Frau vorschlagen, die wir uns als Leiterin in unseren Zusammenkünften, in unseren Ausschüssen ausgesucht haben. Denn wir sind überzeugt, daß sie uns nicht nur in Frauenfragen richtig vertreten wird, nicht nur der berufstätigen Frau helfen wird, sie wird mit euch Männern zusammen im Bundesvorstand alle großen und schweren Aufgaben mit helfen zu lösen.

Wenn man hier den Einwand macht, daß diese Frau bereits durch die Ausübung eines politischen Mandats belastet ist, und sich dadurch nicht mit 100prozentiger Kraft für die Arbeiten der Gewerkschaften zur Verfügung stellen kann, so kann ich Ihnen nur sagen: eben weil diese Frau auch im Parlament, im Bundestag, sitzt, wird sie die gewerkschaftlichen Interessen der Frauen noch viel besser vertreten können, als wenn sie draußen stehen würde. Ganz abgesehen davon, daß wir ja auch männliche Kollegen haben, die als Abgeordnete im Bundestag sind, muß hier ja wohl auch gleiches Recht gelten. Ich bitte das doch zu bedenken.

Ich bitte Sie, liebe Kollegen, geben Sie Ihre Stimme Liesel Kipp-Kaule, die wir gerne wollen und die wir uns auserwählt haben. Ich glaube, Ihr männlichen Kollegen, daß wir Frauen am besten wissen müssen, wer uns hilft weiter zu wachsen und zu lernen, auf daß alle Frauen eines Tages einmal selbständig entscheiden und neben den Männern gleichberechtigt stehen können.

Ernst **Lorenz**, Ludwigshafen, Industriegewerkschaft Chemie, Papier, Keramik:

Wenn ich nun am Ausgang dieses Kongresses als erster Vertreter der französischen Zone hier das Wort ergreife, so möchte ich nicht in den Verdacht kommen, nach der nun geschaffenen Einheit der Gewerkschaften einem gewissen Zonenseparatismus das Wort zu reden. Unser auf diesem Kongreß zum Ausdruck gebrachtes Schweigen ist dahingehend zu werten, daß wir selbst um jeden Preis gewillt sind, die Einheit der deutschen Gewerkschaftsbewegung zu garantieren.

Sie alle kennen aber die besonderen Eigenarten der französischen Zone. Sie war ja diejenige Zone, in der es uns erst im letzten Augenblick möglich wurde, die Einheit der Gewerkschaften zu schaffen. Wenn wir nun auf diesem Kongreß den Wunsch äußern, uns die Möglichkeit einer engeren Zusammenarbeit dadurch zu gewährleisten, daß man auch der französischen Zone einen Vertreter im Geschäftsführenden Vorstand einräumt, so soll das nur unsere Verbundenheit zur Einheit zum Ausdruck bringen.

Die in der Satzung festgelegten Formulierungen geben den 16 Gewerkschaftsvorsitzenden die Möglichkeit, ihre Gewerkschaften im Bundesvorstand zu vertreten. Die französische Zone hat nicht die Möglichkeit, auf diese Art und Weise in den Bundesvorstand zu gelangen.

Wir schlagen deshalb vor, den Kollegen Franke in den Geschäftsführenden Vorstand zu wählen, um dadurch die Möglichkeit einer engen Zusammenarbeit zu gewährleisten. Damit käme zu gleicher Zeit zum Ausdruck, daß die bisher so lange auf sich warten lassende französische Zone ebenfalls in der Einheit der deutschen Gewerkschaftsbewegung ihre Verankerung gefunden hat.

Hans **Böckler:**

Kolleginnen und Kollegen!

Ich übe gern Galanterie, soweit solche den Gewerkschaftsangestellten überhaupt gestattet ist. Aber in dem Falle, den ich hier zu besprechen habe, hat die Galanterie zu schweigen. Hier gilt es, nach Zweckmäßigkeitsgründen zu entscheiden. *(Zustimmung.)*

Weil ich die Dinge so sehe, deswegen muß ich mich dagegen wenden, daß die Kollegin Kipp-Kaule in den Vorstand delegiert wird. Das Frauendezernat des jetzt zu wählenden Vorstandes braucht für dieses so überaus wichtige Dezernat eine 100prozentige Kraft, und ich kann es nicht zulassen, daß dem Vorstand über eine bescheidene Anzahl hinaus Kräfte beigeordnet werden, die durch anderweitige Inanspruchnahme nur zu einem Teil für die Gewerkschaftsarbeit in Frage kommen. Das Frauendezernat verlangt den vollen Einsatz einer ganzen Persönlichkeit, und es ist mir schwer genug gefallen, eine entsprechende Kollegin dafür ausfindig zu machen. Nun verfolge ich damit auch noch einen anderen Zweck, den ich bereits oft genug betont habe. Ich verfolge den Zweck — ich kann es dem Kongreß ruhig sagen —, der christlichen Richtung eine etwas stärkere Position im künftigen größeren Bundesvorstand einzuräumen als sie bis jetzt innehatte. *(Beifall.)*

Also, eine 100prozentige Kraft brauche ich. Und wenn ich daneben noch einen Zweck erfüllen kann, der auch erreicht werden muß und den zu rechtfertigen ich jeden Augenblick bereit bin, dann bitte ich, es bei dem Vorschlag des Vorbereitenden Ausschusses zu belassen und die Kollegin Thea Harmuth dem Vorstande beizuordnen. *(Beifall.)*

Annemarie **Haendel**, Fürth, Bayerischer Gewerkschafts-Bund:

Liebe Kolleginnen und Kollegen!

Der Kollege Böckler hat mir bereits einiges, sogar sehr vieles von dem, was ich kurz sagen wollte, vorweg genommen und ich kann mich deshalb ganz kurz fassen.

Wenn vorhin eine Kollegin für die Kollegin Kipp-Kaule gesprochen hat, so möchte ich gleich bemerken, daß ich die Kollegin Kipp-Kaule als eine der hervorragendsten Gewerkschafterinnen schätze. Wenn ich nun hier gegen sie spreche, so soll es nicht heißen, daß ich gegen sie als Person etwas habe. Die Kollegin Sieger hat vorhin von der Arbeit in der britischen Zone erzählt. Ich möchte als Delegierte aus Bayern sagen, daß die Kollegin Harmuth bereits vor 1933 in der Frauenarbeit sehr aktiv war und auch jetzt in Bayern vorzügliche Gewerkschaftsarbeit geleistet hat. Ich muß sagen, daß die Kolleginnen und Kollegen von Bayern sich außerordentlich gefreut haben, daß die Kollegin Harmuth mit in Vorschlag gebracht worden ist.

Ich bitte Sie herzlich, diese Kollegin zu berücksichtigen und dabei zu bedenken, daß diese Frau nicht vorgeschlagen worden ist, weil die Hereinnahme einer Frau zwingend notwendig in der Satzung vorgeschrieben ist, sondern daß sie auf Grund ihrer Leistungen als Gewerkschafterin in Vorschlag gebracht worden ist. Aus diesem Grunde nochmals die Bitte, der Kollegin Harmuth Ihre Stimme zu geben. *(Beifall.)*

Josefine **Halein**, Mainz, Gewerkschaft Handel, Banken und Versicherungen:

Kolleginnen und Kollegen!

Ich bedaure, daß die Behandlung einer Frage, die von uns allen hier mit großem Ernst vorgenommen werden sollte, Anlaß zur Heiterkeit gegeben hat.

Wenn die erste Rednerin das Wort gebraucht hat: unsere zukünftige Frauenvertreterin soll gleichzeitig „Führerin" sein, so kann ich dazu nur sagen, daß sie das bestimmt nicht im Sinne der vergangenen 12 Jahre gemeint hat. Wir legen andererseits aber auch keinen Wert darauf, eine Frau in den Vorstand zu bekommen, indem man uns nur sozusagen aus Gnade einen Konzessionsschulzen gewährt. Wir wollen in den Bundesvorstand eine Frau, die die Materie sämtlicher Aufgaben der Gewerkschaften beherrscht und folglich damit schon bereits seit längerem vertraut sein muß.

Die Gründe, die unser Kollege Böckler zur Nichtwahl der Kollegin Kipp-Kaule angeführt hat, erkennen wir Frauen nicht an. Wir machen darauf aufmerksam, daß die gleiche Frage heute morgen bei einem Kollegen zur Debatte gestanden hat. Da hat man gesagt, daß sein politisches Mandat nicht diffamierend wirken dürfe, daß also die Mitgliedschaft zum Bundestag niemand daran hindern dürfe, auch eine gewerkschaftliche Funktion zu übernehmen. *(Zuruf: Der Kongreß war in der Abstimmung anderer Ansicht!)*

Wir nehmen die gleiche Argumentation für uns in Anspruch. Es ist auch kein Grund, eine Kollegin zu wählen lediglich, weil sie der christlichen Richtung angehört. Für uns Frauen ist ganz allein wichtig, daß die Frau, die in den Bundesvorstand kommt, in der Lage ist, unsere Forderungen gewerkschaftlicher Art — nicht etwa Frauenforderungen, sondern gewerkschaftliche Forderungen — auch tatsächlich zu vertreten.

Meine Kolleginnen und Kollegen, Sie haben gehört, daß die Kollegin Kipp-Kaule bereits seit 1945 und darüber hinaus schon vor 1933 in der Gewerkschaftsbewegung gestanden hat. Hätte sie dort nichts geleistet, so wäre sie wahrscheinlich heute nicht hier als Delegierte. Das beweist, daß sie von einem großen Vertrauen in ihrer Gewerkschaft getragen ist, und ich bitte als Frau, daß man uns überläßt, der Kollegin die Stimme zu geben, von der wir annehmen, daß sie uns tatsächlich vertritt.

Es ist nun aber zur Zeit leider noch so, daß auf einem Kongreß immer noch die Männer sehr in der Überzahl sind. *(Heiterkeit.)* Ich muß nun hier nicht etwa an Sie als Herren appellieren, sondern ich wende mich an Sie als Kollegen. Sie wählen sich selbst die besten Kollegen und ich bitte Sie, auch die beste Kollegin zu wählen. *(Beifall.)*

Anita **Winkelmann,** Wuppertal, Deutscher Gewerkschaftsbund (britische Zone):

Kolleginnen und Kollegen!

Die Worte der Kollegin Halein möchte ich 100prozentig unterstreichen, und zwar mit der Bemerkung, daß das gleiche Recht, das den Männern zukommt, auch der Frau zufallen muß. Wir müssen endlich einmal gerade in der Gewerkschaftsbewegung davon abrücken, zu sagen, die christlichen Frauen müssen in den Vordergrund gestellt werden. Wir müssen dasselbe Recht, das wir für die christlichen Frauen fordern, auch für die freidenkenden Frauen fordern. Deshalb die Stimme der Kollegin Kipp-Kaule, die nicht die Quantität, sondern die Qualität vertritt. *(Beifall.)*

Hans **Böckler:**

Kolleginnen und Kollegen!

Nehmt es, wie es ist: die Frauen erweisen ihrer Sache keinen guten Dienst — das habe ich ihnen oft genug gesagt —, wenn sie uns zeigen, daß sie noch nicht einmal in der Lage sind, einer an sich selbstverständlichen Forderung im Gewerkschaftsleben Rechnung zu tragen.

Es geht hier nicht um Diffamierung von Mandatsträgern. Aber ich lege Gewicht darauf, daß der Vorstand des Bundes nicht mit mehr Mandatsträgern belastet wird als er zu tragen fähig ist. Und alle Kollegen bedanken sich, wenn wir über einen bestimmten Satz hinausgehen wollten. Wir hatten bei einem größeren Vorstand mit drei Mandaten gerechnet. Der Vorstand hat nun nicht den Umfang gewonnen den er gewinnen sollte, soweit der Geschäftsführende Vorstand in Frage kommt. Also sind zwei Mandatsträger das höchste, das für diesen neuen Vorstand zulässig ist.

Deswegen bitte ich, es bei dem Vorschlag der Kollegin Thea Harmuth zu belassen, die ich persönlich kaum kenne. Ich habe bisher mit ihr vielleicht 20 Worte gewechselt. Aber sie wurde mir von 20 Seiten und 20 Stellen, die ich befragt habe, als überaus befähigt und für unseren Vorstand geeignet empfohlen. *(Beifall.)*

Otto **Huber,** Würzburg, Bayerischer Gewerkschafts-Bund:
Kolleginnen und Kollegen!

Es ist nicht meine Absicht, mich in den Streit der Frauen einzumischen. Aber wenn hier gesagt wird, daß wir Leute brauchen mit Qualifikation, dann sehe ich mich verpflichtet, über die Kollegin Harmuth folgendes zu sagen: Sie ist keine Bayerin, ich auch nicht. Wir arbeiten schon lange Zeit zusammen, und ich habe die Kollegin Harmuth kennengelernt, als ich 1922/23 die Wirtschaftsschule in Düsseldorf besuchte. Ich war seinerzeit in Düsseldorf als Betriebsratsvorsitzender bei Rheinmetall. Zur selben Zeit war die Kollegin Harmuth die Sekretärin in der Schule für Wirtschaft und Verwaltung. Da habe ich sie kennengelernt als eine Frau, die sich bereits damals mit arbeitsrechtlichen Fragen vertraut gemacht hat. Heute ist sie in München die Leiterin unseres Frauensekretariats. Soweit ich mit ihr als Bezirksleiter für den Bezirk Unterfranken des Bundes zu tun hatte, kann ich sie Ihnen nur 100prozentig empfehlen. Sie wird ihre Arbeit an die sie gestellt wird, im Interesse der Frauen restlos durchführen.

DER VORSITZENDE:

Die Rednerliste ist erschöpft. Wir kommen jetzt zur Wahl. Ich bitte den Stimmzettel zur Hand zu nehmen, der betitelt ist „Wahl der hauptamtlich tätigen Vorstandsmitglieder". Auf diesem Stimmzettel müssen wir etwas streichen. Denn unten steht die Bemerkung: „Dieser Stimmzettel ist nur gültig, wenn er nicht mehr als neun Namen enthält". Da wir nur acht zu wählen haben, müssen wir neun in acht umwandeln. Ich nehme an, daß jetzt jeder den Stimmzettel so abgeändert hat, weil es sonst zu Mißverständnissen Anlaß geben könnte.

Ich wiederhole jetzt die Namen der Vorgeschlagenen: Hans vom Hoff, Albin Karl, Hans Böhm, Willi Richter, Thea Harmuth, Liesel Kipp-Kaule, Willi Ginhold, Erich Bührig, Ludwig Rosenberg, Otto Franke.

(Die Stimmzettel wurden von der Mandatsprüfungskommission eingesammelt und ausgezählt.)

Sind noch Stimmzettel abzugeben? Ich stelle fest, es sind keine Stimmzettel mehr abzugeben. Ich schließe den Wahlgang.

(Der Kongreß vertagte sich für kurze Zeit.)

DER VORSITZENDE:

Die Arbeit des Kongresses geht weiter.

Ich gebe jetzt das Ergebnis der Wahl der hauptamtlichen Vorstandsmitglieder bekannt.

Abgegeben wurden 473 Stimmzettel.

Es erhielten:

Willi Richter . . . . **402 Stimmen,**
Hans vom Hoff . . **396** „
Albin Karl . . . . . **396** „
Hans Böhm . . . . **393** „
Ludwig Rosenberg 386 „
Willi Ginhold . . **381** „
Erich Bührig . . . . **352** „
Thea Harmuth . . **276** „

Diese von mir eben Genannten sind damit gewählt. *(Beifall.)*

Ich verlese die weiteren Stimmen:

Otto Franke 232
Liesel Kipp-Kaule 197
Ungültige Stimmen 13
Stimmenthaltungen 3

Der Deutsche Gewerkschaftsbund hat sich durch diesen letzten Wahlgang den gesamten Vorstand gegeben. *(Beifall.)*

Wir stehen am Schluß dieser Wahlhandlung.

Es hat nun ums Wort gebeten der Kollege Willi Ginhold. Er verliest ein Manifest an die Jugend.

Willi **Ginhold**, München, Bayerischer Gewerkschafts-Bund:

Manifest der Jugend

Die deutsche Gewerkschaftsjugend fühlt als Teil der deutschen Gewerkschaftsbewegung die Verpflichtung, durch ihre aktive Teilnahme die Erfolge und Aufgaben der Gewerkschaft zu erhalten und zu erfüllen. Sie richtet vom Gründungskongreß des Deutschen Gewerkschaftsbundes in München folgenden Aufruf an die deutsche Jugend:

Deutsche Jungen und Mädel!

Die deutschen Gewerkschaften haben sich seit je für Euch und Eure Interessen eingesetzt. Ihrem Kampf verdankt Ihr Urlaub und Freizeit nach mühevoller Arbeit, Schutz vor Ausbeutung, die Gestaltung des Lehrlingsentgelts, der Jugendlichen-Löhne und einer geordneten Berufsausbildung.

Wir rufen Euch auf zur Mitarbeit in der Gewerkschaftsjugend. Vor uns liegt als Aufgabe die Entwicklung fortschrittlicher Jugendschutz- und Jugendarbeitsschutzbestimmungen und der Kampf um eine bessere Berufsausbildung. Alle Schulen und Bildungseinrichtungen sollen nach unserem Willen in Zukunft arm und reich offen stehen. Charakter, Eignung und Leistungen sollen jeden jungen Menschen an den richtigen Platz bringen.

Im Kampf um die Verwirklichung dieser Ziele stehen wir Schulter an Schulter mit unseren älteren Kolleginnen und Kollegen. Ihre Erfahrung und ihr Einfluß erleichtern uns den Schritt in eine bessere Zukunft und das Hineinwachsen in die Verantwortung für Staat und Wirtschaft. Wir Jungen und Mädel der Gewerkschaftsjugend sind stolz darauf, Teil einer so mächtigen und geachteten Organisation zu sein. Wir rufen Euch auf, mit uns zu kämpfen für die Freiheit, das Recht und die gesunde Entwicklung der schaffenden Jugend in Staat und Gesellschaft.

DER VORSITZENDE:

Damit ist der Punkt 6 unserer Tagesordnung erledigt und ich gebe den Vorsitz zurück an unseren Freund Hans Böckler.

Punkt 7 der Tagesordnung:

Schlußansprache

DER VORSITZENDE (Hans **Böckler**):

Kolleginnen und Kollegen!

Der erste Kongreß der Gewerkschaften der Bundesrepublik Deutschland hat seine Arbeit beendet und wir stellen uns nun selbst die Frage, ob das, was er geleistet hat, gut ist und uns genügen kann.

Wenn wir uns dabei der Schwierigkeiten besinnen, vor die das Unternehmen dieses Kongresses von vornherein gestellt war, so dürfen wir uns wohl bekennen, daß Gutes, ja sehr Gutes geleistet wurde.

Die Beurteilung des Kongresses und seiner Arbeiten durch die Außenstehenden — das zeigen uns unsere bisherigen Beobachtungen — wird kaum eine andere sein als unsere eigene.

Entgegen da und dort geäußerten Befürchtungen, es könnte in diesem Kongreß zu Verstimmungen kommen, darf ich wohl feststellen, daß Befriedigung zu verzeichnen war auch bei denen, deren Wünsche und Absichten hier keine volle Erfüllung finden konnten. Wir wissen, solche Absichten bestanden in mancherlei Form und sie hatten als Ursache die strukturellen Unterschiede in den Wirtschaften der verschiedenen Bezirke. Und wenn im Kongreß selbst deren einige aufleuchteten, so haben wir doch erreicht, daß sachliche Meinungsverschiedenheiten hier eine sachliche Behandlung erfahren haben. Wenn das auch in der Zukunft geschieht — und ich will hoffen, daß es geschieht —, brauchen wir keine Sorge zu tragen um eine fruchtbare Arbeit. Echt gewerkschaftliche, d. h. kameradschaftliche Zusammenarbeit wird dann die Erfolge zeitigen, deren wir bedürfen.

Darum laßt uns frohen Mutes an die Arbeit gehen, an schwere Arbeit, die wir verantwortungsbewußt, jede und jeder an seinem Platze leisten wollen. Wir wollen hinaustragen in die Mitglieder den guten Geist und den ernsten Willen, von denen die Arbeit dieses Kongresses getragen war. Wir wollen schützen und pflegen die Einigkeit und Einheit der Organisation und sie verteidigen gegenüber jedermann.

Groß sind die Schwierigkeiten, die uns erwarten, erhaben aber auch der Gedanke, zu ihrer Lösung mitberufen zu sein. Was wir zu leisten haben und was wir leisten werden, es ist durchaus in unsere eigenen Hände gegeben. Die Gewerkschaften genießen das Vertrauen vieler Millionen Menschen im Lande. Sie sind ihre Hoffnung und sind ihre Zuversicht. Wir wollen dies Vertrauen rechtfertigen durch unermüdliche Hingabe an das Werk der Befreiung der Arbeitenden und der sozial schlecht gestellten Menschen von Unfreiheit, Not und Elend.

Das werden die vielen Tausende der Gewerkschaftsfunktionäre draußen im Lande nicht anders wollen als wir selbst es wollen. Und so möge die Arbeit am Befreiungswerke und dieses selbst gesichert sein.

In einer so ernsten Stunde, wie wir sie im Augenblicke durchleben, weilen unsere Gedanken auch bei jenen unserer Arbeitsbrüder und Arbeitsschwestern, die die Widerwärtigkeit unserer Tage zwang, sich in fremdem Lande ihr Brot zu suchen. Ihnen gehören unsere Sympathie und unsere guten Gefühle.

Und nun mit Zuversicht ans Werk. Ein zielklarer Wille leitet zur Tat, die allen Werkes Anfang ist.

Nun obliegt mir nur noch die Pflicht, all denen herzlich zu danken, die an der Spitze der Organisationen mitgewirkt haben, daß es zu diesem Kongreß kam. Ich verzichte darauf, sie einzeln bei Namen zu nennen und will nur einen herausgeben: den Kollegen **Fritz Tarnow,** der es abgelehnt hat, auch fernerhin noch das schwere Amt eines Mitgliedes unseres Vorstandes zu übernehmen.

Ich danke ferner all denen, die sich mit Sorgfalt und viel Mühe um das Zustandekommen und die Durchführung dieses Kongresses bemüht haben. Ich verzichte auch hier, Namen zu nennen. Denn alle haben sich gleichermaßen verdient gemacht. Allen deshalb ein dankbares Wort der Anerkennung.

Hervorzuheben sind die Mitglieder des Vorbereitenden Ausschusses und erst recht die des Sekretariats des Gewerkschaftsrates, dessen ganzes Personal unermüdlich gearbeitet und unter der Leitung des Kollegen Reuter Erhebliches zum Zustandekommen dieses Kongresses beigetragen hat.

Ich bitte Sie, verehrte Anwesende, zum Schluß mit mir einzustimmen in den Ruf: Es lebe die deutsche Arbeiterbewegung, es lebe die Internationale, beide in Freiheit und in Unabhängigkeit!

Der erste Kongreß der Gewerkschaften in der Bundesrepublik Deutschland ist hiermit geschlossen. *(Langanhaltender Beifall.)*

(DER KONGRESS endete um 18.08 Uhr mit dem gemeinsamen Gesang des Liedes „Brüder, zur Sonne, zur Freiheit".)

Anhang

I. Tagesordnung

1. Eröffnung und Begrüßung

2. Wahlen
   a) Kongreßbüro
   b) Mandatsprüfungskommission
   c) Satzungskommission
   d) Antragskommission

3. Bericht des Vorbereitenden Ausschusses für den Gründungskongreß (Georg **Reuter**), verbunden mit Beratung und Beschlußfassung über die Satzung des Bundes

4. „Die Aufgaben der deutschen Gewerkschaften in Wirtschaft, Staat und Gesellschaft" (Hans **Böckler**),
   verbunden mit Beratung und Beschlußfassung über Wirtschaftsund Sozialpolitische Grundsätze des Bundes

5. Beratung und Beschlußfassung über die sonst gestellten Anträge

6. Wahl des Bundesvorstandes

7. Schlußansprache.

II. Geschäftsordnung

1. Zur Leitung des Kongresses wird ein **Büro** gewählt, bestehend aus 5 Vorsitzenden mit gleichen Rechten und 6 Schriftführern.

   Die Schriftführer haben abwechselnd die Rednerliste zu führen.

2. Zur Prüfung der Mandate der Delegierten und Gastdelegierten zum Kongreß wird eine **Mandatsprüfungskommission** gewählt. Die Mandatsprüfungskommission besteht aus 7 Mitgliedern. Über die Gültigkeit der Mandate entscheidet der Kongreß.

3. Zur Vorberatung aller an den Kongreß gestellten Anträge zur künftigen Satzung des Bundes wird eine **Satzungskommission** gewählt. Die Satzungskommission besteht aus 9 Mitgliedern.

4. Zur Vorbereitung aller weiteren an den Kongreß gestellten Anträge wird eine **Antragskommission** gewählt. Die Antragskommission besteht aus 9 Mitgliedern.

5. Wortmeldungen werden erst nach Eröffnung der Debatte entgegengenommen und haben schriftlich zu erfolgen.

   Die Redner erhalten nach der Reihenfolge der Anmeldungen das Wort.

   Die Redezeit beträgt für jeden Debatteredner 10 Minuten.

6. Anträge sind an das Büro schriftlich einzureichen und können nur dann zur Verhandlung zugelassen werden, wenn sie zur Tagesordnung gehören und von mindestens 50 Delegierten unterschriftlich unterstützt werden. Nur diese Anträge werden in das gedruckte Protokoll aufgenommen.

7. Bei der Verhandlung über einen Antrag erhält zunächst der Antragsteller das Wort. Die Redezeit hierfür beträgt 15 Minuten.

8. Das Wort zur Geschäftsordnung wird außer der Reihenfolge der vorgemerkten Redner erteilt.

   Zu Geschäftsordnungsanträgen erhält nur ein Redner für und einer gegen den Antrag das Wort.

   Antragsteller und Redner, die zur Sache gesprochen haben, dürfen keinen Antrag auf Schluß der Debatte stellen.

Persönliche Bemerkungen sind erst am Schluß der Debatte zulässig.

9. Spricht ein Redner nicht zur Sache, so hat der Vorsitzende ihn zur Sache zu rufen. Nach zweimaliger vergeblicher Mahnung des Vorsitzenden ist dem Redner das Wort zu entziehen.

10. Gültige Beschlüsse setzen die Zustimmung der Mehrheit der Abstimmenden voraus, Stimmengleichheit gilt als Ablehnung.

    Die Abstimmung erfolgt in der Regel durch Handaufheben mit der Delegiertenkarte.

11. Anträgen auf namentliche oder geheime Abstimmung ist Folge zu leisten, wenn sich für einen solchen Antrag 150 Delegierte erklären.

III. Liste der
Delegierten und Gastdelegierten

A. Stimmberechtigte Delegierte

1. Gewerkschaft Bau, Steine, Erden

1	1. **Bauer,** Otto	Dortmund
2	2. **Bebert,** Paul	Hamburg-Wellingbüttel
3	3. **Becker,** Paul	Gensingen
4	4. **Erle,** Martin	Heidelberg
5	5. **Biebricher,** Karl	Karlsruhe
6	6. **Biewer,** Walter	Kassel
7	7. **Binder,** Hugo	Worms
8	8. **Bohne,** Karl	Gelsenkirchen
9	9. **Eberl,** Alois	Regensburg
10	10. **Ebert,** Georg	Langendiebach bei Hanau
11	11. **Eichler,** Wilhelm	Braunschweig
12	12. **Hart,** Philipp	Würzburg
13	13. **Hermann,** Karl	Wiesbaden
14	14. **Hiller,** Karl	München
15	15. **Hinrichs,** Peter	Garstedt bei Hamburg
16	16. **Höffken,** Arthur	Düsseldorf-Unterbach
17	17. **Horseling,** Gerhard	Goch
18	18. **Jacks,** Georg	Bochum
19	19. **Koch,** Fritz	Bielefeld
20	20. **Kochmann,** Herm.	Bremen
21	21. **Knöß,** Jacob	Frankfurt/Main
22	22. **Krollmann,** Seb.	Bretzenheim
23	23. **Mones,** Martin	Köln-Bickendorf
24	24. **Nastvogel,** Georg	Birschberg bei Bamberg
25	25. **Nottbohm,** Gustav	Hannover-Linden
26	26. **Reiner,** Hans	München
27	27. **Rempt,** Oskar	Stuttgart
28	28. **Rüben,** Heinz	Stolberg-Münsterbusch
29	29. **Ruf,** Albert	Reutlingen
30	30. **Ruhwedel,** Wilh.	Hagen/Westfalen
31	31. **Sellmann,** Heinr.	Pinneberg
32	32. **Smura,** Paul	München
33	33. **Schäfer,** Julius	Freiburg i. Breisgau

34	34. **Scholling,** Herbert	Hannover-Linden
35	35. **Schreiber,** Wilhelm	Bad Gandersheim
36	36. **Schwemer,** Wilhelm	Osnabrück
37	37. **Uebel,** Paul	Nürnberg
38	38. **Urban,** Friedrich	Augsburg
39	39. **Zinke,** Wilhelm	Essen-Haarzopf
40	40. **Zschach,** Kurt	Lübeck-Travemünde

2. Industriegewerkschaft Bergbau

41	1. **Arend,** Peter	Bochum
42	2. **Bartnik,** Heinrich	Westerholt
43	3. **Baumeister,** Gottfr.	Dortmund-Bövinghausen
44	4. **Beckemeier,** Heinr.	Recklinghausen
45	5. **Bergmann,** Karl	Essen-Bergerhausen
46	6. **Böllersen,** Wilhelm	Rössing
47	7. **Brüns,** Johann	Essen-Bergeborbeck
48	8. **Cigan,** Josef	Homberg
49	9. **Dahlmann,** Fritz	Sprockhövel
50	10. **Dannebom,** Otto	Dortmund-Kley
51	11. **Deilmann,** Adolf	Unna
52	12. **Demand,** Heinrich	Kamen
53	13. **Dierolf,** Josef	Hausham
54	14. **Drünkler,** Georg	Stadthagen
55	15. **Ey,** Richard	Dortmund-Dorstfeld
56	16. **Feier,** Wilhelm	Frechen, Bez. Köln
57	17. **Göbert,** Heinrich	Essen-Altenessen
58	18. **Gollub,** Paul	Bochum-Langendreer
59	19. **Goronczy,** Karl	Gelsenkirchen-Buer-Erle
60	20. **Groos,** Hermann	Weilburg
61	21. **Hirtz,** Kaspar	Eschweiler
62	22. **Hoffmann,** Paul	Dortmund-Mengede
63	23. **Höfner,** Karl	Bochum
64	24. **Jahofer,** Karl	Wattenscheid
65	25. **Jonas,** August	Herne
66	26. **Kaczmarek,** Joh.	Gelsenkirchen
67	27. **Keller,** Sebastian	Alsdorf
68	28. **Kemper,** Wilhelm	Buer-Scholven
69	29. **Kottenhahn,** Karl	Bochum-Hövel
70	30. **Krafzick,** Gottlieb	Niederlahnstein
71	31. **Lehrhove,** Theodor	Gelsenkirchen
72	32. **Lepicek,** Karl	Penzberg

73	33. **Liethmann,** Wilhelm	Bottrop
74	34. **Maul,** Wilhelm	Bochum
75	35. **Plischke,** Willi	Castrop-Rauxel
76	36. **Pasche,** Heinrich	Mülheim-Heissen
77	37. **Simon,** Johann	Frechen, Bez. Köln
78	38. **Schaub,** Hugo	Essen-Steele
79	39. **Schlesiger,** Paul	Bottrop
80	40. **Schmelzing,** Robert	Kamp Lintfort
81	41. **Schmidt,** Wilhelm	Dortmund
82	42. **Schnippert,** Leo	Essen-Bergerhausen
83	43. **Schoch,** Alfred	Salzgitter
84	44. **Schröer,** Franz	Ibbenbühren
85	45. **Schürhoff,** Valentin	Kamen
86	46. **Spindler,** Alfred	Duisburg-Hamborn
87	47. **Steinert,** Paul	Dortmund-Dorstfeld
88	48. **Wagner,** Ludwig	Bochum-Werne
89	49. **Wittmann,** Karl	Sulzbach-Rosenberg
90	50. **Wobbe,** Franz	Hervest-Dorsten
91	51. **Wolber,** Hermann	Herten
92	52. **Zimmermann,** Karl	Wanne-Eickel

3. Industriegewerkschaft Chemie, Papier, Keramik

93	1. **Behrens,** Max	Hamburg
94	2. **Dandl,** Josef	München-Neuaubing
95	3. **Dedenbach,** Michael	Andernach
96	4. **Duerkop,** Hellmuth	Hannover-Stöcken
97	5. **Duge,** Hans	Hamburg
98	6. **Eiban,** Josef	Marktredwitz
99	7. **Eibl,** Heinrich	Lauf/Pegnitz
100	8. **Erler,** Frieda	Darmstadt
101	9. **Faulhaber,** Max	Freiburg
102	10. **Härtel,** Hermann	Dortmund
103	11. **Hertwig,** Paul	Köln
104	12. **Hribar,** Robert	Gladbeck
105	13. **Jung,** Hans	Köln-Stammheim
106	14. **Kettner,** Martin	Ludwigshafen-Rheingönheim
107	15. **Laux,** Heinrich	Offenbach/Main
108	16. **Liedtke,** Eduard	Frankfurt/Main
109	17. **Lorenz,** Ernst	Ludwigshafen-Oggersheim
110	18. **Mayer,** Xaver	Stuttgart
111	19. **Malycha,** Karl	Bochum-Dahlhausen
112	20. **Müller,** Ludwig	Hannover

113	21. **Nowack,** Friedrich	Hamburg-Harburg
114	22. **Oppermann,** Berta	Hannover
115	23. **Reuß,** Hermann	Düsseldorf
116	24. **Schenk,** Georg	Burghausen/Obb.
117	25. **Schmitz,** Karl	Köln-Berrenrath
118	26. **Schneider,** Eugen	Leverkusen
119	27. **Schön,** Leonhard	Gersthofen b. Augsburg
120	28. **Walter,** Philipp	Mannh.-Friedrichsfeld
121	29. **Stamm,** Wendelin	Budenheim b. Mainz
122	30. **Thiem,** Adolf	Weiden/Opf.
123	31. **Tombera,** Johann	Oberhausen-Holten
124	32. **Zapf,** Erwin	Selb
125	33. **Zimmermann,** E.	Celle
126	34. **Zörner,** Willi	Bremen

4. Industriegewerkschaft Druck und Papier

127	1. **Elsner,** J.	Koblenz
128	2. **Bruns,** Heinrich	Hannover
129	3. **Döbbeling,** Paul	Geisingen/Neckar
130	4. **Fette,** Christian	Stuttgart
131	5. **Gruß,** Gustav	Frankfurt-Eschersheim
132	6. **Hansen,** Heinrich	Stuttgart
133	7. **Röhrle,** Karl	München
134	8. **Schlömer,** Hans	Düsseldorf
135	9. **Straub,** Ludwig	München-Pasing
136	10. **Thoma,** Max	Hamburg-Fuhlsbüttel

5. Gewerkschaft der Eisenbahner Deutschlands

137	1. **Berger,** Franz	München-Untermenzing
138	2. **Burmester,** Wilhelm	Hamburg-Altona
139	3. **Böhrs,** Wilhelm	Hamburg-Harburg
140	4. **Gerhards,** Wilhelm	Altenhunden
141	5. **Fellner,** Josef	Nürnberg
142	6. **Gottlob,** Johann	Dortmund-Brakel
143	7. **Hatje,** Johann	Frankfurt/Main
144	8. **Hogen,** Wilhelm	Würselen bei Aachen
145	9. **Horlacher,** Leonhard	München
146	10. **Hüwel,** Heinrich	Paderborn
147	11. **Jahn,** Hans	Frankfurt/Main
148	12. **Kamp,** Karl	Frankfurt/Main
149	13. **Kenner,** Eugen	Stuttgart

150	14. **Klus,** Karl	Frankfurt/Main
151	15. **Kolz,** Peter	Trier
152	16. **Kraft,** Wilhelm	Stuttgart-Untertürkheim
153	17. **Krenzer,** Ludwig	Frankfurt/Main
154	18. **Lange,** Ludwig	Wuppertal-Elberfeld
155	19. **Leweke,** Adolf	Frankfurt/Main
156	20. **Mantel,** Karl	Bochum-Langendreer
157	21. **Molt,** Karl	Stuttgart
158	22. **Olmützer,** Erich	Braunschweig
159	23. **Pohl,** Gerhard	Augsburg
160	24. **Forner,** Hans	Frankfurt/Main
161	25. **Roth,** Konrad	Gau-Algesheim
162	26. **Rothe,** Georg	Lübeck
163	27. **Rott,** Nikolaus	Weiden/Opf.
164	28. **Salomon,** Hermann	Frankfurt/Main
165	29. **Semmler,** Jacob	Regensburg
166	30. **Schäfer,** Karl	Hannover-Stöcken
167	31. **Schäfers,** Hubert	Osnabrück
168	32. **Schneider,** Christian	Karlsruhe
169	33. **Schonhofen,** Fritz	Minden
170	34. **Schröter,** Willi	Kassel
171	35. **Weiß,** Karl	Karlsruhe-Durlach
172	36. **Völkl,** Hans	Nürnberg
173	37. **Vongerichten,** O.	Ludwigshafen
174	38. **Wetzel,** Konrad	München
175	39. **Winter,** Albert	Hannover
176	40. **Wüst,** Jacob	Frankfurt-Ginnheim
177	41. **Zauter,** Otto	Münster

6. Gewerkschaft Erziehung und Wissenschaft

178	1. **Rodenstein,** Prof., Heinrich	Braunschweig
179	2. **Thiele,** Fritz	Celle
180	3. **Träger,** Max	Hamburg
486	4. **Plewe,** Bernhard	Hanau
487	5. **Widmann,** Martin	Stuttgart

7. Gewerkschaft Gartenbau, Land- und Forstwirtschaft

181	1. **Brinkmann,** Josef	Hatzfeld/Eder
182	2. **Dietl,** Alois	Hellkofen bei Regensburg
183	3. **Frehsee,** Heinz	Uelzen

184	4. **Greier,** Anton	Mainz
185	5. **Greve,** Friedrich	Bessingen bei Hameln
186	6. **Hörner,** Hans	München
187	7. **Lohmeyer,** Heinrich	Vlotho/Weser
188	8. **Naumrath,** Gustav	Celle-Altenhagen
189	9. **Sue,** Heinrich	Hamburg-Altona
190	10. **Schlarbaum,** Rudolf	Kiel
191	11. **Schulz,** August	Hamburg
192	12. **Tofte,** Marius	Kiel
193	13. **Volkmann,** Franz	Gebhardshagen
194	14. **Weingarten,** Fritz	Solingen-Wald
195	15. **Worm,** Egon	Landesforstamt Sarstedt

8. Gewerkschaft Handel, Banken und Versicherungen

196	1. **Fuchs,** Alfred	Frankfurt/Main
197	2. **Halein,** Josefine	Mainz
198	3. **Pawlik,** Wilhelm	Essen

9. Industriegewerkschaft Holz

199	1. **Barth,** Ernst	Stuttgart
200	2. **Blon,** Albert	Reutlingen
201	3. **Bub,** Karl	Neustadt/Haardt
202	4. **Fischer,** Hans	München
203	5. **Gomolka,** Josef	München
204	6. **Hölzer,** Karl	Hannover
205	7. **Kiefat,** Hugo	Hamburg
206	8. **Lipp,** Karl	Freiburg im Breisgau
207	9. **Mischner,** Otto	Frankfurt/Main
208	10. **Möckel,** Louis	Nürnberg
209	11. **Otten,** Otto	Bremen
210	12. **Sichelschmidt,** E.	Dortmund
211	13. **Schröder,** Ernst	Hamburg
212	14. **Schumann,** Wilhelm	Hamburg
213	15. **Thielicke,** Hermann	Herford/Westfalen
214	16. **Valentiner,** Franz	Hamburg

10. Gewerkschaft Kunst

215	1. **Baumann,** Karl	München
216	2. **Feldmann,** Willi	Hamburg-Altona
217	3. **Oehl,** Erwin	München

| 218 | 4. **Otto,** Erich | Hamburg |
| 219 | 5. **Scheffler,** Arthur | Aachen |

11. Gewerkschaft Leder

220	1. **Blum,** Julius	Emmendingen/Baden
221	2. **Buckpesch,** Wilhelm	Offenbach/Main
222	3. **Mößner,** Gustav	Stuttgart
223	4. **Rögner,** Babette	Fürth/Bayern
224	5. **Schuster,** Max	Balingen
225	6. **Volkemer,** Fritz	Pirmasens

12. Industriegewerkschaft Metall

226	1. **Ackermann,** Paul	Bretten
227	2. **Alef,** Wilhelm	Hagen/Westfalen
228	3. **Aßmann,** Anton	Werdohl/Westfalen
229	4. **Banck,** Georg	Hagen/Westfalen
230	5. **Banzhaf,** Hans	Neckarsulm
231	6. **Baumgärtner,** Fritz	Ludwigshafen/Rhein
232	7. **Becker,** Ludwig	Schwenningen/Neckar
233	8. **Beul,** Karl	Frankfurt/Main
234	9. **Bleicher,** Willi	Stuttgart
235	10. **Bock,** Max	Frankfurt/Main
236	11. **Bohl,** Alex	Nürnberg
237	12. **Bohnsack,** Heinrich	Hamburg.
238	13. **Borcherding,** Wilh.	Bochum
239	14. **Brand,** Heinrich	Mannheim-Neckarau
240	15. **Brandt,** Otto	Lüdenscheid
241	16. **Brenner,** Otto	Hannover
242	17. **Brüker,** Hermann	Ingolstadt
243	18. **Brümmer,** Hans	Stuttgart
244	19. **Brus,** Ernst	Velbert/Rheinland
245	20. **Dannenberg,** Alfred	Hannover
246	21. **Deck,** Karl	Karlsruhe
247	22. **Deibicht,** Karl	Hamburg-Wandsbek
248	23. **Dichtl,** Hans	Mannheim-Käfertal
249	24. **Dreischer,** Hans	Dortmund-Hörde
250	25. **Dummer,** Richard	Düsseldorf-Eller
251	26. **Eberle,** Eugen	Stuttgart-Feuerbach
252	27. **Ehlert,** August	Biedenkopf
253	28. **Ehrhardt,** Heinrich	Wiesbaden
254	29. **Einmahl,** Wilhelm	Köln-Kalk

255	30. **Ellinghaus,** Gustav	Gevelsberg
256	31. **Enderlein,** Fritz	Amberg/Opf.
257	32. **Essl,** Erwin	Schweinfurt
258	33. **Förster,** Willi	Bad Kreuznach
259	34. **Frankeser,** Hugo	Rheinhausen
260	35. **Freitag,** Walter	Herdecke/Ruhr
261	36. **Frey,** Christian	Göppingen
262	37. **Fuchs,** Georg	Göttingen
263	38. **Funke,** Max	Flensburg
264	39. **Gerhardus,** Paul	Betzdorf/Sieg
265	40. **Giesewelle,** Heinrich	Brackwede
266	41. **Görtsches,** Hans	Münster
267	42. **Gogarten,** Wilhelm	Hagen/Westfalen
268	43. **Gottmann,** Georg	Sandershausen/Kassel
269	44. **Graskamp,** Emil	Siegen
270	45. **Gulde,** Heinrich	München
271	46. **Harig,** Paul	Hagen-Haspe
272	47. **Hart,** Adam	Flörsheim/Main
273	48. **Hauser,** Karl	Kronberg/Taunus
274	49. **Hetbleck,** Hermann	Oberbiel
275	50. **Hornei,** Kurt	Braunschweig
276	51. **Kern,** Albert	Stuttgart
277	52. **Klostermann,** W.	Duisburg-Wedau
278	53. **Knapp,** Emil	Lübeck
279	54. **Kottmair,** Alois	München
280	55. **Kraft,** Peter	Ratingen
281	56. **Kraus,** Otto	Nürnberg
282	57. **Krell,** Willi	Remscheid
283	58. **Kriegshäuser,** A.	Frankfurt/Main
284	59. **Küll,** Karl	Solingen
285	60. **Krummel,** Hermann	Krefeld
286	61. **Küppershaus,** Georg	Essen-Werder
287	62. **Kürten,** Heinrich	Witten
288	63. **Jostes,** Wilhelm	Bielefeld
289	64. **Lang,** Wilhelm	Wuppertal-Barmen
290	65. **Lenz,** Franz	Osnabrück
291	66. **Leucht,** Erich	Heilbronn
292	67. **Leupold,** Rudolf	Solingen
293	68. **Linke,** Ferdinand	Neuheim-Hüsten
294	69. **Löwi,** Sigmund	Heidenheim
295	70. **Lück,** Wilhelm	Iserlohn
296	71. **Maag,** Johann	Würzburg

297	72.	**Manowski,** Paul	Duisburg-Wedau
298	73.	**Mechmann,** Joh.	Duisburg-Meiderich
299	74.	**Meinzer,** Hermann	Mülheim/Ruhr
300	75.	**Merkel,** Willi	Seesen
301	76.	**Merz,** Otto	Frankental
302	77.	**Monschau,** Willi	Köln-Buchforst
303	78.	**Mößner,** Karl	Stuttgart
304	79.	**Niedermair,** Paul	Köln
305	80.	**Nitsche,** Fritz	Hamburg-Altona
306	81.	**Nonnengesser,** K.	München
307	82.	**Petersen,** Wilhelm	Hamburg
308	83.	**Proff,** Ernst	Bochum-Dahlhausen
309	84.	**Pütz,** Wilhelm	Aachen
310	85.	**Reinfelder,** Georg	Erlangen
311	86.	**Restle,** Fritz	Villingen/Schwarzwald
312	87.	**Risch,** Heinrich	Hildesheim
313	88.	**Rößler,** Willi	Hagen-Vorhalle
314	89.	**Saalfeld,** Rudolf	Hamburg
315	90.	**Salm,** Fritz	München
316	91.	**Söchting,** Erich	Salzgitter
317	92.	**Schäfer,** Ernst	Sindelfingen
318	93.	**Schaudt,** Hans	Ebingen/Württemberg
319	94.	**Schmitz,** Josef	Düsseldorf
320	95.	**Schönen,** Wilhelm	Oberhausen
321	96.	**Schrader,** Ferdinand	Gelsenkirchen
322	97.	**Schulze,** Oskar	Bremen
323	98.	**Schwab,** Gustav	Eßlingen
324	99.	**Schwarz,** Ernst	Augsburg
325	100.	**Schwarz,** Oskar	Bremen
326	101.	**Schwerdtner,** Hugo	Essen
327	102.	**Spindler,** Eduard	Freiburg i. Breisgau
328	103.	**Stadtmüller,** Christ.	Offenbach/Main
329	104.	**Stephan,** Oskar	Kassel
330	105.	**Sträter,** Heinrich	Dortmund-Berghofen
331	106.	**Strötthoff,** Josef	Unna/Westfalen
332	107.	**Strothmann,** Fritz	Mülheim/Ruhr
333	108.	**Uffelmann,** Nikolaus	Kulmbach
334	109.	**Ultsch,** Karl	Nürnberg
335	110.	**Vittinghof,** Karl	Hamburg-Waltershof
336	111.	**Weh,** Paul	Köln
337	112.	**Wehner,** Anton	Olpe/Westfalen
338	113.	**Wernath,** Fritz	Darmstadt-Arheilgen

339	114. **Willumeit,** Emil	Kiel
340	115. **Winter,** Ernst	Hannover-Linden
341	116. **Wöhrle,** Alois	München
342	117. **Wöste,** Wilhelm	Lünen-Wehtmar

13. Industriegewerkschaft Nahrung, Genuß, Gaststätten

343	1. **Basting,** Anton	Mainz
344	2. **Bauer,** Karl	Heidelberg
345	3. **Blome,** Christian	Bremen
346	4. **Dahl,** Hans	Koblenz
347	5. **Dozler,** Josef	Düsseldorf
348	6. **Fiederl,** Georg	München
349	7. **Fricke,** Ernst	Broitzen b. Braunschweig
350	8. **Holler,** Friedrich	Düsseldorf
351	9. **Kiel,** Alfred	Butzbach/Hessen
352	10. **Losch,** Hermann	Bielefeld
353	11. **Maack,** Johann	Lübeck
354	12. **Meetz,** Ludwig	Krefeld
355	13. **Brunner,** Georg	Erlangen
356	14. **Neuhaus,** Hermann	Dortmund
357	15. **Petersen,** Emil	Kiel
358	16. **Pufal,** Gustav	Hamburg
359	17. **Remppel,** Albert	Stuttgart
360	18. **Reichelt,** Max	Mannheim
361	19. **Sonntag,** Otto	Hamburg
362	20. **Schmitt,** Ferdinand	Berchtesgaden
363	21. **Warnecke,** Ferdinand	Hamburg
364	22. **Weber,** Wilhelm	Hannover
365	23. **Wiegand,** Hans	Frankfurt/Main

14. Gewerkschaft Öffentliche Dienste, Transport und Verkehr

366	1. **Beckering,** Gerh.	Hannover
367	2. **Bendfeldt,** Emil	Kiel
368	3. **Bergerhoff,** Wilhelm	Wetter/Ruhr
369	4. **Bien,** Emil	Hamburg
370	5. **Rieper,** Ludwig	Hamburg-Sasel
371	6. **Böhm,** Gustav	Segeberg
372	7. **Bonanni,** Toni	Düsseldorf
373	8. **Breuer,** Günther	Amberg/Opf.
374	9. **Breustedt,** Otto	Braunschweig
375	10. **Bruns,** Karl	Emden

376	11. **Ebert,** Gustav	Minden/Westfalen
377	12. **Eckerlin,** Karl	Kassel
378	13. **Kwapinski,** Marta	Hamburg
379	14. **Eggers,** Karl	Bremerhaven
380	15. **Engels,** Hermann	Hamburg
381	16. **Finke,** Albert	Bochum
382	17. **Firnges,** Willy	Düsseldorf
383	18. **Gärtner,** Alfred	Moers
384	19. **George,** Oskar	Stuttgart
385	20. **Gibony,** Paul	Köln-Bickendorf
386	21. **Görig,** Bruno	Urach
387	22. **Grieg,** Heinrich	Wilhelmshaven
388	23. **Gschrei,** Georg	München
389	24. **Häsch,** Josef	München
390	25. **Hallen,** Hans	Gießen
391	26. **Heil,** Ernst	Karlsruhe
392	27. **Hildebrandt,** H.	Hamburg
393	28. **Hoffmeister,** Karl	Stuttgart
394	29. **Junglas,** Johann	Koblenz-Lützel
395	30. **Keller,** Fritz	Gelsenkirchen-Buer
396	31. **Knack,** Berthold	Hamburg
397	32. **Köhler,** Johann	Regensburg
398	33. **Köster,** Karl	Bremen
399	34. **Kohlert,** Alfred	Mühlheim/Main
400	35. **Koßbiel,** Konrad	Tuttlingen
401	36. **Langhans,** Alexander	Stuttgart
402	37. **Lauterwasser,** A.	Freiburg i. Breisgau
403	38. **Leichsenring,** P.	Stuttgart
404	39. **Lulay,** Willi	Stuttgart
405	40. **Lutter,** Anton	Lippstadt/Westf.
406	41. **Martin,** Karl	Bonn
407	42. **Matthiesen,** Georg	Hamburg-Lurup
408	43. **Meißner,** Karl	Oberursel/Taunus
409	44. **Meyer,** Erich	Bochum
410	45. **Müllé,** Fritz	Stuttgart
411	46. **Müller,** Álex	Hochdahl
412	47. **Thalhammer,** Corb.	München
413	48. **Nöthling,** Otto	Dortmund
414	49. **Oster,** Fritz	Stuttgart
415	50. **Otto,** Max	Nürnberg
416	51. **Punessen,** Hanna	Krefeld
417	52. **Loose,** Kurt	Hannover

418	53. **Rapp,** Eugen	Stuttgart-Weilimdorf
419	54. **Reiß,** Martin	Erlangen
420	55. **Reubold,** Otto	Cuxhaven
421	56. **Richter,** Gerhard	Flensburg
422	57. **Röver,** Josef	Hildesheim
423	58. **Dienst,** Adam	Duisburg
424	59. **Seizinger,** Albert	Mannheim
425	60. **Sieber,** Josef	Augsburg
426	61. **Schäfer,** Albert	Wuppertal-Barmen
427	62. **Schäfer,** Friedrich	Wiesbaden
428	63. **Scheich,** Heinrich	Würselen b. Aachen
429	64. **Schloßhagen,** Georg	Köln-Merheim
430	65. **Schmidt,** Fritz	Frankfurt-Höchst
431	66. **Spindler,** Hans	Wesel
432	67. **Opitz,** Richard	Hameln
433	68. **Stiehm,** Alfred	Bremen
434	69. **Tönnessen,** Ingeborg	Stuttgart
435	70. **Walther,** Michael	München
436	71. **Weinkauff,** Willi	Coburg
437	72. **Wieking,** Frieda	Hamburg
438	73. **Wild,** Erich	Ingolstadt
439	74. **Will,** Edwin	Ludwigshafen/Rhein
440	75. **Wittkugel,** Hch.	Mülheim/Ruhr
441	76. **Wittmann,** Friedrich	Darmstadt
442	77. **Wolk,** Gregor	Würzburg
443	78. **Zander,** Wilhelm	Bochum
444	79. **Zerbe,** Hermann	Mainz
445	80. **Ziegler,** Karl	Heidelberg

15. Deutsche Postgewerkschaft

446	1. **Ganter,** Matth.	Stuttgart
447	2. **Grass,** Karl	Ludwigshafen
448	3. **Ruhland,** Karl	München
449	4. **Siller,** Wilhelm	Frankfurt/Main
450	5. **Surmann,** Theo	Düsseldorf
451	6. **Stenger,** Carl	Frankfurt/Main
452	7. **Thol,** Anton	Frankfurt/Main
453	8. **Weichbrodt,** Bruno	Hamburg
454	9. **Ziegler,** Otto	Frankfurt/Main

16. Gewerkschaft Textil, Bekleidung

455	1. **Benz,** Christian	Reutlingen
456	2. **Berndt,** Willi	Alsfeld
457	3. **Bock,** Werner	Bielefeld
458	4. **Buschmann,** Karl	Brake b. Bielefeld
459	5. **Döhring,** Sofie	Stuttgart
460	6. **Dörpinghaus,** K.	Kempen
461	7. **Eiche,** Fritz	Lörrach
462	8. **Etrich,** Johann	Augsburg
463	9. **Fischer,** Heinr.	Kulmbach
464	10. **Becker,** Wilhelm	Ettlingen/Baden
465	11. **Grötsch,** Hans	Nürnberg
466	12. **Haas,** Otto	Stuttgart
467	13. **Hartje,** Heinrich	Bielefeld
468	14. **Hemm,** Johanna	Konstanz
469	15. **Hillenkötter,** Albert	Emsdetten
470	16. **Kämpfer,** Fritz	Wuppertal-Barmen
471	17. **Koch,** Max	Augsburg
472	18. **Kötting,** Ilse	Wuppertal-Barmen
473	19. **Kipp-Kaule,** Liesel	Bielefeld
474	20. **Knepper,** Fritz	Bielefeld
475	21. **Krüger,** Gustav	Bocholt
476	22. **Ohler,** Heinrich	Lambrecht/Opf.
477	23. **Pöhlmann,** Karl	Stuttgart-Kaltental
478	24. **Surma,** Maria	Herne
479	25. **Schlunken,** Josef	Dülken
480	26. **Schödel,** Hans	Hof/Saale
481	27. **Stammen,** Anna	Krefeld
482	28. **Tacke,** Bernhard	Bielefeld
483	29. **Verdieck,** Bruno	Kiel
484	30. **Wenner,** Nikolaus	Hannover
485	31. **Wieland,** Johann	München

17. Nachtrag

486 ⎱
487 ⎰   siehe S. 256, Nachtrag zu 6. Gewerkschaft Erziehung und Wissenschaft

264

B. Gastdelegierte der Gewerkschaften

1. Gewerkschaft Bau, Steine, Erden

1	1. **Burmester,** Richard	Bielefeld
2	2. **Mack,** Konstantin‹	Bielefeld
3	3. **Menges,** Adolf	Frankfurt/Main
4	4. **Reinhard,** Robert	Heilbronn/Neckar
5	5. **Steinwachs,** Josef	Fulda
6	6. **Zimmermann,** Albert	Amberg/Opf.

2. Industriegewerkschaft Bergbau

7	1. **Blank,** Theodor	Dortmund-Brackel
8	2. **Gutermuth,** Heinrich	Bochum
9	3. **Grosse,** Dr. Franz	Bochum
10	4. **Pauli,** Hans	Gleuel b. Köln
11	5. **Peupelmann,** Dr. W.	Bochum
12	6. **Schacke,** Philipp	Heessen b. Hamm

3. Industriegewerkschaft Chemie, Papier, Keramik

13	1. **Brünger,** Fritz	Hannover
14	2. **Esser,** Everhardt	Hannover
15	3. **Hauenschild,** Karl	Hannover
16	4. **Klös,** Dr. Heinrich	Wuppertal-Elberfeld
17	5. **Lederer,** Theodor	München
18	6. **Müller,** Karl	Hannover

4. Industriegewerkschaft Druck und Papier

19	1. **Dwars,** Ernst	Nürnberg
20	2. **Fischer,** Karl	Stuttgart-Gablenberg
21	3. **Hilbig,** Willi	Stuttgart
22	4. **Kürten,** Josef	Stuttgart-Cannstatt
23	5. **Müller,** Adolf	Stuttgart
24	6. **Tabat,** Hans	Bielefeld

5. Gewerkschaft der Eisenbahner Deutschlands

25	1. **Ewerling,** Martin	München
26	2. **Gaebe,** Otto	Frankfurt/Main
27	3. **Kühn,** Gustav	Kassel

28	4. **Richter,** Albert	Mannheim-Rheinau
29	5. **Schalmey,** Paul	Frankfurt/Main
30	6. **Schmidt,** Willi	Hamburg-Bergedorf

6. Gewerkschaft Erziehung und Wissenschaft

31	1. **Bungardt,** Dr. Karl	Frankfurt/Main
32	2. **Mosolf,** Anna	Hannover
33	3. **Overbeck,** Richard	Braunschweig
34	4. **Stahl,** Wilhelm	Mannheim
35	5. **Stadelmann,** Elsa	Hamburg
36	6. **Ries,** Johannes	Heidelberg

7. Gewerkschaft Gartenbau, Land- und Forstwirtschaft

37	1. **Haupt,** Georg	Niederrodenbach
38	2. **Arnold,** Franz	Stuttgart-Cannstatt
39	3. **Bürk,** Franz	Ludwigsberg
40	4. **Reimers,** Wilhelm	Hamburg-Gr. Flottbeck
41	5. **Sauermann,** Bernhard	Beverungen/Westfalen
42	6. **Weitenauer,** August	Hamburg-Wulksfelde

8. Gewerkschaft Handel, Banken und Versicherungen

43	1. **Beume,** Dr. Rudolf	Essen
44	2. **Keil,** Erich	Hannover
45	3. **Knabe,** Walter	Hamburg
46	4. **Krahn,** August	Mainz
47	5. **Müller,** Paul	Frankfurt/Main
48	6. **Werner,** Kurt	Kassel-Niederzwehren

9. Industriegewerkschaft Holz

49	1. **Bach,** Theodor	Hamburg
50	2. **Hauser,** Friedrich	Baden-Baden-Oos
51	3. **Hebling,** Franz	Kiel
52	4. **Hertkorn,** Hilar	Stuttgart
53	5. **Popp,** Georg	Volkach/Main
54	6. **Soltau,** Jacob	Düsseldorf

10. Gewerkschaft Kunst

| 55 | 1. **Hiepel,** Bruno | Frankfurt/Main |
| 56 | 2. **Jost,** Ludwig | Stuttgart |

57	3. **Lahaye,** Josef	Aachen
58	4. **Nürnberg,** Walter	München
59	5. **Schmidt-Graßl,** P.	München
60	6. **Wüllner,** Heinr.	Hamburg

11. Gewerkschaft Leder

61	1. **Ankermann,** Theo	Frankfurt/Main
62	2. **Buch,** Peter	Offenbach/Main
63	3. **Horn,** Johann	Worms/Rhein
64	4. **Kengerter,** Anna	Stgt.-Zuffenhausen
65	5. **Mittwich,** Philipp	Stuttgart
66	6. **Verhufen,** Josef	Kleve

12. Industriegewerkschaft Metall

67	1. **Eick,** Hans	Frankfurt/Main
68	2. **Mett,** Karl	Reinbek bei Hamburg
69	3. **Reidelbach,** Gertrud	Weilbach/Hessen
70	4. **Schotte,** Hugo	Hamburg-Farmsen
71	5. **Treichel,** Heinr.	Hagen/Westfalen
72	6. **Volkmann,** Otto	Dortmund

13. Industriegewerkschaft Nahrung, Genuß, Gaststätten

73	1. **Gostomski,** Johann	Hamburg
74	2. **Gensberger,** Oskar	München
75	3. **von Hacht,** Ludwig	Hamburg-Altona
76	4. **Schmitt,** Anni	Trier
77	5. **Schott,** Anne	Hamburg
78	6. **Stadelmaier,** Herbert	Hamburg-Bergedorf

14. Gewerkschaft Öffentliche Dienste, Transport und Verkehr

79	1. **Deischl,** Franz	Stuttgart
80	2. **Fritz,** Emil	Stuttgart
81	3. **Gröbing,** Karl	Stuttgart
82	4. **Huber,** Georg	Stuttgart
83	5. **Verdonk,** Gerhard	Bremen
84	6. **Neumann,** Max	Stuttgart

15. Deutsche Postgewerkschaft

85	1. **Becker,** Dr. Walter	Frankfurt/Main
86	2. **Funk,** Karl	Frankfurt/Main
87	3. **Paprotny,** Heinrich	Frankfurt/Main
88	4. **Popp,** Friedrich	Frankfurt/Main
89	5. **Rode,** Robert	Hannover
90	6. **Rothhardt,** Gustav	Frankfurt/Main

16. Gewerkschaft Textil, Bekleidung

91	1. **Fahrenbach,** H.	Neuß/Rhein
92	2. **Fuchs,** Heinrich	Aachen-Forst
93	3. **Hahn,** Karl	Wuppertal-Sonnborn
94	4. **Zellner,** Georg	München
95	5. **Osbeck,** Bringfr.	Delmenhorst
96	6. **Stieghorst,** Oskar	Bielefeld

C. Gastdelegierte der Gewerkschaftsbünde

1. Gewerkschaftsrat und Sekretariat

201	1. **Böckler,** Dr. h.c. Hans	Düsseldorf
202	2. **Karl,** Albin	Düsseldorf
203	3. **vom Hoff,** Hans	Düsseldorf
204	4. **Hagen,** Lorenz	München
205	5. **Schleicher,** Markus	Stuttgart
206	6. **Richter,** Willi	Frankfurt/Main
207	7. **Ludwig,** Adolf	Mainz
208	8. **Bührig,** Erich	Frankfurt/Main
209	9. **Reuter,** Georg	Frankfurt/Main
210	10. **Rosenberg,** Ludwig	Frankfurt/Main
211	11. **Tarnow,** Fritz	Frankfurt/Main

2. Deutscher Gewerkschaftsbund (brit. Besatzungszone)

212	1. **Föcher,** Matthias	Duisburg
213	2. **Böhm,** Hans	Bielefeld
214	3. **Schmidt,** August	Dortmund-Gr.-Barop
215	4. **Gefeller,** Wilhelm	Hannover
268	5. **Kummernuss,** Adolf	Stuttgart
216	6. **Skrentny,** Konrad	Düsseldorf-Unterrath
217	7. **Stenzel,** Adalbert	Düsseldorf
218	8. **Schneider,** Christ.	Düsseldorf
219	9. **Kueppers,** Dr. Heinz	Düsseldorf
220	10. **Hansen,** Werner	Köln-Sülz
221	11. **Beermann,** Hermann	Hannover
222	12. **Steinfeldt,** Heinrich	Hamburg-Großflottbeck
223	13. **Neuhaus,** Annel.	Emsdetten
224	14. **Rau,** Trude	Düsseldorf-Unterrath
225	15. **Thiele,** Maria	Hamburg
226	16. **Traeder,** Marg.	Mülheim/Ruhr
227	17. **Turnier,** Berta	Hannover-Buchholz
228	18. **Weber,** Maria	Essen-Altenessen
229	19. **Winkelmann,** Anita	Wuppertal-Barmen
230	20. **Fricke,** Fritz	Düsseldorf
231	21. **Greulich,** Helmut	Hannover
232	22. **Prüm,** Willi	Hamburg-Stellingen
233	23. **Schorr,** Helmut	Düsseldorf
234	24. **Killat,** Arthur	Düsseldorf
235	25. **Ritter,** Heinz	Schlebusch
236	26. **Schmidt,** Walter	Bochum-Weitmar

3. Bayerischer Gewerkschafts-Bund

237	1. **Schiefer,** Gustav	München
238	2. **Schilling,** Joseph	München
239	3. **Wönner,** Max	München
240	4. **Haendel,** Annemarie	Fürth/Bay.
241	5. **Harmuth,** Thea	München
242	6. **Konrad,** Erna	Augsburg
243	7. **Ginhold,** Willi	München
244	8. **Rose,** Rudi	München

4. Gewerkschaftsbund Württemberg-Baden

245	1. **Kleinknecht,** Wilh.	Stuttgart
246	2. **Döhring,** Clara	Stuttgart
247	3. **Wackershauser,** M.	Mannheim-Neckarau
248	4. **Wallenmeier,** Otto	Stuttgart
269	5. **Ehrhardt,** Max	Stuttgart

5. Freier Gewerkschaftsbund Hessen

249	1. **Brückmer,** Peter	Frankfurt/Main
250	2. **Walter,** Frida	Frankfurt/Main
251	3. **Sieger,** Marta	Schlangenbad/Taunus
252	4. **Otto,** Günther	Frankfurt/Main
253	5. **Fischer,** Josef	Kassel

6. Allgemeiner Gewerkschaftsbund Rheinland-Pfalz

254	1. **Hennen,** Michael	Koblenz
255	2. **Müller,** Else	Kaiserslautern
256	3. **Sahlberg,** Klara	Trier
257	4. **Hügenell,** Richard	Frankenthal/Pfalz
258	5. **Weber,** Adolf	Worms
270	6. **Blum,** Richard	Mainz

7. Badischer Gewerkschaftsbund

259	1. **Reibel,** Wilhelm	Freiburg i. Breisgau
260	2. **Breitenbach,** H.	Freiburg i. Breisgau
261	3. **Asprion,** Hilde	Kenzingen
262	4. **Kempf,** Felix	Freiburg i. Breisgau
263	5. **Thomas,** Paul	Freiburg i. Breisgau

8. Gewerkschaftsbund Süd-Württemberg und Hohenzollern

264	1. **Fleck,** Fritz	Tuttlingen
265	2. **Brender,** Hedwig	Rottweil
266	3. **Luippold,** Samuel	Tailfingen
267	4. **Gaier,** Willi	Tuttlingen

9. Nachtrag

268   siehe Seite 269, Nachtrag zu 2. Deutscher Gewerkschaftsbund

269 ⎱
270 ⎰   siehe Seite 270, Nachtrag zu 4. Gewerkschaftsbund Württemberg-Baden bzw. Nachtrag zu 6. Allgemeiner Gewerkschaftsbund Rheinland-Pfalz

D. Gastdelegierte der Gewerkschaftspresse

1. Deutscher Gewerkschaftsbund (brit. Besatzungszone)

301	1.	**Enderle,** August	Köln-Ehrenfeld
302	2.	**Treppte,** Hans	Köln-Poll
309	3.	**Spliedt,** Franz	Hamburg

2. Bayerischer Gewerkschafts-Bund

303	1.	**Endrulat,** Wilhelm	München

3. Gewerkschaftsbund Württemberg-Baden

304	1.	**Scheffler,** Hermann	Ulm/Donau

4. Freier Gewerkschaftsbund Hessen

305	1.	**Thomas,** Theodor	Frankfurt/Main

5. Allgemeiner Gewerkschaftsbund Rheinland-Pfalz

306	1.	**Müller,** Albert	Neustadt/Haardt

6. Badischer Gewerkschaftsbund

307	1.	**Seidel,** Richard	St. Märgen

7. Gewerkschaftsbund Süd-Württemberg und Hohenzollern

308	1.	**Vater,** Rudolf	Tuttlingen

8. Redaktionen „Welt der Arbeit"

310	1.	**Behr,** Werner	Düsseldorf
311	2.	**Biedorf,** Wilhelm	Düsseldorf
312	3.	**Brumlop,** Kurt	Köln
313	4.	**Dalbert,** Lambert	Köln
314	5.	**Montag,** Alfons	Frankfurt/Main
315	6.	**Saternus,** Artur	München
316	7.	**Wörl,** Rudolf	München

9. Nachtrag

309   siehe Seite 272, Nachtrag zu 1. Deutscher Gewerkschaftsbund

E. Gastdelegierte der Kreis- und Ortsausschüsse

1. Deutscher Gewerkschaftsbund (brit. Besatzungszone)

401	1.	**Ackermann**, Bernh.	Essen
402	2.	**Backes**, Wilhelm	München-Gladbach
403	3.	**Beyer**, Erich	Lingen
404	4.	**Beyreis**, Max	Flensburg
405	5.	**Boecker**, L.	Hannover
406	6.	**Bosing**, Bernd	Wuppertal-Elberfeld
407	7.	**Braumann**, Willi	Bochum
408	8.	**Brisch**, Josef	Köln-Ehrenfeld
409	9.	**Brümmer**, Herbert	Düsseldorf
410	10.	**Bucksteeg**, Josef	Mühlheim-Styrum
411	11.	**Dennert**, Hilde	Köln-Lindenthal
412	12.	**Frank**, Heinrich	Gelsenkirchen-Buer
413	13.	**Grewsmühl**, Helm.	Lübeck
414	14.	**Grote**, Hermann	Hannover
415	15.	**Heußner**, Wilhelm	Recklinghausen
416	16.	**Jürgens**, Willi	Hamburg-Harburg
417	17.	**Kriege**, H.	Osnabrück
418	18.	**Leese**, Walter	Moers
419	19.	**Lückerath**, Peter	Düsseldorf
420	20.	**Maier**, Alex	Krefeld
421	21.	**Meier**, Heinz	Düsseldorf
422	22.	**Michels**, Peter	Köln
423	23.	**Müsken**, Hermann	Duisburg
424	24.	**Rathlov**, Ernst	Hamburg-Bahrenfeld
425	25.	**Rosenbruch**, F.	Braunschweig
426	26.	**Schürmann**, Paul	Düsseldorf
427	27.	**Skowronski**, A.	Luthe bei Wunstorf
428	28.	**Stade**, Hans	Kiel

2. Bayerischer Gewerkschafts-Bund

429	1.	**Adlhoch**, Franz	Augsburg
430	2.	**Eckl**, Alois	München
431	3.	**Huber**, Otto	Würzburg
432	4.	**Inselsberger**, Jean	Nürnberg
433	5.	**Kembügler**, Ludwig	Ansbach
434	6.	**Wolf**, Franz	Regensburg
435	7.	**Ritscher**, Dr. Wolfg.	München

3. Gewerkschaftsbund Württemberg-Baden

436	1. **Engelhardt,** Adolf	Heidelberg
437	2. **Flösser,** Karl	Karlsruhe
438	3. **Gerlinger,** Leonhard	Ulm/Donau
439	4. **Störzer,** Karl	Kornwestheim

4. Freier Gewerkschaftsbund Hessen

440	1. **Bauer,** Heinrich	Gießen
441	2. **Mayer,** Albert	Darmstadt
442	3. **Pfetzing,** Paul	Kassel
443	4. **Pieper,** Karl	Frankfurt/Main

5. Allgemeiner Gewerkschaftsbund Rheinland-Pfalz

444	1. **Heid,** Karl	Ludwigshafen
445	2. **Orth,** Johann	Mainz-Bretzenheim

6. Badischer Gewerkschaftsbund

446	1. **Schmidt,** August	Stockach

7. Gewerkschaftsbund Süd-Württemberg und Hohenzollern

447	1. **Mönch,** Anton	Biberach/Riß

8. Ortsverband der Gewerkschaften des Kreises Lindau

448	1. **Schlüter,** Gerhard	Lindau im Bodensee

F. Weitere Gastdelegierte

1. Wirtschaftswissenschaftliches Institut (WWI)

501	1. **Agartz,** Dr. Viktor	Köln-Braunsfeld
502	2. **Potthoff,** Dr. Erich	Köln-Braunsfeld
503	3. **Wagenführ,** Dr. Rolf	Köln-Braunsfeld

2. Büchergilde Gutenberg

504	1. **Dreßler,** Dr. Helmut	Frankfurt/Main

3. Die Briefschule

505	1. **Mugrauer,** Hans	Frankfurt/Main

4. Zonensekretariat der Gewerkschaften in der franz. Zone

506	1. **Franke,** Otto	Baden-Baden

5. Akademie der Arbeit

507	1. **Zinkeisen,** H.-J.	Frankfurt/Main

6. Bund-Verlag

508	1. **Decker,** Heinz	Köln

7. Kongreß-Büro

509	1. **Krenn,** Willi	München
510	2. **Scheller,** Otto	Frankfurt/Main

IV. Liste der Gäste

A. Regierungs- und Behördenvertreter

1. Deutsche

Anton **Storch**	Bundesminister für Arbeit, als Vertreter der **Bundesregierung**	Bonn
Dr. Erich **Köhler**	Präsident des Bundestages, als Vertreter des **Bundestagspräsidiums**	Bonn
Prof. Dr. Carlo **Schmid**	Vizepräsident des Bundestages, als Vertreter des **Bundestagspräsidiums**	Bonn
Karl **Arnold**	Präsident des Bundesrates und Ministerpräsident des Landes Nordrhein-Westfalen, als Vertreter des **Bundesrates**	Bonn
Dr. Hans **Ehard**	Ministerpräsident des Landes Bayern, als Vertreter der **gastgebenden Landesregierung**	München
Prof. Dr. Ludw. **Preller**	Minister für Arbeit des Landes Schleswig-Holstein, als Vertreter der **Arbeitsminister der Länder**	Kiel
Eberhard **Bömcke**	Oberregierungsrat, Leiter des Referats Gewerkschaften im Bundesministerium für Wirtschaft	Frankfurt a.
Dr. Heinz **Potthoff**	Ministerialdirektor im Wirtschaftsministerium des Landes Nordrhein-Westfalen, als Vertreter des Wirtschaftsministers Prof. Dr. Erik **Nölting**	Düsseldorf
Dr. Walter **Auerbach**	Staatssekretär im Ministerium für Arbeit, Aufbau und Gesundheit des Landes Niedersachsen	Hannover
Heinrich **Krehle**	Staatsminister für Arbeit und soziale Fürsorge des Landes Bayern	München
Richard **Oechsle**	Ministerialdirektor im Staatsministerium für Arbeit und soziale Fürsorge des Landes Bayern	München
Thomas **Wimmer**	Oberbürgermeister der Stadt München, als Vertreter der **gastgebenden Stadt München**	München
Prof. Dr. Hans Carl **Nipperdey**	Dekan der rechtswissenschaftlichen Fakultät der Universität Köln	Köln

2. Ausländische

Harvey W. **Brown**	Direktor des Amtes für Arbeitsangelegenheiten bei der Amerikanischen Hochkommission für Deutschland, als Vertreter des Amerikanischen Hochkommissars für Deutschland Mr. John J. **McCloy**	Frankfurt a. M.
Reginald W. **Luce**	Direktor des Amtes für Arbeitsangelegenheiten bei der Britischen Hochkommission für Deutschland, als Vertreter des Britischen Hochkommissars für Deutschland, General Sir Brian H. **Robertson**	Berlin
Stephanne **Hurwiez**	Stellvertretender Leiter der Direktion Arbeit bei der Französischen Hochkommission für Deutschland, als Vertreter des Französischen Hochkommissars für Deutschland, M. André **François-Poncet**	Baden-Baden
David **Saposs**	Wirtschaftsberater in der Arbeitsabteilung der Marshall-Plan-Verwaltung, als Vertreter des Sonderbeauftragten für die Marshall-Plan-Verwaltung für Westdeutschland, Mr. Norman H. **Collisson**	Paris
Murray **van Wagoner**	Landeskommissar für Bayern, Amerikanische Hochkommission für Deutschland (HICOG)	München
Clarence M. **Bolds**	Stellvertretender Landeskommissar für Bayern (HICOG)	München
Frantz G. **Loriaux**	Leiter der Abteilung für Arbeitsangelegenheiten, Landeskommission für Bayern (HICOG)	München
Herbert **Baker**	Abteilung für Arbeitsangelegenheiten, Landeskommission für Bayern (HICOG)	München
Abe **Kramer**	Leiter der Abteilung für Arbeitsangelegenheiten, Amerikanische Landeskomission für Berlin	Berlin
Edmund **Barber**	Abteilung für Arbeitsangelegenheiten, Amerikanische Landeskommission für Berlin	Berlin

Newton S. **Friedman**	Leiter der Abteilung für Arbeits-angelegenheiten, Landeskommission für Württemberg-Baden (HICOG)	Stuttgart
W. Lloyd G. **White**	Labor Attaché, Amt für Arbeitsan-gelegenheiten (HICOG)	Frankfurt a. M
Willi **Stark**	Amt für Arbeitsangelegenheiten (HICOG)	Frankfurt a. M
Francis **Kenny**	Leiter der Abteilung für Industrielle Beziehungen, Amt für Arbeitsange-genheiten der Britischen Hochkom-mission für Deutschland	Lemgo
Jan **Schuil**	Leiter des Dienstes für die Verbin-dungen mit den Arbeitnehmer-Orga-nisationen, Internationales Arbeits-amt	Genf

B. Vertreter befreundeter Organisationen

Robert **Willis**	Mitglied des Generalrates, Trades Union Congress (TUC)	London
Claude **Bartlett**	Mitglied des Generalrates, TUC	London
Hans **Gottfurcht**	Gewerkschaftsvertreter für die Ver-bindung des TUC zum DGB	London
Henry **Rutz**	Vertreter der AF of L in Deutsch-land	zur Zeit Frankfurt a.
Elmer F. **Cope**	Vertreter des CIO in Europa	Paris
Konrad **Nordahl**	Präsident, Arbeidernes Faglige Landsorganisasjon i Norge	Oslo
Gösta **Eriksson**	Kassierer, Landsorganisationen i Sve-rige	Stockholm
Rudolf **Meidner**	Vorsteher der Forschungsabteilung Landsorganisationen i Sverige	Stockholm
Julius **Nielsen**	De samwirkende Fagforbund i Dan-mark	Kopenhagen
Albert **Kocik**	De samwirkende Fagforbund i Dan-mark	Kopenhagen

Louis **Major**	Adj. Allg. Sekretär, Fédération Générale du Travail de Belgique	Brüssel
Jan **Landman**	Kassierer, Nederlands Verbond van Vakverenigingen (NVV)	Amsterdam
Jan **van Hulst**	Redaktion „De Stem van de Arbeid" NVV	Amsterdam
Ton **van Beers**	Redaktion „De Stem van de Arbeid" NVV	Amsterdam
Robert **Bothereau**	Generalsekretär, Confédération Générale du Travail — Force Ouvrière —	Paris
Albert **Preuss**	Deutsches Sekretariat Confédération Générale du Travail — Force Ouvrière —	Paris
Ing. Giuseppe **Giuffrè**	Stellv. Bundessekretär, Libera Confederazione Generale Italiana dei Lavoratori	Rom
Michael·**Rösch**	Zentralpräsident des Schweiz. Bau- und Holzarbeiter-Verbandes, Mitglied des Bundeskomitees des Schweizerischen Gewerkschaftsbundes	Bern
Dr. Edmund **Wyss**	Volkswirtschaftlicher Mitarbeiter im Sekretariat des Schweizerischen Gewerkschaftsbundes	Bern
Leo **Geiger**	Zentralsekretär der Gewerkschaft der Metall- und Bergbauarbeiter als Vertreter des Österreichischen Gewerkschaftsbundes	Wien
Heinrich **Wacker**	Präsident der Einheitsgewerkschaft der Arbeiter, Angestellten und Beamten des Saarlandes	Saarbrücken
Alois **Schmidt**	Vorsitzender des Industrieverbandes Bergbau und Mitglied des Hauptvorstandes der Einheitsgewerkschaft	Saarbrücken
Nikolaus **Fliegler**	Vorsitzender des Industrieverbandes Metall und Mitglied des Hauptvorstandes der Einheitsgewerkschaft	Saarbrücken

279

Fritz **Heinemann**	2. Vorsitzender der Unabhängigen Gewerkschafts-Organisation — Groß-Berlin (UGO)	Berlin
Heinrich **Kreil**	Mitglied des Vorstandes der UGO	Berlin
Heinz **Arhilger**	Vorsitzender des Gesamtverbandes der öffentlichen Betriebe und Verwaltungen sowie des Transports in der UGO	Berlin
Erich **Gierke**	Vorsitzender des Verbandes der kaufmännischen, Büro- und Verwaltungs-Angestellten in der UGO	Berlin
Willi **Krause**	Vorsitzender des Deutschen Baugewerksbundes in der UGO	Berlin
Arthur **Petzold**	Vorsitzender des Graphischen Industrie-Verbandes in der UGO	Berlin
Gustav **Dahrendorf**	Vorsitzender der Geschäftsleitung Großeinkaufs-Gesellschaft Deutscher Konsumgenossenschaften	Hamburg
Heinrich **Meins**	Stellvertretender Vorsitzender der Geschäftsleitung Großeinkaufs-Gesellschaft Deutscher Konsumgenossenschaften	Hamburg
Richard **Heinberg**	Zentralverband Deutscher Konsumgenossenschaften	Hamburg
Emil **Thiele**	Vorsitzender des Gesamtvorstandes, Alte Volksfürsorge	Hamburg
Yamada	Mitglied des Japanischen Parlaments	Hiroschima
Kitamura	Mitglied des Japanischen Parlaments und Mitglied des Vorstandes des Japanischen Gewerkschaftsbundes	Nagasaki

C. Dolmetscher

Rosel **Achter**	München
Theodor **Bergmann**	Bonn
Werner **Ludwig**	Mainz
Ernst **Wollert**	Düsseldorf

Lfd. Nr.	NAME DER GEWERKSCHAFT	Zahl der Delegierten	Zahl der Gast-delegierten	Mitglieder insgesamt Zahl	Mitglieder insgesamt %	männlich insgesamt	männlich davon Jgdl. unter 21 Jahren	weiblich insgesamt	weiblich davon Jgdl. unter 21 Jahren	Arbeiter männlich	Arbeiter weiblich	Angestellte männlich	Angestellte weiblich	Beamte männlich	Beamte weiblich
1	2	3	4	5	6	7	8	9	10	11	12	13	14	15	16
1	Gewerkschaft Bau, Steine, Erden	40	6	395 000	8,0	388 600	29 700	6 400	500	376 400	6 200	12 200	200	—	—
2	Industriegewerkschaft Bergbau	52	6	532 500	10,7	524 900	56 400	7 600	800	489 900	5 000	35 000	2 600	—	—
3	Industriegewerkschaft Chemie, Papier, Keramik	34	6	365 500	7,4	293 300	28 600	72 200	18 600	262 700	64 700	30 600	7 500	—	—
4	Industriegewerkschaft Druck und Papier	10	6	114 400	2,3	84 300	8 900	30 100	4 800	79 100	27 800	5 200	2 300	—	—
5	Gewerkschaft der Eisenbahner Deutschlands	41	6	444 000	9,0	434 600	21 100	9 400	300	297 900	8 500	1 700	300	135 000	600
6	Gewerkschaft Erziehung und Wissenschaft	5	6	47 000	0,9	32 000	—	15 000	—	—	—	100	900	31 900	14 100
7	Gewerkschaft Gartenbau, Land- u. Forstw.	15	6	123 900	2,5	109 800	5 500	14 100	1 600	108 400	14 000	1 000	100	400	—
8	Gewerkschaft Handel, Banken u. Vers.	3	6	32 900	0,7	20 500	2 700	12 400	1 900	—	—	20 500	12 400	—	—
9	Industriegewerkschaft Holz	16	6	174 100	3,5	158 800	20 400	15 300	3 300	129 500	14 200	29 300	1 100	—	—
10	Gewerkschaft Kunst	5	6	62 000	1,3	62 000	—	—	—	2 300	—	59 700*)	—	—	—
11	Gewerkschaft Leder	6	6	85 900	1,7	49 900	11 500	36 000	8 200	46 900	33 900	3 000	2 100	—	—
12	Industriegewerkschaft Metall	117	6	1 216 500	24,6	1 113 300	111 400	103 200	12 600	1 037 000	92 200	76 300	11 000	—	—
13	Industriegewerkschaft Nahrung, Genuß, Gaststätten	23	6	228 800	4,6	153 300	11 300	75 500	14 700	142 200	68 200	11 100	7 300	—	—
14	Gewerkschaft Öff. Dienste, Transp. u. Verkehr	80	6	659 000	13,3	592 100	10 200	66 900	4 000	427 000	44 400	134 300	20 200	30 800	2 300
15	Deutsche Postgewerkschaft	9	6	139 600	2,8	120 200	8 300	19 400	900	40 900	6 800	27 700	8 700	51 600	3 900
16	Gewerkschaft Textil, Bekleidung	31	6	334 100	6,7	157 000	13 200	177 100	33 600	147 000	173 900	10 000	3 200	—	—
	Summe	487	96	4 955 200	100	4 294 600	339 200	660 600	105 800	3 587 200	559 800	457 700	79 900	249 700	20 900

In dieser Gesamtmitgliederzahl sind enthalten:

*) darunter befinden sich die Freischaffenden Künstler

B. Mitglieds- und Gastdelegiertenzahlen der Gewerkschaftsbünde

(Stand: 30. Juni 1949)

	Mitgliedszahlen der angeschlossenen Gewerkschaften	Zahl der Gast- delegierten
Deutscher Gewerkschaftsbund (brit. Bes.-Zone)	2 885 036	57
Bayerischer Gewerkschafts-Bund	815 161	17
Gewerkschaftsbund Württemberg-Baden . . .	464 905	10
Freier Gewerkschaftsbund Hessen	397 008	10
Allgemeiner Gewerkschaftsbund Rheinland-Pfalz	232 117	9
Badischer Gewerkschaftsbund	92 257	7
Gewerkschaftsbund Südwürttemberg und Hohenzollern	75 502	6
	4 961 986	116

Laufende Nr.	NAME DER GEWERKSCHAFT	DATUM DER VERSCHMELZUNG	ORT DER VERSCHMELZUNG
	1	2	3
1	Gewerkschaft **Bau, Steine, Erden**	27. bis 28. August 1949	Karlsruhe
2	Industriegewerkschaft **Bergbau**	28. bis 30. November 1948 26. März 1949	Recklinghausen —
3	Industriegewerkschaft **Chemie, Papier, Keramik**	2. März 1949	Frankfurt am Main
4	Industriegewerkschaft **Druck und Papier**	29. November bis 1. Dezember 1948	München
5	Gewerkschaft der **Eisenbahner Deutschlands**	23. bis 24. Juli 1949	Stuttgart-Untertürkheim
6	Gewerkschaft **Erziehung und Wissenschaft**	7. bis 10. Juni 1949 3. September 1949	Marburg a. d. Lahn Königswinter
7	Gewerkschaft **Gartenbau, Land- und Forstwirtschaft**	30. Juli 1949	Hann.-Münden
8	Gewerkschaft **Handel, Banken und Versicherungen**	3. bis 4. September 1949	Königswinter
9	Industriegewerkschaft **Holz**	27. bis 28. Mai 1949	Königswinter
10	Gewerkschaft **Kunst**	27. September 1949	Frankfurt am Main
11	Gewerkschaft **Leder**	1. bis 3. April 1949	Stuttgart-Kornwestheim
12	Industriegewerkschaft **Metall**	19. bis 21. Oktober 1948 21. bis 22. Mai, 25. bis 26. Juni 1949	Lüdenscheid Reutlingen, Lörrach, Kreuznach
13	Industriegewerkschaft **Nahrung, Genuß, Gaststätten**	24. bis 26. Mai 1949	München
14	Gewerkschaft **Öffentliche Dienste, Transport und Verkehr**	28. bis 30. Januar 1949	Stuttgart
15	Deutsche **Postgewerkschaft**	29. bis 30. Juni 1949	Stuttgart-Bad Cannstadt
16	Gewerkschaft **Textil, Bekleidung**	7. bis 9. April 1949	Bad Salzuflen

VI. Beschlüsse über die Auflösung der Gewerkschaftsbünde

Auflösungsbeschluß

des

Dritten Ordentlichen Bundeskongresses

des

Deutschen Gewerkschaftsbundes (brit. Besatzungszone)

stattgefunden vom 7. bis 9. September 1949 in Hannover

Unter der Voraussetzung, daß der für den 12. bis 14. Oktober 1949 einberufene Kongreß der Gewerkschaften im Gebiet der Bundesrepublik Deutschland die Gründung des überzonalen „Deutschen Gewerkschaftsbundes" zum 1. Januar 1950 beschließt und dieser seine Tätigkeit an diesem Tage oder später aufnimmt, beschließt der Bundeskongreß des Deutschen Gewerkschaftsbundes für die britische Besatzungszone (DGB) gemäß § 59 der Bundessatzung seine Auflösung zum 31. Dezember 1949.

Das gesamte Vermögen des DGB, einschließlich aller Verbindlichkeiten, geht mit dem Tage der Auflösung auf den neugegründeten „Deutschen Gewerkschaftsbund" über.

Mit der Abwicklung der laufenden Geschäfte und mit der Durchführung der Übertragung des Vermögens auf den neugegründeten „Deutschen Gewerkschaftsbund" beauftragt der Bundeskongreß des Deutschen Gewerkschaftsbundes, brit. Besatzungszone, den bisherigen Bundesvorstand. Dieser ist insbesondere ermächtigt und verpflichtet, mit dem Vorstand des neuen „Deutschen Gewerkschaftsbundes" die Übernahme sämtlicher Verträge zu vereinbaren sowie alle Maßnahmen im einzelnen durchzuführen, die für die Übertragung des Vermögens und der Verbindlichkeiten auf den neuen „Deutschen Gewerkschaftsbund" erforderlich sind.

Die endgültige Übertragung ist durch einen Prüfungs- und Abschlußbericht eines anerkannten Wirtschaftsprüfers zu beenden.

Auflösungsbeschluß

des

Dritten Ordentlichen Bundestages

des

Bayerischen Gewerkschafts-Bundes

stattgefunden am 13. und 14. September in München

Unter der Voraussetzung, daß der für den 12. bis 14. Oktober 1949 einberufene Kongreß der Gewerkschaften im Gebiet der Bundesrepublik Deutschland die Gründung des „Deutschen Gewerkschaftsbundes" zum

1. Januar 1950

beschließt und dieser seine Tätigkeit an diesem Tage oder später aufnimmt, beschließt der

Bundestag des Bayerischen Gewerkschafts-Bundes

gemäß § 21 der Bundessatzung seine Auflösung zum

31. Dezember 1949.

Das gesamte Vermögen des Bayerischen Gewerkschafts-Bundes, einschließlich aller Verbindlichkeiten, geht mit dem Tage der Auflösung auf den neugegründeten „Deutschen Gewerkschaftsbund" über.

Mit der Abwicklung der laufenden Geschäfte und mit der Übertragung des Vermögens auf den neugegründeten „Deutschen Gewerkschaftsbund" beauftragt der Bundestag den bisherigen Bundesvorstand.

Dieser ist insbesondere ermächtigt und verpflichtet, mit dem Vorstand des neuen „Deutschen Gewerkschaftsbundes" die Übernahme sämtlicher Verträge zu vereinbaren sowie alle Maßnahmen im einzelnen durchzuführen, die für die Übertragung des Vermögens und der Verbindlichkeiten auf den neuen „Deutschen Gewerkschaftsbund" erforderlich sind.

Die endgültige Übertragung ist durch einen Prüfungs- und Abschlußbericht eines anerkannten Wirtschaftsprüfers zu beenden.

Auflösungsbeschluß

des

Dritten Ordentlichen Bundestages

des

Gewerkschaftsbundes Württemberg-Baden

stattgefunden am 17. und 18. September 1949 in Kornwestheim
bei Stuttgart.

Der Dritte Ordentliche Bundestag des Gewerkschaftsbundes
Württemberg-Baden beschloß in seiner Sitzung am 18. September
1949 gemäß § 13 der Bundessatzung die Auflösung des Gewerkschaftsbundes Württemberg-Baden zum 31. Dezember 1949.

Voraussetzung für die Gültigkeit dieses Beschlusses ist, daß der für
den 12. bis 14. Oktober 1949 einberufene Kongreß der Gewerkschaften im Gebiet der Bundesrepublik Deutschland die Gründung
des „Deutschen Gewerkschaftsbundes" beschließt.

Das Vermögen des Gewerkschaftsbundes Württemberg-Baden, einschließlich aller Verbindlichkeiten, geht mit dem Tage der Auflösung auf den neugegründeten Gewerkschaftsbund über. Die Vermögensverwaltung des Gewerkschaftsbundes Württemberg-Baden
GmbH. und ihr Vermögen wird von der Auflösung nicht betroffen.

Bis zum Tage der Auflösung des Gewerkschaftsbundes Württemberg-
Baden wird der bisherige Bundesvorstand mit der Weiterführung
der Geschäfte sowie mit der Durchführung und Übertragung des
Vermögens auf den neugegründeten „Deutschen Gewerkschaftsbund" beauftragt.

Die Prüfung der Schlußabrechnung der Bundeskasse sowie die Prüfung des Vollzugs der Überführung der Kasse an den neuen Bund
obliegt den bisherigen Revisoren des Gewerkschaftsbundes Württemberg-Baden. Der neuen Bundesleitung bleibt freigestellt, die Schlußabrechnung durch Prüfungs- und Abschlußbericht eines anerkannten
Wirtschaftsprüfers zu beenden.

Der Bundestag erwartet, daß den zukünftigen Landesleitungen des
Bundes und den Industriegewerkschaften die Abschlußberichte der
sieben Bünde umgehend zur Kenntnis gebracht werden.

Auflösungsbeschluß

des

Dritten Ordentlichen Bundestages

des

Freien Gewerkschaftsbundes Hessen

stattgefunden am 10. und 11. September 1949 in Frankfurt a. M.

Unter der Voraussetzung, daß der für den 12. bis 14. Oktober 1949 einberufene Kongreß der Gewerkschaften im Gebiet der Bundesrepublik Deutschland die Gründung des „Deutschen Gewerkschaftsbundes" zum 1. Januar 1950 beschließt und dieser seine Tätigkeit an diesem Tag oder später aufnimmt, beschließt der Bundestag des Freien Gewerkschaftsbundes Hessen gemäß § 39 der Bundessatzung seine Auflösung zum 31. Dezember 1949. Das gesamte Vermögen des Freien Gewerkschaftsbundes Hessen, einschließlich aller Verbindlichkeiten, geht mit dem Tag der Auflösung auf den neugegründeten „Deutschen Gewerkschaftsbund" über.

Mit der Abwicklung der laufenden Geschäfte und mit der Durchführung der Übertragung des Vermögens auf den neugegründeten „Deutschen Gewerkschaftsbund" beauftragt der Bundestag des FGB Hessen den bisherigen Bundesvorstand. Dieser ist insbesondere ermächtigt und verpflichtet, mit dem Vorstand des neuen „Deutschen Gewerkschaftsbundes" die Übernahme sämtlicher Verträge zu vereinbaren sowie alle Maßnahmen im einzelnen durchzuführen, die für die Übertragung des Vermögens und der Verbindlichkeiten auf den neuen „Deutschen Gewerkschaftsbund" erforderlich sind.

Die endgültige Übertragung ist durch einen Prüfungs- und Abschlußbericht eines anerkannten Wirtschaftsprüfers zu beenden.

Auflösungsbeschluß

des

Dritten Ordentlichen Bundeskongresses

des

Allgemeinen Gewerkschaftsbundes Rheinland-Pfalz

stattgefunden am 24. September 1949 in Bad Münster am Stein.

Unter der Voraussetzung, daß der für den 12. bis 14. Oktober 1949 einberufene Kongreß der Gewerkschaften im Gebiet der Bundesrepublik Deutschland die Gründung des „Deutschen Gewerkschaftsbundes" zum 1. Januar 1950 beschließt und dieser seine Tätigkeit an diesem Tage oder später aufnimmt, beschließt der Bundeskongreß des Allgemeinen Gewerkschaftsbundes Rheinland-Pfalz gemäß § 14 der Bundessatzungen seine Auflösung zum 31. Dezember 1949.

Das gesamte Vermögen des AGB Rheinland-Pfalz, einschließlich aller Verbindlichkeiten, geht mit dem Tage der Auflösung auf den neugegründeten „Deutschen Gewerkschaftsbund" über.

Mit der Abwicklung der laufenden Geschäfte und mit der Durchführung der Übertragung des Vermögens auf den neugegründeten „Deutschen Gewerkschaftsbund" beauftragt der Bundeskongreß den bisherigen Bundesvorstand. Dieser ist insbesondere ermächtigt und verpflichtet, mit dem Vorstand des neuen „Deutschen Gewerkschaftsbundes" die Übernahme sämtlicher Verträge zu vereinbaren sowie alle Maßnahmen im einzelnen durchzuführen, die für die Übertragung des Vermögens und der Verbindlichkeiten auf den neuen „Deutschen Gewerkschaftsbund" erforderlich sind.

Die endgültige Übertragung ist durch einen Prüfungs- und Abschlußbericht eines anerkannten Wirtschaftsprüfers zu beenden.

Auflösungsbeschluß

des

Dritten Ordentlichen Bundestages

des

Badischen Gewerkschaftsbundes

stattgefunden vom 30. September bis 2. Oktober 1949 in Neustadt im Schwarzwald.

Unter der Voraussetzung, daß der für den 12. bis 14. Oktober 1949 einberufene Kongreß der Gewerkschaften im Gebiet der Bundesrepublik Deutschland die Gründung des „Deutschen Gewerkschaftsbundes" zum 1. Januar 1950 beschließt und dieser seine Tätigkeit an diesem Tage oder später aufnimmt, beschließt der Bundestag des Badischen Gewerkschaftsbundes gemäß § 11 der Bundessatzung seine Auflösung zum 31. Dezember 1949.

Das gesamte Vermögen des Badischen Gewerkschaftsbundes, einschließlich aller Verbindlichkeiten, geht mit dem Tage der Auflösung auf den neugegründeten „Deutschen Gewerkschaftsbund" über.

Mit der Abwicklung der laufenden Geschäfte und mit der Durchführung der Übertragung des Vermögens auf den neugegründeten „Deutschen Gewerkschaftsbund" beauftragt der Bundestag den bisherigen Bundesvorstand. Dieser ist insbesondere ermächtigt und verpflichtet, mit dem Vorstand des neuen „Deutschen Gewerkschaftsbundes" die Übernahme sämtlicher Verträge zu vereinbaren, sowie alle Maßnahmen im einzelnen durchzuführen, die für die Übertragung des Vermögens und der Verbindlichkeiten auf den neuen „Deutschen Gewerkschaftsbund" erforderlich sind.

Die endgültige Übertragung ist durch einen Prüfungs- und Abschlußbericht eines anerkannten Wirtschaftsprüfers zu beenden.

Auflösungsbeschluß

der

Dritten Ordentlichen Bundes-Generalversammlung

des

Gewerkschaftsbundes Südwürttemberg und Hohenzollern

stattgefunden vom 23. bis 25. September 1949 in Ravensburg.

Unter der Voraussetzung, daß der für den 12. bis 14. Oktober 1949 einberufene Kongreß der Gewerkschaften im Gebiet der Bundesrepublik Deutschland die Gründung des „Deutschen Gewerkschaftsbundes" zum 1. Januar 1950 beschließt und dieser seine Tätigkeit an diesem Tage oder später aufnimmt, beschließt die Bundes-Generalversammlung des Gewerkschaftsbundes Südwürttemberg und Hohenzollern seine Auflösung zum 31. Dezember 1949.

Gemäß den Zusagen des Gewerkschaftsrates anläßlich der Ludwigshafener Besprechungen ist in Südwürttemberg-Hohenzollern eine Landesleitung zu bilden.

Mit der Durchführung der laufenden Geschäfte und der Übertragung des Vermögens auf den neugegründeten „Deutschen Gewerkschaftsbund" wird der seitherige Bundesvorstand beauftragt.

VII. Muster

für ein

Statut der Gewerkschaften

§ 1 Name und Sitz

1. Die Vereinigung führt den Namen ....

2. Die Gewerkschaft hat ihren Sitz in ....

§ 2 Geltungsbereich und Organisationsgebiet

1. Die Gewerkschaft erstreckt sich zunächst über das Gebiet der britisch, amerikanisch und französisch besetzten Zonen Deutschlands.
   Sie ist Mitglied des Deutschen Gewerkschaftsbundes.

2. In ihrem Geltungsbereich ist die Gewerkschaft zuständig für die ihr nach den Richtlinien des Bundes für die Abgrenzung der Organisationsgebiete zugesprochenen Arbeitnehmergruppen.
   Als Organisationsgebiet gilt:

   ....

   ....

   ....

§ 3 Zweck, Ziel und Aufgaben

1. Zweck und Ziel der Gewerkschaft ist:

   a) Wahrnehmung der wirtschaftlichen und sozialen Interessen der Mitglieder,

   b) Durchsetzung der völligen Anerkennung des Wertes und des Rechtes der Arbeit,

   c) Gleichberechtigung aller im Organisationsgebiet tätigen Arbeitnehmer in Wirtschaft, Staat und Gesellschaft.

2. Hieraus ergeben sich für die Gewerkschaft folgende Aufgaben:

   a) Gewinnung aller im Organisationsgebiet beschäftigten Arbeitnehmer für die Gewerkschaft,

b) Schaffung möglichst günstiger Arbeits- und Lebensbedingungen durch Einwirkung auf die Gesetzgebung sowie durch den Abschluß von kollektiven Verträgen,

c) Erringung des Mitbestimmungsrechtes in der Wirtschaft, ferner die Einleitung und Durchführung der Betriebsrätewahlen sowie die Unterstützung der Betriebsräte bei der Erfüllung ihrer Aufgaben,

d) Demokratisierung der Wirtschaft und der Verwaltung und deren Bereinigung von nationalistischen, militaristischen und reaktionären Elementen,

e) gewerkschaftliche Erziehung und Schulung der Mitglieder, Funktionäre und der Betriebsräte,

f) Aufklärung über den Stand und die Aufgaben der Sozialversicherung sowie des Arbeitsrechts,

g) Erringung des weitestgehenden Schutzes der Arbeitskraft unter besonderer Berücksichtigung der Jugendlichen und Frauen,

h) Schaffung von Unterstützungseinrichtungen,

i) Gewährung von Rechtsschutz in Streitigkeiten, die sich aus dem Arbeitsverhältnis, aus der Wahrnehmung der Zwecke und Ziele der Gewerkschaft oder aus der Sozialversicherung ergeben,

k) Unterstützung solcher Mitglieder, die wegen ihres Eintretens für die Zwecke der Gewerkschaft gemaßregelt wurden oder sonst Schaden erlitten,

l) Vornahme und Auswertung statistischer Erhebungen im Organisationsgebiet, sowie Auswertung sonstigen statistischen Materials,

m) Förderung der geistigen, kulturellen und beruflichen Fortentwicklung der Mitglieder,

n) Zusammenarbeit mit den deutschen und ausländischen Gewerkschaften sowie mit gleichgearteten internationalen Gewerkschaftsvereinigungen.

3. Zur Erfüllung dieser Aufgaben können alle gewerkschaftlichen Mittel einschließlich der Arbeitsniederlegung angewandt werden. Hierfür erläßt der Hauptvorstand ein besonderes Streikreglement, das ein Bestandteil dieses Statuts ist.

§ 4 Erwerb und Mitgliedschaft

1. Jeder im Organisationsgebiet der Gewerkschaft beschäftigte Arbeitnehmer kann ohne Unterschied der Nationalität, der Parteizugehörigkeit, der Konfession, der Rasse, des Alters, des Berufes oder des Geschlechts die Mitgliedschaft beantragen.

   Dies geschieht durch Abgabe einer schriftlichen Beitrittserklärung und durch Zahlung eines Beitrittsgeldes von 1,— DM sowie des ersten Mitgliedsbeitrages.

   Für Arbeitnehmer unter 18 Jahren beträgt das Beitrittsgeld 0,50 DM.

2. Voraussetzung für die Aufnahme ist die Anerkennung des Statuts der Gewerkschaft sowie der Beschlüsse der Gewerkschaftsorgane.

   Von der Aufnahme ausgeschlossen sind belastete aktive Mitglieder der NSDAP oder ihrer Gliederungen, und Kriegsverbrecher.

3. Die Mitgliedschaft ist erworben, wenn innerhalb 4 Wochen nach Eingang des Aufnahmeantrages bei der zuständigen Kreis- bzw. Ortsverwaltung durch diese keine Ablehnung erfolgt.

   Gegen die Ablehnung eines Aufnahmeantrages steht dem Aufnahmesuchenden das Recht der Beschwerde an den Hauptvorstand zu. Dieser entscheidet endgültig.

4. Nach erfolgter Aufnahme erhält das Mitglied einen Mitgliedsausweis. Dieser wird von der Gewerkschaft geliefert und bleibt deren Eigentum.

§ 5 Rechte und Pflichten der Mitglieder

1. Jedes Mitglied hat das Recht der freien sachlichen Meinungsäußerung in allen Angelegenheiten der Gewerkschaft, unter Ausschluß aller parteipolitischen, konfessionellen oder rassischen Fragen sowie das Anrecht auf die in diesem Statut vorgesehenen Leistungen.

2. Jedes Mitglied ist verpflichtet,

   für die Ausbreitung der Gewerkschaft und die Erreichung der Gewerkschaftsziele zu wirken,

   nach den statutarischen Beschlüssen der Gewerkschaftsorgane zu handeln,

   die Beiträge pünktlich und in der seinem Wochen- bzw. Monatsverdienst entsprechenden Höhe zu entrichten.

§ 6 Übertritt

1. Wird für ein Mitglied durch Arbeitsplatzwechsel eine andere Gewerkschaft zuständig, so soll es, wenn die Beschäftigung länger als 6 Monate dauert, der neu zuständig gewordenen Gewerkschaft beitreten.

2. Der Übertritt zu einer anderen Gewerkschaft kann nur nach erfolgter Übertrittsmeldung durch die Kreis- bzw. Ortsverwaltung der zuletzt zuständigen Gewerkschaft an die neue Gewerkschaft erfolgen. Der Übertritt ist in der Mitgliedskarte bzw. im Mitgliedsbuch zu vermerken.

3. Dem übergetretenen Mitglied wird die bisherige Beitragsleistung in entsprechender Höhe und Dauer angerechnet, sofern die Mitgliedschaft nicht unterbrochen war.

§ 7 Beendigung der Mitgliedschaft

1. Der Austritt aus der Gewerkschaft kann jederzeit schriftlich bei der zuständigen Kreis- bzw. Ortsverwaltung der Gewerkschaft erklärt werden.

2. Die Mitgliedschaft erlischt von selbst, wenn ein Mitglied trotz vorheriger Mahnung mehr als 8 Wochen bzw. 2 Monate mit seinen Beiträgen im Rückstand ist oder wenn es stirbt.

3. Mit dem Ausscheiden aus der Gewerkschaft erlöschen alle Rechte an diese und ebenso die Pflichten des Mitglieds.

§ 8 Ausschluß von der Mitgliedschaft

1. Der Ausschluß eines Mitglieds kann erfolgen, wenn dasselbe
   a) vorsätzlich gegen die Interessen und Bestrebungen der Gewerkschaft oder ihr Statut handelt,
   b) die Mitgliedschaft durch unrichtige Angaben oder durch Verschweigen von wichtigen, der Aufnahme entgegenstehenden Tatsachen erlangt hat.

2. Zur Stellung eines Ausschlußantrages sind die Organe und Verwaltungsorgane der Gewerkschaft berechtigt.

3. Für die Durchführung des Ausschlußverfahrens gilt die vom Hauptvorstand im Benehmen mit dem Gewerkschaftsbeirat beschlossene Verfahrensordnung.

4. Während des Ausschlußverfahrens ruhen alle Rechte und Pflichten des Mitglieds.

5. Über den Ausschlußantrag entscheidet der Hauptvorstand.

6. Gegen den Ausschluß hat das Mitglied das Recht der Beschwerde an den Hauptausschuß.

7. Gegen die Entscheidung des Hauptausschusses ist Berufung an den Gewerkschaftstag zulässig. Dieser entscheidet endgültig.

§ 9 Wiederaufnahme

1. Die Wiederaufnahme ausgetretener oder wegen Beitragsrückstand gestrichener früherer Mitglieder kann durch die Kreis- bzw. Ortsverwaltung erfolgen.

2. Aus einer Gewerkschaft ausgeschlossene Mitglieder können auf besonderen Antrag durch den Hauptvorstand wieder aufgenommen werden, sofern nicht im Ausschlußverfahren etwas anderes festgelegt wurde.

3. Wiederaufnahme gilt als Neuaufnahme.

§ 10 Ab- und Anmeldung

1. Mitglieder, die in den Bereich einer anderen Kreis- bzw. Ortsverwaltung verziehen, haben sich bei der zuletzt zuständigen Verwaltung abzumelden und bei der neuen Verwaltung anzumelden.

2. Die Ab- und Anmeldung ist im Mitgliedsbuch zu vermerken.

§ 11 Beiträge und Sonderbeiträge

1. Jedes Mitglied ist zur statutarischen Beitragszahlung verpflichtet. Mitglieder, welche Wochenlohn beziehen, zahlen Wochenbeiträge. Der Wochenbeitrag beträgt in der Regel einen Bruttostundenverdienst. Mitglieder, welche Monatseinkommen beziehen, zahlen Monatsbeiträge. Der Monatsbeitrag beträgt in der Regel vier Zweihundertstel des Bruttomonatseinkommens.

Das Jahr hat 52 Beitragswochen bzw. 12 Beitragsmonate.

Verheirateten- oder Kinderzulagen bleiben bei der Festsetzung der Beitragshöhe außer Ansatz.

2. In Übereinstimmung mit den Richtlinien des Bundes bestehen folgende Beitragsklassen:

Klasse	Wochenbeitrag	Monatsbeitrag
1	0,20 DM	0,80 DM
2	0,30 ,,	1,20 ,,
3	0,40 ,,	1,60 ,,
4	0,50 ,,	2,— ,,
5	0,60 ,,	2,40 ,,
6	0,70 ,,	2,80 ,,
7	0,80 ,,	3,20 ,,
8	0,90 ,,	3,60 ,,
9	1,— ,,	4,— ,,
10	1,15 ,,	4,60 ,,
11	1,30 ,,	5,20 ,,
12	1,50 ,,	6,— ,,
13	1,75 ,,	7,— ,,
14	2,— ,,	8,— ,,
15		10,— ,,
16		12,— ,,

Für invalide und solche Mitglieder, die eine Unterstützung beziehen, gilt Klasse 1. Die Zahlung eines höheren Beitrags ist diesen freigestellt.

3. Für jede Beitragszahlung (Wochen- oder Monatsbeitrag) wird eine Beitragsmarke ausgehändigt. Diese ist im Mitgliedsausweis einzukleben und zu entwerten.

4. Da sich die Unterstützungen nach der Höhe der geleisteten Beiträge richten, ist jedem Mitglied freigestellt, Beiträge nach einer höheren als der vorgeschriebenen Beitragsklasse zu zahlen.

§ 12 Ruhen der Beitragspflicht

1. Die Beitragspflicht ruht während des Besuches einer Fachschule oder einer anderen Bildungs- oder Lehranstalt, wenn während dieser Zeit kein Einkommen bezogen wird. Das Mitglied ist verpflichtet, Beginn und Ende der Teilnahme dem Hauptvorstand zu melden.

2. In besonderen Fällen kann Stundung der Beiträge bis zur Höchstgrenze von 13 Wochen bzw. 3 Monaten durch den Hauptvorstand gewährt werden.

§ 13 Unterstützungen

Die Unterstützungsarten und ihre Sätze werden jeweils vom Gewerkschaftstag unter Zugrundelegung der vom Bund beschlossenen „Unterstützungsrichtlinien" in einem Sonderstatut festgelegt, das ein Bestandteil dieses Statuts ist.

§ 14 Rechtsschutz

Für die Gewährung von Rechtsschutz erläßt der Hauptvorstand im Benehmen mit dem Gewerkschaftsbeirat besondere Richtlinien.

§ 15 Aufbau der Gewerkschaft

1. Die Gewerkschaft ist demokratisch aufgebaut. Ihre Unabhängigkeit gegenüber den Regierungen und Verwaltungen, Unternehmern, Konfessionen und politischen Parteien ist jederzeit zu wahren.

2. An der Durchführung von Wahlen und der Fassung von Beschlüssen ist die Mitgliedschaft direkt unter Wahrung demokratischer Grundsätze zu beteiligen. Soweit dies technisch nicht durchführbar ist, werden von der Mitgliedschaft gewählte Vertreter damit beauftragt.

   Wahlen werden in geheimer Abstimmung durchgeführt. Ist für eine Wahl nur ein Wahlvorschlag vorhanden, so genügt Abstimmung durch Handaufheben.

3. Zu allen Delegationen und Funktionen, die im Rahmen der Gewerkschaft ausgeübt werden, sind alle Mitglieder, die mindestens .... Jahre der Gewerkschaft angehören und mit ihren Beiträgen nicht im Rückstand sind, wählbar. Wiederwahl ist zulässig. Bei Wahlvorschlägen ist allein die persönliche und fachliche Eignung zu berücksichtigen.

4. Alle nicht vom Gewerkschaftstag gewählten Funktionäre bedürfen zur Ausübung ihrer Tätigkeit der Bestätigung durch den Hauptvorstand. Dieser kann das Bestätigungsrecht vorübergehend anderen Organen übertragen.

5. Das Anstellungsverhältnis der hauptamtlichen Funktionäre wird entsprechend den hierfür erlassenen Richtlinien des Bundes vertraglich geregelt.

§ 16 Organe der Gewerkschaft

Die Organe der Gewerkschaft sind:
    der Gewerkschaftstag,
    der Hauptvorstand,
    der Hauptausschuß,
    die Revisionskommission,
    der Gewerkschaftsbeirat.

§ 17 Der Gewerkschaftstag

1. Der Gewerkschaftstag ist die höchste Instanz der Gewerkschaften. Spätestens alle 2 Jahre findet ein Gewerkschaftstag statt.

2. Die Kreis- bzw. Ortsverwaltungen entsenden zum Gewerkschaftstag Delegierte nach der vom Hauptvorstand zu erlassenden Wahlordnung.

   Die Zahl der Delegierten wird nach dem am Ende des vergangenen Jahres festgestellten Stand an zahlenden Mitgliedern ermittelt. Die Delegierten und ihre Stellvertreter werden in geheimer Wahl nach demokratischen Grundsätzen gewählt.
   Bei der Aufstellung der Kandidaten ist die Zusammensetzung der Mitgliedschaft (Fachgruppen, Frauen, Jugend) angemessen zu berücksichtigen.

3. Der Gewerkschaftstag ist spätestens 12 Wochen vor seinem Beginn unter Bekanntgabe der Wahlordnung und der Tagesordnung in der Zeitschrift der Gewerkschaft auszuschreiben.

4. Die Mitglieder des Hauptvorstandes, des Hauptausschusses, der Revisionskommission und die Bezirksleiter nehmen am Gewerkschaftstag mit beratender Stimme teil.

5. Der Gewerkschaftstag ist beschlußfähig, wenn mehr als die Hälfte der stimmberechtigten Delegierten anwesend ist. Beschlüsse werden mit Stimmenmehrheit gefaßt. Änderungen des Statuts bedürfen der Zustimmung von mindestens zwei Dritteln der stimmberechtigten Delegierten.

6. Im übrigen gibt sich der Gewerkschaftstag seine Geschäftsordnung selbst.

7. Über die Verhandlungen und Beschlüsse des Gewerkschaftstages ist ein Protokoll aufzunehmen.

8. Zu den Aufgaben und Befugnissen des Gewerkschaftstages gehören insbesondere:

a) Beschlußfassung über den Geschäfts- und Kassenbericht des Hauptvorstandes sowie über die Berichte des Hauptausschusses und der Revisionskommission.

b) Festlegung der künftigen Politik der Gewerkschaft,

c) Wahl des Hauptvorstandes, des Hauptausschusses und der Revisionskommission,

d) Beschlußfassung über die dem Gewerkschaftstag vorliegenden Anträge,

e) Änderung des Statuts, soweit nicht Urabstimmung beschlossen wird,

f) Wahl des Ortes für den nächsten Gewerkschaftstag.

9. Ein außerordentlicher Gewerkschaftstag ist vom Hauptvorstand einzuberufen, falls dies von Kreis- bzw. Ortsverwaltungen beantragt wird, die mehr als die Hälfte der Mitglieder vertreten.

10. Für die Einberufung und Durchführung eines außerordentlichen Gewerkschaftstages gelten im Grunde die gleichen Bestimmungen wie für einen ordentlichen Gewerkschaftstag.

Abkürzung der Fristen ist in dringenden Fällen möglich.

§ 18 Der Hauptvorstand

1. Der Hauptvorstand der Gewerkschaft besteht aus .... Mitgliedern, und zwar:

einem 1. Vorsitzenden,
einem stellvertretenden Vorsitzenden,
einem Kassierer,
.... Sekretären und
.... Beisitzern.

2. Sämtliche Vorstandsmitglieder werden vom Gewerkschaftstag nach Vorschlägen der Delegierten in geheimer Abstimmung für die Dauer bis zum nächsten Gewerkschaftstag gewählt.

3. Die Beisitzer sind unbesoldet. Sie dürfen kein besoldetes Amt in der Gewerkschaft bekleiden.

4. Der Hauptvorstand vertritt die Gewerkschaft nach innen und außen.

5. Zum Abschluß von für die Gewerkschaft verbindlichen Geschäften und Verträgen sowie zur Geltendmachung von Rechts-

ansprüchen ist die Unterschrift des Vorsitzenden und eines weiteren besoldeten Hauptvorstandsmitgliedes erforderlich.

6. Dem Hauptvorstand obliegt u. a.:

a) alle Aufgaben, die sich für ihn aus diesem Statut, den Beschlüssen des Gewerkschaftstages, des Hauptausschusses und der Revisionskommission ergeben, gewissenhaft zu erfüllen,

b) die Einhaltung des Statuts zu überwachen,

c) den Bezirks-, Kreis- und Ortsverwaltungen im Rahmen dieses Statuts Anweisungen für die Geschäfts- und Kassenführung zu erteilen.

d) dem Gewerkschaftstag einen umfassenden schriftlichen Bericht über die Entwicklung der Gewerkschaft sowie über seine eigene Tätigkeit zu erstatten,

e) die Entscheidung über die Bestätigung aller nicht vom Gewerkschaftstag gewählten ehren- und hauptamtlichen Funktionäre,

f) die Anordnung von Urabstimmungen bei einschneidenden Veränderungen für die Gewerkschaft,

g) die Einberufung des Gewerkschaftstages.

§ 19 Der Hauptausschuß

1. Der Hauptausschuß besteht aus .... Mitgliedern. Sein Sitz darf sich nicht am Sitz des Hauptvorstandes befinden und wird vom Gewerkschaftstag bestimmt.

Der Gewerkschaftstag wählt die Mitglieder des Hauptausschusses auf Vorschlag derjenigen Kreis- bzw. Ortsverwaltung, in deren Bereich er seinen Sitz hat.

Angestellte der Gewerkschaft dürfen nicht Mitglieder des Hauptausschusses sein.

2. Der Hauptausschuß hat die Aufgabe, die Tätigkeit des Hauptvorstandes zu überwachen und alle Beschwerden über die Geschäftsführung vorbehaltlich der Berufung an den Gewerkschaftstag zu entscheiden.

3 Die Amtsdauer des Hauptausschusses ist die gleiche wie die des Hauptvorstandes.

4. Der Hauptausschuß hat sich innerhalb von 14 Tagen nach erfolgter Wahl zu konstituieren. Er wählt aus seiner Mitte einen Vorsitzenden, dessen Stellvertreter und einen Schriftführer. Die

Zusammensetzung des Hauptausschusses wird in der Zeitschrift der Gewerkschaft veröffentlicht.

5. Der Hauptausschuß ist verpflichtet, dem Gewerkschaftstag über seine Tätigkeit Bericht zu erstatten.

§ 20 Die Revisionskommission

1. Die Revisionskommission der Gewerkschaft besteht aus .... Mitgliedern. Diese werden vom Gewerkschaftstag gewählt.

2. Die Revisionskommission ist jederzeit zu Kassenrevisionen berechtigt; sie hat insbesondere die Vierteljahres- und Jahresabrechnungen des Hauptvorstandes sowie die Anlage der Vermögensbestände genau zu überprüfen.

3. Über jede Revision ist ein Protokoll aufzunehmen. Das Ergebnis jeder Revision ist dem Hauptvorstand und dem Hauptausschuß schriftlich mitzuteilen.

4. Einwendungen gegen die Geschäftsführung des Kassierers sind dem Hauptvorstand und erforderlichenfalls auch dem Hauptausschuß zu unterbreiten.

5. Die Revisionskommission hat dem Gewerkschaftstag über ihre Tätigkeit Bericht zu erstatten.

6. Die Amtsdauer der Revisionskommission ist die gleiche wie die des Hauptvorstandes.

7. Die Revisionskommission hat sich innerhalb von 14 Tagen nach erfolgter Wahl zu konstituieren. Sie wählt aus ihrer Mitte einen Vorsitzenden, dessen Stellvertreter und einen Schriftführer. Die Zusammensetzung der Revisionskommission wird in der Zeitschrift der Gewerkschaft veröffentlicht.

§ 21 Der Gewerkschaftsbeirat

1. Der Gewerkschaftsbeirat besteht aus den Mitgliedern des Hauptvorstandes, den Vorsitzenden des Hauptausschusses und der Revisionskommission, den Bezirksleitern sowie aus je .... gewählten Vertretern der Bezirke. Letztere sowie ihre Stellvertreter sind auf den Bezirkskonferenzen zu wählen.

Die Teilnahme weiterer Gewerkschaftsfunktionäre mit beratender Stimme an den Sitzungen des Gewerkschaftsbeirats bleibt der Entscheidung des Hauptvorstandes vorbehalten.

2. Der Gewerkschaftsbeirat wird vom Hauptvorstand einberufen. Er muß einberufen werden, wenn dies mehr als die Hälfte der Mitglieder des Gewerkschaftsbeirats beantragt.

3. Dem Gewerkschaftsbeirat obliegt es, den Hauptvorstand in wichtigen Angelegenheiten der Gewerkschaft zu beraten.

§ 22 Verwaltung der Gewerkschaft

Die Verwaltungsorgane der Gewerkschaft sind:
    der Geschäftsführende Vorstand,
    die Bezirksleitungen,
    die Kreis- und Ortsverwaltungen.

§ 23 Der Geschäftsführende Vorstand

Die besoldeten Mitglieder des Hauptvorstandes bilden den Geschäftsführenden Vorstand. Diesem obliegt es, im Rahmen der vom Hauptvorstand zu beschließenden Geschäftsordnung und nach den Beschlüssen der Organe der Gewerkschaft die Geschäfte zu führen.

§ 24 Bezirksleitungen

1. Der Geltungsbereich der Gewerkschaft ist in Bezirke aufgeteilt. Die Einteilung erfolgt durch den Hauptvorstand.

2. Die Leitung der Bezirke obliegt Bezirksleitern, die auf Vorschlag von Bezirkskonferenzen durch den Hauptvorstand angestellt werden. Die Bezirksleiter sind dem Hauptvorstand für ihre Tätigkeit verantwortlich.

3. Mindestens alle 2 Jahre finden Bezirkskonferenzen statt, die nach Richtlinien des Hauptvorstandes einzuberufen sind. Ihnen obliegt u. a. die Wahl der aus .... Mitgliedern bestehenden Bezirksvorstände zur Unterstützung der Bezirksleiter.

4. Bei Einberufung der Bezirkskonferenzen und der Wahl der Bezirksvorstände ist auf die Zusammensetzung der Mitgliedschaft (Fachgruppen, Frauen, Jugend) entsprechende Rücksicht zu nehmen.

5. Den Bezirksleitungen obliegt u. a.:
    a) Zusammensetzung, Beratung, Unterstützung und Überwachung der Kreis- und Ortsverwaltungen,
    b) engste Zusammenarbeit mit den Organen des Bundes innerhalb des Bezirks,

c) die Durchführung aller gewerkschaftlichen Aufgaben gemäß § 3 dieses Statuts innerhalb des Bezirks.

6. Die Kosten der Bezirksleitungen trägt der Hauptvorstand.

§ 25 Kreis- und Ortsverwaltungen

1. In der Regel wird für einen Stadt- oder Landkreis oder für einen Arbeitsamtsbezirk eine Kreisverwaltung errichtet.

   Die Errichtung der Kreisverwaltungen erfolgt auf Vorschlag der Bezirksverwaltungen durch den Hauptvorstand.

   Den Kreisverwaltungen obliegt u. a. die Kassen- und Geschäftsführung nach Richtlinien des Hauptvorstandes.

2. In Orten mit mehr als .... Mitgliedern können Ortsverwaltungen gebildet werden.

   Ortsverwaltungen mit mehr als .... Mitgliedern kann die selbständige Kassen- und Geschäftsführung wie Kreisverwaltungen übertragen werden.

3. Die Kreis- bzw. Ortsverwaltungen haben die Aufgabe,

   regelmäßige Mitglieder- bzw. Delegiertenversammlungen abzuhalten,

   alle verwaltungsmäßigen Arbeiten sowie die

   allgemeine Werbung und Schulung der Mitglieder durchzuführen.

4. Die Mitglieder- bzw. Delegiertenversammlung ist die höchste Instanz der Kreis- bzw. Ortsverwaltung.

5. Zur Bestreitung ihrer Aufgaben erhalten die Kreis- bzw. Ortsverwaltungen .... Prozent des Beitragsaufkommens.

6. Die Geschäfte der Kreis- bzw. Ortsverwaltung führt ein Vorstand.

   Dieser besteht in der Regel aus

   einem Vorsitzenden,

   einem Stellvertreter und

   einem Kassierer sowie aus

   .... Beisitzern.

   Im Kreis- bzw. Ortsvorstand müssen die ehrenamtlichen Mitglieder die Mehrheit bilden.

7. Kreis- oder Ortsverwaltungen mit mehr als 1000 Mitgliedern sind berechtigt, durch ein vom Hauptvorstand zu genehmigendes

Statut das Recht der Beschlußfassung an eine Delegiertenversammlung abzutreten.

In Kreis- bzw. Ortsverwaltungen mit mehr als 3000 Mitgliedern sind die Befugnisse der Mitgliederversammlung an eine Delegiertenversammlung zu übertragen.

8. Der Hauptvorstand hat für die Kreis- und Ortsverwaltungen ein Musterstatut zu schaffen.

§ 26 Fachgruppen

1. Zur besonderen Vertretung der Interessen der einzelnen Berufszweige werden folgende Fachgruppen gebildet:

....

....

....

2. Die Leitung der Fachgruppen obliegt den Fachgruppenvorständen. Diese werden von Fachgruppenkonferenzen gewählt.

3. Für die Bildung von Fachgruppen, die Wahl und Aufgaben der Fachgruppenvorstände, die Einberufung der Fachgruppenkonferenzen sowie die Einberufung von Bezirks-, Kreis- und Ortsfachgruppenkonferenzen erläßt der Hauptvorstand im Benehmen mit dem Gewerkschaftsbeirat besondere Richtlinien.

§ 27 Zeitschrift der Gewerkschaft

1. Zeitschrift der Gewerkschaft ist ....

2. Sie erscheint nach Möglichkeit zweimal monatlich und wird den Mitgliedern kostenlos geliefert.

3. Der Redakteur nimmt mit beratender Stimme an den Sitzungen des Hauptvorstandes teil. Seine Anstellung erfolgt durch den Hauptvorstand.

§ 28 Mitgliedschaft im Gewerkschaftsbund

1. Die Gewerkschaft ist Mitglied des Deutschen Gewerkschaftsbundes. Sie anerkennt die Satzung des Bundes sowie die Beschlüsse und Richtlinien des Bundeskongresses und Bundesausschusses.

2. Der Austritt aus dem Bund kann erfolgen, wenn er mit Zweidrittelmehrheit der stimmberechtigten Delegierten eines Gewerkschaftstages beschlossen wird. Bei den Beratungen des

Gewerkschaftstages über den Austritt sind Vertreter des Bundesvorstandes hinzuzuziehen.

§ 29 Geschäftsjahr

Als Geschäftsjahr gilt das Kalenderjahr.

§ 30 Auflösung der Gewerkschaft

1. Eine freiwillige Auflösung der Gewerkschaft kann nur durch Beschluß eines Gewerkschaftstages unter Zustimmung von mindestens vier Fünftel der stimmberechtigten Delegierten erfolgen.

2. Über die Verwendung des vorhandenen Vermögens entscheidet der Gewerkschaftstag.

VIII. Satzung

des

Deutschen Gewerkschaftsbundes

für das Gebiet der

Bundesrepublik Deutschland

(Beschlossen vom Gründungskongreß
am 13. Oktober 1949 in München)

§ 1 Name und Sitz

1. Die Vereinigung der Gewerkschaften führt den Namen „Deutscher Gewerkschaftsbund".

2. Der Bund hat seinen Sitz in Düsseldorf.

§ 2 Zweck und Aufgaben

1. Zweck des Bundes ist die Zusammenfassung aller Gewerkschaften zu einer wirkungsvollen Einheit und Vertretung der gemeinsamen Interessen auf allen Gebieten, insbesondere der Wirtschafts-, Sozial- und Kulturpolitik.

2. Hieraus ergeben sich für den Bund vornehmlich folgende Aufgaben:

   a) Vertretung der Gewerkschaften und ihrer gemeinsamen Forderungen gegenüber den gesetzgebenden Körperschaften und Behörden,

   b) Vertretung der Gewerkschaften, insbesondere in den Körperschaften und Organen der

      Wirtschaft,
      Verwaltung,
      Sozialversicherung,
      Arbeitsverwaltung,
      Arbeitsgerichte und
      Schlichtungsinstanzen,

   c) gemeinsame Schulung und Fortbildung der Mitglieder und Funktionäre der Gewerkschaften,

   d) Durchführung gemeinsamer Gewerkschaftsaufgaben für die Jugend und die Frauen,

e) Förderung der Zusammenarbeit gleichgearteter Fachgruppen der angeschlossenen Gewerkschaften,

f) Einrichtung und Unterhaltung von wirtschafts- und sozialpolitischen Beratungsstellen,

g) Durchführung allgemeiner gewerkschaftlicher Werbung,

h) Herausgabe einer Bundeszeitung, von Zeitschriften und einschlägiger Literatur,

i) Errichtung und Unterhaltung gemeinsamer gewerkschaftlicher Erholungsstätten zur Förderung der Volksgesundheit,

k) Abgrenzung der Organisationsgebiete der Gewerkschaften sowie Schlichtung von Grenzstreitigkeiten zwischen denselben,

l) Schaffung von Richtlinien für die einheitliche Gestaltung der Verwaltungseinrichtungen sowie des Beitrags- und Unterstützungswesens in den Gewerkschaften und für die Anlegung und Verwertung der Gewerkschaftsvermögen,

m) Schaffung von Richtlinien zur Führung und Unterstützung von Arbeitskämpfen,

n) Unterstützung der Gewerkschaften bei der Durchführung außerordentlicher Aufgaben,

o) Förderung aller gemeinwirtschaftlichen Bestrebungen,

p) Förderung des Genossenschaftswesens,

q) Aufbau und Unterhaltung eigenwirtschaftlicher Unternehmungen,

r) Bekämpfung von nationalistischen und militaristischen Einflüssen,

s) Kampf für die Sicherung und den Ausbau der demokratischen Rechte und Freiheiten des Volkes,

t) Pflege des Geistes friedlicher Völkerverständigung,

u) Mitarbeit in der internationalen Gewerkschaftsbewegung.

§ 3 Mitgliedschaft

1. Mitglied des Bundes können Gewerkschaften werden, deren Geltungsbereich sich auf das Gebiet der Bundesrepublik Deutschland erstreckt.

2. Voraussetzung für die Aufnahme in den Bund ist, daß

a) dem Bund nicht bereits eine für die gleichen Arbeitnehmergruppen zuständige Gewerkschaft angehört,

b) die Bundessatzung sowie die Beschlüsse und die Richtlinien des Bundeskongresses und des Bundesausschusses anerkannt werden.

3. Über die Aufnahme in den Bund entscheidet der Bundesausschuß.

4. Der freiwillige Austritt aus dem Bund ist nur am Jahresschluß nach vorausgegangener sechsmonatiger Kündigung zulässig. Bei den Beratungen über den Austritt sind Vertreter des Bundesvorstandes hinzuzuziehen.

5. Die Beiträge an den Bund einschließlich etwaiger Sonderbeiträge sind bis zum Austritt zu entrichten.

6. Eine Gewerkschaft, die dieser Satzung zuwiderhandelt oder gegen die Beschlüsse des Bundes verstößt, kann durch Mehrheitsbeschluß des Bundesausschusses aus dem Bund ausgeschlossen werden. Das gleiche gilt für eine Gewerkschaft, die sich einem Schiedsgericht nicht stellt oder dessen Spruch nach Verwerfung etwaiger Beschwerde nicht anerkennt.

7. Gegen den Ausschluß ist mit aufschiebender Wirkung die Berufung an den nächsten Bundeskongreß zulässig.

8. Ausgetretene oder ausgeschlossene Gewerkschaften verlieren mit dem Tage ihres Ausscheidens jeden Anspruch auf alle Vermögensteile und Einrichtungen des Bundes.

§ 4 Beiträge

1. Zur Erfüllung seiner Aufgaben haben die angeschlossenen Gewerkschaften an den Bund regelmäßig Beiträge zu zahlen. Die Höhe derselben beträgt 15 Prozent des Beitragsaufkommens.

2. Die Beiträge sind vierteljährlich nachträglich an den Bund zu entrichten.

§ 5 Solidaritätsfonds

1. Zur Gewährung von Bundeshilfe und zur Unterstützung von Bewegungen allgemeiner Bedeutung bildet der Bund einen Solidaritätsfonds.

2. Die angeschlossenen Gewerkschaften zahlen hierfür Beiträge in Höhe von 0,15 DM je Mitglied und Vierteljahr.

3. Der Bundesausschuß beschließt über die Verwendung des Solidaritätsfonds.

§ 6 Sonderbeiträge

Sonderbeiträge zur Deckung außerordentlicher Ausgaben des Bundes können vom Bundesausschuß beschlossen werden.

§ 7 Unterstützungen

Der Bund beschließt die Einführung von notwendigen und gleichen Unterstützungsarten und Unterstützungssätzen durch die Gewerkschaften für alle ihre Mitglieder. Die Richtlinien dazu erläßt der Bundesausschuß; diese sind für alle Gewerkschaften bindend.

§ 8 Aufbau des Bundes

1. Der Bund ist demokratisch aufgebaut. Seine Unabhängigkeit gegenüber den Regierungen, Verwaltungen, Unternehmern, Konfessionen und politischen Parteien ist jederzeit zu wahren.

2. Wahlen werden auf demokratischer Grundlage durch geheime Abstimmung durchgeführt. Ist für eine Wahl nur ein Wahlvorschlag vorhanden, so genügt Abstimmung durch Handaufheben.

3. Für die Wahl von Delegierten gilt grundsätzlich die Zahl der Mitglieder, für die in dem der Wahl vorangegangenen Quartal Beiträge geleistet wurden. Gewerkschaften, die mit der Beitragszahlung im Rückstand sind, haben kein Delegationsrecht.

4. Funktionäre des Bundes verlieren ihr Mandat mit sofortiger Wirkung, wenn sie aus der Gewerkschaft austreten oder aus der Gewerkschaft ausgeschlossen werden.

§ 9 Organe des Bundes

Die Organe des Bundes sind:

der Bundeskongreß,

der Bundesvorstand,

der Bundesausschuß,

die Revisionskommission.

§ 10 Der Bundeskongreß

1. Der Bundeskongreß ist die höchste Instanz des Bundes.

2. Jedes zweite Jahr hat der Bundesvorstand einen ordentlichen Bundeskongreß einzuberufen.

3. Ein außerordentlicher Bundeskongreß ist einzuberufen auf Beschluß des Bundesausschusses oder auf Antrag von mehr als der Hälfte der Gewerkschaften oder auf Antrag von Gewerkschaften, die mehr als die Hälfte der Mitglieder umfassen.

4. Die Delegierten zum Bundeskongreß und ihre Stellvertreter werden von den angeschlossenen Gewerkschaften nach demokratischen Grundsätzen gewählt.

5. Die Anzahl der Delegierten wird vom Bundesausschuß festgelegt. Die Zahl der auf jede Gewerkschaft entfallenden Delegierten ermittelt der Bundesvorstand nach der Zahl der Mitglieder, für die Beiträge in dem der Einberufung vorausgegangenen Vierteljahr geleistet wurden.

6. Der Bundeskongreß ist mindestens zwölf Wochen vor seinem Beginn in der Bundeszeitung mit der Tagesordnung auszuschreiben. Bei außerordentlichen Bundeskongresser können die Fristen gekürzt werden.

7. Anträge an den Bundeskongreß können von den Organen des Bundes und der angeschlossenen Gewerkschaften gestellt werden.

8. Die Mitglieder des Bundesvorstandes, des Bundesausschusses und die Landesbezirksvorsitzenden nehmen am Bundeskongreß mit beratender Stimme teil.

9. Der Bundeskongreß ist beschlußfähig, wenn mehr als die Hälfte der stimmberechtigten Delegierten anwesend ist. Beschlüsse werden mit einfacher Stimmenmehrheit gefaßt. Änderungen der Satzung bedürfen der Zweidrittelmehrheit.

10. Darüber hinaus gibt sich der Bundeskongreß seine Geschäftsordnung selbst.

11. Über die Verhandlungen und Beschlüsse des Bundeskongresses ist ein Protokoll aufzunehmen.

12. Zu den Aufgaben und Befugnissen des Bundeskongresses gehört insbesondere:

    a) Beschlußfassung über den Geschäfts- und Kassenbericht des Bundesvorstandes sowie über den Bericht der Revisionskommission,

    b) Festlegung der Bundespolitik,

    c) Wahl des Bundesvorstandes,

    d) Beschlußfassung über die dem Bundeskongreß vorliegenden Anträge,

    e) Änderung der Satzung.

§ 11 Der Bundesvorstand

1. Der Bundesvorstand besteht aus
   einem Vorsitzenden,
   zwei stellvertretenden Vorsitzenden und
   acht weiteren Vorstandsmitgliedern, die hauptamtlich tätig sind, sowie aus
   je einem Vertreter der dem Bund angeschlossenen Gewerkschaften.
2. Sämtliche Bundesvorstandsmitglieder werden vom Bundeskongreß für die Dauer bis zum nächsten ordentlichen Bundeskongreß gewählt.
3. Der Bundesvorstand vertritt den Bund nach innen und außen. Der Bundesvorsitzende oder seine Stellvertreter führen den Vorsitz im Bundesvorstand, im Bundesausschuß und auf dem Bundeskongreß.
4. Die elf hauptamtlichen Mitglieder des Bundesvorstandes bilden den Geschäftsführenden Bundesvorstand. Dieser hat im Rahmen der vom Bundesvorstand zu beschließenden Geschäftsordnung die Geschäfte zu führen.
5. Dem Bundesvorstand obliegt insbesondere:
   a) alle Aufgaben gewissenhaft zu erfüllen, die sich für ihn aus dieser Satzung, den Beschlüssen und Richtlinien der Organe des Bundes ergeben,
   b) die Einhaltung der Satzung zu überwachen sowie für eine gedeihliche Zusammenarbeit der Gewerkschaften Sorge zu tragen,
   c) dem Bundesausschuß Anweisungen für die Geschäftsführung der Organe des Bundes vorzuschlagen,
   d) dem Bundeskongreß einen schriftlichen Bericht zu erstatten.
6. Sitzungen des Bundesvorstandes finden nach Bedarf, in der Regel jedoch mindestens monatlich einmal statt. Die Landesbezirksvorsitzenden sind zu den Sitzungen des Bundesvorstandes mit beratender Stimme hinzuzuziehen, wenn Landesbezirksangelegenheiten zur Erörterung stehen.
7. Zum Abschluß von für den Bund verbindlichen Geschäften und Verträgen sowie zur Geltendmachung von Rechtsansprüchen ist die Unterschrift des Vorsitzenden oder eines stellvertretenden Vorsitzenden sowie eines weiteren hauptamtlichen Vorstandsmitgliedes erforderlich.

§ 12 Der Bundesausschuß

1. Der Bundesausschuß setzt sich zusammen aus:
   je zwei Vorstandsmitgliedern der dem Bund angeschlossenen Gewerkschaften (Gewerkschaften mit mehr als 300 000 Mitgliedern sind berechtigt, einen dritten Vertreter zu entsenden), den Mitgliedern des Bundesvorstandes und den Landesbezirksvorsitzenden.
   Stellvertretung ist zulässig.

2. Dem Bundesausschuß obliegt insbesondere:

   a) die zur Durchführung der Beschlüsse des Bundeskongresses erforderlichen Maßnahmen festzulegen,

   b) die Mitglieder der Revisionskommission zu wählen,

   c) die Landesbezirksvorstände zu bestätigen,

   d) einheitliche Gehalts- und Anstellungsbedingungen für alle Angestellten in der Gewerkschaftsbewegung zu schaffen,

   e) für besondere Aufgaben Ausschüsse einzusetzen,

   f) über etwaige Sonderbeiträge Beschluß zu fassen,

   g) Richtlinien für das Unterstützungswesen zu erlassen,

   h) Geschäftsanweisungen für alle Organe und Einrichtungen des Bundes zu erlassen,

   i) über den Haushalt des Bundes Beschluß zu fassen,

   k) während einer Geschäftsperiode notwendige Ergänzungswahlen zum Bundesvorstand vorzunehmen,

   l) Ort und Termin für den nächsten Bundeskongreß festzulegen sowie die Tagesordnung vorzuschlagen.

3. Die Sitzungen des Bundesausschusses werden vom Bundesvorstand einberufen und geleitet. Sie finden nach Bedarf, mindestens jedoch vierteljährlich statt. Beantragt ein Drittel der Vertreter der Gewerkschaften im Bundesausschuß die Einberufung einer Sitzung mit bestimmten Tagesordnungspunkten, so hat der Bundesvorstand diesem Antrag stattzugeben und die gewünschten Punkte auf die Tagesordnung zu setzen.

§ 13 Die Revisionskommission

1. Zur Überwachung der Kassenführung und zur Prüfung der Jahresabrechnung des Bundes wählt der Bundesausschuß eine aus drei Mitgliedern bestehende Revisionskommission, welche diesem sowie dem Bundeskongreß über die vorgenommenen Prüfungen Bericht zu erstatten hat.

2. Die Revisionskommission hat vierteljährlich die Revision der Kasse des Bundes durchzuführen. Sie ist berechtigt, jederzeit weitere Revisionen vorzunehmen.

3. Die Mitglieder der Revisionskommission dürfen nicht Angestellte des Bundes sein.

§ 14 Landesbezirke

1. In der Regel wird für den Bereich eines Landes ein Landesbezirk errichtet. Die Abgrenzung der Landesbezirke erfolgt durch den Bundesvorstand im Einvernehmen mit dem Bundesausschuß.

2. Zur Erfüllung der Aufgaben im Landesbezirk werden folgende Organe geschaffen:

   der Landesbezirksvorstand,

   der Landesbezirksausschuß,

   die Landesbezirkskonferenz.

3. Der Landesbezirksvorstand besteht aus dem

   Landesbezirksvorsitzenden, den

   hauptamtlichen Vorstandsmitgliedern sowie

   weiteren Vorstandsmitgliedern.

   Der Landesbezirksvorstand wird durch die Landesbezirkskonferenz gewählt und bedarf der Bestätigung durch den Bundesausschuß.

4. Der Landesbezirksausschuß besteht in der Regel aus:

   je einem Bezirksleiter der Gewerkschaften

   oder seinem Stellvertreter,

   dem Landesbezirksvorstand sowie

   weiteren Vertretern.

5. Die Landesbezirkskonferenz besteht aus gewählten Vertretern der Gewerkschaften des Landesbezirks. Der Bundesvorstand erläßt im Einvernehmen mit dem Bundesausschuß Richtlinien für die Einberufung, Zusammensetzung und Durchführung der Landesbezirkskonferenzen sowie für die Teilnahme von Vertretern der Kreis- und Ortsausschüsse. Die Anzahl der Delegierten wird durch den Landesbezirksausschuß festgelegt. Die Zahl der auf jede Gewerkschaft entfallenden Delegierten ermittelt der Landesbezirksvorstand nach der Zahl der Mitglieder.

6. Für die Organe der Landesbezirke sind die Bundessatzung, die Beschlüsse des Bundeskongresses, des Bundesvorstandes und des Bundesausschusses verbindlich.

7. Den Landesbezirksvorständen obliegt insbesondere:

   a) den Bund innerhalb ihres Landesbezirks zu vertreten,

   b) alle gemeinsamen gewerkschaftlichen Angelegenheiten im Sinne des § 2 dieser Satzung im Landesbezirk zu behandeln,

   c) dem Bundesvorstand Bericht zu erstatten.

8. Der Landesbezirksausschuß hat den Landesbezirksvorstand bei der Durchführung seiner Aufgaben zu unterstützen und eine aus drei Mitgliedern bestehende Revisionskommission zu wählen.

9. Zu den Aufgaben und Befugnissen der Landesbezirkskonferenzen gehört insbesondere:

   a) Beschlußfassung über den Geschäfts- und Kassenbericht des Landesbezirksvorstandes,

   b) Wahl des Landesbezirksvorstandes,

   c) Anträge und Anregungen an den Bundesvorstand,

   d) Unterbreitung von Vorschlägen für die Landesgesetzgebung.

10. Für die Revisionskommission gilt § 13 sinngemäß.

11. Die Kosten für die Landesbezirke trägt der Bund.

12. Jeder Landesbezirk erhält für sich und die in seinem Bereich bestehenden Kreis- und Ortsausschüsse im Einvernehmen mit dem Bundesausschuß einen Haushalt. Die Landesbezirksvorstände sind innerhalb desselben verantwortlich zuständig.

§ 15 Kreis- und Ortsausschüsse

1. In der Regel wird für einen Arbeitsamtsbezirk ein Kreisausschuß errichtet. Nach Bedarf können die Kreisausschüsse innerhalb ihrer Bereiche im Einvernehmen mit dem Landesbezirksvorstand Nebenstellen bilden; in Großstädten können Ortsausschüsse errichtet werden.

2. Die Bildung der Kreis- und Ortsausschüsse erfolgt durch die Landesbezirksvorstände im Einvernehmen mit dem Bundesvorstand.

3. Die Kreis- bzw. Ortsausschüsse sind die Gemeinschaft der Kreis- oder Ortsverwaltungen der Gewerkschaften.

4. Zur Erfüllung der Aufgaben des Kreis- oder Ortsausschusses werden folgende Organe geschaffen:

> der Vorstand des Kreis- oder Ortsausschusses,
>
> die Delegiertenversammlung des Kreis- oder Ortsausschusses.

5. Der Vorstand des Kreis- oder Ortsausschusses besteht aus

> dem Geschäftsführenden Vorsitzenden sowie
>
> weiteren Vorstandsmitgliedern.

Der Vorstand wird durch die Delegiertenversammlung gewählt und bedarf der Bestätigung durch den Landesbezirksvorstand.

6. Die Delegiertenversammlung setzt sich zusammen aus den gewählten Vertretern der Gewerkschaften. Für die Einberufung und Durchführung der Delegiertenversammlungen erläßt der Bundesvorstand im Einvernehmen mit dem Bundesausschuß Richtlinien.

7. Den Vorständen der Kreis- und Ortsausschüsse obliegt innerhalb ihres Bereiches insbesondere:

a) den Bund zu vertreten,

b) die Weisungen des Bundesvorstandes und des Landesbezirksvorstandes durchzuführen,

c) alle gemeinsamen gewerkschaftlichen Angelegenheiten zu behandeln,

d) die allgemeine gewerkschaftliche Werbung durchzuführen,

e) leistungsschwache Gewerkschaften bei der Erfüllung ihrer Aufgaben zu unterstützen.

8. Auf Antrag einer Gewerkschaft kann der Bund für diese im Wege der Vereinbarung die Kassen- und Geschäftsführung ihrer Kreis- und Ortsverwaltungen ·ganz oder teilweise durch seine Kreis- und Ortsausschüsse übernehmen.

9. Die Vorstände der Kreis- und Ortsausschüsse sind dem zuständigen Landesbezirksvorstand für ihre Geschäftsführung verantwortlich.

10. Die Kosten für die Kreis- und Ortsausschüsse trägt der Bund gemäß § 14, Absatz 12.

§ 16 Publikationsorgan

Zur Förderung der Aufgaben des Bundes und zur Veröffentlichung der Bekanntmachungen des Bundesvorstandes gibt der Bund eine Bundeszeitung und weitere Bundeszeitschriften heraus.

§ 17 Abgrenzung der Organisationsgebiete

Für die Abgrenzung der Organisationsgebiete der angeschlossenen Gewerkschaften werden vom Bundeskongreß auf Vorschlag des Bundesvorstandes „Richtlinien für die Abgrenzung der Organisationsgebiete" geschaffen, die ein Bestandteil dieser Satzung sind. Diese Richtlinien können vom Bundesausschuß mit Zweidrittelmehrheit geändert werden.

§ 18 Schiedsgerichte

1. Streitigkeiten zwischen den im Bund vereinigten Gewerkschaften, die trotz Vermittlung des Bundesvorstandes nicht geschlichtet werden können, sind durch Schiedsgerichte zu entscheiden.

2. Auf Antrag einer Partei ist ein Schiedsgericht zu bilden.

3. Jedes Schiedsgericht besteht aus drei von den Hauptvorständen der beteiligten Gewerkschaften zu wählenden Schiedsrichtern und einem Vorsitzenden, den die Schiedsrichter selbst zu wählen haben. Werden Schiedsrichter von einer Partei nicht vorgeschlagen oder kommt eine Verständigung über den Vorsitzenden nicht zustande, so werden diese vom Bundesvorstand bestimmt.

4. Die Mitglieder des Schiedsgerichts dürfen den im Streit befindlichen Gewerkschaften nicht angehören.

5. Die Entscheidung des Schiedsgerichts ist mit Begründung den Parteien schriftlich zuzustellen.

6. Die Entscheidung ist endgültig und bindend, sofern sie nicht innerhalb eines Monats nach Zustellung durch Beschwerde beim Bundesvorstand angefochten wird.

7. Die Beschwerde ist nur zulässig, wenn durch Verfahren oder Urteil gegen die Grundsätze des Bundes verstoßen ist.

8. Über die Beschwerde entscheidet der Bundesausschuß. Er hat die Beschwerdegründe zu überprüfen und kann Zurückweisung an ein Schiedsgericht oder Abweisung der Beschwerde beschließen.

§ 19 Führung von Arbeitskämpfen

Für die Führung von Arbeitskämpfen beschließt der Bundesausschuß auf Vorschlag des Bundesvorstandes „Richtlinien zur Führung von Arbeitskämpfen". Diese Richtlinien sind für alle angeschlossenen Gewerkschaften bindend.

§ 20 Geschäftsjahr

Als Geschäftsjahr gilt das Kalenderjahr.

§ 21 Auflösung des Bundes

1. Die Auflösung des Bundes kann nur von einem ordnungsmäßig einberufenen Bundeskongreß beschlossen werden, wenn sich eine Zweidrittelmehrheit der stimmberechtigten Delegierten dafür entscheidet.

2. Bis zur Auflösung des Bundes haben die angeschlossenen Gewerkschaften ihre Verpflichtungen gegenüber dem Bund zu erfüllen.

3. Über die Verwendung des vorhandenen Bundesvermögens entscheidet der Bundeskongreß.

IX. Grundsätze, Richtlinien, Forderungen und Entschließungen

A. Wirtschaftspolitische Grundsätze des Deutschen Gewerkschaftsbundes

Die Gewerkschaften als Organisationen der Arbeiter, Angestellten und Beamten nehmen die wirtschaftlichen sozialen und kulturellen Interessen aller Werktätigen wahr. Sie setzen sich für eine Wirtschaftsordnung ein, in der die soziale Ungerechtigkeit und wirtschaftliche Not beseitigt und jedem Arbeitswilligen Arbeit und Existenz gesichert sind. Die Wirtschaftspolitik ist eines der wichtigsten Mittel zur Steigerung der wirtschaftlichen Gesamtleistung. Sie ist zugleich ein Kampfplatz, auf dem sich entscheidet, wieviel die einzelnen Interessengruppen an Arbeit und Leistung für die Gesamtheit aufzubringen haben und in welchem Umfange sie am volkswirtschaftlichen Ertrag beteiligt werden. Von diesen Tatsachen ausgehend, erheben die Gewerkschaften die folgenden

Grundsatzforderungen:

I. Eine Wirtschaftspolitik, die unter Wahrung der Würde freier Menschen die volle Beschäftigung aller Arbeitswilligen, den zweckmäßigsten Einsatz aller volkswirtschaftlichen Produktivkräfte und die Deckung des volkswirtschaftlich wichtigen Bedarfs sichert.

II. Mitbestimmung der organisierten Arbeitnehmer in allen personellen, wirtschaftlichen und sozialen Fragen der Wirtschaftsführung und Wirtschaftsgestaltung.

III. Überführung der Schlüsselindustrien in Gemeineigentum, insbesondere des Bergbaues, der Eisen- und Stahlindustrie, der Großchemie, der Energiewirtschaft, der wichtigen Verkehrseinrichtungen und der Kreditinstitute.

IV. Soziale Gerechtigkeit durch angemessene Beteiligung aller Werktätigen am volkswirtschaftlichen Gesamtertrag und Gewährung eines ausreichenden Lebensunterhaltes für die infolge Alter, Invalidität oder Krankheit nicht Arbeitsfähigen.

Eine solche wirtschaftspolitische Willensbildung und Wirtschaftsführung verlangt eine zentrale volkswirtschaftliche Planung, damit nicht private Selbstsucht über die Notwendigkeiten der Gesamtwirtschaft triumphiert.

Volkswirtschaftliche Planung hat nichts gemein mit der Zwangswirtschaft der vergangenen Jahre. Die kriegswirtschaftliche Zielsetzung verhinderte nach dem Motto „Kanonen statt Butter" die Erzeugung wichtigster Konsumgüter und führte durch die Bevorzugung der unproduktiven Rüstungspolitik trotz Anspannung aller Kapazitäten zwangsläufig zur Bewirtschaftung aller knappen Wirtschaftsgüter. Die nach dem Kriege verbliebene Zwangswirtschaft vermochte an diesem Notstand zunächst nichts zu ändern, da alle produktiven Kräfte erschöpft, die staatlichen Zusammenhänge zerrissen waren und die deutsche Währung vernichtet war.

Die Zwangswirtschaft der vergangenen Jahre war nicht mehr als eine Notstandsmaßnahme zur Verteilung lebenswichtiger Güter, die zur Vollversorgung nicht ausreichten und ohne Zwangsbewirtschaftung zum Untergang der nicht zahlungsfähigen Bevölkerung geführt hätten. Wo der Gütermangel behoben ist, verlieren Bezugscheine und Rationierungskarten für Konsumgüter ihren Sinn. Die ausreichende Güterversorgung wird um so schneller herbeigeführt und dauernd gesichert, je besser durch volkswirtschaftliche Planung die Ausnutzung aller produktiven Kräfte erreicht wird.

Volkswirtschaftliche Planung steht aber auch im Gegensatz zu der chaotischen Marktwirtschaft, die in Deutschland seit der Währungsreform herrscht und zu ungeheurer Kapitalverschwendung durch Fehlinvestitionen und Erzeugung von Luxusgütern, zur Ausbeutung der Verbraucher durch ungerechtfertigt hohe Preise, zu Kurzarbeit und Arbeitslosigkeit und sozialer Unsicherheit sowie zu einem weitgehenden Verfall der Wirtschaftseinheit geführt hat. Derartige wirtschaftliche Zustände sind nicht unabwendbares Schicksal, sondern Folgen einer fehlerhaften Wirtschaftsordnung und einer falschen Wirtschaftsführung.

Als die Wirtschaftswissenschaft die Gesetze der freien Marktwirtschaft niederschrieb, rechnete sie nicht mit der immer stärkeren Entwicklung jener Großunternehmungen, Trusts, Konzerne und Kartelle, die die Gesetze der freien Marktwirtschaft aufhoben. Heute ist die Marktwirtschaft weder frei noch sozial. Heute verhindert sie die freie Entfaltung; sie verschärft die ohnehin schon großen Gegensätze zwischen reich und arm. Sie ist unsozial und durch ihre Planlosigkeit unfähig, den schwierigen Aufgaben des Wiederaufbaues in Deutschland gerecht zu werden.

Volkswirtschaftliche Planung ist durchaus vereinbar mit den Grundrechten der menschlichen Freiheit. Die für die Mehrzahl der

Menschen wichtigste Freiheit, die von Not und der Furcht vor Not, wird durch sie erst erreicht werden. Volkswirtschaftliche Planung und die freie Konsumwahl, das Recht auf den Wechsel des Arbeitsplatzes und die Freiheit der Berufswahl sind keine Gegensätze. Der privaten Initiative und dem Leistungswettbewerb der Betriebsleitungen verbleibt im Rahmen der Lenkungsmaßnahmen ein weiter Spielraum.

Die Gewerkschaften fordern, daß der Auflösung des deutschen Wirtschaftslebens mit allen zur Verfügung stehenden Kräften entgegengearbeitet wird. Nur eine einheitlich geplante deutsche Wirtschaftspolitik kann den Wiederaufbau und die Existenzsicherung des schaffenden Volkes gewährleisten.

1. Volkswirtschaftlicher Gesamtplan

Jede konstruktive Wirtschaftsführung braucht einen volkswirtschaftlichen Gesamtplan, hinter dem der Wille stehen muß, alle Mittel der modernen Wirtschaftspolitik zur Durchführung des Planes einzusetzen. Eines der wichtigsten Mittel ist die Geld- und Kreditpolitik, die in die staatliche Konjunktur- und Investitionsplanung einzuordnen ist. Als Vertreter des Produktionsfaktors Arbeit haben die Gewerkschaften ein Anrecht darauf, an allen Planungs- und Lenkungsorganen maßgeblich beteiligt zu sein. Das Bankwesen ist entsprechend seiner gemeinwirtschaftlichen Aufgabe neu zu ordnen.

Die Organisation der Wirtschaftsverwaltung, insbesondere der verwaltungsmäßige Aufbau der Bundesregierung und der übrigen Bundes- und Landesbehörden, muß eine einheitliche und geschlossene Wirtschaftspolitik durch Koordination aller beteiligten Stellen, insbesondere der Wirtschafts-, Ernährungs-, Finanz- und Arbeitsministerien sowie der Zentralbankleitung gewährleisten.

In dem Maße, wie in der Wirtschaft die Willkür des freien Spiels der Kräfte durch bewußte Planung und Lenkung überwunden wird, müssen sich auch die Aufgaben und Funktionen der staatlichen Finanzpolitik verändern. Bisher beschränkt auf fiskalische Aufgaben, wird sie zu einem wichtigen Instrument der Wirtschaftsführung, insbesondere durch Regulierung der Kapitalbildung, Steuerung der Selbstfinanzierung und Lenkung der Investitions- und Betriebskredite. In einer planmäßig geführten Wirtschaft ist die staatliche Finanzpolitik in der Lage, mit dem Mittel der Krediterweiterung brachliegende produktive Kräfte und Mittel zum Einsatz zu bringen, ohne inflatorische Schäden herbeizuführen.

2. Überführung der Schlüsselindustrien in Gemeineigentum

Lenkungsmaßnahmen allein reichen zur Sicherung einer einheitlichen Wirtschaftspolitik nicht aus, nachdem die Entwicklung der modernen Industriestaaten — insbesondere im Kohlenbergbau, in der Eisen- und Stahlindustrie sowie in der Großchemie — zur Zusammenballung von Großunternehmungen und damit zur Schaffung von Machtgebilden geführt hat, die das gesamte gesellschaftliche Leben durchdringen und unter bestimmten Voraussetzungen in der Lage sind, Parteien, Parlamente und Regierungen unter ihre Botmäßigkeit zu zwingen.

Die Gewerkschaften fordern daher, gestützt auf die Artikel 14 und 15 des Grundgesetzes, die Vergesellschaftung der gewerblichen Urproduktion (Kohle-, Erz- und Ölgewinnung), der Basisindustrien (Eisen- und Stahlerzeugung, Industrien chemischer Grundstoffe), der Energiewirtschaft, der Versorgungsbetriebe, der wichtigen Verkehrseinrichtungen und der Kreditinstitute. Die Überführung in Gemeineigentum soll nur in Ausnahmefällen, in denen dies besonders zweckmäßig erscheint, durch Verstaatlichung erfolgen. Im allgemeinen sind besondere Körperschaften der wirtschaftlichen Selbstverwaltung zu bilden. In allen Aufsichts- und Verwaltungsorganen ist den Gewerkschaften ein maßgeblicher Einfluß einzuräumen. Nur so ist es möglich,

die Produktion der Grundstoffindustrien zu lenken;

die Kapazitäten dieser Industrien dem Bedarf anzupassen und entsprechend auszunutzen;

die Verteilung der entscheidenden Grundstoffe auf die volkswirtschaftlich zweckmäßigste Weise vorzunehmen;

eine demokratische Kontrolle dieser Unternehmungen zu sichern, deren Vorstände heute keiner wirklichen Kontrolle unterliegen;

die privatwirtschaftliche Ausnutzung dieser Schlüsselpositionen, z. B. in Form unangemessener Monopolpreise, zu verhindern;

den politischen Mißbrauch wirtschaftlicher Machtstellungen, z. B. die Korruption der öffentlichen Meinung, der Parteien und des Staatsapparates mit Hilfe finanzieller Zuwendungen, unmöglich zu machen.

In den Bereichen, die schon im größeren Umfange unter der Kontrolle der öffentlichen Hand stehen — z. B. Elektrizitäts-, Gas- und Verkehrswirtschaft —, müssen die volkswirtschaftlichen Gesichtspunkte gegenüber allen regionalen, fachlichen, privatwirtschaftlichen und sonstigen Sonderinteressen durchgesetzt werden. Dies erfordert u. a. den zentralen Ausgleich von Elektrizitätsversorgung und -verbrauch sowie die organisatorische Zusammenfassung von Schienen-, Binnenschiffahrts- und Straßenverkehr.

3. Demokratisierung der Wirtschaft notwendig

Die Erfahrungen der Jahre 1918 bis 1933 haben gelehrt, daß die formale politische Demokratie nicht ausreicht, eine echte demokratische Gesellschaftsordnung zu verwirklichen. Die Demokratisierung des politischen Lebens muß deshalb durch die Demokratisierung der Wirtschaft ergänzt werden. Soweit der Staat im Interesse einer vernünftigen Dezentralisierung öffentliche Funktionen auf Organe der Selbstverwaltung der Wirtschaft überträgt, dürfen dies nur paritätisch besetzte Organe sein, in denen Arbeitnehmer und Unternehmer gleichberechtigt sind.

Die Betriebe als Zellen der Volkswirtschaft arbeiten nicht zum Selbstzweck, sondern müssen auf das gemeinsame Wohl der gesamten Bevölkerung abgestellt sein. Ihre Existenz ist nicht in erster Linie eine Frage des vorhandenen Kapitals, sondern entscheidend abhängig vom Faktor Arbeit. Das Kapital kann nur durch die Arbeit des Menschen eine nützliche und wirksame Rolle spielen; es kann deshalb in den Betrieben nicht alleinbestimmend sein. Wir fordern daher die verantwortliche soziale, personelle und wirtschaftliche Mitbestimmung der Arbeitnehmer in allen Betrieben der Wirtschaft.

Die Entwicklung unseres Gesellschaftsrechtes hat im übrigen gezeigt, daß bei den Großunternehmungen der Kapitalträger — oft aufgeteilt in Tausende von Aktionären — nicht mehr in der Lage und gewillt ist, die Unternehmungen unmittelbar zu beeinflussen, sondern die Leitung immer mehr angestellten Direktoren überlassen hat, die deshalb heute in der Großindustrie die entscheidende Rolle spielen. Die Gewerkschaften verlangen daher, daß die Aufsichts- und Verwaltungsorgane der Großindustrie nicht mehr ausschließlich durch die Vertreter des Kapitals bestimmt, sondern daß Vertreter der Arbeitnehmerschaft durch ihre gewerkschaftlichen Organisationen maßgeblich eingeschaltet werden.

Eine demokratische Führung der Wirtschaft darf nicht durch privatwirtschaftliche kartell- und monopolartige Einrichtungen und Abreden untergraben werden. Daher wird die staatliche Kontrolle derartiger Gebilde unter Beteiligung der Gewerkschaften gefordert.

Die Sicherung einer demokratischen Wirtschaftsverfassung ist nicht nur eine Frage der Wirtschaftsordnung, sondern ebensosehr eine Frage der vorbehaltlosen, schnellen Unterrichtung der Öffentlichkeit über alle entscheidenden wirtschaftlichen Zustände und Vorgänge. Die Kenntnis dieser Zusammenhänge darf nicht das Monopol einer kleinen Gruppe wirtschaftlicher Machthaber sein. Die Gewerkschaften fordern deshalb eine wesentlich erweiterte Publizität der wirtschaftspolitischen und wirtschaftspraktischen Arbeit von Verwaltung, Wirtschaft und Finanz durch Statistik, ausführliche Bilanzveröffentlichungen und sonstige geeignete Maßnahmen.

4. Gesamtproblem: Volkswirtschaftliche Rationalisierung

Planmäßig und mit aller Energie ist die volkswirtschaftliche Rationalisierung als Gesamtproblem voranzutreiben. Der industrielle Produktionsapparat ist durchgreifend zu überholen und damit auf den höchstmöglichen Leistungsgrad zu bringen. Forschung und Entwicklung bedürfen einer planmäßigen Unterstützung und Förderung. Der Verteilungs- und Verkehrsapparat muß rationalisiert werden. Die Bauwirtschaft bedarf angesichts eines Fehlbestandes von fünf Millionen Wohnungen einer völligen Umstellung und Industrialisierung.

Die Rationalisierung in der kapitalistischen Wirtschaft führt zur Freisetzung von Menschen durch Maschinenkräfte und damit zur Gefahr hartnäckiger Arbeitslosigkeit. In der planmäßig gelenkten Wirtschaft erstreckt sich die Rationalisierung auf den gesamten Wirtschaftsprozeß, damit alle Kräfte und Mittel dem Ziele einer optimalen wirtschaftlichen Gesamtleistung dienen. Sie erstrebt Vollbeschäftigung aller Arbeitswilligen, damit höchstmögliche Erzeugung und steigende Kaufkraft zur Hebung des allgemeinen Lebensstandards beitragen.

Besondere Anstrengungen sind erforderlich, um die Produktivität der deutschen Landwirtschaft zu steigern. Rückständige Betriebe müssen, unter Umständen unter genossenschaftlicher Bewirtschaftung, auf einen Produktionsstand gebracht werden, der den Erkenntnissen der modernen Agrarwirtschaft entspricht.

5. Flüchtlingsproblem — Wohnungselend

Die schwierigsten, aber auch dringlichsten Probleme erwachsen der deutschen Wirtschaftsführung aus der Not der Heimatlosen und dem Wohnungselend.

Die Heimatvertriebenen haben ein Recht auf Wohnung und Arbeit. Die Zukunft der deutschen Demokratie ist davon abhängig, daß sie als vollwertige Bürger in die Gemeinschaft ihrer neuen Heimat hineinwachsen. Ihre Arbeitslosigkeit ist keine Konjunkturerscheinung, die man nur mit konjunkturpolitischen Mitteln bekämpfen könnte. Sie kann nur beseitigt werden durch entsprechende Änderungen der deutschen Wirtschaftsstruktur. Die Heimatvertriebenen müssen beschleunigt in das wirtschaftliche Leben eingegliedert werden; diesem Zweck hat auch der Lastenausgleich zu dienen. Unter Hintansetzung aller eigensüchtigen Länderinteressen muß dafür gesorgt werden, daß die Heimatlosen ihrer Eignung entsprechend durch Umsiedlung an die Arbeitsstätten herangebracht werden.

Die deutsche Wirtschaftskraft wurde im Kriege durch die Zerstörung der Wohnstätten der arbeitenden Bevölkerung entscheidend getroffen. Der Wiederaufbau der Wirtschaft verlangt nunmehr die massierte Wiedererrichtung von Arbeiterwohnstätten. Ein Fehlbestand von fünf Millionen Wohnungen kann nicht passiv hingenommen werden. Die außerordentliche Schwere des Wohnungselends verlangt außerordentliche Mittel. Die Gewerkschaften fordern daher:

die Aufstellung eines Wohnungsbauprogramms, dessen Größenordnung der Schwere der Wohnungsnot entspricht;

die Koordinierung aller Wohnungsbaubehörden unter einer zentralen Bundesinstanz für den sozialen Wohnungsbau;

Beschaffung und planmäßige Lenkung ausreichender Finanzierungsmittel, einschließlich der Kreditschöpfung;

stärkste Industrialisierung der Bauwirtschaft mit dem Ziele der Kostensenkung, der Zeitersparnis und der Überwindung des Saisoncharakters der Bauwirtschaft.

6. Sicherung der Reallöhne

Ein angemessener Lohn kann durch die Lohnpolitik zwar angestrebt, aber nicht unter allen Umständen gesichert werden. Jede Erhöhung der Löhne kann durch Steigerung der Lebenshaltungskosten zunichte gemacht werden. Die Gewerkschaften fordern deshalb, daß eine aktive Preispolitik die Reallöhne der abhängigen Erwerbstätigen sichert. Die wichtigsten Güter des Existenzbedarfs der Werktätigen sind unter Preiskontrolle zu halten. Bei normaler Versorgungslage, die oberstes Ziel einer Politik der Vollbeschäftigung ist, genügt eine auf das Wichtigste beschränkte, elastische Preiskontrolle mit geringem Aufwand. Gewinne dürfen nur einer echten wirtschaftlichen Leistung zufallen.

Die Ordnung des Steuerwesens muß auf die Sicherung eines auskömmlichen Lohnes für jede Arbeit abgestellt werden. Die Steuerfreigrenze ist heraufzusetzen, die steuerliche Belastung von Gütern des Massenkonsums auf das äußerste einzuschränken.

7. Für europäische Wirtschaftsgemeinschaft

Die Existenz des deutschen Volkes hängt entscheidend von der Gestaltung der außenwirtschaftlichen Beziehungen ab. Die Gewerkschaften fordern, daß die Einfuhr ausländischer Waren durch volkswirtschaftliche Notwendigkeiten, nicht aber durch privatwirtschaftliches Gewinnstreben und die Ansprüche der kaufkräftigen Schichten bestimmt wird. Die Ausfuhr muß von ausländischen Reglementierungen befreit und mit dem Ziele einer sinnvollen Eingliederung in den Welthandel systematisch gefördert und gesteigert werden. Die Gewerkschaften bekennen sich zur europäischen Wirtschaftsgemeinschaft; sie fordern deshalb die positive Mitarbeit von Staat und Wirtschaft in einer europäischen Gesamtplanung und die Förderung aller Bestrebungen, die auf europäische Gemeinschaftsarbeit gerichtet sind. Dem Wiederaufbau des innereuropäischen Handels, in dem der Handel mit Ost- und Südosteuropa ein unerläßlicher Bestandteil ist, ist die größte Aufmerksamkeit zu schenken.

Die europäischen Handels- und Zahlungsbilanzen sind völlig unausgeglichen. Das gilt insbesondere für die deutsche Handels- und Zahlungsbilanz. Für eine echte, europäische Wirtschaftsplanung sind bisher kaum Ansatzpunkte vorhanden. Die Gewerkschaften begrüßen daher die Hilfe, die das amerikanische Volk durch den Marshall-Plan gewährt. Der Marshall-Plan enthält die stärkste Triebkraft für die Organisation einer europäischen Gemeinschaftsarbeit. Der wirtschaftliche Wiederaufbau und die Eingliederung Deutschlands in die europäische und internationale Gemeinschaft der demokratischen Staaten erfordern, daß auch Deutschland die unabdingbaren Rechte eines jeden freien und demokratischen Staates zuerkannt werden. Dazu gehört das Recht des deutschen Volkes, in Freiheit über sein wirtschaftliches und politisches Gesamtschicksal zu entscheiden. Die Aufspaltung Deutschlands in eine östliche und westliche Zone mit verschiedenen Sozialordnungen muß fallen. Dazu gehört aber auch die Freiheit von jeder wirtschaftlichen Bevormundung durch andere Staaten, mit denen Deutschland im wirtschaftlichen Wettbewerb steht. Überstaatliche Einrichtungen, denen sich Deutschland niemals verschließen darf, müssen einen wirklich internationalen Charakter tragen, so daß ein wirtschaftlicher Mißbrauch durch die Wettbewerber auf dem Weltmarkt ausgeschlossen ist. Nur dann ist Deutschland in der Lage, den größtmöglichen Beitrag zur europäischen Wirtschaftsgemeinschaft und damit zum Weltfrieden zu leisten.

Die Herstellung einer Ordnung, in der der arbeitende Mensch Subjekt und nicht nur Objekt wirtschaftlichen Geschehens ist, ist die Voraussetzung für den Bestand einer freiheitlichen Demokratie.

Sie gewährleistet erst jedem Menschen ohne Unterschied des politischen Bekenntnisses, des Glaubens und der Rasse ein freies und menschenwürdiges Leben; sie ist die Grundlage gesellschaftlichen und kulturellen Fortschrittes und sichert die friedliche Zusammenarbeit der Völker.

Seit ihren Anfängen hat die Gewerkschaftsbewegung diesen hohen Zielen gedient. Heute ist die Zeit reif für ihre Verwirklichung. Das Tempo der Verwirklichung hängt ab von der Erkenntnis und Einigkeit derer, die mehr als alle anderen Volksschichten ein unmittelbares Interesse an der Schaffung und Sicherung einer gerechten und sozialen Wirtschaftsordnung, einer freien Demokratie und friedlichen Zusammenarbeit aller Völker haben müssen.

In diesen entscheidenden Jahren nach dem Zusammenbruch des volksfeindlichen Systems des Terrors und der Diktatur rufen die deutschen Gewerkschaften alle Werktätigen auf, geeint im Wollen und bewußt ihrer Verpflichtung, für diese großen Ziele tatkräftig und unerschrocken zu wirken.

B. Sozialpolitische Grundsätze des Deutschen Gewerkschaftsbundes

I.

Als Selbsthilfeorganisationen gebildet, sind die Gewerkschaften durch die Erweiterung ihres Aufgabenkreises über diesen ihren ursprünglichen Charakter hinausgewachsen. Dennoch ist die sozialpolitische Arbeit immer eine der vornehmsten und bedeutsamsten Aufgaben der Gewerkschaften.

Die Gewerkschaften betrachten als Sozialpolitik alle Maßnahmen und Bestrebungen in der Gesellschaft, die der Sicherung der Existenz des arbeitenden Menschen und seiner Familie, dem Schutze seiner Arbeitskraft, der Existenzsicherung der Arbeitsunfähigen und unfreiwillig Arbeitslosen sowie der Hebung des Lebensstandards dieser Gruppen dienen und der Würde des arbeitenden Menschen gerecht werden.

Sozialpolitische Arbeit der Gewerkschaften ist einerseits Selbsthilfe, d. h. Kampf um die Verbesserung der Lebenslage und der Arbeitsbedingungen der Arbeitnehmer mit den sozialen Gegenspielern, den Arbeitgebern. Sie ist andererseits Beeinflussung der Gesetzgebung, damit diese den sozialpolitischen Erfordernissen Rechnung trägt.

II.

Die Freiheit der Gewerkschaftsbewegung erfordert allseitige und uneingeschränkte Anerkennung des Koalitionsrechts. Koalitionsrecht ist nicht nur die Freiheit und das Recht der Arbeitnehmer, sich miteinander zu vereinigen zur Erlangung günstiger Arbeits- und Wirtschaftsbedingungen; es schließt das Recht der Koalitionen der Gewerkschaften zur Selbstbestimmung ihres Aufgaben- und Zuständigkeitsbereiches sowie das Recht des Arbeitskampfes zur Erreichung ihrer Ziele ein.

III.

Die Regelung der Lohn- und Arbeitsbedingungen ist Angelegenheit der Unternehmer und der Gewerkschaften, die ihre Vereinbarungen in voller Selbstverantwortung zu treffen haben. Dem haben Gesetzgebung und Verwaltung Rechnung zu tragen.

IV.

Für besonders schutzbedürftige Arbeitnehmergruppen und solche, bei denen die Voraussetzungen zur tarifvertraglichen Regelung der Lohn- und Arbeitsbedingungen fehlen, sind unter maßgeblicher Beteiligung der Gewerkschaften Mindestarbeitsbedingungen festzusetzen.

V.

Der Unterschied in der Lebenshaltung des unverheirateten Arbeitnehmers gegenüber dem verheirateten Arbeitnehmer, der für mehrere Kinder zu sorgen hat, ist ein sozialpolitisches Problem, dem mit der Lohngestaltung allein nicht beizukommen ist. Die immer stärkere Entwicklung zum Leistungslohn vertieft diesen Unterschied und zwingt zu Maßnahmen, die einen Ausgleich schaffen. Durch die Gewährung eines nach dem Familienstand abgestuften Lohnes durch den Betrieb kann dieses Problem nicht gelöst werden, da ein solcher Lohn zu Benachteiligungen des kinderreichen Arbeitnehmers bei Einstellungen und Entlassungen führen würde. Es muß daher auf überbetrieblicher Grundlage ein Ausgleich geschaffen werden, der — neben ausreichender Berücksichtigung des Familienstandes in der Steuergesetzgebung — dem kinderreichen Arbeitnehmer und seinen Angehörigen durch die Gewährung von Beihilfen eine angemessene Lebenshaltung ermöglicht.

VI.

Aufgabe des Staates ist die Erfüllung der der Gesellschaft obliegenden Verpflichtung, Vorsorge zu treffen für einen angemessenen Lebensunterhalt der Arbeitsunfähigen und der ohne eigenes Verschulden Arbeitslosen. Hierbei ist in der Gesetzgebung jede nachteilige Behandlung einzelner Gruppen aufzugeben.

Daher fordern die Gewerkschaften einen Neuaufbau der Sozialversicherung, der unter Beseitigung der Zersplitterung in zweckmäßiger Organisationsform ausreichende Leistungen sicherstellt und in der Aufbringung der Mittel der gesellschaftlichen Verpflichtung der Fürsorge für die dauernd Arbeits- und Erwerbsunfähigen Rechnung trägt.

Die Sozialversicherung ist als eigene Angelegenheit der Versicherten unter deren Selbstverwaltung zu stellen.

Die Arbeitslosenversicherung und mit ihr die Arbeitsvermittlung sind einer für das ganze Bundesgebiet zu errichtenden Anstalt in Selbstverwaltung zu übertragen. Die Beschlußfassung in den Organen der Anstalt obliegt den von den Gewerkschaften und den Vereinigungen der Arbeitgeber zu benennenden Vertretern.

Die Unterstützung der Arbeitslosen bei Massenarbeitslosigkeit, die immer durch politische Ereignisse oder Fehler der Wirtschaftspolitik verursacht ist, kann nicht aus den von den Arbeitnehmern und den Unternehmungen und Betrieben aufgebrachten Beiträgen erfolgen. Für sie hat der Staat die notwendigen Mittel zur Verfügung zu stellen.

VII.

Aufgabe des Staates ist ferner ein ausreichender Schutz des Arbeitnehmers gegen Ausbeutung und gegen die ihm an seiner Arbeitsstelle und aus seiner Arbeit drohenden Unfall- und Gesundheitsgefahren.

Daher ist ein ausreichender Arbeitszeitschutz notwendig, der insbesondere den erwerbstätigen Frauen und den Jugendlichen Schutz vor einer Überbeanspruchung ihrer Kräfte gewährt, der erwerbstätigen Frau ausreichende Freizeit zur Erfüllung ihrer Aufgaben als Frau und Mutter sichert und den Jugendlichen die notwendige Zeit zu Schulung und Bildung gibt.

Frauen und Jugendliche müssen auch vor der Beschäftigung mit Arbeiten geschützt werden, die ihre Kräfte übersteigen und ihrer körperlichen Konstitution nicht entsprechen.

Die verstärkte Einschaltung der Frau und anderer bisher nicht erwerbstätiger Personen ins Erwerbsleben infolge der sozialen Umschichtung unseres Volkes, die Einwirkung von Krieg und Kriegsfolgen auf die betrieblichen Verhältnisse gebieten neben dem Ausbau der gesetzlichen Vorschriften eine verstärkte Überwachung der Betriebe bezüglich des Arbeitsschutzes, insbesondere des Unfall- und Gesundheitsschutzes. Die Gewerkschaften fordern daher eine Zusammenfassung der für den Arbeitsschutz zuständigen Behörden und Stellen zu einheitlichen Arbeitsschutz- und Aufsichtsbehörden, in denen den Gewerkschaften ein maßgeblicher Einfluß zu gewähren ist.

VIII.

Die Zersplitterung und Uneinheitlichkeit der arbeitsrechtlichen Gesetzgebung muß beseitigt werden durch die Schaffung eines einheitlichen Arbeitsrechts, das in einem Arbeitsgesetzbuch zusammenzufassen ist. Das zu schaffende einheitliche Arbeitsrecht muß insbesondere folgende Forderungen erfüllen:

1. Die Arbeit ist eine persönliche Leistung des einzelnen für die Gesellschaft. Sie darf nicht als Ware gewertet werden.

   Für gleiche Arbeit und gleiche Leistung besteht Anspruch auf gleichen Lohn.

2. Alle Maßnahmen und Abreden, die das Koalitionsrecht einschränken oder behindern, sind rechtswidrig.

3. Das Recht des Arbeitskampfes ist den Gewerkschaften zu gewährleisten mit der Maßgabe, daß nicht rechtswidrig handelt, wer sich an einem gewerkschaftlichen Kampf beteiligt.

4. Als Gesamtvereinbarungen zur Gestaltung der Arbeitsbedingungen haben Tarifverträge unmittelbare Wirkung und sind

unabdingbar. Jede Umgehung der im Tarifvertrag festgesetzten Regelungen ist rechtswidrig.

Zwangstarife sind unzulässig.

5. Jedem Arbeitnehmer ist ein bezahlter Mindesturlaub zu gewährleisten.

6. Die Freizügigkeit der Arbeitnehmer muß gesichert werden.

7. Keinem Arbeitnehmer darf das Arbeitsverhältnis ohne hinreichende sachliche Gründe gekündigt werden.

8. Für alle arbeitsrechtlichen Streitigkeiten einschließlich solcher aus der Sozialversicherung und der Arbeitslosenversicherung sind die Arbeitsgerichte zuständig. Diese unterstehen verwaltungsmäßig den Arbeitsministerien.

C. Richtlinien des Deutschen Gewerkschaftsbundes zur Führung von Arbeitskämpfen

Die Regelung der Arbeitsbedingungen und die Führung von Arbeitskämpfen ist grundsätzlich Angelegenheit der zuständigen Gewerkschaften. Die dem Deutschen Gewerkschaftsbund angeschlossenen Gewerkschaften verpflichten sich jedoch zur Einhaltung folgender gemäß § 2 Ziff. 2 m der Bundessatzung beschlossener Richtlinien:

I. Regeln für Arbeitskämpfe einzelner Gewerkschaften

§ 1

1. Es ist Aufgabe jeder Gewerkschaft, in ihrer Satzung diesen Richtlinien entsprechende Bestimmungen über die Einleitung und Durchführung von Bewegungen und Arbeitskämpfen sowie über die Leistung von Unterstützungen aufzunehmen.

2. Die Arbeitsniederlegung ist nur als letztes Mittel zur Durchsetzung gewerkschaftlicher Forderungen, insbesondere besserer Lohn- und Arbeitsbedingungen, oder zur Abwehr von Verschlechterungen anzuwenden.

3. Vor jeder Arbeitseinstellung sind alle Verhandlungsmöglichkeiten auszuschöpfen.

§ 2

1. Die Einleitung und Durchführung von Arbeitskämpfen bedarf der Genehmigung des Hauptvorstandes der Gewerkschaft.
2. Anträge auf Einleitung oder Fortsetzung eines Arbeitskampfes erfordern die durch geheime Abstimmung festzustellende Unterstützung von mindestens 75 Prozent der abstimmungsberechtigten Beteiligten.

§ 3

1. Abstimmungsberechtigt sind alle an der Bewegung beteiligten Gewerkschaftsmitglieder, die mindestens 17 Jahre alt und 3 Monate gewerkschaftlich organisiert sind und sich nicht im Lehrverhältnis befinden. Ausnahmen hiervon kann der Hauptvorstand der Gewerkschaft vornehmen.
2. Bei der Entscheidung über die Genehmigung von Arbeitskämpfen haben die Hauptvorstände nicht nur das Abstimmungsergebnis, sondern auch die Gesamtumstände, wie Konjunktur und Auswirkung auf andere Betriebe und andere Wirtschaftszweige, zu berücksichtigen.

§ 4

Bei größeren Bewegungen, bei denen ein Streik geplant oder eine Aussperrung angekündigt wird, haben die Hauptvorstände dem Bundesvorstand zu berichten.

II. Gemeinsame Bewegungen

§ 5

1. Erstreckt sich eine Bewegung über den Zuständigkeitsbereich mehrerer Gewerkschaften, so ist bei Einleitung und Durchführung derselben zwischen den Hauptvorständen eine Verständigung über das Ziel der Bewegung und das gemeinsame Vorgehen herbeizuführen. Auf Antrag einer der beteiligten Gewerkschaften kann der Bundesvorstand bei dieser Verständigung mitwirken.
2. Der Bundesvorstand kann, wenn die Gesamtsituation dies erfordert, auf einzelne Gewerkschaften einwirken, Arbeitskämpfe zu beenden, er kann aber auch am Arbeitskampf bis dahin nicht beteiligte Gewerkschaften zur gewerkschaftlichen Solidarität anregen.

III. Arbeitskämpfe in lebenswichtigen Betrieben und Notstandsarbeiten

§ 6

Die Hauptvorstände sind verpflichtet, vor Einleitung von Arbeitskämpfen in lebenswichtigen Betrieben wie Lebensmittel-Erzeugungsbetrieben, solchen der Kraft-, Gas- oder Wasserversorgung, der Kanalisation, des öffentlichen Gesundheitswesens, der Bestattung, des Verkehrs, des Kohlenbergbaus u. a. dem Bundesvorstand von diesem Vorhaben Mitteilung und dabei Angaben über die Gründe, Art und das geplante Ausmaß der Kampfmaßnahmen zu machen sowie auch darüber, welche Notstandsarbeiten im Falle der Arbeitsniederlegung verrichtet werden sollen. Falls nach Auffassung des Bundesvorstandes durch eine solche Kampfmaßnahme das Allgemeininteresse es geboten erscheinen läßt, kann er Maßnahmen ergreifen, um eine Verständigung zwecks Behebung der Differenzen herbeizuführen. Die Kampfmaßnahme ist so lange auszusetzen, bis alle vertretbaren Möglichkeiten zur Behebung des Konflikts ausgeschöpft sind. Bei Meinungsverschiedenheiten zwischen dem Bundesvorstand und den am Konflikt beteiligten Gewerkschaften kann der Bundesausschuß zur Entscheidung angerufen werden.

§ 7

Jede Gewerkschaft hat in ihren Satzungen für alle Arbeitskämpfe Vorschriften aufzunehmen, daß die vom Hauptvorstand bezeichneten bzw. im Einzelfall angeordneten Notstandsarbeiten auszuführen sind.

Diese Bestimmungen müssen für die Mitglieder eine bindende Verpflichtung enthalten. Mitglieder, die sich weigern, angeordnete Notstandsarbeiten zu übernehmen und auszuführen, haben keinerlei Anspruch auf gewerkschaftliche Unterstützung während des Arbeitskampfes. Die Verweigerung von Notstandsarbeiten ist als grobe Schädigung gewerkschaftlicher Interessen zu behandeln.

IV. Allgemeine Bestimmungen

§ 8

1. Werden Gewerkschaftsmitglieder durch einen Streik, an dem sie nicht selbst beteiligt sind, an der Fortsetzung ihrer Arbeit gehindert, z. B. durch Ausbleiben der Rohstoffe, der Betriebs-

kraftversorgung usw., so gelten sie in dieser Zeit als arbeitslos, es sei denn, daß durch besondere Umstände auch diesen Mitgliedern der Anspruch auf die Streikunterstützung zuerkannt werden muß. Sind in solchem Falle mehrere Gewerkschaften beteiligt, so haben sie sich über die Unterstützungsfrage vorher zu verständigen.

2. Mitglieder, die wegen Verweigerung von Streikarbeit entlassen werden, haben Anspruch auf die Streikunterstützung, wenn sie sich vorher mit ihrer zuständigen gewerkschaftlichen Vertretung in Verbindung gesetzt und diese der Arbeitsverweigerung zugestimmt hat.

§ 9

Bei Streiks, die nicht nach diesen Richtlinien eingeleitet und nicht von dem Hauptvorstand genehmigt sind, ist die Unterstützung aus Gewerkschaftsmitteln zu versagen.

§ 10

Jede Gewerkschaft, in deren Bereich ein nicht beschlossener und nicht genehmigter Streik ausbricht, hat die Pflicht, durch ihre Vertreter unter möglichster Wahrung der Interessen der Arbeitnehmer auf eine baldige Wiederaufnahme der Arbeit hinzuwirken. Kommen mehrere Gewerkschaften in Betracht, so haben sie in diesem Sinne zusammenzuwirken. Von den gewerkschaftlich organisierten Mitgliedern muß verlangt werden, daß sie unbedingt den gewerkschaftlichen Weisungen Folge leisten.

V. Bundeshilfe

§ 11

Der Bundesausschuß kann in besonderen Fällen, wenn die Durchführung eines Arbeitskampfes im allgemeinen Gewerkschaftsinteresse liegt, der am Arbeitskampf beteiligten Gewerkschaft finanzielle Hilfe aus Bundesmitteln gewähren. Solche Hilfe durch den Bund hat zur Voraussetzung,

a) daß die Gewerkschaft bei der Einleitung des Kampfes die gebotene Vorsicht geübt und die gewerkschaftlichen Regeln, insbesondere diese Richtlinien, beachtet hat;

b) daß die Unterstützungssätze der Gewerkschaft sich im Rahmen der vom Bundesausschuß beschlossenen Richtlinien halten;

c) daß die Gewerkschaft dem Bundesvorstand das Mitbestimmungsrecht über alle taktischen Maßnahmen und bei der Leitung des Kampfes bis zu seiner Beendigung einräumt.

Die Bundeshilfe kann davon abhängig gemacht werden, daß die Gewerkschaft die eigenen Mitglieder in angemessener Wcise über die normale Beitragsleistung hinaus zur Finanzierung des Arbeitskampfes heranzieht.

§ 12

In besonderen Fällen kann der Bundesausschuß allgemeine Sammlungen veranlassen. Kreis- und Ortsausschüsse oder Landesbezirke sind nicht berechtigt, ohne Auftrag des Bundesvorstandes solche Sammlungen vorzunehmen. Alle bei solchen Sammlungen eingehenden Gelder sind an die Bundeskasse abzuführen.

D. Richtlinien für die Angestelltenarbeit im Deutschen Gewerkschaftsbund

I. Den Hauptvorständen der Gewerkschaften wird empfohlen, sich in verstärktem Maße der Vertretung der Angestelltenmitglieder ihrer Gewerkschaften zu widmen und, soweit dies noch nicht geschehen ist, Angestelltensekretariate einzurichten, um eine systematische Interessenvertretung der Angestelltenmitglieder in den Gewerkschaften durchführen zu können.

Insbesondere sollen die Angestelltenmitglieder in den Ortsverwaltungen in besonderen Gruppen zusammengefaßt und stärker als bisher zu ehrenamtlicher Tätigkeit herangezogen werden.

II. Um eine einheitliche und nachdrückliche Interessenvertretung der Angestelltenmitglieder aller Gewerkschaften im Deutschen Gewerkschaftsbund zu sichern, wird der Bundesvorstand beauftragt, im Einvernehmen mit dem Bundesausschuß innerhalb des Bundes folgende Einrichtungen zu schaffen:

1. ein Bundesangestelltenreferat;
2. einen Bundesangestelltenausschuß, der sich in Zusammenarbeit mit dem Bundesangestelltenreferat mit allen Angestelltenfragen befaßt, die Auffassung der einzelnen beteiligten Gewerkschaften aufeinander abstimmt und die gesamte Angestelltenarbeit aktiviert.

Dieser Ausschuß setzt sich zusammen aus je einem Angestelltenvertreter bzw. Sekretär für Angestelltenfragen der dem Bund angeschlossenen Gewerkschaften und aus den Angestelltensachbearbeitern bei den Landesbezirksvorständen.

3. Angestelltenreferate bei den Landesbezirken;

4. Bezirksangestelltenausschüsse zur Unterstützung dieser Angestelltenreferate. Diesen Ausschüssen sollen angehören die Angestelltensachbearbeiter in den Bezirksleitungen der Gewerkschaften und Vertreter für Angestelltenfragen aus den Kreis- bzw. Ortsausschüssen.

Ferner soll eine besondere Zeitschrift für Angestelltenfragen ab 1. Januar 1950 herausgegeben werden. Diese Zeitschrift soll monatlich einmal erscheinen.

E. Richtlinien für die Beamtenarbeit im Deutschen Gewerkschaftsbund

I. Um die einheitliche und nachdrückliche Interessenvertretung der Beamtenmitglieder der Gewerkschaften im Deutschen Gewerkschaftsbund zu sichern, wird der Bundesvorstand beauftragt, im Einvernehmen mit dem Bundesausschuß innerhalb des Bundes folgende Einrichtungen zu schaffen:

1. ein Bundesbeamtenreferat;

2. einen Bundesbeamtenausschuß, der sich in Zusammenarbeit mit dem Bundesbeamtenreferat mit allen Beamtenfragen befaßt, die Auffassungen der einzelnen beteiligten Gewerkschaften aufeinander abstimmt und die gesamte Beamtenarbeit aktiviert;

3. Beamtenreferate bei den künftigen Landesbezirken;

4. Bezirksbeamtenausschüsse zur Behandlung der auf Länder- und Bezirksebene anfallenden Beamtenfragen.
   Der Vorsitzende des Bezirksbeamtenausschusses gehört dem Landesbezirksvorstand des Deutschen Gewerkschaftsbundes an.

Ferner soll eine besondere Zeitschrift für Beamtenfragen herausgegeben werden; diese Zeitschrift soll monatlich einmal erscheinen.

II. Bis zur Schaffung der Beamtenreferate im Deutschen Gewerkschaftsbund wird die Arbeitsgemeinschaft der Gewerkschaften mit der Wahrnehmung aller anfallenden Beamtenfragen betraut.

F. Forderungen des Deutschen Gewerkschaftsbundes für die arbeitende Jugend

Unter den gegenwärtigen sozialen Verhältnissen leidet vor allem die arbeitende Jugend. Ihre materielle und seelische Not ist besonders groß. Die Berufswahl der Jugend ist nicht allein von ihrer Neigung und Veranlagung abhängig, sondern wird weitgehend diktiert von der Not der Zeit. Die Schul- und Berufsausbildung der jungen Menschen leidet unter den finanziellen Sorgen der Eltern. Für ungezählte Jugendliche sind wertvollste Kulturgüter unerreichbar.

Die Gewerkschaften fühlen sich verantwortlich für das Schicksal der arbeitenden Jugend und sind entschlossen, die Jugendlichen im Kampf um ihre Rechte zu unterstützen. Über eine halbe Million Jugendlicher hat in den Gewerkschaften diesen Kampf bereits aufgenommen.

Die Gewerkschaften lenken dabei den Blick der Jugendlichen auf Erfolge ihrer jahrzehntelangen Arbeit, wie Achtstundentag, Sonntagsruhe, bezahlter Urlaub, Tariflöhne, Verbot der Kinderarbeit und Schutz der Jugendlichen.

Es ist Pflicht der Jugend, selbst überall in den Gewerkschaften mitzuarbeiten, um diese Errungenschaften nicht nur zu erhalten, sondern weiter auszubauen.

Die im Deutschen Gewerkschaftsbund zusammengeschlossenen Gewerkschaften fordern:

daß allen Jugendlichen die ihren Anlagen und Fähigkeiten entsprechende Möglichkeit der Ausbildung gewährleistet wird, ohne Rücksicht auf die soziale und finanzielle Lage der Eltern;

Verbesserung des Jugendarbeitsschutzes und verstärkten Schutz der Jugend im Betriebe;

Heranbildung des Nachwuchses in Handel, Industrie, Handwerk und Verwaltung unter paritätischer Mitwirkung der Gewerkschaften;

ein fortschrittliches Berufsausbildungsgesetz;

Ausbau des Berufsschulwesens;

Aufnahme von Lehrstoff über Gewerkschaftsbewegung, Sozial- und Wirtschaftspolitik in die Lehrpläne aller Schulen;

Schaffung von Lehrwerkstätten;

tarifvertragliche Regelung der Lehrlingsvergütungen in allen Wirtschaftszweigen;

gleicher Lohn auch für jüngere Arbeitnehmer bei gleicher Arbeit und Leistung;

Schaffung von Jugendherbergen, Freizeitheimen sowie Sport- und Spielplätzen, verbilligtes Jugendwandern und -reisen;

Erhöhung und gerechte Verteilung der öffentlichen Mittel für zweckgebundene Aufgaben der Jugendpflege.

Die Durchsetzung dieser Forderungen verlangt stärkste Mitarbeit der Jugend in den Gewerkschaften. Dazu ruft der Kongreß die gesamte berufstätige Jugend auf.

*

Der Bundesvorstand wird beauftragt, Referate für Jugendfragen zu errichten.

Bundesvorstand und Bundesausschuß werden beauftragt, Richtlinien über die Zusammensetzung und Aufgaben der zu bildenden Jugendausschüsse zu erlassen.

G. Forderungen des Deutschen Gewerkschaftsbundes für die erwerbstätigen Frauen

Die Industrialisierung und die Folgen zweier Weltkriege haben die Stellung der Frau in der Gesellschaft wesentlich verändert. Millionen von Frauen sind heute darauf angewiesen, den Lebensunterhalt für sich und ihre Angehörigen zu verdienen. Für den größten Teil dieser Frauen handelt es sich dabei nicht mehr um eine zeitlich begrenzte Erwerbstätigkeit. Hunderttausende von berufstätigen Frauen tragen als Hausfrau und Mutter eine doppelte Last.

Diesen Tatsachen tragen die Gewerkschaften Rechnung, indem sie die Interessen der Frauen in erhöhtem Maße wahrnehmen.

Die Gewerkschaften begrüßen die Anerkennung ihrer seit Jahrzehnten erhobenen Forderung auf Gleichberechtigung von Mann und Frau durch das Grundgesetz der Bundesrepublik Deutschland. Sie betrachten es als eine ihrer vornehmsten Aufgaben, für die Verwirklichung dieses Grundsatzes auf sozialem und wirtschaftlichem Gebiete zu sorgen.

Die Gewerkschaften erheben daher insbesondere folgende Forderungen:

1. Sicherung des Rechtes der Frau auf Arbeit
   durch

   Erschließung neuer Berufe, die der körperlichen Eignung der Frau entsprechen,

   Förderung der beruflichen Ausbildung,

   Bereitstellung von Lehrstellen,

   gleiche Aufstiegsmöglichkeiten in Betrieben und Verwaltungen für Mann und Frau.

2. Gleicher Lohn bei gleicher Arbeit und Leistung.

3. Ausbau des Arbeitsschutzes für die Frau,

   Verbot aller Arbeiten, die der Konstitution der Frau unzuträglich sind,

   Ausbau der Arbeitsschutzbestimmungen und Durchführung des Arbeitszeitschutzes,

   ausreichender gesetzlicher Mutterschutz,

   Errichtung und Verbesserung sozialer Einrichtungen zur Entlastung der erwerbstätigen Frau und Mutter,

   Schutz der Heimarbeiterinnen und Hausgehilfinnen durch ausreichende Mindestarbeitsbedingungen,

   stärkere Heranziehung von Frauen für den Gewerbeaufsichtsdienst nach Vorschlägen der Gewerkschaften.

Der Kongreß ruft zur Verwirklichung dieser Aufgaben alle werktätigen Frauen zur stärksten Anteilnahme am gewerkschaftlichen Leben und damit zur Unterstützung der Gewerkschaften und des Deutschen Gewerkschaftsbundes auf.

*

Der Bundesvorstand wird beauftragt, Referate für Frauenfragen zu errichten.

Bundesvorstand und Bundesausschuß werden beauftragt, Richtlinien über die Zusammensetzung und Aufgaben der zu bildenden Frauenausschüsse zu erlassen.

H. Entschließung zur Frage des Beamtenrechtes

Eine demokratische Beamtenschaft ist mit die Voraussetzung für die Demokratisierung des öffentlichen Lebens in der Bundesrepublik Deutschland. Unter Betonung dieses Grundsatzes stellt sich der Gründungskongreß des Deutschen Gewerkschaftsbundes (DGB) auf den Boden eines demokratisch-fortschrittlichen Berufsbeamtentums. In dieser Erkenntnis ist durch die Verwirklichung der Artikel 33, Absatz 5, und Artikel 131 des Grundgesetzes die alsbaldige Schaffung eines neuen einheitlichen Beamtenrechtes vorzunehmen, wobei die verantwortliche Mitwirkung des DGB und der ihm angeschlossenen Gewerkschaften bei der Regelung aller die Beamtenschaft betreffenden Fragen gefordert wird.

Ferner fordert der Gründungskongreß des DGB die baldige Schaffung eines einheitlichen Betriebsrätegesetzes, das für alle im Bundesgebiet beschäftigten Arbeiter, Angestellten und Beamten Gültigkeit hat.

Der in der Presse am 6. Oktober 1949 erschienene Bericht, nach dem sich Polizeibedienstete nicht in Verbänden mit Nichtpolizeiangehörigen organisieren dürfen, hat bei der gesamten Arbeitnehmerschaft größte Erregung hervorgerufen.

Der vom 12. bis 14. Oktober 1949 in München stattfindende Gründungskongreß des DGB sieht sich daher veranlaßt, mit aller Entschiedenheit auf die Einhaltung und Verwirklichung des Artikels 9, Abs. 3, des Grundgesetzes hinzuweisen.

Er fordert deshalb für alle Beamten, insbesondere aber für die Polizeibeamten aller deutschen Länder, das uneingeschränkte Koalitionsrecht.

Die vor kurzem ergangene Anweisung der Hohen Kommissare über die Beschränkung der Koalitionsfreiheit der Polizeibeamten steht der demokratischen Tendenz des Grundgesetzes entgegen.

Der Bundesvorstand wird beauftragt, diese aufgestellten Grundsätze und Forderungen bei der Bundesregierung und beim Bundesparlament mit allem Nachdruck zu vertreten.

Antragsteller: Arbeitsgemeinschaft der
Gewerkschaft **Öffentliche Dienste, Transport und Verkehr;**
Gewerkschaft der **Eisenbahner** Deutschlands;
Deutsche **Post**gewerkschaft;
Gewerkschaft **Erziehung und Wissenschaft;**
Gewerkschaft **Gartenbau, Land- und Forstwirtschaft.**

I. Entschließung zur Frage der Zuständigkeit der Arbeitsministerien

Der Gründungskongreß des Deutschen Gewerkschaftsbundes (DGB) hat mit Besorgnis von den Bestrebungen Kenntnis genommen, dem Bundesministerium für Arbeit die Federführung für die Gesetzgebung über die Berufsausbildung und über das Lehrlingsprüfungswesen und die Zuständigkeit auf den Gebieten des Arbeitsschutzes, der Gewerbeaufsicht und der wirtschaftlich-technischen Angelegenheiten zu bestreiten.

Der Gründungskongreß des DGB erklärt im Namen von 5 Millionen Gewerkschaftern, daß für Arbeitsschutz, Gewerbeaufsicht und wirtschaftlich-technische Angelegenheiten das Bundesministerium für Arbeit und die Landesarbeitsministerien zuständig sein müssen und daß bei ihnen auch die Federführung für Berufsausbildung und Lehrlingsprüfungswesen liegen muß.

Der Gründungskongreß des DGB erkennt in diesem Zusammenhang, im Einklang mit der Erklärung des Interzonalen Gewerkschaftsjugendkongresses in München-Hallthurm, den Grundsatz an, daß das Lehrverhältnis kein Erziehungsverhältnis, sondern ein Arbeitsverhältnis besonderer Art ist.

Antragsteller: Hans **Brümmer**,
Werner **Bock** und Gen.

A. Anträge

Lfd. Nr.	Z. Tagesordnungspunkt	Antragsteller	Wortlaut des Antrages	Entscheidung
			Zum Entwurf für die Satzung des Bundes:	
			§ 1	
1	3	Hauptvorstand der Industriegewerkschaft **Bergbau**	§ 1, Ziffer 2, soll lauten: Der Bund hat seinen Sitz in Düsseldorf.	Mit 270 gegen 214 Stimmen angenommen
2	3	Bundesvorstand des **Bayerischen** Gewerkschafts-Bundes	§ 1, Ziffer 2, soll lauten: Der Bund hat seinen Sitz in Frankfurt a. M.	Abgelehnt
3	3	Bundesvorstand des Gewerkschaftsbundes **Württemberg-Baden**	§ 1, Ziffer 2, soll lauten: Der Bund hat seinen Sitz in Frankfurt a. M.	Abgelehnt
4	3	Bundesvorstand des Freien Gewerkschaftsbundes **Hessen**	§ 1, Ziffer 2, soll lauten: Der Bund hat seinen vorläufigen Sitz in Frankfurt a. M.	Abgelehnt
5	3	Bundesvorstand des **Badischen** Gewerkschaftsbundes	§ 1, Ziffer 2: Der Bundestag des Badischen Gewerkschaftsbundes empfiehlt den Delegierten, für Frankfurt als vorläufigem Sitz des Bundes zu stimmen.	Abgelehnt
57	3	Hans **Brümmer**, Max **Bock** und Genossen	Entsprechend der Ziffer 11 der Geschäftsordnung des Kongresses beantragen wir, über den Sitz des Deutschen Gewerkschaftsbundes in geheimer Abstimmung Beschluß zu fassen.	Ohne Widerspruch berücksichtigt

Lfd. Nr.	Z. Tages- ordnungs- punkt	Antragsteller	Wortlaut des Antrages	Entscheidung
			§ 2	
6	3	Bundesvorstand des **Bayerischen** Gewerkschafts-Bundes	§ 2, Ziffer 2, Buchstabe d, soll lauten: Durchführung gemeinsamer Gewerkschaftsaufgaben für die Jugend und die Frauen. (Lediglich redaktionelle Änderung.)	Einstimmig angenommen
64	3	Max **Bock**, August **Kriegshäuser**, Karl **Hauser** und Genossen	§ 2, Ziffer 1, soll lauten: Zweck des Bundes ist die Zusammenfassung aller **auf dem Prinzip der Industriegewerkschaften** beruhenden Arbeitnehmerorganisationen zu einer wirkungsvollen Einheit und Vertretung deren gemeinsamen Interessen auf allen Gebieten, insbesondere der **Berufs-,** Wirtschafts-, Sozial- und Kulturpolitik.	Durch Annahme des im Satzungsentwurf vorgelegten Wortlauts erledigt
65	3	Max **Bock**, August **Kriegshäuser**, Karl **Hauser** und Genossen	§ 2, Ziffer 2, Buchstabe a, soll lauten: **Vertretung gemeinsamer Forderungen** der Gewerkschaften gegenüber den gesetzgebenden Körperschaften und Behörden.	Durch Annahme des im Satzungsentwurf vorgelegten Wortlauts erledigt
66	3	Max **Bock**, August **Kriegshäuser**, Karl **Hauser** und Genossen	§ 2, Ziffer 2, Buchstabe b, soll lauten: **Vertretung gemeinsamer Interessen** in den Körperschaften und Organen der usw.	Durch Annahme des im Satzungsentwurf vorgelegten Wortlauts erledigt
67	3	Max **Bock**, August **Kriegshäuser**, Karl **Hauser** und Genossen	§ 2, Ziffer 2, Buchstabe e, soll lauten: Förderung der Zusammenarbeit gleichgearteter Fach- **und Berufsgruppen** der angeschlossenen Gewerkschaften und **Wahrnehmung deren gemeinsamen Interessen.**	Durch Annahme des im Satzungsentwurf vorgelegten Wortlauts erledigt

Lfd. Nr.	Z. Tages- ordnungs- punkt	Antragsteller	Wortlaut des Antrages	Entscheidung
68	3	Max **Bock,** August **Kriegs- häuser,** Karl **Hauser** und Genossen	§ 2, Ziffer 2, Buchstabe f, soll lauten: Einrichtung und Unterhaltung von wirtschafts-, sozialpolitischen und **wissenschaftlich-technischen Forschungs-** und Beratungsstellen.	Durch Annahme des im Satzungsentwurf vorgelegten Wort- lauts erledigt
7	3	Bundesvorstand des **Bayerischen** Gewerkschafts-Bundes	§ 2, Ziffer 2, Buchstabe f, soll lauten: Einrichtung und Unterhaltung von wirtschafts- und sozialpolitischen sowie arbeitsrechtlichen Be- ratungsstellen.	Durch Annahme d. im Satzungsentwurf vorgelegten Wort- lauts erledigt
69	3	Max **Bock,** August **Kriegs- häuser,** Karl **Hauser** und Genossen	§ 2, Ziffer 2, Buchstabe h, soll lauten: Herausgabe eines **Bundesorgans für Funktionäre,** von Zeitschriften und einschlägiger Literatur.	Durch Annahme des im Satzungsentwurf vorgelegten Wort- lauts erledigt
8	3	Hauptvorstand der Gewerkschaft **Textil, Bekleidung**	§ 2, Ziffer 2, Buchstabe l, soll lauten: Schaffung von **bindenden** Richtlinien . . .	Durch Annahme d. im Satzungsentwurf vorgelegten Wort- lauts erledigt
61	3	Erich **Leucht,** Ludwig **Becker** und Genossen	§ 2, Ziffer 2, Buchstabe u, soll durch folgenden Satz ergänzt werden: Die Entscheidung über Anschlüsse an internatio- nale Gewerkschaftsverbindungen erfolgt durch Ur- abstimmungen der gesamten Mitgliedschaft.	Abgelehnt

Lfd. Nr.	Z. Tagesordnungspunkt	Antragsteller	Wortlaut des Antrages	Entscheidung
70	3	Max **Bock**, August **Kriegshäuser**, Karl **Hauser** und Genossen	**§ 4** § 4, Ziffer 1, soll lauten: Zur Erfüllung seiner Aufgaben haben die angeschlossenen Gewerkschaften vierteljährlich nachträglich an den Bund Beiträge zu zahlen. Die Höhe der Beiträge beträgt mindestens . . . . . **pro Mitglied.**	Durch Annahme des im Satzungsentwurf vorgelegten Wortlauts erledigt
9	3	Bundesvorstand des Gewerkschaftsbundes **Württemberg-Baden**	Dem § 4 ist folgende Ziffer 3 beizufügen: Aus diesen Einnahmen hat der Bund einen Solidaritätsfonds anzusammeln zur Gewährung von Bundeshilfe und zur Unterstützung von Bewegungen von allgemeiner Bedeutung.	Durch Annahme d. im Satzungsentwurf vorgelegten Wortlauts erledigt
10	3	Hauptvorstand der Industriegewerkschaft **Holz**	§ 4 soll lauten: § 4. Beiträge 1. Zur Erfüllung seiner Aufgaben haben die angeschlossenen Gewerkschaften an den Bund regelmäßig Beiträge zu zahlen. Die Höhe derselben beträgt 15 Prozent des Beitragsaufkommens. 2. Die Beiträge sind vierteljährlich nachträglich an den Bund zu entrichten. 3. Aus diesen Einnahmen hat der Bund einen Solidaritätsfonds anzusammeln zur Gewährung von Bundeshilfe und Unterstützung von Bewegungen mit allgemeiner Bedeutung. 4. Der Bundesausschuß beschließt über die Verwendung des Solidaritätsfonds.	Durch Annahme d. im Satzungsentwurf vorgelegten Wortlauts erledigt

Lfd. Nr.	Z. Tagesordnungspunkt	Antragsteller	Wortlaut des Antrages	Entscheidung
11	3	Hauptvorstand der Industriegewerkschaft **Holz**	**§ 5** Für den Fall, daß der zu § 4 gestellte Antrag 10 Annahme findet, soll § 5 des Entwurfs der Satzung gestrichen werden.	Durch Annahme d. im Satzungsentwurf vorgelegten Wortlauts erledigt
12	3	Hauptvorstand der Gewerkschaft **Textil, Bekleidung**	§ 5, Ziffer 3, soll lauten: Der Bundesausschuß beschließt über die Höhe und Verwendung des Solidaritätsfonds.	Durch Annahme d. im Satzungsentwurf vorgelegten Wortlauts erledigt
13	3	Bundesvorstand des Freien Gewerkschaftsbundes **Hessen**	**§ 6** Es ist ein neuer § 6 in der Bundessatzung einzufügen mit folgender Fassung: § 6. Gewährung von Zusatzruhegeld 1. Bei dem Bund wird ein Fonds für Zahlung von Zusatzruhegeld gebildet. 2. Zusatzruhegeld können die dauernd erwerbsunfähigen Mitglieder der Gewerkschaften erhalten. Über die Aufbringung der Mittel zur Zahlung des Zusatzruhegeldes sowie die Voraussetzungen, die Höhe und Dauer der Gewährung des Zusatzruhegeldes beschließt der Bundesausschuß. § 6 des Satzungsentwurfs wird § 7 usw. Begründung: Eine Gewährung von Zusatzruhegeld (früher Invalidenunterstützung von den einzelnen Gewerk-	Durch Annahme des im Satzungsentwurf vorgelegten Wortlauts erledigt

Lfd. Nr.	Z. Tagesordnungspunkt	Antragsteller	Wortlaut des Antrages	Entscheidung
			schaften) muß Bundesaufgabe werden, wenn alle erwerbsunfähigen Gewerkschaftsmitglieder dasselbe erhalten sollen. Dies ist aber dringend erforderlich. Die einzelnen Gewerkschaften haben für die Lohn- und Arbeitsbedingungen ihrer Mitglieder zu sorgen und können für Schicksalsschläge, die im Arbeitsleben immer auftreten, Unterstützungen der verschiedensten Art gewähren. Sobald jedoch der Arbeitnehmer dauernd erwerbsunfähig wird, also praktisch aufhört, Arbeitnehmer zu sein, da er aus dem Arbeitsprozeß ausscheidet, hat seine Gewerkschaft für ihn keine unmittelbaren Aufgaben mehr. Er ist als alter überzeugter Gewerkschaftler zwar noch an dem gewerkschaftlichen Leben interessiert, aber im übrigen hat er die gleichen Existenzbedingungen wie jeder andere Rentner. Für ihn ist an Stelle des Lohnes die Rente getreten, an Stelle des Arbeitgebers der Versicherungsträger. Zur Verbesserung seiner Lage muß die gesamte Gewerkschaftsbewegung beisteuern, und dies kann nur geschehen durch die Bundesorgane, die ohne Rücksicht auf die finanzielle Lage der Gewerkschaft, welcher der Rentner als Arbeitnehmer angehört hat, ihm eine Unterstützung zu gewähren haben. Die Höhe der Unterstützung soll sich nach den Beitragsleistungen des einzelnen richten, da ja auch dementsprechend die Mittel aufgebracht werden.	

Lfd. Nr.	Z. Tages-ordnungs-punkt	Antragsteller	Wortlaut des Antrages	Entscheidung
71	3	Max **Bock,** August **Kriegs-häuser,** Karl **Hauser** und Genossen	§ 6 soll lauten: Sonderbeiträge zur Deckung außerordentlicher Ausgaben des Bundes können vom Bundesaus-schuß nur mit **Zweidrittelmehrheit** beschlossen werden.	Durch Annahme des im Satzungsentwurf vorgelegten Wort-lauts erledigt
14	3	Hauptvorstand der Gewerkschaft **Textil, Bekleidung**	**§ 7** § 7 soll lauten: Der Bund beschließt die Einführung von notwendi-gen und gleichen Unterstützungsarten und Unter-stützungssätzen durch die Gewerkschaften für alle ihre Mitglieder. Die Richtlinien dazu erläßt der Bundesausschuß; diese sind für alle Gewerkschaf-ten bindlich. Sollte der § 7 — Unterstützungen — in der vor-gelegten Form seine Annahme finden, beantragen wir, falls die einzelnen Gewerkschaften die vor-gesehenen Unterstützungen an ihre Mitglieder aus ihren Mitteln aufbringen sollen, daß dann die den einzelnen Gewerkschaftsbünden gemäß den bisher gültigen Satzungen und Beschlüssen von den Ge-werkschaften überwiesenen Beitragsanteile für Unterstützungszwecke, welche für diesen Zweck bisher nicht verbraucht wurden, anteilmäßig zu-rückgegeben werden.	Mit Mehrheit an-genommen
15	3	Hauptvorstand der Industriegewerkschaft **Chemie, Papier, Keramik**	Dem § 7 soll folgender Satz angefügt werden: Die Richtlinien sind für alle angeschlossenen Ge-werkschaften verbindlich.	Gedeckt durch An-nahme des Antrags Nr. 14

Lfd. Nr.	Z. Tagesordnungspunkt	Antragsteller	Wortlaut des Antrages	Entscheidung
			Begründung:	
			Die Industriegewerkschaft Chemie, Papier, Keramik sieht in der unbedingten einheitlichen Durchführung des Unterstützungswesens die Voraussetzung, die Mitgliedschaft in dem Rahmen zu halten, der durch den Organisationskatalog des Deutschen Gewerkschaftsbundes gezogen ist. Es würde dem Industriegewerkschaftsprinzip unzuträglich sein und dieses durchlöchern, wenn von den einzelnen Gewerkschaften Unterschiede in Art und Höhe der Unterstützungen gemacht werden. Der beantragte Zusatz zum § 7 soll lediglich verhindern, daß in der Mitgliedschaft das Bestreben um sich greift, sich d e r Gewerkschaft anzuschließen, die höhere Unterstützung zahlt, sondern daß das Mitglied der Organisation angehören muß, die auf Grund des Organisationsprinzips des DGB für dasselbe zuständig ist.	
16	3	Bundesvorstand des Gewerkschaftsbundes **Württemberg-Baden**	In § 7 ist nach dem ersten Satz einzufügen: Voraussetzung hierfür ist die gleiche Beitragsleistung.	Durch Annahme des im Satzungsentwurf vorgelegten Wortlauts erledigt
72	3	Max **Bock**, August **Kriegshäuser**, Karl **Hauser** und Genossen	**§ 8** § 8, Ziffer 3, soll lauten: Gewerkschaften, die mit der Beitragszahlung **schuldhafterweise** im Rückstand sind, haben kein Delegationsrecht.	Durch Annahme des im Satzungsentwurf vorgelegten Wortlauts erledigt

Lfd. Nr.	Z. Tages- ordnungs- punkt	Antragsteller	Wortlaut des Antrages	Entscheidung
17	3	Bundesvorstand des **Bayerischen** Gewerkschafts-Bundes	**§ 9** § 9 soll lauten: § 9 Organe des Bundes Die Organe des Bundes sind: Der Bundeskongreß Der Bundesausschuß Der Bundesvorstand Die Revisionskommission	Durch Annahme d. im Satzungsentwurf vorgelegten Wort- lauts erledigt
18	3	Bundesvorstand des Freien Gewerkschaftsbundes **Hessen**	§ 9 soll lauten: § 9 Organe des Bundes Die Organe des Bundes sind: Der Bundeskongreß Der Bundesausschuß Der Bundesvorstand Die Revisionskommission	Durch Annahme d. im Satzungsentwurf vorgelegten Wort- lauts erledigt
73	3	Max **Bock,** August **Kriegs- häuser,** Karl **Hauser** und Genossen	**§ 10** § 10, Ziffer 4, soll lauten: Die Delegierten zum Bundeskongreß und ihre Stellvertreter werden von den angeschlossenen Gewerkschaften nach demokratischen Grundsätzen gewählt, **wobei die Fachgruppen der Angestellten und Beamten angemessen zu berücksichtigen sind.**	Durch Annahme d. im Satzungsentwurf vorgelegten Wort- lauts erledigt
74	3	Max **Bock,** August **Kriegs- häuser,** Karl **Hauser** und Genossen	§ 10, Ziffer 6, soll lauten: Der Bundeskongreß ist mindestens 12 Wochen vor seinem Beginn in der **Funktionärzeitung und in den Gewerkschaftszeitungen** mit der Tagesordnung auszuschreiben. Bei außerordentlichen Bundeskon- gressen können die Fristen verkürzt werden.	Durch Annahme des im Satzungsentwurf vorgelegten Wort- lauts erledigt

349

Lfd. Nr.	Z. Tagesordnungspunkt	Antragsteller	Wortlaut des Antrages	Entscheidung
75	3	Max **Bock**, August **Kriegshäuser**, Karl **Hauser** und Genossen	§ 10, Ziffer 12, soll ergänzt werden: f) **Wahl der Revisionskommission.**	Durch Annahme des im Satzungsentwurf vorgelegten Wortlauts erledigt
58	3	**Satzungskommission** und **Kongreßbüro**	**§ 11** § 11, Ziffer 1, soll lauten: Der Bundesvorstand besteht aus einem Vorsitzenden, zwei stellvertretenden Vorsitzenden und acht weiteren Vorstandsmitgliedern, die hauptamtlich tätig sind, sowie aus je einem Vertreter der dem Bund angeschlossenen Gewerkschaften.	Einstimmig angenommen
19	3	Bundesvorstand des **Bayerischen** Gewerkschafts-Bundes	§ 11, Ziffer 1, soll lauten: Der Bundesvorstand besteht aus 25 Mitgliedern, und zwar aus einem Vorsitzenden, zwei stellvertretenden Vorsitzenden, davon eine Frau, neun hauptamtlich tätigen Vorstandsmitgliedern, darunter je einem Vertreter der Jugend und einer Vertreterin der Frauen und 13 weiteren Vorstandsmitgliedern.	Durch Annahme des Antrags Nr. 58 erledigt
20	3	Hauptvorstand der Gewerkschaft **Handel, Banken und Versicherungen**	§ 11, Ziffer 1, soll lauten: Der Bundesvorstand besteht aus 28 Mitgliedern, und zwar aus einem Vorsitzenden, zwei stellvertretenden Vorsitzenden, neun hauptamtlich tätigen	Durch Annahme d. Antrags Nr. 58 erledigt

Lfd. Nr.	Z. Tagesordnungspunkt	Antragsteller	Wortlaut des Antrages	Entscheidung
21	3	Bundesvorstand des Gewerkschaftsbundes **Württemberg-Baden**	Vorstandsmitgliedern und 16 weiteren Vorstandsmitgliedern, von denen jeder einer anderen Gewerkschaft angehören soll. § 11, Ziffer 1, soll lauten: Der Bundesvorstand besteht aus 25 Mitgliedern, und zwar aus einem Vorsitzenden, zwei stellvertretenden Vorsitzenden, fünf hauptamtlich tätigen Vorstandsmitgliedern, vier Landesbezirksvorsitzenden und 13 weiteren Vorstandsmitgliedern, von denen jeder einer anderen Gewerkschaft angehören muß.	Durch Annahme d. Antrags Nr. 58 erledigt
22	3	Bundesvorstand des **Bayerischen** Gewerkschafts-Bundes	§ 11, Ziffer 1, soll lauten: Der Bundesvorstand besteht aus 27 Mitgliedern, und zwar aus a) einem Vorsitzenden, zwei stellvertretenden Vorsitzenden, drei hauptamtlich tätigen Vorstandsmitgliedern b) sieben Landesbezirks-Vorsitzenden als unbesoldete Mitglieder des Bundesvorstandes, c) 14 weiteren Vorstandsmitgliedern ebenfalls als unbesoldete Mitglieder des Bundesvorstandes. § 11, Ziffer 4; soll lauten: Die sechs hauptamtlichen Mitglieder des Bundesvorstandes bilden den Geschäftsführenden Bundesvorstand. Dieser hat im Rahmen der vom Bundesvorstand zu beschließenden Geschäftsordnung die Geschäfte zu führen.	Durch Annahme d. Antrags Nr. 58 erledigt Durch Annahme d. im Satzungsentwurf vorgelegten und gemäß Ziffer 1 richtiggestellten Wortlauts erledigt

Lfd. Nr.	Z. Tagesordnungspunkt	Antragsteller	Wortlaut des Antrages	Entscheidung
59	3	Alfred **Spindler**, Alois **Kottmair** und Genossen	§ 11, Ziffer 1, soll durch folgenden Satz ergänzt werden: Der Bundesvorstand wird durch die Aufnahme von vier weiteren ehrenamtlich wirkenden Mitgliedern, die aus den Betrieben entnommen werden, auf 29 Mitglieder erhöht.	Durch Annahme d. Antrags Nr. 58 erledigt
76	3	Max **Bock**, August **Kriegshäuser**, Karl **Hauser** und Genossen	§ 11, Ziffer 1, soll lauten: Der Bundesvorstand besteht aus 29 Mitgliedern, und zwar aus: 1 Vorsitzenden, 2 stellvertretenden Vorsitzenden, 9 hauptamtlich tätigen Vorstandsmitgliedern und 17 weiteren Vorstandsmitgliedern, die möglichst verschiedenen Gewerkschaften angehören sollen, wobei die Angestellten der Industriefachgruppen angemessen zu berücksichtigen sind.	Durch Annahme d. Antrags Nr. 58 erledigt
84	3	Karl **Hiller**, Julius **Schäfer** und Genossen	Im zukünftigen Bundesvorstand soll die Jugend durch einen von ihr vorgeschlagenen Kollegen vertreten werden, selbst dann, wenn dadurch der Bundesvorstand um ein Mitglied erweitert werden muß.	Ohne Widerspruch berücksichtigt
23	3	Bundesvorstand des Freien Gewerkschaftsbundes **Hessen**	§ 11, Ziffer 3, soll lauten: Der Bundesvorstand vertritt den Bund nach innen und außen. Der Bundesvorsitzende oder seine Stellvertreter führen den Vorsitz im Bundesvorstand, im Bundesausschuß und auf dem Bundeskongreß.	Einstimmig angenommen

Lfd. Nr.	Z. Tages-ordnungs-punkt	Antragsteller	Wortlaut des Antrages	Entscheidung
			§ 11, Ziffer 6, soll lauten: Die Sitzungen des Bundesvorstandes finden nach Bedarf, in der Regel jedoch mindestens einmal monatlich statt. Die Landesbezirksvorsitzenden sollen zu den Sitzungen mit beratender Stimme hinzugezogen werden.	Durch Annahme d. Antrags Nr. 63 erledigt
63	3	Satzungskommission	§ 11, Ziffer 6, Satz 2 soll lauten: Die Landesbezirksvorsitzenden sind zu den Sitzungen des Bundesvorstandes mit beratender Stimme hinzuzuziehen, wenn Landesbezirksangelegenheiten zur Erörterung stehen.	Einstimmig angenommen
24	3	Bundesvorstand des Gewerkschaftsbundes **Südwürttemberg-Hohen-zollern**	Der Bundesvorstand wird beauftragt, an den in München tagenden Gründungskongreß des Deutschen Gewerkschaftsbundes den Antrag zu stellen, daß der Gewerkschaftsbund Südwürttemberg und Hohenzollern durch ein Mitglied in dem hauptamtlichen Bundesvorstand vertreten ist. Weiterhin soll der Beschluß gefaßt werden, daß Kollege Fritz Fleck, Tuttlingen, hierfür benannt wird.	Zurückgezogen
25	3	Hauptvorstand der Gewerkschaft **Textil, Bekleidung**	§ 11, Ziffer 1: Es wird beantragt, daß bei den 13 weiteren Vorstandsmitgliedern, von denen jeder einer anderen Gewerkschaft angehören soll, an Stelle von **soll** — **muß** gesagt wird.	Durch Annahme d. Antrags Nr. 58 erledigt

23

Lfd. Nr.	Z. Tages- ordnungs- punkt	Antragsteller	Wortlaut des Antrages	Entscheidung
77	3	Max **Bock**, August **Kriegs-häuser**, Karl **Hauser** und Genossen	§ 11, Ziffer 7, soll lauten: Zum Abschluß von verbindlichen Geschäften und Verträgen des Bundes sowie zur Geltendmachung von Rechtsansprüchen ist die Unterschrift des Vorsitzenden oder eines stellvertretenden Vorsitzenden **sowie die des für das Sachgebiet verantwortlichen Vorstandsmitgliedes erforderlich.**	Durch Annahme des im Satzungsentwurf vorgelegten Wortlauts erledigt
62	3	**Satzungskommission**	**§ 12** § 12, Ziffer 1, soll einleitend lauten: Der Bundesausschuß setzt sich zusammen aus: je zwei Vorstandsmitgliedern der dem Bund angeschlossenen Gewerkschaften...	Gegen wenige Stimmen angenommen
26	3	Bundesvorstand des Freien Gewerkschaftsbundes **Hessen**	§ 12 soll lauten: 1. Der Bundesausschuß setzt sich zusammen aus den Vorstandsvertretern der angeschlossenen Gewerkschaften, und zwar ist jede Gewerkschaft berechtigt, für die ersten 300 000 Mitglieder zwei Vertreter zu entsenden und für je weitere 300 000 Mitglieder je einen weiteren Vertreter. Bei den Vertretern soll in der Regel ein Vorsitzender jeder Gewerkschaft sein. 2. Die Mitglieder des Bundesvorstandes und die Landesbezirksvorsitzenden sind berechtigt und verpflichtet, an den Sitzungen des Bundesausschusses mit beratender Stimme teilzunehmen. Stellvertretung ist zulässig.	Durch Annahme d. Antrags Nr. 62 erledigt

Lfd. Nr.	Z. Tagesordnungspunkt	Antragsteller	Wortlaut des Antrages	Entscheidung
			In besonderen Fällen können die Schriftleiter der Gewerkschaftszeitungen und die Hauptkassierer der Gewerkschaften zu den Sitzungen des Ausschusses mit beratender Stimme hinzugezogen werden.	
			3. Die Sitzungen des Bundesausschusses finden nach Bedarf, mindestens jedoch halbjährlich statt.	
			Beantragt ein Drittel der Vertreter der Gewerkschaften im Bundesausschuß die Einberufung einer Sitzung mit bestimmten Tagesordnungspunkten, so ist diesem Antrag stattzugeben und die gewünschten Punkte auf die Tagesordnung zu setzen.	
			Ferner wird der §-11 als § 12 und § 12 als § 11 bezeichnet.	
			B e g r ü n d u n g : Die Mitglieder der unabhängigen Gewerkschaften bestimmen, ob sich ihre Gewerkschaften einen Gewerkschaftsbund schaffen wollen oder nicht. Die Gewerkschaften sind die Träger des Gewerkschaftsbundes. Die von den Gewerkschaften gewählten Delegierten bestimmen auf dem Kongreß der Gewerkschaften den Aufbau und die Aufgaben ihres Gewerkschaftsbundes. Der Gewerkschaftsbund wird wie jede andere Gewerkschaft repräsentiert durch den Bundesvorstand, der auch die vielseitigen Aufgaben entsprechend der Kongreßbeschlüsse durchzuführen hat. Der Kongreß der Gewerkschaften schafft sich seine dauernde Vertretung in dem Bundesausschuß, der	

Lfd. Nr.	Z. Tages- ordnungs- punkt	Antragsteller	Wortlaut des Antrages	Entscheidung
			wie der Kongreß selbst nur aus Vertretern aller Gewerkschaften entsprechend deren Mitglieder- zahl zusammengesetzt sein kann. Der Bundesaus- schuß hat für die Zeit zwischen den Gewerkschafts- kongressen grundsätzlich die Befugnisse eines Kongresses wahrzunehmen. Er hat darüber hinaus die Durchführung der Beschlüsse des Gewerk- schaftskongresses durch den Bundesvorstand zu überwachen sowie dessen Geschäftsführung zu kontrollieren und zu unterstützen.	
			Der Kongreß der Gewerkschaften und entspre- chend der Bundessatzung auch der Bundesaus- schuß verkörpern die Legislative, der Bundesvor- stand die Exekutive.	
			Auf Grund des Vorstehenden ist zweifelsfrei, daß der Bundesvorstand dem Bundesausschuß nicht angehören kann. Selbstverständlich ist es jedoch, daß der Bundesvorstand berechtigt und verpflichtet sein muß, an den Sitzungen des Bundesausschusses teilzunehmen, da der Bundesvorstand ja die Be- schlüsse desselben durchzuführen hat. Ebenso ist es zweckentsprechend und in Anbetracht der Größe der deutschen Bundesrepublik und mithin des Gesamtgebietes des „Deutschen Gewerkschafts- bundes" notwendig, daß die Landesvorsitzenden ebenfalls mit beratender Stimme an den Sitzungen des Bundesausschusses teilnehmen.	
			Zur Koordinierung der einzelnen Organe und ent- sprechend der Bedeutung des Bundesvorsitzenden sollte derselbe auch im Bundesausschuß kraft Satzungsrecht den Vorsitz führen.	

Lfd. Nr.	Z. Tagesordnungspunkt	Antragsteller	Wortlaut des Antrages	Entscheidung
27	3	Bundesvorstand des **Bayerischen** Gewerkschafts-Bundes	§ 12, Ziffer 1, soll lauten: Der Bundesausschuß setzt sich zusammen aus: je einem Vorsitzenden ... usw., den Mitgliedern des Bundesvorstandes, den Landesbezirksvorsitzenden und einem Vertreter des Bundesjugendausschusses und einer Vertreterin des Bundesfrauenausschusses.	Gegen 1 Stimme dem Bundesvorstand als Material überwiesen
78	3	Max **Bock**, August **Kriegshäuser**, Karl **Hauser** und Genossen	§ 12, Ziffer 1, soll lauten: Der Bundesausschuß setzt sich zusammen aus: je 1 Vorsitzenden und 1 weiteren Vertreter der dem Bund angeschlossenen Gewerkschaften, den Mitgliedern des Bundesvorstandes und den Landesbezirksvorsitzenden. Industriegewerkschaften mit mehr als 300 000 Mitgliedern sind berechtigt, für je weitere 300 000 Mitglieder einen weiteren Vertreter zu entsenden. Stellvertretung ist zulässig.	Durch Annahme des Antrags Nr. 62 erledigt
79	3	Max **Bock**, August **Kriegshäuser**, Karl **Hauser** und Genossen	§ 13 § 13, Ziffer 1, soll lauten: Zur Überwachung der Kassenführung und zur Prüfung der Jahresabrechnung des Bundes wählt der **Bundeskongreß** eine aus mindestens 3 Mitgliedern bestehende Revisionskommission, die dem Bundesausschuß und dem Bundeskongreß über die vorgenommenen Prüfungen Bericht zu erstatten hat.	Durch Annahme des im Satzungsentwurf vorgelegten Wortlauts erledigt

Lfd. Nr.	2. Tagesordnungspunkt	Antragsteller	Wortlaut des Antrages	Entscheidung
			§ 14	
28	3	Bundesvorstand des **Badischen** Gewerkschaftsbundes	§ 14, Ziffer 1, soll lauten: Für den Bereich eines Landes wird ein Landesbezirk errichtet. Der Landesbezirk soll sich möglichst mit den Grenzen des betreffenden Landes decken. Der Sitz des Landesbezirks befindet sich am Sitz der Landesregierung.	Durch Annahme d. im Satzungsentwurf vorgelegten Wortlauts erledigt
			§ 14, Ziffer 3, soll lauten: Der Landesbezirksvorstand wird durch die Landesbezirkskonferenz gewählt. Er bedarf der Bestätigung des Bundesvorstandes, wenn er nicht mit Zweidrittelmehrheit gewählt ist.	Durch Annahme d. im Satzungsentwurf vorgelegten Wortlauts erledigt
29	3	Bundesvorstand des **Bayerischen** Gewerkschafts-Bundes	§ 14, Ziffer 3, soll so gefaßt werden, daß im Landesbezirksvorstand je eine Vertretung der Frauen und der Jugend Sitz und Stimme erhält.	Durch Annahme d. im Satzungsentwurf vorgelegten Wortlauts erledigt
30	3	Bundesvorstand des **Bayerischen** Gewerkschafts-Bundes	An Stelle „Bundesvorstand" ist in § 14, Ziffer 3, zu setzen „Bundesausschuß".	Einstimmig angenommen
80	3	Max **Bock**, August **Kriegshäuser**, Karl **Hauser** und Genossen	§ 14, Ziffer 3, soll lauten: Der Landesbezirksvorstand besteht aus: dem Landesbezirksvorsitzenden, den hauptamtlichen Vorstandsmitgliedern sowie weiteren Vorstandsmitgliedern, unter denen die kaufmännischen Industrieangestellten, Techniker und Werkmeister angemessen vertreten sein sollen. Die Fachgruppenvertreter werden von den Landesfachgruppenorganen der Landesbezirkskonferenz zur Wahl vorgeschlagen.	Durch Annahme des im Satzungsentwurf vorgelegten Wortlauts erledigt

358

Lfd. Nr.	Z. Tagesordnungspunkt	Antragsteller	Wortlaut des Antrages	Entscheidung
81	3	Max **Bock,** August **Kriegshäuser,** Karl **Hauser** und Genossen	§ 14, Ziffer 8, soll lauten: Der Landesbezirksausschuß hat den Landesbezirksvorstand bei der Durchführung seiner Aufgaben zu unterstützen. § 14, Ziffer 9, Buchstabe b, soll lauten: Wahl des Landesbezirksvorstandes **und einer aus mindestens 3 Mitgliedern bestehenden Revisionskommission.**	Durch Annahme des im Satzungsentwurf vorgelegten Wortlauts erledigt
31	3	Bundesvorstand des **Badischen** Gewerkschaftsbundes	Der Gründungskongreß möge beschließen, daß bis zur Bildung des Südweststaates für das Land Baden (französische Zone) ein Landesbezirk gebildet wird.	Gegen wenige Stimmen dem Bundesvorstand als Material überwiesen
32	3	Bundesvorstand des **Badischen** Gewerkschaftsbundes	**§ 15** § 15, Ziffer 5, Satz 2, soll lauten: Der Vorstand wird durch die Delegiertenversammlung gewählt. Er bedarf der Bestätigung durch den Landesbezirksvorstand, wenn er nicht mit Zweidrittelmehrheit gewählt ist.	Durch Annahme d. im Satzungsentwurf vorgelegten Wortlauts erledigt
82	3	Max **Bock,** August **Kriegshäuser,** Karl **Hauser** und Genossen	§ 15, Ziffer 5, soll lauten: Der Vorstand des Kreis- oder Ortsausschusses besteht aus dem geschäftsführenden Vorsitzenden sowie weiteren Vorstandsmitgliedern, unter denen die kaufmännischen Industrieangestellten, Techniker und Werkmeister angemessen vertreten sein sollen. — Die Fachgruppenvertreter werden von den betreffenden Kreis- oder örtlichen Fachgruppen zur Delegiertenversammlung vorgeschlagen.	Durch Annahme des im Satzungsentwurf vorgelegten Wortlauts erledigt

Lfd. Nr.	Z. Tagesordnungspunkt	Antragsteller	Wortlaut des Antrages	Entscheidung
33	3	Bundesvorstand des **Bayerischen** Gewerkschafts-Bundes	Für den Bereich des Landes Bayern wird auf Grund des § 15 der Satzung des Deutschen Gewerkschaftsbundes die gemeinsame Kassen- und Geschäftsführung durchgeführt. **Begründung:** Die gemeinsame Kassen- und Geschäftsführung hat sich in Bayern überaus bewährt. Besonders in den Provinzstädten und Landbezirken war es auf Grund der gemeinsamen Kassen- und Geschäftsführung möglich, nicht nur erheblich mehr Mitglieder, als vor 1933 in allen Gewerkschaften erfaßt waren, zu gewinnen, sondern diese auch zu erhalten und zu betreuen. Soweit die gemeinsame Kassen- und Geschäftsführung und die damit verbundene Aufrechterhaltung der Geschäftsstellen für den Bereich der jetzigen Ortsausschüsse in Bayern nicht möglich gemacht wird, ist bei der Struktur des Landes Bayern im Gegensatz zu ausgesprochenen Industriebezirken damit zu rechnen, daß ein großer Teil von Mitgliedern abfällt. Darüber hinaus wäre zu erwarten, daß der größere Teil der Mitglieder, die sich mit der jetzigen Betreuung nun zurechtgefunden haben, gegen eine Änderung protestieren würden.	Gegen wenige Stimmen dem Bundesvorstand als Material überwiesen
34	3	Bundesvorstand des **Badischen** Gewerkschaftsbundes	Der 3. Bundestag des Badischen Gewerkschaftsbundes fordert, daß die der demokratische Aufbau und Charakter der Gewerkschaften gewahrt bleibt. Für das Land Baden wird verlangt, daß infolge der besonderen wirtschaftlichen Struktur, die in anderen Ländern geltenden Grundsätze für die	Gegen wenige Stimmen dem Bundesvorstand als Material überwiesen

Lfd. Nr.	Z. Tagesordnungs-punkt	Antragsteller	Wortlaut des Antrages	Entscheidung
			Bildung von Kreis- und Ortsausschüssen nicht auf Baden übertragen werden, sondern daß Ortsausschüsse an allen Orten erhalten bleiben oder errichtet werden, wo dies im Interesse der Mitglieder und einer fruchtbaren Gewerkschaftsarbeit notwendig erscheint, auch dann, wenn die vorgesehenen Mitgliederzahlen nicht immer erreicht werden.	
35	3	Gewerkschaftsrat der vereinten Zonen	§ 17 Zur Durchführung des § 17 der Bundessatzung beauftragt der Bundeskongreß den Bundesausschuß, die „Richtlinien für die Abgrenzung der Organisationsgebiete" an seiner Stelle in möglichst kurzer Frist zu verabschieden. Dabei sollen die Vorschläge des Organisationsausschusses des Gewerkschaftsrats, die Vereinbarungen der Gewerkschaften untereinander und die Entscheidungen der Schiedsgerichte Berücksichtigung finden. Der Beschluß des Bundesausschusses hat bis zum nächsten Bundeskongreß Gültigkeit.	Mit überwiegender Mehrheit angenommen
60	3	Paul Ubel, Gerhard Horseling und Genossen	§ 19 Der Bundeskongreß wird ersucht, im § 19 den letzten Satz zu streichen.	Durch Annahme d. im Satzungsentwurf vorgelegten Wortlauts erledigt

Lfd. Nr.	Z. Tages-ordnungs-punkt	Antragsteller	Wortlaut des Antrages	Entscheidung
83	3	Max **Bock,** August **Kriegs-häuser,** Karl **Hauser** und Genossen	§ 19 soll lauten: Für die Führung von Arbeitskämpfen **arbeitet** der Bundesausschuß auf Vorschlag des Bundesvor-standes Richtlinien zur Führung von Arbeits-kämpfen aus.	Durch Annahme des im Satzungsentwurf vorgelegten Wort-lauts erledigt
36	3	Bundesvorstand des Gewerkschaftsbundes **Württemberg-Baden**	**Zur Angestellten-Organisationsfrage:** Der Angestelltenverband Württemberg-Baden ist seit der Gründung des Gewerkschaftsbundes Württemberg-Baden gemäß der Bundessatzung gleichberechtigtes Mitglied des Gewerkschafts-bundes. Die Zusammenarbeit des Angestellten-verbandes mit den im Bund zusammengeschlosse-nen Industrieverbänden war kollegial und stand stets in Übereinstimmung mit der gewerkschafts-politischen Grundauffassung des Bundes. Ideolo-gische Meinungsverschiedenheiten sind nicht vor-handen. Der Bundestag ist der Meinung, daß weder der Gewerkschaftsrat noch der VAG berechtigt sind, in der Angestelltenfrage vorweg eine Entschei-dung zu treffen. Nach Auffassung des Bundes-tages muß diese Entscheidung dem Gründungs-kongreß des Deutschen Gewerkschaftsbundes vor-behalten bleiben. Der Bundestag appelliert deshalb an den Grün-dungskongreß, das Organisationsproblem der An-gestellten erneut einer Prüfung zu unterziehen. Es muß ein Weg der Verständigung gefunden werden, damit das heilige Gut der Gewerkschafts-einheit erhalten bleibt.	Durch Annahme d. Satzung erledigt und dem Bundes-vorstand als Mate-rial zur Behandlung der Angestellten-organisationsfrage empfohlen

Lfd. Nr.	Z. Tages-ordnungs-punkt	Antragsteller	Wortlaut des Antrages	Entscheidung
			Der Bundestag billigte die seitherige Haltung des Bundesvorstandes und erkennt an, daß der Bundesvorstand dem Angestelltenverband den gleichen satzungsmäßigen Schutz wie jeder anderen dem Bund angeschlossenen Gewerkschaft gewähren mußte. Ebenso selbstverständlich ist, daß die Gewerkschaften in Württemberg-Baden die Satzungen des neuen Deutschen Gewerkschaftsbundes auch in bezug auf die Angestelltenfrage anerkennen werden.	
37	3	Bundesvorstand des Gewerkschaftsbundes **Südwürttemberg-Hohenzollern**	Der Bundestag beschließt, daß die Delegierten, die zum Vereinigungskongreß nach München delegiert werden, sich für den Verbleib der Angestelltenverbände im kommenden Bund einsetzen. Die Arbeiten des Angestelltenverbandes Württemberg-Hohenzollern im Rahmen des Gewerkschaftsbundes hat bewiesen, daß es bei beiderseitigem guten Willen möglich ist, auf der in unserem Bezirk bestehenden Organisationsgrundlage zusammenzuarbeiten. Der Bund hat bisher trotz seines Bestehens einer reinen Angestelltenorganisation weder mit Grenzstreitigkeiten noch mit Streitigkeiten wegen der Beteiligung an Tarifverhandlungen zu tun. Wird der Angestelltenverband in Württemberg-Hohenzollern wie die anderen Angestelltenverbände in anderen Bezirken gezwungen, außerhalb des Bundes zu arbeiten, dann ergibt sich automatisch ein Kampf, der nicht im Interesse aller gewerkschaftlich Organisierten liegt.	Durch Annahme d. Satzung erledigt und dem Bundesvorstand als Material zur Behandlung der Angestelltenorganisationsfrage empfohlen

Lfd. Nr.	Z. Tagesordnungspunkt	Antragsteller	Wortlaut des Antrages	Entscheidung
			Findet der kommende Gewerkschaftsbund keinen Weg, um Gewerkschaften, die in einer anderen Form aufgebaut sind, als sie in der britischen Zone vorherrscht, in seinen Reihen zu halten, dann wird die Gefahr heraufbeschworen, wie sie das amerikanische Gewerkschaftsleben zeigt, nämlich die Zersplitterung der gewerkschaftlich Organisierten in zwei Bünde, in einen Bund, der auf Berufsgrundlage Arbeiter, Angestellte und Beamte organisiert, und einen, der auf der Grundlage der Industrieorganisation aufgebaut ist.	
38	3	Bundesvorstand des **Badischen** Gewerkschaftsbundes	Die Landesvereinigung der Gewerkschaften der Angestellten ist seit Gründung des Badischen Gewerkschaftsbundes dessen Mitglied. Die Zusammenarbeit mit dem Bundesvorstand und den im Bund zusammengeschlossenen Industriegewerkschaften war gut. Insbesondere darf festgestellt werden, daß bei den Verhandlungen über die Schaffung des Badischen Betriebsrätegesetzes die Mitwirkung der Angestelltengewerkschaft äußerst fruchtbar war. Nach Auffassung des Bundestages kann niemand anders als der Gründungskongreß des Deutschen Gewerkschaftsbundes eine Entscheidung in der Angestelltenfrage herbeiführen. Im Hinblick auf die sich bereits abzeichnende Gefahr einer Spaltung innerhalb der Gewerkschaftsbewegung appelliert der Bundestag an den Gründungskongreß, das Organisationsproblem der Angestellten nochmals einer Prüfung zu unterziehen. Der Bundestag erwartet, daß unbedingt ein Weg	Durch Annahme d. Satzung erledigt und dem Bundesvorstand als Material zur Behandlung der Angestelltenorganisationsfrage empfohlen

Lfd. Nr.	Z. Tages-ordnungs-punkt	Antragsteller	Wortlaut des Antrages	Entscheidung
			zur Verständigung gefunden wird. Als geeignetes Mittel hierfür muß eine Verständigung der Beteiligten herbeigeführt werden, in dem Sinne, daß als Ziel das Prinzip der Industriegewerkschaften verwirklicht wird.	
39	3	Bundesvorstand des **Badischen** Gewerkschaftsbundes	**Zur Jugendfrage:** **1. Festlegung der Richtlinien für die Jugendarbeit** Der Bundestag des Badischen Gewerkschaftsbundes erwartet vom Gründungskongreß des Deutschen Gewerkschaftsbundes die Festlegung von Richtlinien für die Jugendarbeit. Der von der Jugendkommission am 24. August 1949 in Frankfurt a. M. aufgestellte Entwurf soll weitestgehende Berücksichtigung finden. **2. Sicherstellung der Jugendarbeit** Die weitestgehende finanzielle Unterstützung der Jugendarbeit durch die einzelnen Vorstände hat es bisher ermöglicht, in größerem Rahmen die Jugendarbeit aufzunehmen und auszubauen. Zur finanziellen Sicherstellung der Jugendarbeit auch in der Zukunft erwartet der Bundestag des Badischen Gewerkschaftsbundes vom Gründungskongreß und dem Deutschen Gewerkschaftsbund, daß in dem Haushaltsplan der einzelnen Gliederungen ausreichende Beträge für die Jugendarbeit aufgenommen werden. Zur Durchführung einer umfassenden Jugendarbeit wird das Weiterbestehen der Landesjugendsekretariate als Voraussetzung betrachtet.	Einstimmig dem Bundesvorstand als Material überwiesen

Lfd. Nr.	Z. Tagesordnungspunkt	Antragsteller	Wortlaut des Antrages	Entscheidung
			Durch die weitverzweigte Lage der Betriebe Südbadens ist dies für Baden besonders vonnöten, desgleichen für eine den gewerkschaftlichen Erfordernissen gerecht werdende Unterstützung der im Badischen Betriebsrätegesetz verankerten Betriebsjugendvertretungen. Aus der Erkenntnis, daß auch in der Jugendarbeit nur eine gesamtdeutsche Lösung der Jugendfragen zum wirklichen Ziele verhelfen kann, sollen keine Bemühungen unterlassen werden, um auch in der Zukunft unter Wahrung demokratischer und gewerkschaftlicher Grundsätze eine gesamtdeutsche Regelung zu erstreben.	
40	3	Bundesvorstand des **Badischen** Gewerkschaftsbundes	**Zum Bildungswesen:** Mit Rücksicht auf das in Baden bestehende Betriebsrätegesetz und die besonders gelagerte arbeitsrechtliche und sozialpolitische Gesetzgebung verlangt der Bundestag, daß die Gewerkschaftsschule des Badischen Gewerkschaftsbundes zur weiteren Fortbildung und Ausbildung der Betriebsräte und Gewerkschaftsfunktionäre unter allen Umständen erhalten bleibt, zumal der badische Staat einen jährlichen Zuschuß von 50 000 DM leistet.	Einstimmig dem Bundesvorstand als Material überwiesen
41	3	Bundesvorstand des Gewerkschaftsbundes **Südwürttemberg-Hohenzollern**	**Zur Neugestaltung der Gewerkschaftspresse:** Die Resonanz, die die bisherigen Bundesorgane gefunden haben, zeichnet sich nicht nur in der Aufmerksamkeit der Leser ab, sondern auch in der großen aktiven Bereitschaft, selbst mitzuarbeiten. Am Beispiel der Gewerkschaftszeitung für Süd-	Durch Annahme d. Antrags Nr. 43 erledigt

Lfd. Nr.	Z. Tages-ordnungs-punkt	Antragsteller	Wortlaut des Antrages	Entscheidung
			württemberg-Hohenzollern kann festgestellt werden, daß diesen Äußerungen im Rahmen von längeren Diskussionen viel Raum gegeben wurde, für die im neuen Bundesorgan bestimmt nicht der Platz ist, den man dafür braucht. Um die Anteilnahme der Mitglieder am Gewerkschaftsleben jedoch wachzuhalten, um den Funktionären im Lande die Möglichkeit einer laufenden Unterrichtung über alle Vorgänge zu geben und um die Mitglieder anhalten zu können, in allen Tagesfragen eine klare Stellung beziehen zu können, in Tagesfragen vor allen Dingen, die sich auf spezielle Vorkommnisse des Landes beziehen, erscheint es uns erforderlich, daß die Landesleitungen weiterhin periodische Presseorgane behalten, die ihnen ermöglichen, den Forderungen ihrer Mitglieder nach Unterrichtung zu entsprechen. Die Entwicklung der Bünde ist zu einem Teil mit auf die stetige Aufklärungsarbeit der Bundesblätter zurückzuführen, die, im Lande hergestellt, die Dinge aus der Perspektive der nächsten Umgebung des Schaffenden darlegen. Wir bitten die Bundesversammlung, zu untersuchen, ob nicht wenigstens das monatliche Erscheinen eines Landesblattes genehmigt werden kann. Wir haben in unserem Lande auch die Erfahrung gemacht, daß die Tagespresse häufig auf die Publikationen der landeseigenen Gewerkschaftszeitung zurückgreift, die auf diese Weise ebenfalls eine Wirkungsmöglichkeit in die Tiefe der breiten Öffentlichkeit hat. Bei der Vorbereitung der Tagungen konnte ebenfalls die Wirksamkeit der Presse festgehalten werden,	

Lfd. Nr.	Z. Tagesordnungspunkt	Antragsteller	Wortlaut des Antrages	Entscheidung
			ebenso in der Berichterstattung darüber, was in diesem großen Umfange bei einer Zeitung des gesamtwestdeutschen Bundes nicht mehr möglich sein wird. Ebenso können die laufenden Untersuchungen der Lebensbedingungen, die gerade in unserem Lande anders geartet sind als woanders, in dem notwendigen weiten Rahmen nicht mehr geschehen, und nicht zuletzt soll darauf hingewiesen werden, daß die Möglichkeit zur Diskussion in dem bisher geübten Rahmen sonst auch nicht mehr möglich sein wird. Es wird daher der Antrag gestellt, Landeszeitungen, die sich gut eingeführt haben, wenn nicht in dem bisher bestehenden Rahmen, so doch in beschränktem Umfange und in weitergespannten Zeitperioden erscheinen zu lassen. Bei der Eingliederung des Gewerkschaftsbundes Südwürttemberg-Hohenzollern in den kommenden westdeutschen Bund ist darauf Wert zu legen, daß unsere bezirkliche Presseaufklärung gebührend berücksichtigt wird. Zu diesem Zweck ist eine Bezirksredaktion in Südwürttemberg-Hohenzollern beizubehalten.	
42	3	Bundesvorstand des **Badischen** Gewerkschaftsbundes	Der Bundestag des Badischen Gewerkschaftsbundes erwartet, daß in der Landesbeilage „Württemberg-Baden" der Gewerkschaftszeitung des Deutschen Gewerkschaftsbundes die Länder Nordwürttemberg-Baden, Südbaden und Südwürttemberg einen besonders ins Auge fallenden Kopf erhalten.	Einstimmig dem Bundesvorstand als Material überwiesen

Lfd. Nr.	Z. Tages-ordnungs-punkt	Antragsteller	Wortlaut des Antrages	Entscheidung
43	3	Gewerkschaftsrat der vereinten Zonen	Der Gründungskongreß billigt das vom Vorbereitenden Ausschuß beschlossene und in Vorschlag gebrachte Presseprogramm. Der Kongreß beschließt die Herausgabe einer Wochenzeitung durch den Deutschen Gewerkschaftsbund unter dem Titel „Welt der Arbeit", die Schaffung einer gemeinsamen Funktionärzeitschrift, eine erhöhte Auflage der Jugendzeitschrift „Aufwärts" sowie die alsbaldige Herausgabe einer theoretischen Monatszeitschrift. Ferner beauftragt der Kongreß den Bundesvorstand und Bundesausschuß, die Herausgabe einer illustrierten Familienzeitschrift, welche sich insbesondere dem Schicksal der arbeitenden Frauen annimmt, vorzubereiten. Der Kongreß appelliert an alle Gewerkschaftsmitglieder, den Zeitungen und Zeitschriften des Gewerkschaftsbundes und der Gewerkschaften den Vorzug vor allen anderen Presseerzeugnissen zu geben.	Einstimmig angenommen
44	4	Hauptvorstand der Gewerkschaft **Gartenbau, Land- und Forstwirtschaft**	**Zur Allgemeinverbindlich-Erklärung von Tarifverträgen:** Der Bundesvorstand wird beauftragt, eine Abänderung des Tarifvertragsgesetzes dahingehend zu erwirken, daß die Allgemeinverbindlich-Erklärung von Tarifverträgen in der Landwirtschaft eine Sonderregelung erfährt.	Einstimmig dem Bundesvorstand als Material überwiesen

Lfd. Nr.	Z. Tages-ordnungs-punkt	Antragsteller	Wortlaut des Antrages	Entscheidung
			Zum Betriebsrätewesen:	
45	4	Hauptvorstand der Industriegewerkschaft **Chemie, Papier, Keramik**	Der Bundeskongreß möge beschließen, die Bundesorgane zu beauftragen, dahingehend zu wirken, daß die Amtszeit der Betriebsräte auf mindestens zwei Jahre heraufgesetzt wird. Begründung: Die Praxis hat erwiesen, daß Betriebsräte zur ordentlichen Durchführung ihrer Geschäfte einer gewissen Anlaufzeit bedürfen. Die erforderliche Anlaufzeit steht aber in keinem Verhältnis zu der gesetzlich festgelegten Amtsdauer von einem Jahr. Weiter ist zu beachten, daß die Gewerkschaften beträchtliche materielle Werte durch Schulungsarbeit im Betriebsrätewesen investieren und ein Recht haben, eine Amtszeit für diese zu erwirken, die die aufgewandten Mittel auch zeitlich zur Auswirkung kommen läßt.	Gegen wenige Stimmen angenommen
46	4	Hauptvorstand der Industriegewerkschaft **Chemie, Papier, Keramik**	Der Bundeskongreß möge beschließen, daß für die Durchführung der Betriebsrätewahlen für das gesamte Organisationsgebiet des Bundes ein einheitlicher Termin vorgesehen wird. Es wird vorgeschlagen, die Durchführung der Betriebsratswahlen im Frühjahr anzusetzen.	Einstimmig dem Bundesvorstand u. künftigen Arbeitsrechtsausschuß als Material überwiesen
47	4	Hauptvorstand der Industriegewerkschaft **Chemie, Papier, Keramik**	**Zum Arbeitsschutz:** Der Bundeskongreß möge beschließen, daß beim Bundesvorstand eine Abteilung eingerichtet wird, in der speziell alle anfallenden Fragen bezüglich	Einstimmig angenommen

Lfd. Nr.	Z. Tages-ordnungs-punkt	Antragsteller	Wortlaut des Antrages	Entscheidung
			Berufskrankheiten, Unfallverhütung, Arbeits-schutz, Koordinierung mit den Berufsgenossen-schaften und hier besonders die Erweiterung des Berufskrankheitskatalogs behandelt werden.	
48	4	Hauptvorstand der Gewerkschaft **Textil, Bekleidung**	**Zur Wirtschafts- und Sozialpolitik:** Die deutsche Gewerkschaftsbewegung steht durch den heute vollzogenen Zusammenschluß an einem historischen Punkt ihrer Entwicklung. Die geschichtliche Verantwortung fordert von uns in dieser Stunde, daß wir nicht nur äußere Formen schaffen, sondern uns auf die tiefsten Inhalte der deutschen Arbeiterbewegung besinnen. Diese bestanden von jeher in Ideen, die uns die Kraft gaben, aus großen Gesichtspunkten den Kampf in den Einzelheiten des Tages zu führen. Die deutsche Arbeiterbewegung ist den politischen Mächten der Vergangenheit erlegen. Sie konnte 1933 hinweggefegt werden, weil sie uneins war und ihre innersten Ideale nicht ernst genug ge-pflegt hat. Sie kennt aber, durch schmerzliche Erfahrung wachgerufen, die Gegner ihrer Grund-ideale: Die politisch-totalitären Mächte in jeder Form, welche die persönliche Freiheit und die notwen-dige wirtschaftliche Initiative vernichten. Und sie kennt ihre anderen unversöhnlichen Geg-ner:	Zurückgezogen, da durch Annahme der Wirtschaftspoliti-schen Grundsätze des DGB erledigt

Lfd. Nr.	Z. Tagesordnungspunkt	Antragsteller	Wortlaut des Antrages	Entscheidung
			Die Mächte der Vergangenheit, welche mit überlebten Besitzformen und mit Lohnsklaverei operieren.	

Die Erkenntnis dieser Gegnerschaften zwingt uns heute, von dem wahren Sozialismus zu sprechen, welcher weder private Willkür, noch Staatskapitalismus darstellt. Wir fordern heute einen, unserem mitteleuropäischen Raume angemessenen Sozialismus. Eingekeilt zwischen zwei mächtige Staats- und Wirtschaftsformen, die unserer Entwicklung nicht entsprechen, müssen wir für uns diese Freiheit des Handelns beanspruchen.

Im Sinne eines Sozialismus, der uns unsere Lebensformen sichert, fordern wir:

1. eine echte sozialistische Wirtschaft, welche Leitende und Ausführende in Wirtschaftsgemeinschaften umschließt,

2. eine Ordnung, welche die Verwendung des Kapitals als Wirtschaftsinstrument zum Wohle der Gesamtheit sichert und seine Benützung als Machtmittel durch Einzelpersonen oder durch den politischen Staat ausschließt,

3. die Beseitigung der Lohnsklaverei, des Verkaufes der menschlichen Arbeitskraft, durch eine richtige und gerechte Verteilung der durch Leiter und Arbeiter erwirtschafteten Erträge.

Wir erblicken in der Verfolgung dieser Ziele das Wiederaufleben der Kampfideale, die in der Arbeiterbewegung seit jeher Tradition waren, in

Lfd. Nr.	Z. Tages-ordnungs-punkt	Antragsteller	Wortlaut des Antrages	Entscheidung
			einer der Gegenwart angemessenen Form. Die Arbeiterschaft kann nicht mehr bloßes Werkzeug im Wirtschaftsprozeß sein. Sie muß in vollem Umfange eintreten in die Mitverantwortung am gesamten Wirtschaftsgeschehen. Aber sie kann das nur in einem Sinne tun: im Bewußtsein der geschichtlichen Verantwortung, die sich aus den Erfahrungen der vergangenen Katastrophenjahre ergibt, d. h. in der Achtung der produktiven Kräfte, welche in jedem einzelnen, ob ausführend oder leitend, in allen wirtschaftenden Menschen leben. Ein Sozialismus ohne Freiheit ist in unserem Lebensbereich undenkbar. Darum rufen wir alle Schaffenden auf, mitzudenken und mitzuwirken am Aufbau der Zukunft im Geiste eines freien, wahren, mitteleuropäischen Sozialismus, damit sich die Ideale endlich erfüllen, für die unsere Brüder in der Vergangenheit gestritten und gelitten haben.	
49	4	Hauptvorstand der Gewerkschaft **Textil, Bekleidung**	**Zur Wirtschaftsdemokratie:** Da die bisher nur örtlich oder gebietlich unternommenen Bemühungen um eine paritätische Zusammenarbeit aller in der Wirtschaft tätigen Menschen zu keinem Erfolge geführt haben, wird der Bundeskongreß aufgefordert, zu beschließen: Das Gespräch zwischen den Sozialpartnern ist auf der Ebene völliger Gleichberechtigung und unter Ausschaltung aller wirtschaftsfremden Einflüsse zur Wahrung des Arbeitsfriedens mit aller Energie	Zurückgezogen, da durch Annahme der Wirtschaftspolitischen Grundsätze des DGB erledigt

Lfd. Nr.	Z. Tages-ordnungs-punkt	Antragsteller	Wortlaut des Antrages	Entscheidung
			fortzuführen. Anzustreben ist eine Wirtschafts-ordnung, in der die Partner — Kapital und Arbeit, Produzent und Konsument — selbstverantwortlich und paritätisch zusammenwirken. Die Notwen-digkeiten einer vernünftigen Planung, die auf der Beobachtung des voraussichtlichen Bedarfs ruht und auf seine beste Befriedigung gerichtet ist, und die persönliche Initiative sollen einander dabei so ergänzen, daß ein Höchstmaß an wirtschaft-licher und sozialer Gesamtleistung erreicht wird. Deshalb soll, im Sinne der jetzt durchgeführten Einigung der trizonalen Gewerkschaftsbünde und zur Herstellung einer einheitlichen trizonalen Wirtschaftsordnung, zunächst in der Spitze die unmittelbare Verhandlung zwischen dem DGB und einer trizonalen Vertretung der Arbeitgeberver-bände unverzüglich aufgenommen werden. Begründung: Die wirtschaftliche und soziale Entwicklung der letzten Jahrzehnte im In- und Ausland hat gezeigt, daß das Fehlen dieser Zusammenarbeit nicht nur zur Lähmung aller wirtschaftlichen Kräfte und zur Entmündigung, ja sogar Entmachtung der Ge-werkschaften durch den Staat, sondern vor allem auch zur immer stärkeren Totalisierung des Staates und zum periodischen Ausbruch von Kriegen ge-führt hat. Es hat sich erwiesen, daß die Staatsmacht als Organisator der Wirtschaft nicht weniger zur Ausbeutung und Entrechtung der arbeitenden Menschen führt, als die Willkür des Kapitalismus.	

Lfd. Nr.	Z. Tagesordnungspunkt	Antragsteller	Wortlaut des Antrages	Entscheidung
			Zwischen diesen beiden Gefahren müssen diejenigen, die die Träger der Wirtschaft sind — die Gewerkschaften und die Unternehmer, die Produzenten und die Konsumenten —, die wirtschaftliche Ordnung endlich in ihre eigenen Hände nehmen, um in unmittelbarer Selbstverwaltung und unter Ausschluß der staatlichen Bürokratie die wirtschaftliche Entwicklung selbst zu lenken und zu gestalten.	
			Nur auf diesem Boden läßt sich die im Grundgesetz ausgesprochene Würde des Menschen, seine persönliche Freiheit und seine Gleichheit vor dem Gesetz allmählich verwirklichen.	
49a	4	Heinrich **Beckemeier,** Karl **Goronczy** und Gen.	Der Gründungskongreß erhebt Anspruch darauf, daß alle versicherungspflichtigen Beschäftigten so behandelt werden, wie städtische oder Staatsbeamte oder wie beamtete Eisenbahner, d. h. Durchführung eines scharfen Umbruchs in der gesamten Sozialversicherung, damit in der Zukunft nicht nach den alten Bestimmungen alle sozialen Bezüge — Renten, Waisengeld, Krankengeld usw. — wie beispielsweise 1924, 1929, 1942, 1945, 1949 durch ungeheure Arbeit eine Umrechnung erfahren müssen.	Gegen wenige Stimmen dem Bundesvorstand als Material überwiesen
			Es wird daher vorgeschlagen, daß alle diese Sozialbezüge z. B. bei einer Beschäftigungszeit von 5 oder 15 oder 25 Jahren usw. den jeweiligen Verhältnissen, in denen wir leben, angepaßt werden. Somit geben wir auch den in die einzelnen Berufszweige eintretenden Jugendlichen das nötige	

Lfd. Nr.	Z. Tagesordnungspunkt	Antragsteller	Wortlaut des Antrages	Entscheidung
			Interesse, ihren Lebensberuf in ideeller Weise zu gestalten und auch zu halten. Nur dadurch allein können wir unseren wirtschaftlichen Fortschritt heben und fördern. Steuerfreiheit muß all diesen Einkommen zugesichert werden.	
			Zum Schluß wird Aufhebung der Brüningschen Notverordnung bei allen Versicherungszweigen für alle sozialen Rentenbezüge gefordert.	
50	4	Hauptvorstand der Gewerkschaft **Kunst**	**Zur Kulturpolitik des Deutschen Gewerkschaftsbundes:** Der Gründungskongreß des Deutschen Gewerkschaftsbundes wolle beschließen, einen Preis der Gewerkschaften für hervorragende Werke auf den Gebieten des Theaters, der Musik, des Films, der bildenden Kunst, der Literatur und der Wissenschaft zu schaffen. Dieser Preis der Gewerkschaften soll regelmäßig an Künstler, Autoren und Gelehrte vergeben werden, die in ihren Werken einen besonders wertvollen Beitrag zur Arbeiterbewegung bzw. Gewerkschaftsbewegung leisten.	Einstimmig angenommen
51	4	Hauptvorstand der Gewerkschaft **Erziehung u. Wissenschaft**	Die wirtschaftliche, politische und kulturelle Zukunft Deutschlands ist auf das schwerste gefährdet, wenn Regierungen und Parlamente nicht weit mehr als bisher zur Beseitigung der untragbaren Zustände im öffentlichen Schulwesen tun.	Einstimmig angenommen

Lfd. Nr.	Z. Tagesordnungspunkt	Antragsteller	Wortlaut des Antrages	Entscheidung
			Der Zustand des öffentlichen Schulwesens trifft besonders hart die Kinder der sozial schwächeren Teile unseres Volkes. Für mehr als 90 % der Kinder in Deutschland sind Volks- und Berufsschulen die einzigen Bildungsstätten. Darum fordert der Gewerkschaftskongreß 1. Vollbeschulung in allen Ländern für alle Kinder und Jugendlichen, auch die der Volksschulen, d. h. volle Stundenzahl, wie sie in den Lehrplänen vorgesehen ist. 2. Herabsetzung der Klassenfrequenz auf höchstens 40. 3. Eine so vordringliche Berücksichtigung der Schulausbauten und -neubauten, daß in möglichst kurzer Zeit der Bedarf gedeckt ist. 4. Jedem Kinde und Jugendlichen muß aus öffentlichen Mitteln so geholfen werden, daß es die seinen Anlagen entsprechende Ausbildung erfährt.	
52	5	**Gewerkschaftsrat der vereinten Zonen**	**Zur Frage der internationalen Gewerkschaftsbewegung:** Der Gründungskongreß billigt die Teilnahme des Gewerkschaftsrats der vereinten Zonen an den Vorarbeiten zur Gründung eines „Weltbundes Freier Gewerkschaften". Der Kongreß beauftragt den Bundesvorstand, an der Gründung des Weltbundes teilzunehmen und ist mit dem Eintritt des Deutschen Gewerkschaftsbundes in den Weltbund einverstanden.	Gegen wenige Stimmen angenommen

377

Lfd. Nr.	Z. Tages- ordnungs- punkt	Antragsteller	Wortlaut des Antrages	Entscheidung
53	5	Bundesvorstand des Freien Gewerkschaftsbundes **Hessen**	Der Kongreß zur Gründung des Deutschen Gewerkschaftsbundes wolle beschließen: Der Deutsche Gewerkschaftsbund (DGB) nimmt an der bevorstehenden Gründung des Weltbundes Freier Gewerkschaften (WFG) teil und tritt demselben als Mitglied bei. B e g r ü n d u n g : Die Vorbereitende Internationale Gewerkschaftskonferenz in Genf am 25. und 26. Juni 1949, die Landeszentralen der Gewerkschaften und der vorliegende Satzungsentwurf für den Weltbund Freier Gewerkschaften geben Gewähr für die Schaffung einer starken und leistungsfähigen internationalen Organisation der freien, demokratischen und von jeder Beherrschung von außen unabhängigen Gewerkschaften, die sich der Aufgabe verpflichtet hat, die Interessen der arbeitenden Menschen der ganzen Welt zu verteidigen und die Würde der Arbeit zu erhöhen.	Durch Annahme d. Antrags Nr. 52 erledigt
54	5	Bundesvorstand des **Badischen** Gewerkschaftsbundes	Der Badische Gewerkschaftsbund bekräftigt erneut auf dem heutigen Bundestag seine bereits in den Statuten § 2 (n) festgesetzten und auf dem zweiten Bundestag in nächstfolgender Entschließung zum Ausdruck gebrachte Stellungnahme zur Frage seiner Beziehung zur internationalen Gewerkschaftsbewegung: „Der zweite Bundestag der badischen Gewerkschaften gibt seinen Willen zur internationalen Zusammenarbeit in allen Fragen kund, wie sie in	Durch Annahme des Antrags Nr. 52 erledigt

Lfd. Nr.	Z. Tagesordnungspunkt	Antragsteller	Wortlaut des Antrages	Entscheidung
			den Beschlüssen der Interzonenkonferenz in Garmisch-Partenkirchen, in dem Beschluß zur Neugestaltung der Wirtschaft, in den Beschlüssen von Badenweiler und in der Entschließung der deutschen Gewerkschaftsdelegation zu den Prager Beschlüssen zum Ausdruck kommen. Nur auf der Grundlage der konsequenten Verwirklichung dieser Beschlüsse ist eine Verbesserung der Lebenslage der werktätigen Menschen möglich. Die ureigensten Interessen der deutschen werktätigen Bevölkerung können nur wahrgenommen werden im Kampf gegen den Monopolkapitalismus, dessen Maßnahmen eine entscheidende Wirkung auf die Lebenshaltung des deutschen Volkes haben. Der Weltgewerkschaftsbund führt den Kampf um die wirtschaftliche und soziale Ordnung, die den Frieden sichert und geeignet ist, die Ausbeutung und Unfreiheit der schaffenden Menschen zu beseitigen. In dieser Front soll unser Platz sein. Der Bundestag des Badischen Gewerkschaftsbundes beantragt deshalb, der Gründungskongreß möge den Anschluß an den Weltgewerkschaftsbund beschließen.	
53	5	Bundesvorstand des Freien Gewerkschaftsbundes **Hessen**	**Zur Frage der Kriegsgefangenen:** Der Bundesvorstand des Deutschen Gewerkschaftsbundes wird beauftragt, bei allen in Betracht kommenden Stellen darauf hinzuwirken, daß die sofortige Freilassung aller deutschen Kriegsgefangenen erfolgt.	Einstimmig angenommen

Lfd. Nr.	Z. Tages-ordnungs-punkt	Antragsteller	Wortlaut des Antrages	Entscheidung
56	5	Hauptvorstand der Gewerkschaft **Kunst**	**Zur Schaffung einer Bild- und Filmzentrale beim Bundesvorstand:** Der Gründungskongreß wolle die Errichtung einer Bild- und Filmzentrale im DGB beschließen, mit der Aufgabe, sowohl alle im Gewerkschaftsleben wichtigen Momente in Bild und Film festzuhalten, als auch das für Schulung, Werbung und Fortbildung notwendige Bild- und Filmmaterial herzustellen, zu beschaffen und der Öffentlichkeit zugänglich zu machen, um damit die modernsten Mittel auch für die gewerkschaftliche Schulung und Werbung wirkungsvoll einsetzen zu können.	Einstimmig dem Bundesvorstand als Material überwiesen
57	3	Text S. 341		
58	3	Text S. 350		
59	3	Text S. 352		
60	3	Text S. 361		
61	3	Text S. 343		
62	3	Text S. 354		
63	3	Text S. 353		
64	3	Text S. 342		
65	3	Text S. 342		
66	3	Text S. 342		

Lfd. Nr.	Z. Tagesordnungspunkt	Antragsteller	Wortlaut des Antrages	Entscheidung
67.	3	Text S. 342		
68	3	Text S. 343		
69	3	Text S. 343		
70	3	Text S. 344		
71	3	Text S. 347		
72	3	Text S. 348		
73	3	Text S. 349		
74	3	Text S. 349		
75	3	Text S. 350		
76	3	Text S. 352		
77	3	Text S. 354		
78	3	Text S. 357		
79	3	Text S. 357		
80	3	Text S. 358		
81	3	Text S. 359		
82	3	Text S. 359		
83	3	Text S. 362		
84	3	Text S. 352		

XI. Die Mitglieder des Bundesvorstandes

Vorsitzender:

Hans **Böckler**

Stellvertretende Vorsitzende:

Matthias **Föcher**
Georg **Reuter**

Weitere hauptamtlich tätige Vorstandsmitglieder:

Erich **Bührig**
Hans **Böhm**
Willi **Ginhold**
Thea **Harmuth**
Hans **vom Hoff**
Albin **Karl**
Willi **Richter**
Ludwig **Rosenberg**

Vertreter der Gewerkschaften:

Jakob **Knöß**	G Bau, Steine, Erden
August **Schmidt**	IG Bergbau
Wilhelm **Gefeller**	IG Chemie, Papier, Keramik
Christian **Fette**	IG Druck und Papier
Hans **Jahn**	G der Eisenbahner Deutschlands
Max **Träger**	G Erziehung und Wissenschaft
Friedrich **Greve**	G Gartenbau, Land- und Forstwirtschaft
Wilhelm **Pawlik**	G Handel, Banken und Versicherungen
Franz **Valentiner**	IG Holz
Willy **Feldmann**	Gewerkschaft Kunst
Philipp **Mittwich**	Gewerkschaft Leder
Walter **Freitag**	IG Metall
Gustav **Pufal**	IG Nahrung, Genuß, Gaststätten
Adolf **Kummernuss**	Gewerkschaft ÖTV
Carl **Stenger**	Deutsche Postgewerkschaft
Werner **Bock**	G Textil, Bekleidung

XII. Anschriften-Verzeichnis

Bundesvorstand

Deutscher Gewerkschaftsbund
— Der Bundesvorstand —

Düsseldorf, Stromstraße 8
Telefon: 1 35 46 bis 49
Fernschreiber: 035 851
Telegrammadresse: Degebevorstand Düsseldorf

Landesbezirksvorstände

Deutscher Gewerkschaftsbund
— Landesbezirk **Bayern** —
— Der Landesbezirksvorstand —

München 15, Landwehrstraße 7/9
Telefon: 71 272, 72 649, 73 385
Fernschreiber: 063 736

Deutscher Gewerkschaftsbund
— Landesbezirk **Hessen** —
— Der Landesbezirksvorstand —

Frankfurt/Main, Wilhelm-Leuschner-Str. 69—77
Telefon: 30 361
Fernschreiber: 041 225

Deutscher Gewerkschaftsbund
— Landesbezirk **Niedersachsen** —
— Der Landesbezirksvorstand —

Hannover, Wilhelmstraße 14
Telefon: 8 35 31/32
Fernschreiber: 023 789

Deutscher Gewerkschaftsbund
— Landesbezirk **Nordmark** —
— Der Landesbezirksvorstand —

Hamburg 1, Besenbinderhof 59
Telefon: 24 29 62, 24 48 93

Deutscher Gewerkschaftsbund
— Landesbezirk **Nordrhein-Westfalen** —
— Der Landesbezirksvorstand —
Düsseldorf, Mintropstraße 19
Telefon: 138 41 bis 43

Deutscher Gewerkschaftsbund
— Landesbezirk **Rheinland-Pfalz** —
— Der Landesbezirksvorstand —
Mainz, Breitenbacherstraße 25
Telefon: 51 75/76

Deutscher Gewerkschaftsbund
— Landesbezirk **Württemberg-Baden** —
— Der Landesbezirksvorstand —
Stuttgart-N., Rote Straße 2a
Telefon: 41 258/59, 90 019

Bezirksstellen

Deutscher Gewerkschaftsbund
— Landesbezirk **Bayern** —
— Bezirksstelle Oberbayern —
München 15, Landwehrstraße 7/9
Telefon: 71 272, 72 649, 73 385
Fernschreiber: 063 736

Deutscher Gewerkschaftsbund
— Landesbezirk **Bayern** —
— Bezirksstelle Niederbayern/Oberpf. —
Regensburg, Richard-Wagner-Str. 2/1
Telefon: 4909

Deutscher Gewerkschaftsbund
— Landesbezirk **Bayern** —
— Bezirksstelle Ober- und Mittelfranken —
Ansbach, Maximilianstr. 38
Telefon: 560

Deutscher Gewerkschaftsbund
— Landesbezirk **Bayern** —
— Bezirksstelle Unterfranken —
Würzburg, Bismarckstr. 13
Telefon: 22 62

Deutscher Gewerkschaftsbund
— Landesbezirk **Bayern** —
— Bezirksstelle Schwaben —
Augsburg, Schätzlerstr. 13
Telefon: 88 29

Deutscher Gewerkschaftsbund
— Landesbezirk **Württemberg-Baden** —
— Bezirksstelle Süd-Württemberg-Hohenzollern —
Tuttlingen, Uhlandstr. 3
Telefon: 603

Deutscher Gewerkschaftsbund
— Landesbezirk **Württemberg-Baden** —
— Bezirksstelle Baden —
Freiburg i. Br., Schwabentorstr. 2
Telefon: 21 00

Bildungseinrichtungen

Akademie der Arbeit

in der Universität Frankfurt

Frankfurt/Main, Zimmerweg 12
Telefon: 7 27 38 und 7 26 35

Bundesschule „Bad Münster am Stein"

Bad Münster am Stein
Telefon: 2679

Bundesschule „Burgwall"

Bremen-Blumenthal, Burgwall 1
Telefon: Vegesack 2943

Bundesschule „Hattingen"

Hattingen/Ruhr, Auf dem Homberg 113
Telefon: 2421

Bundesschule „Kochel"

Kochel am See/Oberbayern
Telefon: 208

Bundesschule „Oberursel"

Oberursel/Taunus, Königsteiner Str. 24
Telefon: 666

Bundesschule „Rheinfelden"

Rheinfelden/Baden, Warmbacher Str. 15
Telefon:

Bundesschule „Haus Primbs"

Wasserburg am Bodensee, Krs. Lindau
Telefon: Lindau im Bodensee 2207

Bundesschule „Wennigser Mark"

Wennigsen am Deister
Telefon: Wennigsen 316

Bundesjugendschule „Buntes Haus"

Bielefeld II, Post Dalbke
Telefon: Oerlingenhausen 446

Die Briefschule

Adresse: siehe Landesbezirk Hessen

Verlag und Redaktionen der Bundesorgane

Bund-Verlag GmbH.

Köln/Rhein, Breite Straße 70, Pressehaus
Telefon: 7 91 88 u. 7 92 88
Fernschreiber: 038 562

„Welt der Arbeit"
Wochenzeitung des Deutschen Gewerkschaftsbundes
Adresse: siehe Bund-Verlag

„Aufwärts"
Jugendzeitschrift des Deutschen Gewerkschaftsbundes
Adresse: siehe Bund-Verlag

„Die Quelle"
Funktionärorgan des Deutschen Gewerkschaftsbundes
Adresse: siehe Bund-Verlag

„Wirtschaft und Wissen"
Die Angestellten-Zeitschrift des Deutschen Gewerkschaftsbundes
Adresse: siehe Bund-Verlag

„Gewerkschaftliche Monatshefte"
Zeitschrift für soziale Theorie und Praxis
Adresse: **Hamburg 1,** Besenbinderhof 57
Telefon: 33 12 51

„Die Aussprache"
Adresse: siehe Bundesvorstand

„Mitteilungen des WWI"
Adresse: siehe Wirtschaftswissenschaftliches Institut

Gewerkschaften

Gewerkschaft **Bau, Steine, Erden**
— Der Hauptvorstand —
Frankfurt/Main, Wilhelm-Leuschner-Straße 69/77
Telefon: 30 361

Industriegewerkschaft **Bergbau**
— Der Hauptvorstand —
Bochum, Hattinger Straße 19
Telefon: 603 41/45

Industriegewerkschaft **Chemie, Papier, Keramik**
— Der Hauptvorstand —

Hannover, Rathenauplatz 3
Telefon: 21 016 und 27 705
Fernschreiber: siehe Landesbezirk Niedersachsen

Industriegewerkschaft **Druck und Papier**
— Der Hauptvorstand —

Stuttgart N., Rote Straße 2a
Telefon: 41 250, 90 923

Gewerkschaft der **Eisenbahner** Deutschlands
— Der Hauptvorstand —

Frankfurt/Main, Friedrich-Ebert-Straße 75
Telefon: 3 31 57—59, 3 24 68

Gewerkschaft **Erziehung und Wissenschaft**
— Der Hauptvorstand —

Geschäftsführung: **Celle,** Hannoversche Str. 41
Telefon: 20 89

Gewerkschaft **Gartenbau, Land- und Forstwirtschaft**
— Der Hauptvorstand —

Hannoversch-Münden, Am Feuerteich 5
Telefon: 708

Gewerkschaft **Handel, Banken und Versicherungen**
— Der Hauptvorstand —

Essen, Kruppstraße 30
Telefon: 2 61 41/42

Industriegewerkschaft **Holz**
— Der Hauptvorstand —

Hamburg 1, Besenbinderhof 59
Telefon: 24 29 62, 24 48 93
zukünftiger Sitz: **Düsseldorf**

Gewerkschaft **Kunst**
— Der Hauptvorstand —
Hamburg 1, Besenbinderhof 59
Telefon 34 60 80

Gewerkschaft **Leder**
— Der Hauptvorstand —
Stuttgart N., Rote Straße 2a
Telefon: 4 12 58/59, 9 19 91, 9 22 96

Industriegewerkschaft **Metall**
— Der Hauptvorstand —
Frankfurt/Main, Untermainkai 76
Telefon: 3 03 61
Telegrammadresse: Metallvorstand Frankfurtmain

Industriegewerkschaft **Nahrung, Genuß, Gaststätten**
— Der Hauptvorstand —
Hamburg 1, Besenbinderhof 57
Telefon: 33 12 51/55

Gewerkschaft **Öffentliche Dienste, Transport und Verkehr**
— Der Hauptvorstand —
Stuttgart N., Rote Straße 2a
Telefon: 41 258/59, 90 660, 90 923

Deutsche **Postgewerkschaft**
— Der Hauptvorstand —
Frankfurt/Main, Untermainkai 76
Telefon: 3 10 73 und 3 27 38

Gewerkschaft **Textil, Bekleidung**
— Der Hauptvorstand —
Bielefeld, August-Bebel-Straße 75/77
Telefon: 3706
zukünftiger Sitz: **Düsseldorf**

Weitere Institutionen

**Vermögensverwaltungs- und Treuhandgesellschaft
des Deutschen Gewerkschaftsbundes mbH.**
Düsseldorf, Stromstraße 8
Telefon: 135 46 bis 49
Fernschreiber: 035 851
Telegrammadresse: Degebevermögen, Düsseldorf

Wirtschaftswissenschaftliches Institut
der Gewerkschaften
Köln/Braunsfeld, Am Morsdorfer Hof 26
Telefon: 5 63 87 und 5 59 75

Sozialakademie Dortmund
Dortmund, Rheinlanddamm 201

Akademie für Gemeinwirtschaft
Hamburg 13, Mollerstr. 10
Telefon: 44 27 92

Büchergilde Gutenberg
Verlagsgesellschaft m. b. H.
Frankfurt/Main, Wilhelm-Leuschner-Straße 69—77
Telefon: 30 361

Alte Volksfürsorge
Gewerkschaftlich-genossenschaftliche Lebensversicherungs-AG.
Hamburg 1, An der Alster 57
Telefon: 35 13 51

Zentralverband Deutscher Konsumgenossenschaften
Hamburg 1, An der Alster 57
Telefon:

**Großeinkaufs-Gesellschaft
Deutscher Konsumgenossenschaften m.b.H.**
Geschäftsleitung
Hamburg 1, Besenbinderhof 52
Telefon: 24 55 13, Ortsruf: 35 12 81

Eigenhilfe Sachversicherung Aktiengesellschaft
Hamburg 1, Steinstraße 27
Telefon: 52 10 13
Telegrammadresse: Eigensach, Hamburg

XIII. Liste der Redner

Inhaltsverzeichnis

Anhang:

Erster Verhandlungstag:

Zweiter Verhandlungstag:

Dritter Verhandlungstag:

399

Kurzbiographien der Mitglieder des Bundesvorstandes des Deutschen Gewerkschaftsbundes 1949

Zusammengestellt von Harald Schlüter

BOCK, WERNER (26.1.1898–1.8.1964)
Geboren in Gera (Thüringen). Besuch der Bürgerschule, Ausbildung zum Weber, gleichzeitig Besuch der Fachschule für die Textilindustrie. 1913 Mitglied im Deutschen Textilarbeiter-Verband und in der SPD. Nach der Rückkehr aus dem Ersten Weltkrieg in verschiedenen Betrieben der Textilindustrie tätig, Betriebsratsmitglied, Betriebsratsvorsitzender. 1923/24 Besuch der Volkswirtschaftsschule des Landes Thüringen. 1928 Geschäftsführer des Deutschen Textilarbeiter-Verbandes in der Bezirksverwaltung Hamburg, 1930 Geschäftsführer des gleichen Verbandes im Regierungsbezirk Minden-Lippe. 1933 entlassen, mehrere Jahre arbeitslos, dann technischer und kaufmännischer Angestellter in der Textilindustrie, später Betriebsleiter, 1944 Soldat. Nach der Rückkehr aus der Gefangenschaft beteiligt am Wiederaufbau der Gewerkschaften in Minden-Lippe, Vorsitzender des Verwaltungsausschusses des Freien Deutschen Gewerkschaftsbundes Minden-Lippe, Bezirksgeschäftsführer des Industrieverbandes Textil-Leder. 1947 1. Vorsitzender der Industriegewerkschaft Textil-Bekleidung-Leder (britische Zone), 1949–1963 1. Vorsitzender der Gewerkschaft Textil-Bekleidung. Anschließend Ruhestand.

BÖCKLER, HANS (26.2.1875–16.2.1951)
Geboren in Trautskirchen (Franken). Volksschule, 1888–1891 Lehre als Silber- und Goldschläger in Fürth, anschließend Wanderschaft. 1894 Mitglied im Deutschen Metallarbeiter-Verband (DMV) und in der SPD, 1895 Mitbegründer des Turn- und Sportvereins Fürth. 1896–1898 Militärdienst in Nürnberg. 1899 Vertreter der Metallschläger im Fürther Gewerkschaftskartell, anschließend Vertrauensmann der Metallarbeiter. 1902 Wahl in das Kollegium der Fürther Gemeindebevollmächtigten (Stadtrat), 1903 Bevollmächtigter des DMV im Saargebiet. 1908 Mitarbeiter in der DMV-Bezirksleitung Frankfurt, 1910 Bezirksleiter des DMV in Schlesien. 1914/15 Soldat, Verwundung an der Ostfront. 1915–1918 Gewerkschaftsarbeit in Danzig, Kattowitz und Siegen. 1919 Sekretär bei der Zentralarbeitsgemeinschaft. 1920 Bevollmächtigter des DMV in Köln, 1924–1928 Mitglied der Kölner Stadtverordnetenversammlung, 1927 Bezirkssekretär des ADGB für Rheinland-Westfalen-Lippe, Mitglied des ADGB-Bundesausschusses. 1928–1933 Mitglied des Reichstages für den Wahlkreis Köln-Aachen. 1933 Entlassung, »Schutzhaft« durch die Gestapo in Berlin, 1934–1944 polizeiliche Überwachung, mehrere Hausdurchsuchungen, Kontakte

zum Widerstandskreis um Wilhelm Leuschner, nach dem 20. Juli 1944 Versteck in Ottoherscheid bei einem befreundeten Bauern bis zum Frühjahr 1945. Dann Mitbegründer des »Siebener-Ausschusses« für den Aufbau einer Einheitsgewerkschaft in Köln, Mitglied der ernannten Stadtverordnetenversammlung Kölns. 1946 Mitglied des ernannten Landtages von Nordrhein-Westfalen, Mitglied des vorläufigen Zonenvorstandes der Gewerkschaften in der britischen Zone. 1947 Vorsitzender des DGB (britische Zone), Vorsitzender des Gewerkschaftsrates der britischen und amerikanischen Zone. Oktober 1949 Wahl zum Vorsitzenden des DGB auf dem Gründungskongreß in München.

BÖHM, HANS (8.4.1890–18.7.1957)
Geboren in Hochspeyer bei Kaiserslautern. Volksschule, Ausbildung zum Möbelpolierer, später Wechsel in die Metallindustrie. 1906 Mitglied im Deutschen Holzarbeiter-Verband, später im Deutschen Metallarbeiter-Verband. 1911 Mitglied der SPD. 1920 Mitglied im Betriebsrat der Friedrich Krupp AG, Essen, einige Jahre Betriebsratsvorsitzender. 1928 Geschäftsführer des Gesamtverbandes der Gemeinde- und Staatsarbeiter in Essen, 1930 Geschäftsführer des gleichen Verbandes in Bielefeld. 1933 Entlassung, arbeitslos, unter Polizeiaufsicht, 1935–1945 Inhaber einer Gaststätte in Bielefeld. 1945/46 am Aufbau der Gewerkschaften in Bielefeld, im Bezirk Ostwestfalen-Lippe und in der Provinz Westfalen beteiligt, 1946 Mitglied des vorläufigen Vorstandes der Gewerkschaften in der britischen Zone. 1947/48 Stadtverordneter in Bielefeld, Mitglied im Geschäftsführenden Bundesvorstand des DGB (britische Zone). 1947–1950 Abgeordneter im Nordrhein-Westfälischen Landtag. 1949–1957 Bundestagsabgeordneter. 1949–1956 Mitglied im Geschäftsführenden Bundesvorstand des DGB, Leitung der Hauptabteilung Beamte und Angestellte. 1956 Ruhestand.

BÜHRIG, ERICH (20.1.1896–2.10.1959)
Geboren in Braunschweig. Volksschule, 1910–1914 Schlosserlehre, 1913 Mitglied im Deutschen Metallarbeiter-Verband (DMV), 1914 Mitglied der SPD. Maschinenschlosser auf der Kaiserlichen Werft in Danzig, 1918 eingezogen zum Militärdienst wegen Beteiligung am Rüstungsstreik in Danzig. 1919 Redakteur der »Memeler Volksstimme«. 1921 Sekretär des Kartells der Freien Gewerkschaften im Memelgebiet. 1923 Bevollmächtigter und Geschäftsführer des DMV in Peine, 1925 in gleicher Funktion in Bochum. 1929 Leiter der Arbeitsrechtlichen Abteilung des DMV. 1933 Entlassung, 1935–1945 in mehreren Berliner Betrieben der Metallindustrie als Maschinenarbeiter, Schlosser, Einrichter und Fertigungsplaner beschäftigt, gleichzeitig illegale Arbeit in einer Berliner Gewerkschaftsgruppe des DMV, Kontakte zum Internationalen Metallarbeiter-Bund; 1939 verhaftet, »Schutzhaft« in Berlin und im KZ Sachsenhausen, im Oktober 1940 entlassen. 1945 Vorstandsmitglied im Verband der Metallarbeiter in Berlin, Leiter der Arbeitsrechtlichen Abteilung des FDGB Groß-Berlin. 1946 Mitglied im Geschäftsführenden Vorstand des FDGB Groß-Berlin und im Vorstand des FDGB der sowjetischen Besatzungszone. November 1946

Die Mitglieder des Bundesvorstandes (v.l.n.r.): 1. Reihe: Erich Bührig, Willi Richter, Georg Reuter, Hans Böckler, Matthias Föcher, Thea Harmuth, 2. Reihe: Ludwig Rosenberg, Hans Böhm, August Schmidt, Wilhem Pawlik, Adolf Kummernuss, Gustav Pufal, Walter Freitag, Christian Fette, Willi Feldmann, Franz Valentiner, Jakob Knöß, Albin Karl, 3. Reihe: Max Träger, Philipp Mittwich, Friedrich Greve, Willi Ginhold, Hans Jahn, Hans vom Hoff. Es fehlen Max Bock, Wilhelm Gefeller und Carl Stenger.

Mitglieder des Bundesvorstandes (v.l.n.r.): Hans Böhm, Albin Karl, Walter Freitag, Hans Böckler, Matthias Föcher, Georg Reuter. Fotos: O. Wiedemann, München

Mitarbeiter in der Bezirksleitung der IG Metall in Hagen, 1947 Vorstandsmitglied der IG Metall (britische Zone). 1948 Sekretär des Gewerkschaftsrates für die Vereinigten Zonen in Frankfurt. 1949 Mitglied im Geschäftsführenden Bundesvorstand des DGB. 1953–1959 Leiter der Abteilung Arbeitsrecht im Wirtschaftswissenschaftlichen Institut des DGB.

FELDMANN, WILLI (15.3.1893–6.3.1977)
Geboren in Magdeburg. Mittelschule, kaufmännische Lehre, anschließend tätig als Schauspieler und Varieté-Artist. Teilnahme am Ersten Weltkrieg, nach 1918 zunächst kaufmännischer Angestellter, dann erneut Schauspieler und Artist. 1919 Mitglied im Zentralverband deutscher Schauspieler und Artisten im AfA-Bund, ehrenamtliche Funktionen, 1925 Mitglied in der Internationalen Artisten-Loge (IAL). 1945 Wiederaufbau der IAL in Hamburg, Beschäftigung als Artist. 1946 Vorsitzender der IAL in Hamburg, Mitglied im Vorstand der Deutschen Angestellten-Gewerkschaft. September 1946 Vorsitzender der IAL (britische Zone), 1948 Überführung der IAL aus der DAG in die Gewerkschaft Bühne, Film, Musik, Artistik des DGB. 1. Vorsitzender dieser Gewerkschaft, 1949 1. Vorsitzender der Gewerkschaft Kunst und Vorsitzender der IAL für das Gebiet der Bundesrepublik Deutschland bis 1959. 1952 2. Präsident der Internationalen Föderation der Varieté-Artisten. 1960 Rücktritt von allen haupt- und nebenamtlichen Funktionen aus gesundheitlichen Gründen.

FETTE, CHRISTIAN (1.2.1895–26.10.1971)
Geboren in Bremen. Volksschule, 1909–1913 Buchdruckerlehre in Bremen. 1913 Mitglied im Verband der Deutschen Buchdrucker und in der SPD. Nach der Lehre Wanderschaft. 1914–1918 Soldat, anschließend aktiv in der Sozialistischen Arbeiterjugend in Bremen. 1920 Vorsitzender des Deutschen Buchdruckerverbandes im Bezirk Bremen. 1924 Vorsitzender des gleichen Verbandes im Bezirk Duisburg. 1931 stellvertretender Gauvorsteher des Buchdruckerverbandes im Rheinland und in Westfalen. 1933 Entlassung, mehrfach verhaftet, unter Polizeiaufsicht, längere Zeit arbeitslos, anschließend Maschinensetzer bei der »Kölnischen Zeitung«. 1945/46 beteiligt am Aufbau der Gewerkschaft Graphisches Gewerbe und Papierverarbeitung in Köln und Nordrhein-Westfalen, 1946 Vorsitzender der Gewerkschaft Druck und Graphik in Nordrhein-Westfalen, Mitglied in der zonalen Leitung dieser Gewerkschaft. 1948 Vorsitzender der IG Druck und Papier, Mitglied im Vorstand der Internationalen Graphischen Föderation. 1951–1952 Vorsitzender des DGB. 1953–1958 Beschäftigung in der Pressestelle der Neuen Heimat in Hamburg. Anschließend Ruhestand.

FÖCHER, MATTHIAS (7.11.1886–9.11.1967)
Geboren in Köln. Katholische Volksschule in Köln-Kalk, 1900–1907 Lehre als Maschinen- und Werkzeugschlosser, kaufmännische Lehre. 1904 Mitglied in der katholischen Arbeiterbewegung und in der Zentrumspartei. 1907 Mitglied im Christ-

lichen Metallarbeiter-Verband (CMV), Vorstandsmitglied der Ortsgruppe Köln-Kalk, Mitglied im Vorstand des Bezirks Köln und im Vorstand des Kartells der Christlichen Gewerkschaften. 1910 Sekretär in der Hauptverwaltung des CMV in Duisburg, ab 1911 Geschäftsführer mehrerer Ortsverwaltungen des CMV, u.a. in Gevelsberg, Hamm und Neuwied. 1914–1917 Soldat, anschließend Gewerkschaftsarbeit im mittelrheinischen Industriegebiet. 1920 Leiter des Sozialpolitischen Dezernats in der Hauptverwaltung des CMV. 1928 Leiter der Jugendarbeit des CMV und Herausgeber der Jugendzeitschrift »Der Hammer«. 1933 Entlassung, unter Polizeiaufsicht, mehrfach durch die Gestapo verhört, in verschiedenen Berufen tätig, u.a. im Brothandel und als Versicherungsagent. 1939 Einkassierer in einem Duisburger Schuhaus, 1940–1945 Leiter der Buchhaltung in einer Lebensmittel-Großhandlung. 1945 am Wiederaufbau der Gewerkschaften in Duisburg beteiligt, zunächst im »Aufbaukomitee«, später Bevollmächtigter der Gewerkschaft Öffentliche Dienste. Mitglied der CDU und der Sozialausschüsse. 1947 stellvertretender Vorsitzender des DGB (britische Zone). 1949–1956 stellvertretender Vorsitzender des DGB, Leitung der Hauptabteilung Schulung und Bildung. Anschließend Ruhestand.

FREITAG, WALTER (14.8.1884–7.6.1958)
Geboren in Remscheid. Volksschule, Lehre als Werkzeugdreher. 1907 Mitglied des Deutschen Metallarbeiter-Verbandes (DMV), 1908 Mitglied der SPD. 1914–1917 Soldat, anschließend Dreher in einem Remscheider Betrieb. 1918 Mitglied im Arbeiter- und Soldatenrat in Remscheid. 1919 Bevollmächtigter des DMV in Remscheid, Mitglied in der USPD. 1920 Bezirksleiter des DMV im Bezirk Hagen. 1922 erneut Mitglied in der SPD, Vorsitzender der SPD im Unterbezirk Hagen-Schwelm. 1932 Abgeordneter im Preußischen Landtag. 1933 Entlassung, Verhaftung, KZ Neusystrum und Lichtenberg, nach Entlassung Dortmund als Wohnsitz zugewiesen, unter Polizeiaufsicht, illegale Arbeit, u.a. Kontakt zu Heinrich Schliestedt und Wilhelm Leuschner, 8 Jahre arbeitslos (Verbot einer Vermittlung durch das Arbeitsamt). 1941 Beschäftigung als Pförtner, Wach- und Feuerwehrmann im Werk Hoerde des Dortmund-Hoerder Hüttenvereins. 1945 am Wiederaufbau der Gewerkschaften und der SPD in Hagen beteiligt. 1946–1949 Landrat des Ennepe-Ruhr-Kreises, Mitglied des ernannten und des ersten gewählten Landtages Nordrhein-Westfalens. 1946 Mitglied im Zonenausschuß der Gewerkschaften in der britischen Zone, 1947 Vorsitzender der IG Metall (britische Zone). 1948–1952 Vorsitzender der IG Metall für das Gebiet der Bi-Zone bzw. der Bundesrepublik Deutschland. 1949–1953 Bundestagsabgeordneter. 1952–1956 Vorsitzender des DGB. 1953–1956 Vizepräsident des Internationalen Bundes Freier Gewerkschaften. Anschließend Ruhestand.

GEFELLER, WILHELM (27.5.1906–25.3.1983)
Geboren in Essen. Volksschule, Schlosserlehre in den Rheinischen Stahlwerken; 1920 Mitglied im Deutschen Metallarbeiter-Verband (DMV). Nach Ende der Lehre in mehreren Betrieben und auf Montage beschäftigt. 1928–1931 arbeitslos. 1931 Hilfsarbeiter als Gedingeschlepper in Osterfeld, nach kurzer Zeit erneut arbeitslos.

Zweijährige Handelsschule in Bottrop. 1937−1944 Facharbeiter im Hydrierwerk Ruhr-Öl in Bottrop. Ende 1944 untergetaucht, um der Einberufung zur Wehrmacht zu entgehen. 1945 Betriebsratsvorsitzender der Ruhr-Öl AG in Bottrop, Mitglied in der SPD. 1946 2. Geschäftsführer der Gewerkschaft Chemie-Papier-Keramik in Gelsenkirchen, Leiter des Bezirks Westfalen, stellvertretender Vorsitzender des Industrieverbandes bzw. der Industriegewerkschaft Chemie-Papier-Keramik (britische Zone). 1949−1969 Vorsitzender der Industriegewerkschaft Chemie-Papier-Keramik. 1950 Vizepräsident der Berufsinternationale der Chemischen Industrie, 1951 Generalratsmitglied des Internationalen Bundes Freier Gewerkschaften. 1953−1957 Bundestagsabgeordneter. 1964−1969 Präsident der Internationalen Föderation der Chemie- und Farbrikarbeiter-Verbände in Genf, 1969 Ruhestand.

GINHOLD, WILLI (14.7.1915−22.11.1985)
Geboren in Chemnitz. Volks- und Handelsschule, 1930−1933 kaufmännische Lehre im Textilgroßhandel. 1929 Mitglied im Zentralverband der Angestellten (ZdA), Jugendvertrauensmann im Betrieb. 1931 Mitglied in der Sozialistischen Arbeiterjugend, ehrenamtliche Funktionen. 1933−1939 Betriebsbuchhalter in verschiedenen Industriebetrieben in Chemnitz und Altenburg. 1939−1945 Soldat. 1945−1947 Bilanzbuchhalter in einem Münchener Textilbetrieb, Mitglied in der SPD, Betriebsratsvorsitzender. 1947 Landesjugendsekretär des Bayerischen Gewerkschaftsbundes. 1949 Mitglied im Geschäftsführenden Bundesvorstand des DGB, Leitung der Hauptabteilung Jugend. 1956 Geschäftsführer der Vermögensverwaltung des DGB und der Gesellschaft für Jugendheime. 1963 Vorstandsmitglied der Neuen Heimat, Unternehmensgruppe Hamburg. 1980 Ruhestand.

GREVE, FRIEDRICH (18.2.1892−25.1.1956)
Geboren in Harderode (Holzminden). Volksschule, Ausbildung zum Weber. 1910 Mitglied im Deutschen Textilarbeiter-Verband, ehrenamtlicher Kassierer der Zahlstelle Hannover. 1911 Mitglied in der SPD. Während des Ersten Weltkrieges beschäftigt als Holzarbeiter im Waggon- und Flugzeugbau in Hannover-Linden, Mitglied im Deutschen Holzarbeiter-Verband (DHV). 1917−1922 Landesvorsitzender der USPD, 1920 Betriebsratsvorsitzender, 1922 Arbeitnehmervertreter im Aufsichtsrat. 1923 erneut Mitglied in der SPD, Mitglied im Gauvorstand des DHV im Gau Hannover. Nach 1933 wiederholt verhaftet, längere Zeit arbeitslos; 1935 Beschäftigung in einer Möbelfabrik, später Tierzuchtwart bei der Landesbauernschaft Posen. Frühjahr 1945 beteiligt am Gewerkschaftsaufbau in Hameln und im Kreis Holzminden (Allgemeine Gewerkschaft). 1945−1947 Sekretär der Allgemeinen Gewerkschaft Niedersachsen, 1947 Geschäftsführer der Gewerkschaft Gartenbau, Land- und Forstwirtschaft, 2. Vorsitzender dieser Gewerkschaft im Bezirk Niedersachsen. 1949−1956 1. Vorsitzender der Gewerkschaft Gartenbau, Land- und Forstwirtschaft.

HARMUTH, THEA (30.6.1904–10.1.1956)
Geboren in Düsseldorf. Volks- und Handelsschule in Düsseldorf, 1919–1922 Steno-typistin im Verlag einer Tageszeitung. 1922 Mitglied im Verband der weiblichen Handels- und Büroangestellten (VWA). 1925/26 Akademie der Arbeit in Frankfurt a.M. 1926–1934 Frauensekretärin mehrerer Konsum- und Verbrauchergenossen-schaften in Essen, Köln und Hamburg. 1934–1944 Verwaltungsangestellte in Mün-chen, anschließend Hausfrau. Ab 1945 ehrenamtliche Mitarbeit in den bayerischen Gewerkschaften, Mitglied in der CSU. 1948 in der Verwaltung des Bayrischen Gewerkschaftsbundes beschäftigt, zunächst im Bildungssekretariat, dann als Lan-des-Frauensekretärin. 1949–1956 Mitglied im Geschäftsführenden Bundesvorstand des DGB, Leitung der Hauptabteilung Frauen.

HOFF, HANS vom (1.5.1899–15.11.1969)
Geboren in Wermelskirchen (Rheinland). Volksschule, Realschulabschluß später nachgeholt, kaufmännische Lehre. 1914–1917 Hilfsarbeiter bei der Postverwaltung. 1917–1919 Soldat. 1919–1923 kaufmännischer Angestellter, zuletzt stellvertreten-der Abteilungsleiter bei den Continental-Werken in Hannover. 1919 Mitglied im Zentralverband der Angestellten (ZdA) und in der SPD. 1923–1933 Bezirksleiter des ZdA in Hagen, Essen, Düsseldorf und Lübeck. 1933 Entlassung, arbeitslos, 1933–1935 Versicherungsvertreter in Düsseldorf; 1935/36 Inhaftierung in Düssel-dorf und Hamm, anschließend wieder Versicherungsvertreter, unter Aufsicht der Gestapo. 1939 Soldat, 1943 kaufmännischer Leiter eines Kraftwageninstandset-zungswerkes. Frühjahr 1945 am Wiederaufbau der Gewerkschaften in Niedersach-sen beteiligt. 1946 Landrat im Kreis Nienburg/Weser, Mitglied des Kreistages, Mit-glied im Zonenausschuß der Gewerkschaften in der britischen Zone. Januar 1947 stellvertretender Vorsitzender der Deutschen Angestellten-Gewerkschaft (britische Zone), stellvertretender Vorsitzender des DGB (britische Zone). 1948 Mitglied im Gewerkschaftsrat der Vereinten Zonen. Übertritt zur Gewerkschaft HBV nach dem Ausscheiden der DAG aus dem DGB. 1949–1952 Mitglied im Geschäftsführenden Bundesvorstand des DGB, Leitung der Hauptabteilung Wirtschaftspolitik. 1953 Son-derberater bei der Hohen Behörde der Montanunion in Luxemburg. 1957 Sozialre-ferent an der Deutschen Botschaft in Wien. 1964 Ruhestand.

JAHN, HANS (29.8.1885–10.7.1960)
Geboren in Hartha (Sachsen). Volksschule, Lehre als Schmied, anschließend Wan-derschaft. 1903 Mitglied im Verband Deutscher Schmiede und in der SPD. 1909 Bevollmächtigter dieses Verbandes in der Bremer Ortsverwaltung. 1913 Eintritt in den Eisenbahndienst, 1914 Lokheizer, 1917 Reserve-Lokführer, Mitglied im Deut-schen Eisenbahnerverband. 1920 Leiter der Betriebsabteilung beim Hauptvorstand dieses Verbandes, später Leitung der Organisationsabteilung. 1927–1933 Mitglied im Vorläufigen Reichswirtschaftsrat, Mitglied im Vorstand des Allgemeinen Deut-schen Beamtenbundes. 1933 Entlassung, mehrfach verhaftet, Aufbau einer gewerk-schaftlichen Widerstandsgruppe der Eisenbahner. 1935 Flucht ins Ausland, über die

Tschechoslowakei nach Holland, Luxemburg, Frankreich, Spanien und Portugal. 1941 nach Großbritannien, hier Mitglied der Landesgruppe deutscher Gewerkschafter, illegale Arbeit im Auftrag der Internationalen Transportarbeiter-Föderation. 1945 Rückkehr nach Deutschland, Beteiligung am Wiederaufbau der Gewerkschaften in Leipzig. 1946 Vorsitzender der Arbeitsgemeinschaft der Gewerkschaften für Verkehr in der britischen Zone, Mitglied im vorläufigen Zonenvorstand der Gewerkschaften in der britischen Zone. 1947 Mitbegründer der Gewerkschaft der Eisenbahner der Bi-Zone. 1948–1959 1. Vorsitzender der Gewerkschaft der Eisenbahner Deutschlands (GdED). 1949–1960 Bundestagsabgeordneter. 1955–1958 Präsident der Internationalen Transportarbeiter-Föderation.

KARL, ALBIN (5.2.1889–4.1.1976)
Geboren in Rothenhof/Coburg. Volksschule, 2 Jahre Fortbildungsschule, Lehre als Porzellanmaler. 1905 Miglied im Porzellanmalerverband, 1906 Mitglied in der SPD. Wanderschaft. 1908 Referent in gewerkschaftlichen und politischen Versammlungen. 1910 nebenberuflich Lokalberichterstatter für das »Coburger Volksblatt«, Leiter der Agitations-Kommission des Verbandes der Porzellanarbeiter in Süd-Thüringen. 1912 2. Gauleiter des gleichen Verbandes in Thüringen, 1915–1918 Soldat. 1918 Leiter des örtlichen Soldatenrates in Gumeniki und des Bezirks-Soldatenrates in Lindupi (Litauen). 1919 Mitglied im Hauptvorstand des Porzellanarbeiter-Verbandes in Berlin. 1926 Vorstandsmitglied und Sekretär des Keramischen Bundes. 1928 stellvertretender Vorsitzender des Verbandes der Farbrikarbeiter Deutschlands. 1933 Entlassung, Geschäftsführer der Generalvertretung der Schluchterner Seifenfabrik, zugleich gewerkschaftliche Arbeit im Untergrund. 1933 2 Monate »Schutzhaft«, 1935 4 Monate Konzentrationslager, 1936/37 11 Monate Untersuchungshaft und »Schutzhaft«, Überwachung durch die Gestapo. Frühjahr 1945 Leiter des »Ausschusses für Wiederaufbau« in Hannover, Vorsitzender der Allgemeinen Gewerkschaft in Hannover. 1946 Leiter des Sekretariats der Allgemeinen Gewerkschaft, Mitglied im Niedersachsenausschuß und im Niedersächsischen Landtag. 1947 stellvertretender Vorsitzender des DGB (britische Zone). 1949–1956 Mitglied im Geschäftsführenden Bundesvorstand des DGB, Leitung der Hauptabteilung Organisation und Verwaltung. Ab 1953 Leitung der Hauptabteilung Finanzen und Vermögenswerte. 1956 Ruhestand.

KNÖSS, JAKOB (11.6.1881–23.2.1960)
Geboren in Egelsbach (Kreis Offenbach). Volksschule, Lehre als Maurer. 1899 Mitglied im Zentralverband der Maurer Deutschlands, 1901 Mitglied in der SPD, Gemeinderatsmitglied in Egelsbach, ehrenamtliche gewerkschaftliche Funktionen. 1906 Mitglied im Zweigvereinsvorstand Frankfurt a.M. des Zentralverbandes der Maurer Deutschlands. 1918 beschäftigt in der Bezirksverwaltung des Deutschen Baugewerksbundes in Frankfurt. 1927 Mitglied des Hauptvorstandes des Deutschen Baugewerksbundes in Hamburg. 1929 Bezirksleiter des gleichen Verbandes in Hessen und Hessen Nassau. 1933 Entlassung. 1945 beteiligt am Wiederaufbau der

Gewerkschaften in Hessen. 1946 Vorsitzender der Landesgewerkschaft Bau im Freien Gewerkschaftsbund Hessen. 1949 Erster Vorsitzender der IG Bau-Steine-Erden. 1957 Ruhestand.

KUMMERNUSS, ADOLF (23.6.1895–7.8.1979)
Geboren in Hamburg. Volksschule, Hafenarbeiter. 1909 Mitglied in der Sozialistischen Arbeiterjugend. 1912 Mitglied im Deutschen Transportarbeiter-Verband (DTV), 1913 Mitglied in der SPD. 1918 Vorstandsmitglied des Transportarbeiter-Verbandes in der Ortsverwaltung Hamburg. 1920 Branchenleiter und Mitglied in der Sektionsleitung Hamburger Hafen des DTV. 1926/27 Akademie der Arbeit. 1927 hauptamtlicher Sekretär des Deutschen Verkehrsbundes in Hamburg, Mitglied im Reichsbanner. 1933 Entlassung, arbeitslos, illegale Arbeit, u.a. Kontakt zur Internationalen Transportarbeiter-Föderation in den Niederlanden; 1935 Verhaftung, 2 Jahre Haft in Hamburg-Fuhlsbüttel. 1938/39 Beschäftigung als Lagerarbeiter und Lagerbuchhalter, 1939–1945 Betriebsleiter bei der Firma Nadge und Neffen in Hamburg. Mai/Juni 1945 Mitglied im Vollzugsausschuß der Sozialistischen Freien Gewerkschaft in Hamburg, Juli 1945 vorläufiger Vorsitzender des Gesamtverbandes der Verkehrs- und Gemeindearbeiter, Mitglied im Verwaltungsausschuß der Freien Gewerkschaften Hamburgs. 1946 Vorsitzender des Gesamtverbandes in Hamburg, 1946–1949 Mitglied der Hamburger Bürgerschaft (zunächst Mitglied der Fraktion der Freien Gewerkschaften, ab Oktober 1946 Mitglied der SPD-Fraktion, zeitweilig stellvertretender Fraktionsvorsitzender). 1947 Miglied im Hauptvorstand der Gewerkschaft Öffentliche Dienste, Transport und Verkehr (britische Zone), Vorsitzender des DGB-Ortsausschusses Hamburg. 1949–1964 1. Vorsitzender der Gewerkschaft ÖTV. 1956–1964 Präsident der Internationalen Föderation der Gewerkschaften des Personals der Öffentlichen Dienste. 1964 Ruhestand.

MITTWICH, PHILIPP (27.5.1887–26.7.1969)
Geboren in Wallhausen (Rheinland). Volksschule, Lehre als Schuhmacher, Wanderschaft, Beschäftigung in verschiedenen Handwerksbetrieben und Schuhfabriken. 1906 Mitglied im Zentralverband der Schuhmacher Deutschlands. 1910 Mitglied in der SPD, ehrenamtliche Funktionen im Zentralverband der Schuhmacher. 1910 ehrenamtliche Leitung der Zahlstelle Bad Cannstatt. 1918 Mitglied der USPD. 1920 Bezirksleiter des Zentralverbandes der Schuhmacher in Württemberg-Baden und Hohenzollern, Mitglied der KPD. 1920–1924 Mitglied im Württembergischen Landtag. 1924 Mitglied in der SPD. 1933 Entlassung, mehrfach inhaftiert, unter Polizeikontrolle. Beschäftigung als Handelsvertreter für Öfen, Herde und Waschmaschinen, später Inhaber eines Lebensmittelgeschäftes. 1945 am Wiederaufbau der Gewerkschaften in der amerikanischen Zone beteiligt. 1946 Vorsitzender des Industrieverbandes Schuhe und Leder in Württemberg-Baden, Vorsitzender des Zonenausschusses der IG Schuhe und Leder der amerikanischen Zone, Beisitzer im Bundesvorstand des Gewerkschaftsbundes Württemberg-Baden. 1949–1959 1. Vorsitzender der Gewerkschaft Leder. Anschließend Ruhestand.

PAWLIK, WILHELM (25.6.1900−9.1.1968)
Geboren in Essen. Volksschule, 1912 Mitglied in der Sozialistischen Arbeiterjugend. 1914−1917 Hilfsarbeiter in mehreren Essener Betrieben. 1915 Mitglied im Deutschen Transportarbeiter-Verband. 1917 Kranmaschinist bei der Friedrich Krupp AG in Essen, Mitglied im Deutschen Metallarbeiter-Verband. 1918 Soldat. 1919−1922 Hilfsarbeiter in den Städtischen Krankenanstalten und den Gas- und Wasserwerken in Essen, Mitglied im Verband der Gemeinde- und Staatsarbeiter, später im Gesamtverband der Arbeitnehmer der öffentlichen Betriebe und des Personen- und Warenverkehrs, Betriebsvertrauensmann, Schriftführer in der Ortsverwaltung Essen. 1920 Mitglied in der USPD, später in der SPD. 1922−1933 Sekretär des Verbandes der Arbeitnehmer der öffentlichen Betriebe und des Personen- und Warenverkehrs in Magdeburg, Erfurt und ab 1930 in Essen. 1933 Entlassung, »Schutzhaft«, Arbeitslosigkeit, illegale Gewerkschaftsarbeit in Essen. 1939−1945 Soldat. September 1945 Vorsitzender der Gewerkschaft Öffentliche Dienste im Regierungsbezirk Düsseldorf. 1946−1952 Ratsherr in Essen. 1947 geschäftsführender Vorsitzender des DGB-Ortsausschusses Essen, 1947−1954 Mitglied im Nordrhein-Westfälischen Landtag. Nach dem Ausscheiden der DAG aus dem DGB im Juli 1948 von Hans Böckler mit dem Aufbau der Gewerkschaft Handel, Banken und Versicherungen (HBV) beauftragt. 1949−1961 Vorsitzender der Gewerkschaft HBV. Anschließend Ruhestand.

PUFAL, GUSTAV (26.10.1895−17.6.1950)
Geboren in Konschütz (Westpreußen), letzte Schuljahre in Hamburg. Mehrere Jahre Seefahrt, Beschäftigung in der Norddeutschen Reismühle in Hamburg. 1912 Mitglied im Verband der Brauerei- und Mühlenarbeiter und verwandter Berufsgenossen (VBM), Miglied in der SPD. 1923−1933 ehrenamtliches Vorstandsmitglied im Hamburger Ortsverband des VBN, später im Deutschen Nahrungs- und Genußmittelarbeiter-Verband. 1927−1933 Sektionsleiter der Mühlenarbeiter dieses Verbandes in Hamburg. Mai/Juni 1945 Mitglied im Vollzugsausschuß der Sozialistischen Freien Gewerkschaft in Hamburg. 1945−1947 Vorsitzender des Verbandes der Nahrungsmittel- und Getränkearbeiter in Hamburg. 1946 Mitglied der Hamburger Bürgerschaft (Fraktion der Freien Gewerkschaften), Mitglied im Zonenausschuß der Gewerkschaften in der britischen Zone. 1946−1948 Vorsitzender des Verbandes der Nahrungsmittel- und Getränkearbeiter bzw. der Gewerkschaft Nahrung-Genuss-Gaststätten (NGG) im Landesbezirk Nordmark. 1947−1949 Vorsitzender der Gewerkschaft NGG (britische Zone). 1949/50 Vorsitzender der Gewerkschaft NGG für das Gebiet der Bundesrepublik Deutschland.

REUTER, GEORG JOHANNES (24.6.1902−28.1.1969)
Geboren in Rotthausen (Kreis Essen). Volksschule, 1916−1919 Schlosserlehre. 1918 Mitglied im Deutschen Metallarbeiter-Verband (DMV) und in der Sozialistischen Arbeiterjugend. 1919 Mitglied in der SPD, Betriebsvertrauensmann in Gelsenkirchen. 1920 Mitglied in der Ortsverwaltung Gelsenkirchen des DMV. 1921−1925

Vorsitzender des SPD-Ortsvereins in Gelsenkirchen, 1923 Geschäftsführer des Verbandes der Gemeinde- und Staatsarbeiter in Gelsenkirchen. 1925 Sekretär dieses Verbandes in der Bezirksleitung Rheinland. 1927 Sekretär in der Vorstandsverwaltung des gleichen Verbandes in Berlin. 1929 Vorstandssekretär beim Gesamtverband der Arbeitnehmer der öffentlichen Betriebe und des Personen- und Warenverkehrs. 1933 Entlassung, unter Polizeiaufsicht, mehrere Verhaftungen; 1933–1943 Versicherungsangestellter. 1945 am Wiederaufbau der Gewerkschaften in Bayern beteiligt, Vorsitzender der Gewerkschaften in Straubing. 1946 Generalsekretär des Bayerischen Gewerkschaftsbundes. 1947–1949 Mitglied im Wirtschaftsrat für das Vereinigte Wirtschaftsgebiet in Frankfurt a.M. 1948 Sekretär des Gewerkschaftsrates in Frankfurt. 1949–1959 stellvertretender Vorsitzender des DGB, Leitung der Hauptabteilung Organisation. 1959 Ruhestand.

RICHTER, WILLI (1.10.1894–27.11.1972)

Geboren in Frankfurt a.M. Volksschule, Lehre als Feinmechaniker, 1913 Mitglied im Deutschen Metallarbeiter-Verband. 1914–1918 Soldat. 1919 Mitglied in der SPD. 1921–1925 Vorsitzender des Gesamtbetriebsrates der städtischen Betriebe in Frankfurt. 1922/23 Akademie der Arbeit. 1926 Sekretär des Gesamtverbandes für öffentliche Betriebe in Darmstadt. 1928 Vorsitzender und Geschäftsführer des ADGB im Bezirk Darmstadt, Mitglied im Stadtrat. 1933 Entlassung, mehrfach verhaftet, unter Polizeiaufsicht, arbeitslos bis 1937; anschließend Handelsvertreter, illegale Tätigkeit, u.a. Kontakt zu Leuschner-Kreis. Frühjahr 1945 am Wiederaufbau der Gewerkschaften in Hessen beteiligt, Vorsitzender des FDGB im Bezirk Frankfurt. 1946 Vorsitzender des Freien Gewerkschaftsbundes Hessen. 1947–1949 Mitglied im Frankfurter Wirtschaftsrat. 1949–1957 Mitglied im Deutschen Bundestag. 1949–1956 Mitglied im Geschäftsführenden Bundesvorstand des DGB, Leitung der Hauptabteilung Sozialpolitik. 1956–1962 Vorsitzender des DGB. Anschließend Ruhestand.

ROSENBERG, LUDWIG (29.6.1903–23.10.1977)

Geboren in Berlin. Realgymnasium, kaufmännische Lehre. 1924 Mitglied in der SPD und im Reichsbanner. 1925 Mitglied im Gewerkschaftsbund der Angestellten (GDA). 1928 Angestellter in der Krankenhauskassenhauptverwaltung des GDA in Berlin. 1929 Staatliche Fachschule für Wirtschaft und Verwaltung in Düsseldorf. 1931–1933 Geschäftsführer des GDA in Krefeld, Düsseldorf und Brandenburg/Havel. 1933 Entlassung, Exil in Großbritannien, freier Journalist, Dozent an der Worker's Educational Association, kaufmännische Tätigkeit in London; 1941 Beschäftigung in der Internationalen Abteilung des britischen Arbeitsministerium; 1944/1945 beratende Tätigkeit in Gewerkschaftsfragen für die Regierung der USA. 1946 Rückkehr nach Deutschland, Sekretär beim Zonenvorstand der Gewerkschaften in der britischen Zone in Bielefeld. 1948 Sekretär des Wirtschaftsrates der Vereinigten Zonen in Frankfurt. 1949 Mitglied im Geschäftsführenden Bundesvorstand des DGB, Leitung der Hauptabteilung Ausland, ab 1954 Leitung der Hauptabteilung

Wirtschaft. 1959 stellvertretender Vorsitzender des DGB. 1962−1969 Vorsitzender des DGB. 1963−1969 Präsident des Internationalen Bundes Freier Gewerkschaften. 1969 Ruhestand.

SCHMIDT, AUGUST (8.5.1878−7.6.1965)
Geboren in Dortmund-Oespel. Volksschule, Ausbildung zum Bergmann. 1902 Mitglied im Deutschen Bergarbeiter-Verband (BAV) und in der SPD. 1903 Mitglied im Gemeinderat in Dortmund-Oespel. 1904 2. Vorsitzender und 1905 1. Vorsitzender des BAV in Oespel. 1909 Bezirksleiter des BAV im Bezirk Essen. 1914 Soldat, Verwundung, 1914 Sekretär des BAV in Essen. 1919 Vorstandssekretär des BAV (Sitz: Bochum). 1928 2. Vorsitzender des BAV. 1933 Entlassung, 2 Wochen inhaftiert, unter Polizei- und Gestapoaufsicht, mehrfach verhört; Beschäftigung u.a. als Brotverkäufer. 1945 Leiter des Industrieverbandes Bergbau (IVB) im Bezirk Dortmund. 1946 1. Vorsitzender des IVB (britische Zone). 1948−1953 1. Vorsitzender der Industriegewerkschaft Bergbau. Anschließend Ruhestand.

STENGER, CARL (26.11.1905−29.6.1982)
Geboren in Hetschbach (Odenwald), Volksschule, 1920−1924 Lehre als Autoschlosser, 1921 Mitglied im Deutschen Metallarbeiter-Verband (DMV) und in der SPD. Ab 1925 Beschäftigung bei der Deutschen Reichspost, Mitglied im Deutschen Verkehrsbund, ehrenamtliche Funktionen bis 1933 in Frankfurt. 1945/46 am Aufbau der Landesgewerkschaft für das Post- und Fernmeldewesen in Hessen beteiligt. 1947 hauptamtlicher Kassierer und ab 1948 Vorsitzender dieser Landesgewerkschaft, zugleich Geschäftsführer der Arbeitsgemeinschaft der Postgewerkschaften in der Tri-Zone. 1949−1971 1. Vorsitzender der Deutschen Postgewerkschaft. 1957−1961 Bundestagsabgeordneter. 1960−1969 Präsident der Internationale des Personals der Post-, Telegraphen- und Telefonbetriebe (IPTT). 1971 Ruhestand.

TRÄGER, MAX (9.6.1887−10.1.1960)
Geboren in Hamburg. Volksschule, Realschule, Lehrerbildungsseminar in Hamburg. Beschäftigung als Volksschullehrer. 1919 ehrenamtlicher Vorsitzender der Gesellschaft der Freunde des vaterländischen Schul- und Erziehungswesens in Hamburg. 1922−1927 Vorstandsmitglied dieser Gesellschaft, Vorsitzender des Gewerkschaftsausschusses für Beamten- und Besoldungsfragen. 1927−1933 Mitglied der Hamburger Bürgerschaft (Deutsche Demokratische Partei). Nach 1933 als Volksschullehrer tätig (zuvor 11 Jahre Schulleiter). 1945−1953 Beschäftigung in der Hamburger Schulbehörde, Leitung der Schulfürsorge. 1945 Neugründung der Gesellschaft der Freunde des vaterländischen Schul- und Erziehungswesens in Hamburg, Vorsitzender dieser Gesellschaft in Hamburg bis 1948. 1947 Vorsitzender des Allgemeinen Deutschen Lehrer- und Lehrerinnenverbandes (britische Zone). 1948 Anschluß dieses Verbandes als Gewerkschaft Erziehung und Wissenschaft an den DGB (britische Zone). 1949−1952 und 1958−1960 Vorsitzender der Gewerkschaft Erziehung und Wissenschaft.

VALENTINER, FRANZ (7.11.1896–24.1.1972)

Geboren in Bad Reichenhall. Volksschule, Hilfsarbeiter in einem Sägewerk, Lehre als Schuhmacher, nach 2 Jahren abgebrochen, erneut Beschäftigung im Sägewerk, zugleich Besuch der Fortbildungsschule in Bad Reichenhall. 1913 Wanderschaft, Mitglied in der SPD, Beschäftigung als Hilfsarbeiter in einer Zylinderfaß- und Packkistenfabrik in Hamburg. 1914 Mitglied im Deutschen Holzarbeiter-Verband (DHV). 1915 Soldat, 1917 Gefangenschaft, 1919 erneut in der Hamburger Zylinderfaß- und Packkistenfabrik beschäftigt, Betriebsratsvorsitzender. 1921 Vertreter des DHV im ADGB-Ortsausschuß Groß-Hamburg, Maschinenarbeiter in einer Möbelfabrik. 1926 Erkrankung (Staublunge), Heilstättenaufenthalt, Beschäftigung beim Großhamburgischen Bestattungsverein. 1933 Entlassung, Verhaftung, längere Zeit im KZ; 1937 Beschäftigung in einer Schuhfabrik in der Tschechoslowakei. 1939 Einberufung zur Wehrmacht, 1940 entlassen, 1944 erneut einberufen. 1945 am Wiederaufbau der Hamburger Gewerkschaften beteiligt, Beschäftigung beim Großhamburgischen Bestattungsverein. 1947 Vorstandsmitglied der IG Holz (britische Zone). 1948 1. Vorsitzender dieser Gewerkschaft. 1949 stellvertretender Vorsitzender, 1951–1953 1. Vorsitzender der IG Holz für das Gebiet der Bundesrepublik Deutschland.